INTRODUCTION TO CHILD WELFARE

아동복지론

황혜원 · 이은영 · 백현혜 · 김가빈 공저

학지사

머리말

코로나19가 휩쓸고 간 지난 3년을 지나며 우리 사회는 예측하기 어려운 변화를 경험하였고, 지난 30여 년 간의 지속적인 노력에도 불구하고 전 지구상에서 가장 심각한 저출생 문제를 겪고 있다. 하지만 여전히 우리 사회는 해마다 폭행, 방임 등의 학대로 사망하는 아동이 지속적으로 발생하고 있으며, 출생 미등록 아동 문제가 해결되지 않는 등 아동의 안전과 보호가 제대로 이루어지지 않고 있다.

우리나라 아동 인권운동가이자, 문학가였던 소파 방정환은 이미 100여 년 전에 "나와 민족의 장래를 위해 어린이에게 투자하십시오. 어린이의 생활을 즐겁게 해 주십시오. 어린이는 항상 칭찬해 가며 기르십시오. 어린이의 몸을 자주 주의해 살펴주십시오. 희망을 위하여, 내일을 위하여, 다 같이 어린이를 잘 키웁시다."라고 주장하여 우리 사회에서 아동의 중요성을 알렸다. 이처럼 아동은 두말할 나위 없이 우리 사회의 필수적인 성장동력이며, 아동이 안전한 환경에서 건강하게 성장할 수 있도록 아동의 복지를 증진시키는 것은 가족과 국가뿐만 아니라 우리 모두의 의무이자 책임이다.

이에 이 책의 저자들은 사회복지학과 학생들은 물론 아동복지실천에 관심이 있는 이들에게 아동권리에 대한 이해를 높이고, 실제 현장에서 활용 및 참고할 수 있는 다양한 데이터와 사업을 제시하여 실질적인 도움을 제공하고자 하였다.

이 책은 총 3부 15장으로 구성되어 있다. 제1부는 아동복지의 기초로, 제1장 '아동복지의 이해', 제2장 '아동권리', 제3장 '아동복지 발달사', 제4장 '아동의 특성과 아동발달이론'을 다루고 있다. 제2부는 아동복지의 원리와 방법으로, 제5장 '아동복지의 실천원리', 제6장 '아동을 위한 사회복지실천방법', 제7장 '아동복지정책', 제8장 '아동복지 관련법과 전달체계'를 다루고 있다. 제3부는 아동복지의 실천분야로, 제9장 '아동빈곤', 제10장 '아동학대', 제11장 '가정위탁과 입양', 제12장 '아동시설보호', 제13장 '아동보육', 제14장 '아동돌봄 및 안전', 제15장 '아동복지의 전망과 과제'를 다루고 있다.

이 책을 집필하는 과정에서 저자들은 최근의 아동정책 방향을 반영하고, 집필 방향의 일관성을 유지하고자 여러 차례 의견을 나누고 원고를 교정하는 노력을 기울였다. 그럼에도 불구하고 간혹 미흡한 부분이 있을 것인데 이는 추후 지속적으로 보완해 나가고자 하므로 독자들의 양해를 구하는 바이다.

이 책이 수정 보완되어 완성되기까지 도움을 주신 학지사의 김진환 사장님과 편집과 제작을 위해 수고해 주신 한승희 부장님과 김서영 대리님을 비롯한 직원들께 깊은 감사를 드리며, 기꺼이 표지그림을 그려 주신 윤세희 님께 고마움 마음을 전한다.

2024년 7월

우암산 자락에서

저자 일동

차례

제2부
아동복지의 원리와 방법

제3부
아동복지의 실천분야

제1부

아동복지의 기초

제1장 • 아동복지의 이해
제2장 • 아동권리
제3장 • 아동복지 발달사
제4장 • 아동의 특성과 아동발달이론

제1장

아동복지의 이해

1. 아동의 개념

1) 아동의 개념 및 아동기 개념 형성요소

우리나라 「아동복지법」에는 아동은 완전하고 조화로운 인격발달을 위하여 안정된 가정환경에서 행복하게 자라나야 한다고 명시하고 있다. 가정은 아동의 성장과 발달에 가장 큰 영향을 미치는 환경으로, 보호자는 아동의 안전과 권익을 존중하며 아동을 양육해야 한다. 아동이 완전하고 조화롭게 성장할 수 있도록 가정과 사회, 국가의 노력이 필요한데 먼저 아동이란 어떤 존재인지 아동의 개념에 대한 이해가 이루어질 필요가 있다.

국어사전에서 어린이는 "어린아이를 대접하여 일컫는 말로, 아동은 초등학교에 다니는 어린이로, 청소년은 청년과 소년"으로 정의하고 있다. 아동은 아동복지법과 유엔아동권리협약에 근거하여 18세 미만의 자를 포함하는데, 「청소년기본법」에 따르면 9세에서 24세를 청소년으로 규정하고 있어 아동과 청소년의 연령은 법적으로 중복되는 구간이 발생한다. 사회문화적으로 중고등학생은 아동보다는 청소년으로 불리고 있다. 이처럼 아동과 청소년은 연령적으로 구분 지을 수 있으나 공통된 의미로 성숙해 가는 과정에 있는 자로서 보호와 지도가 필요한 자를 의미한다. 즉, 아동은 신체적 · 심리적 · 사회적으로 자립하지 않은 인간, 또는 자립을 준비하고 있는 인간이라 할 수 있다. 청소년이라는 용어는 1940년 조선어사전에서 등장하였으며, 본격적으로 이를 사용한 것은 1960년대 이후로 아동 · 청소년은 '성인이 아닌 사람'을 말하며 상대적으로 불완전한 (법적) 인격체로서 정치적으로 규정된다.

관련법에서 아동과 청소년의 연령을 어떻게 구분하고 명칭을 어떻게 사용하고 있는지를 살펴본 것은 〈표 1-1〉과 같다. 표에서 제시된 바와 같이 같은 연령에 대한 명칭이 법에 따라 다르고 아동의 연령도 법에 따라 일부 상이하게 다루어지고 있음을 알 수 있다.

아동기 개념 형성의 요소는 다양한 관점에서 접근될 수 있으나 주로 발달심리학적, 사회 · 문화적 그리고 정치 · 경제적 요소 등의 관점에서 논의될 수 있다(권동택, 2010). [그림 1-1]과 같이 아동기 개념 형성은 역사 · 사상적 배경을 통하여 발달심리적, 사회 · 문화적, 정치 · 경제적 관점에서의 주요 요소들이 포함된다. 역사 · 사상적으로 아동기는 성인과 구별되는 독특한 대상으로서 인식의 변화가 이루어지고, 중세 이후 종교적 차원에서의 아동 양육에 있어 부모의 역할이 강조되었으며, 르네상스 이

표 1-1 아동 관련법에 따른 연령 및 명칭

구분	연령	명칭
아동복지법	18세 미만	아동
유엔아동권리협약	18세 미만	아동
헤이그 국제아동탈취협약 이행에 관한 법률	16세 미만	아동
아동수당법	7세 미만	아동
청소년기본법	9세 이상 24세 이하	청소년
청소년보호법	만 19세 미만	청소년
아동 · 청소년의 성보호에 관한 법률	19세 미만	청소년
아동학대범죄의 처벌 등에 관한 특례법	18세 미만	아동
아동의 빈곤예방 및 지원 등에 관한 법률	18세 미만	아동
장애아동 복지지원법	18세 미만	아동
실종아동등의 보호 및 지원에 관한 법률	18세 미만	아동
청소년복지 지원법	9세 이상 24세 이하	청소년
학교 밖 청소년 지원에 관한 법률	9세 이상 24세 이하	청소년
청소년활동 진흥법	9세 이상 24세 이하	청소년

아동기 개념 형성

발달심리학 요소(중요성)	사회 · 문화적 요소(독특성)	정치 · 경제적 요소(가치성)
–적절성(적기성) –발달의 가소성 –발달의 불가역성 –발달 민감성/충족성 –발달의 맥락성	–성인 사회와의 구분 –아동 고유 문화의 창조 –사회적 구성자 –아동 인식의 다양성 –사회 현상의 맥락성	–근대화 과정의 가치 –국가 미래의 가치 –국가 의제의 대상 –인적자원의 투자 –복지 · 권리의 주체

역사 · 사상적 배경
–성인과 구별되는 독특한 대상으로서의 아동기 인식 변화
–중세 이후 종교적 차원에서의 아동 양육과 인식의 전환
–르네상스 이후 근대 과학의 발달과 진보적 사상가들에 의한 아동기 발견

[그림 1–1] 아동기 개념 형성의 다학문적 요소

출처: 권동택(2010), p. 151.

후 근대 과학의 발달과 진보적 사상가들에 의해 아동기의 발견이 이루어져 아동기 자체의 특별함으로 아동기는 성인 세계와 구별되어야 한다는 관점과 더불어 현대적 의미의 아동기 인식을 강화하게 되었다.

아동기 발달론적 측면에서의 주요 특성은 적절성(적기성), 발달 가소성, 발달 불가역성 등이 있으며 성인과의 차별성이나 초기 양육에서의 민감성과 충족성, 맥락성 등이 고려된다. 발달에서 있어서 가소성은 유전적 소인의 발현이 특정한 환경 요인을 따라 특정 방향으로 변화하는 성질을 의미하며, 발달 불가역성은 발달에 있어 결정적 시기(critical period)와 관련된 것으로 개체가 한 발달단계에서 다음 발달단계로 진전될 때, 그 진전이 진정으로 질적인 것이라면 이 진전은 불가역한 것으로, 즉 퇴행이 일어나지 않을 것으로 보며 개체는 새로운 단계에 머물거나 보다 높은 단계로 발달하게 될 것임을 의미한다.

아동기에 대한 사회문화적 개념 형성의 구성요소도 아동기의 생물학적 관점 못지않게 중요한데 사회체제의 변화로 인해 아동기 인식의 변화가 초래되었으며 다양한 법제도와 사회문화적 가치와 함께 아동기에 대한 성인의 인식이 변화되었다. 즉, 아동과 아동기는 다양한 사회에서 다양한 방식으로 이해된다는 점에서 아동기는 사회적 구성자로서 이해되어야 한다고 보았다. 따라서 아동은 단순히 성인 사회와 문화

에 내면화되기만 하는 수동적 존재가 아니라 아동 스스로 문화를 창조해 나가는 존재로 인식되고 있다. 이러한 관점에서 아동기는 사회적 과정으로서 아동 고유문화 창조, 사회적 구성자로서의 아동, 아동기 개념의 다양성 그리고 사회현상의 맥락성 등을 포함한다. 즉, 아동기는 그 독특성의 인식하에 다양한 사회문화적 배경 속에서 형성되어 가는 것으로 볼 수 있다.

정치·경제적 존재로서의 아동기 개념 형성의 요소 또한 중요한 의미를 갖는데 국가적 수준의 산업발달과 자본주의 생산양식은 아동기 인식에 결정적인 영향을 미쳤다. 대규모의 집단 수용소나 대중적 학교의 출현은 최소한의 법적 노동 연령의 제한으로 노동 시장에서 벗어나게 된 아동들을 성인사회로부터 분리하게 하였고, 이는 19세기 아동복지법과 노동 관련법에 영향을 미쳤으며 아동기 개념에 대한 성인 사회의 인식에 변화를 초래하게 하였다. 정치·경제적 관점에서 아동기는 국가적 차원의 미래를 보장하려는 국가별 경쟁체계에서 아동기 인식에 중요한 영향을 미치게 되었으며, 사회적으로 빈곤가정의 아동과 아동의 열악한 사회 환경에 대한 국가적 책무로 이에 대한 개선의 노력으로 발전하게 하였다. 국가가 아동기 자체에 관심을 갖고 어린 시기부터 좋은 환경을 마련하고자 하는 노력은 정치적 차원에서 아동기 인식에 매우 중요하며, 경제적 측면에서 아동기에 대한 인적자원모형은 아동기 개념 형성에 시사하는 바가 크다. 국가가 어린 시기의 아동에게 투자하는 것은 생의 다른 어느 시기에 투자하는 것보다 훨씬 효과가 크다는 것이다. 이는 아동기에 대한 인식과 관심을 높이고 더 나아가 아동복지 및 권리의 신장에도 영향을 미치게 되어 점차 존중과 인권의 대상으로서 아동기를 인식하게 하였다.

정치·경제적 차원에서 진정한 의미의 아동 존중과 권리는 아동을 보호의 대상이 아닌 권리의 주체로 인식하는 데서부터 출발한다. 앨더슨과 클라크 존스, 샤움버그(Alderson, Clarke-Jones, & Schaumberg, 2002)는 아동기에 대한 인식 수준의 판단은 아동들이 경험하는 매 순간을 이해하는 데 있어서 성인들이 그들의 목소리에 얼마나 귀 기울이고 그들을 존중하며 이들을 대하는 기술이 얼마나 숙련되어 있는가에 달려 있다고 보았다. 즉, 아동을 권리의 주체로 인정한다는 것은 일방적인 성인의 입장이 아니라 아동의 입장에서 그들을 존중해야 한다는 인식의 변화를 의미한다. 이는 1989년 유엔에서 제정한 아동권리협약에 반영되었으며 이에 따르면 아동은 '권리의 주체'인 동시에 '보호대상자'로 규정하였으며, 여기서 말하는 보호는 아동·청소년은 성인의

'지배 아래 종속'하게 하는 것이 아니라 성년에 대해 대등할 수 있는 제도적 장치를 마련하는 일을 의미한다.

2) 현대의 아동관

그동안 충분히 그 중요성이 인식되지 못하였으나, 아동을 위한 정책수립과 아동복지실천을 위하여 가장 기본이 되는 것은 우리가 아동을 어떠한 존재로 바라볼 것인가이다. 앞에서 살펴본 아동기 개념 형성의 다학문적 요소를 반영하여 현대의 아동관을 다음의 4가지로 구분하여 설명할 수 있다(조성연 외, 2002).

(1) 발달하는 존재로서의 아동

아동은 살아 있는 유기체로서 계속적으로 변화, 성장, 발달해 가는 존재임을 의미한다. 아동은 성인의 축소판이 아니며, 연령이 증가함에 따라 신체적 · 인지적 · 정서적 및 사회적 측면에서 양적 · 질적으로 변화해 가는 존재로서 각 발달단계의 특성이 있다. 이는 아동이 내재적인 성장 발달의 힘이 있다 하더라도 그 잠재력이 최대한 발휘되기 위해서는 성장을 보장할 수 있는 환경이 시기적절하게 조성되어야 함을 시사한다.

(2) 전인으로서의 아동

아동은 통합된 전체로서 보아야 한다. 아동발달을 논할 때 편의상 신체 · 운동발달, 사회 · 정서발달, 인지 · 언어발달 등으로 설명하고 있으나 이는 각각의 발달이 분리된 것이 아니라 역동적으로 상호 관련된다는 것을 말한다. 예를 들어, 지능발달은 모든 발달영역과 관련되므로 지적인 발달만을 강조할 경우 바람직한 교육적 효과를 기대할 수 없다는 것을 알 수 있다.

(3) 독립된 인격체로서 권리의 주체인 아동

아동은 어른이나 부모에 예속된 존재가 아니라 독립된 인격을 가진 권리의 주체로 인식된다. 이제까지 아동은 보호의 대상으로만 여겨져 왔으나 20세기에 이르러 아동의 권리에 관한 국제적인 선언이나 협약 등을 통하여 아동에게 양육, 발달, 보호, 교육, 참여 등의 권리가 조건 없이 부여되었으며 이는 1959년 유엔어린이권리선언 채택, 1979년 세계 아동의 해 선포, 1989년 유엔아동권리협약 채택 등을 과정을 통해 전 세계적으로 인식되어 왔다.

(4) 독자적 존재로서의 아동

모든 아동은 발달하는 속도, 능력, 성격 등이 각기 다른 독자성을 지닌 존재이다. 따라서 아동은 그의 발달수준과 능력에 비추어서 이해되어야 하며 또한 아동에 대한 기대는 그 아동의 수준에 적절한 것이어야 한다. 아동의 독자성은 아동의 자기다움을 나타내는 것으로 다른 아동과 비교하여 우열을 따져서는 안 되며, 아동에게 도움을 제공할 때에도 아동이 처한 상황과 문제에 따라서 거기에 맞는 원리와 방법으로 도움을 제공하는 개별화가 이루어져야 한다.

이러한 4가지 아동관을 바탕으로 아동복지종사자는 자신의 아동관을 정립하고 정책수립이나 실천현장에서 반영할 수 있어야 한다. 또한 아동을 위한 보다 효과적인 개입을 위하여 아동의 특성을 이해하는 것이 필수적이다. 연령에 따라 그리고 개별적인 발달 속도에 따라 차이는 있으나 보편적으로 아동이 지니고 있는 발달특성을 이해하는 것이 중요한데 이는 제4장에서 구체적으로 다루어질 것이다.

2. 아동복지의 개념

1) 아동복지의 개념

아동복지는 어원적으로 아동(child)과 복지(welfare)의 합성어로서 아동복지(welfare of children), 아동이 잘(well) 지내는 상태(fare)를 의미한다. 이는 아동을 대상으로 주관적인 행복한 삶의 상태뿐만 아니라 객관적인 실천적 행동까지도 포함하는 적극적이고 능동적인 개념으로써 가족이 정상적인 아동보호와 사회화 기능을 수행할 수 없을 때 국가와 그 사회제도가 직접 실천하는 구체적이고 명백한 정책과 서비스의 체계를 말한다. 아동복지는 사회복지의 한 분야로 아동과 그 가족을 지원하는 사회복지실천의 전문영역이라고 볼 수 있다. 사회문화적 · 시대적 · 정치적 상황에 따라 아동복지의 정의가 변화되어 왔으나 아동이 기본적으로 누려야 할 생존, 보호,

발달, 참여의 권리를 보장하기 위한 모든 정책과 실천적 노력이 아동복지라고 볼 수 있다. 관련 전문가들의 정의를 살펴보면 다음과 같다.

프리들랜더와 에입트(Friedlander & Apte)는 『사회복지입문』(1980)에서 아동복지는 빈곤, 방치, 유기, 질병, 결함 등을 지닌 아동 혹은 환경에 적응하지 못하는 비행아동들에게만 관심을 두는 것이 아니며, 모든 아동이 신체적 · 지적 · 정서적 발달에 있어서 안전하고 행복할 수 있도록 위험으로부터 지키고 보호할 수 있도록 공공과 민간의 기관에서 실시하는 사회적 · 경제적 · 보건적 제반 활동이라고 하였다. 카두신(Kadushin)은 저서 『Child Welfare Service』(1980)에서 "부모가 아동양육의 역할을 수행할 수 없거나 또는 그 지역사회가 아동과 가족이 요구하는 보호와 자원을 제공할 수 없을 때에 한하여 특정기관에서 아동에게 제공하는 서비스"를 의미한다고 하여 잔여적 의미의 사회적 서비스의 한 형태로 정의하였다. 이후 카두신과 마틴(Kadushin & Martin, 1988)는 "전체 아동의 행복과 건강을 위하여 사회복지사가 아동의 신체적 · 심리적 · 사회적 발달을 지원함은 물론 아동의 가족 기능을 지원하는 모든 활동"으로 정의하였다.

미국의 경우 『사회사업 백과사전』(1965)에서 "아동복지는 아동의 안녕과 행복을 의미하며, 이것은 바로 아동을 위하여 행해지는 모든 노력의 최종 목표이다. 또한 아동복지는 아동에게 최상의 이익을 제공하기 위한 아동복지 프로그램 또는 제반 아동복지서비스"를 의미한다고 명시하였다. 일본의 경우 아동복지는 "아동이 생존하고, 발달하고 자립할 수 있도록 국가와 지방정부 그리고 민간 아동복지시설이 아동 및 관계자를 대상으로 존엄성 · 무차별평등 · 자기실현의 원칙에 따라 실천하는 활동과 법제도"를 의미한다. 우리나라 『사회복지사전』(대구대학교 사회복지연구소, 1995)에서는 "특수한 장애를 가진 아동은 물론 모든 아동들이 가족 및 사회의 일원으로서 육체적으로나 정신적으로 건전하게 성장 · 발달할 수 있도록 지역사회나 사회복지서비스 분야에 있는 공사단체나 기관들이 협력하여 아동복지에 필요한 사업을 계획하고 실행에 옮기는 조직적인 활동"으로 정의하였다.

이러한 아동복지의 개념은 상위개념인 사회복지 개념의 변화에 따라 산업화 이후 잔여적 개념이 아니라 제도적 개념으로 받아들이는 것이 일반적인 추세로 볼 수 있으며, 우리나라 아동복지법 제3조 2항에는 아동복지를 아동이 행복한 삶을 누릴 수 있는 기본적인 여건을 조성하고 조화롭게 성장발달 할 수 있도록 하기 위한 경제적 · 사회적 · 정서적 지원이라고 명시하였다. 한편 아동복지를 아동의 복지증진을 위한 사회제도로써 이해할 때 아동복지와 관련된 다양한 개념들이 하위개념으로 사용된다. 먼저 아동복지서비스는 아동의 복지를 증진시키는 다양한 서비스이며, 아동지원은 주로 한부모와 생활하는 아동의 양육을 위한 현금소득의 이전 및 아동양육비 지원을 의미한다. 아동돌봄은 일상적인 욕구를 충족시키는 돌봄 형태의 양육과 관리를 의미하며, 아동보호서비스는 학대받는 아동을 위한 서비스로 활용된다.

2) 현대 아동복지의 특성 및 방향

여기서는 앞서 제시한 아동복지에 관한 국내외적 흐름을 반영하여 현대 아동복지서비스가 견지해야 할 아동복지 정책 및 실천의 관점을 몇 가지 제시하고자 한다.

(1) 보편적 · 예방적 아동복지서비스

많은 아동복지 관련 전문가들은 현대 아동복지서비스가 보편적이며 예방적이어야 함을 강조하고 있다. 아동복지서비스는 단순히 결함 가정 아동을 위한 응급구호적 성격의 잔여적 접근에서 벗어나 모든 아동에게 최적의 삶의 조건을 제시하는 방향으로 진행되어야 한다. 예방은 아동을 가정에서 분리하여 개입하던 과거의 치료적 접근에서 벗어나, 아동이 속한 환경에 미리 개입하여 아동 문제를 최소화하기 위해 노력하는 것이다(노혜련, 김미원, 조소연, 2021). 예방은 아동문제의 발생을 가능한 한 넓은 범위에서 방지하고, 가능하면 문제가 낮은 수준에서 짧은 기간 일어나게 억제하고, 문제를 가능한 한 조기에 발견하여 대처하며, 문제로 발생할 수 있는 부정적 결과를 방지하거나 감소시키려는 노력이다.

예방을 세 가지로 구분하면, 1차 예방은 전체 인구를 대상으로 보편적 서비스를 제공하는 것이며, 2차 예방은 위험요소가 있는 가족을 중심으로 필요한 서비스를 제공하는 것이고, 3차 예방은 이미 발생한 아동문제(아동학대 등)에 대해 전문적 서비스를 제공하고 재발생을 막기 위한 것으로 볼 수 있다. 관련 전문가들은 1차 예방을 위해서는 아동 환경을 둘러싼 '인프라 구조'의 개선이 필요함을 지적하고 있다. 인프라 구조란 가족의 생존과 건강을 지원하고 부모의 역할을 보충하고 도우며 아동이 건강하게 성장하고 발달하는 데 필요한 생활 기반을 의미한다. 또한 이와 관련된 서비스와 시설을 조건 없이 누구나 이용할 수 있는 것을 말한다. 예를 들어, 신뢰할 수 있는 공공 돌봄 서비스와 교육시설 제공, 직업과 가정을 양립할 수 있도록 노동조건을 개선하는 것, 아동친화적 주거환경, 도로교통, 영양, 보건의료, 스포츠 및 여가시설 등을 충분히 제공하는 것이다(노혜련 외, 2021: 84).

아동의 발달은 아동의 생태학적 조건에 많은 영향을 받기 때문에 심신의 건강한 발달을 위한 문화공간, 놀이공간의 확보와 이러한 공간이 가족중심으로 접근 가능하도록 하여야 하며 가족이 함께 즐길 수 있는 문화프로그램의 확장이 요구된다. 또한 학령기 아동을 위해서는 학교사회복지의 활성화를 통해 교육복지를 구현하고 학교 폭력이나 부적응 등의 문제를 예방하는 효과를 기대할 수 있다.

(2) 가족중심 아동복지서비스

다음으로 효과적인 아동복지서비스를 위하여 가족중심 아동복지서비스 체계구축이 필요하다. 21세기의 아동복지정책은 가족중심의 아동복지정책(Family-centered child welfare)이라고 볼 수 있다(김성천, 2002; Marsh, 2000). 따라서 모든 아동이 자신의 가정에서 생활할 수 있는 기본적인 권리를 보장해 주며, 가족기능의 약화로 인해 발생할 수 있는 다양한 아동문제를 예방하고 해결할 수 있는 서비스를 제공해 주어야 한다.

아동복지분야뿐만 아니라 사회복지 정책과 실천의 전 영역에서 가족은 주된 대상이며 문제해결의 주체로 부각되고 있다. 특히 사회복지실천에 있어 가족중심 실천은 통합성과 효과성으로 인하여 그 중요성이 더욱 강조된다(최희경, 이인숙, 2005). 또한 우리 사회가 후기 산업사회로 나아감에 따라 가족문제나 가족해체의 발생이 증가되며 가족중심의 비공식적 복지가 축소될 가능성이 매우 커졌다.

현재 우리 사회의 가족 상황은 사회경제적 변화와 더불어 가족구조나 가족관계, 기능, 역할, 가치관을 비롯하여 가족생활 전반에 걸쳐 많은 변화를 겪고 있다. 가족 내·외적인 변화로 인하여 가족은 다양하고 복잡한 가족문제에 직면하고 있으며 가족문제의 증가는 개인과 사회전체 모두에게 많은 부담과 부작용을 낳는다. 이러한 상황 속에서 그동안 가족이 수행하던 많은 기능을 축소하고 가족복지서비스가 가족기능을 보완하고 대체하게 되어 가족중심의 실천의 필요성이 그 어느 때보다도 부각되고 있는 실정이다.

특히 빠르게 변화하는 사회 속에서 부모들은 전통적 부모역할과 현대적 부모역할

간에 혼란을 경험하며 자신의 역할과 자녀양육 방법에 상당한 도전을 받고 있으므로 이에 도움을 줄 수 있는 부모교육 프로그램을 제공하는 것이 매우 중요하다.

부모세대가 정신적·물질적으로 고통을 받게 되면 이는 고스란히 아동에게 전해져 아동의 건강한 성장과 발달을 위협하게 된다. 이러한 이유로 아동복지는 반드시 가족과 연계하여 접근해야 한다는 인식이 높아지고 있다. 따라서 아동복지가 가장 효과적으로 이루어지기 위해서는 가족의 한 구성원으로서의 아동에 초점을 두고 가족을 통한 아동지원과 육성을 도모할 필요가 있다. 이를 위하여 무엇보다도 가족해체를 예방하며 가족보존을 위한 정책을 개발해야 하며, 가족기능을 강화하고 잠재력을 개발하며 다양한 형태의 가족의 욕구를 충족해야 한다. 또한 국가와 사회는 가족이 아동을 키우면서 겪는 부담과 어려움을 덜어 주어야 할 책임이 있다.

이를 위해 직업과 아동양육의 조화를 위한 제도 정착, 양성 평등 강화, 공보육·교육 제도 강화, 양육 상담, 부모교육 프로그램, 방과 후 돌봄 서비스, 장애아동이 있는 가정에 대한 특수교육비 보조, 아동 여가시설 운영과 같은 다양한 영역을 포함하는 제도로 그 내용이 확대되고 있다.

(3) 조기개입적 아동복지서비스

그동안 그 중요성이 간과되어 왔으나, 효과적인 아동복지서비스 제공을 위하여 반드시 고려해야 할 것은 생의 초기에 대한 관심과 지원체계 강화이다. 인간은 영아기와 유아기 그리고 아동기를 지나 청소년기를 거쳐 사회적으로 완전한 개체로써 기능할 수 있는 성인이 되어간다. 그러한 삶의 과정에는 적지 않은 장애들이 있으며, 그러한 장애들에 대해 어떻게 대처하는가에 따라 삶의 방향이 결정된다고 해도 과언이 아니다. 특히 생애 초기에 겪는 영유아의 경험은 그 이후 이들의 삶에 지대한 영향을 준다.

인생의 초기인 영유아기는 건강한 성장과 발달을 위하여 그 어느 때보다도 적절한 환경이 요구되는 발달의 결정적 시기이다. 하지만 현대 한국 사회의 환경은 여러 가지로 영유아의 발달에 위협적이며, 많은 영유아가 과도한 스트레스를 유발시키는 환경에서 자라고 있다. 특히 가정의 경제적 위기는 다른 어떠한 위험요인보다 직접적으로 영유아의 건강한 발달을 저해할 수 있는 환경으로 볼 수 있다. 경제적 결핍으로 인한 생활상의 어려움, 기회의 부족, 사회적 박탈감 및 고립 등은 영유아에게 부정적 영향을 미쳐 성장과 발달에 어려움을 겪기도 한다. 또한 아동이 태어나 생애 초기에 겪는 가정의 빈곤은 아동이 성인으로 성장하면서까지 삶에 영향을 미칠 수 있으며, 빈곤의 세대 간 세습 등의 악순환이 반복될 수 있다(정은희, 최새은, 이상균, 하태정, 2013).

어느 시기보다도 급격한 발달이 일어나는 중요한 시기임에도 불구하고 그동안 영유아를 대상으로 하는 복지서비스는 학문적 · 정책적 · 실천적 관심을 받지 못하였다. 그 대표적인 이유는 영유아기에 받은 부정적 영향이 당장 나타나는 것이 아니라 잠재되어 있던 문제가 아동기나 청소년기가 되어야 외현적으로 드러나고, 또한 서비스의 효과가 바로 영유아에게서 나타나는 것이 아니라 상당히 이후에 나타나게 되어 그 중요성을 간과하게 되기 때문이다.

하지만 조기개입의 중요성은 이미 많은 연구들을 통하여 입증되었다. 특히 부모와 영유아 2세대 단위로 가정방문서비스를 혼합하여 프로그램을 제공할 경우 영유아의 언어발달과 사회성발달뿐만 아니라 부모의 양육방법의 긍정적 변화 및 양육스트레스 감소, 학대감소 더 나아가 가족의 기능 변화에도 긍정적인 효과가 있음이 외국의 연구결과에서 보고되었다.

우리나라의 저소득층 유아를 대상으로 한 연구결과에서도 저소득층 일반가정 유아뿐만 아니라 다문화가정 유아에 대한 조기개입의 중요성이 확인되었으며, 유아를 대상으로 한 개입은 유아만을 포함한 개별적인 접근보다는 가족구성원들을 포함하는 가족중심적인 접근을 통하여 보다 효과적으로 이루어질 수 있음이 보고되었다. 이러한 예방적 조기개입 서비스는 아동이 성장한 후에 교육 서비스, 범죄율, 복지 의존비용 등을 줄여 주어 결과적으로 상당한 사회적 비용을 줄이는 효과가 있는 것으로 나타났으며, 이에 대한 중요성을 인식한 선진국에서는 오래 전부터 빈곤가정 아동들에게 나타날 수 있는 문제들을 조기에 예방하기 위하여 국가가 개입하여 서비스를 제공하고 있다.

최근 우리나라에서도 아동정책의 패러다임이 사후관리적 단일서비스에서 사전예방적 통합서비스로 전환되었고, 아동을 미래 국가사회의 지속가능한 성장 동력으로 인식하고 아동보호 시스템에 적극적이며 능동적인 개념을 도입하게 되었다(보건복지부, 2010). 우리나라에서 실시하고 있는 영유아를 포함한 예방적 복지서비스로는 정부 주도 사업의 드림스타트, 민간 주도 사업의 위스타트가 진행되고 있다.

하지만 여전히 영유아복지 서비스는 보육에 가려져 그 중요성이 간과되고 있으며, 진행되고 있는 예방적 복지서비스에서도 영유아는 초점의 대상이 되지 못하고 있는 실정이다. 2007년부터 사회복지공동모금회의 지원으로 시행되었던 만 7세 미만 미취학 영유아 대상 시소와 그네가 아쉽게도 지자체 사업으로 이어지지 못하여 영유아 복지가 자리 잡지 못하였다. 따라서 생의 초기 발달의 중요성을 다시 한 번 새기고 적극적인 투자를 통해 아동의 보다 나은 성장을 도모하고 더 나아가 이후 발생하게 될 사회적 비용을 감소시켜야 한다.

한편 예방적 조기개입에 있어서 명심하여야 할 것은 이러한 조기개입의 효과를 담보하기 위하여 무엇보다도 프로그램의 질과 지속성이 전제되어야 한다는 것이다. 전문성을 갖춘 훈련된 실무자들이 영유아의 발달적 수준에 적합한 프로그램을 제공하고, 부모에 대한 개입이 동시에 이루어지며, 이것이 최소 2년 이상 지속될 때 보다 확실한 조기개입의 효과를 기대할 수 있다.

현대사회에서 위기가정뿐만 아니라 일반가정에서도 다양한 양육의 문제를 경험하고 있다. 이러한 문제들을 지혜롭게 해결하고 아동을 건강한 시민으로 길러내기 위하여 가족뿐만 아니라 국가와 사회가 함께 힘을 모아야 한다. 앞서 제시한 보편적 · 예방적 서비스의 강조, 가족중심 아동복지서비스 체계 활성화, 생의 초기에 대한 관심과 지원을 통하여 아동권리협약에 명시된 바와 같이 '아동 최상의 이익'에 책임을 질 수 있는 아동복지제도가 공고화된다면 앞으로 보다 더 아동이 행복하고 건강하게 성장할 수 있을 것이다.

3. 아동복지의 필요성

1) 현대 아동이 처한 위기

앞에서 살펴보았듯이 아동복지란 아동이 행복한 삶을 누릴 수 있는 기본적인 여건을 조성하고 조화롭게 성장 · 발달할 수 있도록 하기 위한 경제적 · 사회적 · 정서적 지원을 말한다. 하지만 현대 아동이 처한 사회환경은 급속히 변화하고 있으며 아동의 건강한 성장 · 발달에 있어 위험적인 요소도 증가하고 있는 실정이다. 특히 우리나라는 그동안 경제적으로 눈부신 발전을 이루어 왔으나 아동의 행복지수는 OECD 국가 중 가장 낮은 수치를 보인지 오래되었다.

2000년대 이후 초저출산 국가에 진입한 우리나라는 아동 · 청소년 인구 규모도 급감하여 1980년 전체 인구 중 36.8%를 차지하던 아동 · 청소년 비중이 2022년 15.8%로 감소하였고 이대로 지속된다면 2060년에는 아동 · 청소년 비중이 10%에 불과할 것으로 전망되고 있다. 이러한 전체 아동 인구수의 감소에도 불구하고 위기유형별 아동 · 청소년 규모는 증가하고 있는 실정이며 더불어 은둔형 청소년이나 가족돌봄 청소년(영케어러) 등 새로운 유형의 위기 및 취약 청소년이 발생하고 있는 추세이다(관계부처 합동, 2023b).

또한 아동 · 청소년의 심신 건강 변화를 살펴보면 비대면 환경의 확산 등으로 신체 활동 시간이 감소하고, 코로나19 이후 우울증 및 불안장애 등 아동 · 청소년의 정신 건강 문제가 증가한 것으로 보고되고 있다. 이러한 상황에서 아동 · 청소년 개개인의 역량 제고가 중요해지고 신체 및 정신건강 문제로 위기에 빠지지 않도록 조기에 개입하고 지원할 필요성이 더욱 높아지고 있는 실정이다.

한편 아동 · 청소년의 행복감은 지속적으로 낮아져 한국 아동의 주관적 행복지수의 표준점수는 79.5점으로 22개 OECD 국가 중 22위로 최하위인 것으로 보고되었다(염유식, 2021). 한국 아동의 주관적 행복감의 변화 추이를 보면 2018년도 94.7점, 2019년도 88.5점, 2021년 79.5점으로 매해 감소 추세로 나타났다. 삶의 만족도도 크게 떨어져서 자신의 삶에 만족한다고 응답한 비율이 74.3%로 OECD 국가 평균인 86.05%보다 크게 낮았다. 게다가 우리나라 아동 · 청소년 10명 중 2명 정도는 자살충동을 경험하는 것으로 나타났다. 이러한 현상이 나타나는 이유는 여러 가지가 복합적으로 작용하지만 무엇보다도 아동 · 청소년이 현대 사회환경으로 부터의 지나친 스트레스에 노출되어 있는 반면, 이를 극복할 수 있도록 도울 수 있는 내적, 외적 자원이 미흡한 것으로 볼 수 있다.

일반적으로 경제적으로 어려울수록 행복감도 낮아지는 현상을 보이나 우리나라는 가정이 빈곤하지 않은 아동 · 청소년의 행복감도 낮은 특징이 있다(이수진, 정익중, 2020; 정익중, 2022). 선행연구들에서는 과다한 공부와 지나친 학습 시간을 핵심요인으로 보고하기도 하였으나, 염유식(2021)의 연구에서는 행복감이 높은 아동들은 개인적 · 물질적 가치보다 관계적 가치를 행복의 필수요소로 인식하고 있다고 보고하였으며 따라서 아동 · 청소년의 행복감을 높이기 위하여 무엇보다 관계적 가치에 더 많은 관심을 기울여야 한다고 지적하였다.

2) 가족의 변화와 사회의 역할

우리 사회가 직면하고 있는 문제들 가운데, 출생율의 급격한 저하로 인한 사회문제가 점점 더 심각해지고 있다.

(1) 가족과 사회의 변화

① 저출생·고령화 지표

2023년 출산율(여성 한 명이 가임기간 동안 낳은 평균 출생아 수)은 0.78명으로 OECD 국가 평균이 1.59명의 절반에도 미치지 못하며 역대 최저치를 기록했다. 더구나 65세 이상 고령인구의 비율은 2023년 18.4%에서 2025년에는 20.6%로 올라갈 것으로 전망되어 저출생 고령사회 진입 속도가 빨라지고 있다. 출생아 수는 2017년 30만 명대로, 2020년 20만 명대로 감소해 왔다. 이에 2013년 4만 3770개던 어린이집이 2021년 3만 3246개로 줄어들고 최근 5년간 소아청소년과 662곳, 산부인과 275곳이 폐업하는 사태가 이어졌다. 통계청에 따르면 2024년 유소년(0~14세)의 인구비율은 10.6%이나 2050년에는 8.0%로 감소할 것으로 추계되며, 65세 이상 고령인구는 2024년 19.2%에서 2050년 40.1%로 증가할 것으로 전망되고 있다.

② 저출생에 영향을 미치는 요인

저출생의 요인은 다양하고 복잡하지만 먼저 결혼시기의 연장으로, 여성의 학력이 높아지면서 결혼보다 안정된 직업을 희망하게 되고 이는 경제적 안정을 가져옴에 따라 여성의 지위가 상승하고 결혼시기가 늦어진다고 분석된다. 결혼연령이 높아짐에 따라 2022년 출산모의 평균연령은 33.5세가 되었다. 또한 독신자가 증가하는 추세로 혼인관계와 자녀양육에 구속된 생활을 하기보다는 한 개인으로서 자리를 지향하는 사람들이 증가하였다. 그리고 결혼을 하고 자녀를 낳지 않거나 낳는다 하더라도 많이 낳지 않는다는 사람들이 많아지고 있으며 이는 자녀양육에 대한 경제적·심리적·신체적 부담이 매우 크다는 것을 보여 준다.

(2) 가족 및 사회의 변화가 아동에게 미치는 영향

저출생 고령화 사회의 영향으로 자녀양육의 방법과 태도가 변화되고 있다. 또한 자녀를 양육함에 있어서 세대 간 가치관의 차이 등 다양한 문제에 직면하고 있다.

① 아동의 개인적 성장 발달을 둘러싼 문제

신체적 발달에 있어서 장티푸스 폐렴 등의 질병들은 많이 감소하고 있으나 잘못된 식습관, 일상생활방식, 주거환경 등의 영향으로 비만, 아토피피부염, 천식, 알레르기, 근시 등이 증가하고 있다. 이는 아동의 기초체력에 있어서 상대적으로 저하하고 있음이 보고되고 있다.

심리적, 사회적 발달관련 문제는 신체적 발달과 관련된 문제보다 더 심각하게 발생되고 있다. 에릭슨(Erikson)의 신뢰, 자율, 자발성, 근면, 정체감, 친밀감, 생산성, 자아통합의 8가지 발달과제가 각 단계마다 충분하게 달성되지 못함으로써 신체적으로만 지나치게 성장하여 심리적 · 사회적 · 신체적 균형을 잃은 아동은 주의력결핍과잉행동, 도벽, 친구 괴롭힘 등의 행동으로 나타나게 된다.

② 가정생활에서의 아동문제

우리나라의 혼인건수 대비 이혼건수는 매우 높은 상황인데 자녀는 부모의 이혼을 자신의 탓으로 생각하여 위축되고 우울해지며 학습 의욕도 잃게 되어 잦은 지각, 결석 등 학교생활 적응에 문제가 발생한다. 또한 이혼 후 한부모의 경제적 문제도 가중되고 있다. 가족규모의 감소와 가족유형변화가 나타나 우리나라 가족형태는 핵가족형태로 변화하고 있으며, 동시에 다양한 가족형태(한부모가족, 조손가족, 독신가족, 미성년가족, 무자녀가족)가 증가하고 있다. 또한 부모의 양육스트레스와 자신감 상실로 인해 자녀를 학대할 가능성이 높아졌다.

③ 학교생활에서의 아동문제

현대 사회의 아동이 스트레스를 느끼고 있는 장소 중 하나가 학교이다. 높은 학력을 지향하는 사회의 가치관에 따라 학교에서 학생들은 과중한 학습뿐 아니라 또래와의 관계형성문제, 선생님과의 의사소통문제, 가정환경과 관련된 학교적응 문제 등 다양한 문제(따돌림, 학교폭력)에 당면하고 있다. 이러한 이유로 학교보다 사설학원이 더 즐겁다고 느끼는 학생도 적지 않으며, 등교거부와 중퇴로 인해 청소년문제도 초래되고 있다.

④ 지역사회에서의 아동문제

지역사회는 아동이 성장, 발달하는 과정에서 처음으로 만나는 외부 사회이며, 아동의 연령에 따라 여러 가지 기능을 제고하여 왔다. 그러나 고도의 경제성장 이후, 도시화가 진행되고 가치관이 변화하면서 지역사회가 붕괴되었다. 커뮤니티(community)는 크게 지리적 커뮤니티와 기능적 커뮤니티가 있다. 그러나 지리적 커뮤니티는 존재하나, 기능적 커뮤니티가 점차 붕괴되어 가고 있다. 저출생으로 아동의 수가 감소하고 학원, 컴퓨터 게임, TV 등으로 인해 지역사회에서 아동의 활동이 감소하기 때문이다.

(3) 아동 가족의 문제와 사회적 책임

아동복지법 제4조에서 "국가와 지방자치단체는 아동의 안전 · 건강 및 복지 증진을 위하여 아동과 그 보호자 및 가정을 지원하기 위한 정책을 수립 · 시행하여야 한다."라고 규정하였다. 부모를 일차적 양육의 책임자로 하고 사회적 책임과 정부의 책임도 필요함을 의미한다. 아동복지에 있어서 아동복지의 대상자는 아동뿐 아니라 그 보호자를 포함한다. 친권자, 보호자에 의한 자녀양육은 아동이 태어나 자라는 환경에 있어서 기본 조건이며, 개인적인 영역이다.

3) 아동의 양육과 부모의 역할

가정의 안정된 생활 구조와 부모의 바람직한 역할은 아동의 발달에 가장 기본적인 요소이며, 아동 복지의 전제 조건이다. 아동의 발달은 유전적 요인과 환경 또는 보호요인과 위험요인에 따라 개인차(individual difference)가 나타나고, 특히 연령이 낮을수록, 사춘기와 같은 급속한 발달 시기일수록, 아동은 가족의 구조와 관계, 형제자매의 수와 성비, 부모의 양육태도와 건강 등 가정환경에 영향을 더 받는다. 일반적으로 아동을 양육함에 있어 부모는 다음과 같은 4가지 기능을 수행해야 한다.

(1) 부모의 역할

① 자녀의 기본적 욕구 충족

아동의 살아갈 장소, 음식과 영양, 의복, 신체적 · 심리적 건강에 관한 서비스와 교육에 대한 기본적 욕구를 충족함으로 건강하게 발달할 수 있게 해야 한다.

② 자녀 보호

영유아기의 자녀의 생존과 발달을 돕고, 이후 위험한 환경으로부터 보호, 심리적 · 경제적 · 사회적 어려움을 겪을 때 지원해 주되 자녀의 자발적인 자기결정권을 존중한다.

③ 자녀발달의 안내와 지원

부모는 자녀의 발달(신체적, 인지적, 정서적, 사회적, 도덕적, 문화적, 교육적)을 지원해 주어야 하며, 이를 위해 지원과 통제 간에 적절하게 균형을 취해야 한다. 즉, 자녀에게 애정을 보이고 한계를 설정하고, 긍정적인 대화를 하고, 정보를 제공하며, 강화와 적절한 제재를 가하고, 갈등을 건강한 방식으로 해결하고 중요한 행동과 가치들의 모델을 보여 주어야 한다.

④ 참여와 협력

부모는 자녀의 사회적 발달(사회화)을 지원해 줄 수 있는 지역사회 내 아동 관련 기관이나 단체(학교, 사회복지관, 아동상담소, 청소년수련관 등)와 협력하여 정서적 공감대를 형성하여 도움을 주고받는 네트워크를 구축하는 일에 참여해야 한다.

이와 같은 부모의 역할을 통해 현대 사회에서 부모가 자녀를 양육함에 있어 적어도 3가지 차원의 의미를 가지고 있음을 알 수 있다. 즉, 현대 사회에서는 생물적 차원(혈연관계를 기반으로 한 신체적 부모)에서의 부모, 심리적 차원(자녀에게 신뢰감과 안정 그리고 지속적인 관심)에서의 부모, 사회적 차원(사회적 발전을 위한 모든 행위)에서의 부모역할을 수행해야 한다. '키우는 부모'와 '자라는 자녀'가 존재하는 것은 아니며 '자라는 자녀'는 권리의 주체로서 자발성과 자립도 함께 성취하여야 하고, 부모 자신도 자녀와의 관계를 통해 꾸준히 성찰하면서 더욱 성숙하여야 한다. 즉, 부모 자신도 부모라는 역할의 수행을 통해 '자란다'고 할 수 있다. 따라서 부모자녀관계는 계속 변화하는 사회 속에서 부모와 자녀가 서로 '키우고, 자라는' 역동적인 관계이다.

(2) 아동의 발달 단계별 부모역할

부모는 아동의 건강한 발달을 위해 먼저 자녀의 욕구에 시의적절하게 반응하여야 하는데 이를 위해 자신의 기본적 욕구가 충족되어야 하며, 경제적(어떤 경우에서도 소득을 보장받을 수 있는 사회보장) 급여, 자녀양육의 책임에 대한 준비, 바람직한 부모 역할, 자녀와의 대화기술, 아동학대 영향, 사춘기 청소년의 심리 등에 대한 부모교육과 상담, 가정도우미 파견, 장애아동을 위한 특수보육과 영아보육, 가족상담과 치료가 필요하다. 자녀의 양육은 부모가 아동복지를 기반으로 자녀에게 안락함(comfort)과 자극(stimulus)을 적절하게 조합하여 제공하는 것이며, 자녀는 성장하고 발달하면서 욕구가 변화하고 동시에 부모의 기대와 욕구도 변화하기 때문에 부모는 자녀의 발달 단계에 따른 역할을 수행해야 한다.

표 1-2 발달 시기에 따른 부모의 역할

발달 시기	부모의 주된 역할
태내기 영아기	보호자로서의 역할, 기본적 신뢰감 형성의 조력자로서의 역할, 자극제공자의 역할, 자율성 발달의 조력자로서의 역할, 학습경험 제공자로서의 역할
유아기	보육자로서의 역할, 훈육자로서의 역할, 자아개념 촉진자로서의 역할, 주도성 발달의 조력자로서의 역할, 학습경험 제공자로서의 역할
아동기	격려자로서의 역할, 훈육자로서의 역할, 근면성 발달의 조력자로서의 역할, 긍정적 자아개념 형성의 조력자로서의 역할, 학습경험의 제공자로서의 역할
청소년기	격려자로서의 역할, 상담자로서의 역할, 자아정체감 형성의 조력자로서의 역할, 성정체감 형성의 조력자로서의 역할, 자립 지원자로서의 역할

4) 부모의 양육태도

부모는 누구나 막론하고 때때로 잘못을 저지른다. 부모라고 해서 언제나 감정을 절제할 수 있는 것은 아니며, 부모도 평범한 사람에 불과하고 각자 자신의 문제를 시니고 살아간다. 대부분의 자녀는 간헐적으로 폭발하는 부모의 역정을 상쇄시킬 만한 애정과 이해심을 충분히 누리고 있는 한 얼마든지 극복할 수도 있으나 부정적인 행동양식으로 인하여 계속해서 자녀들의 생활을 강압하는 부모가 많으며 이런 부모들이 자녀에게 마음의 상처를 주게 된다. 지속적인 정서적 학대, 특히 자기비하를 어린 자녀에게 가할 뿐 아니라 대부분 자녀들이 성장한 다음에도 이러한 행위를 그치지 않는 부모들이 있다. 또한 부모가 어린 자녀를 학대하거나, 너무 오래 혼자 내버려 두거나, 성적으로 유린하거나, 바보 취급을 하거나, 지나치게 보호하거나, 과도한 죄책감을 지우거나 한 경우, 그 자녀는 거의 대부분 자존심의 상처를 입게 되어 스스로 무가치하고 사랑받을 자격이 없고 쓸모없는 인간이라고 생각하게 된다.

부모의 양육태도는 자녀의 양육에 대해 형성하고 있는 가치체계로서 아동의 성격발달에 중요한 영향을 미치는데 부정적 양육태도는 자녀에게 정서적 상처를 주게 된다. 또한 부모의 양육태도는 자신의 부모로부터 받았던 양육방식과 가정의 사회적 · 문화적 환경에 의해 영향을 받으며, 다시 다음 세대에게 전승되는 경향이 있다. 무엇보다도 부모는 자녀와 대화하는 기술을 가져야 한다. 자녀를 평가하기보다는 자녀가 성취한 작은 것에도 칭찬을 아끼지 않고, 자녀를 위협하거나 무시하는 말을 해서는 안 된다. 부모가 자녀를 인격을 가진 한 주체적인 인간으로 존중하고 사랑하며 수용할 때 비로소 부모와 자녀는 서로를 이해하고 신뢰하는 관계를 유지할 수 있다. 일반적으로 바람직한 양육태도는 아동을 과잉보호하거나 무조건 허용하지 않으며, 지나치게 통제하거나 거부하지 않고 충분한 애정으로 보살피면서 자율성을 부여하는 태도이다.

부모의 양육태도는 세 가지 기준으로 나누어 볼 수 있는데, 첫째, 부모가 자녀에게 어느 정도의 따뜻한 관심, 사랑 인정 등 정서적 지지를 제공하는가(자녀는 자기 자신을 보다 긍정적으로 바라보게 됨), 둘째, 부모가 어느 정도 자녀를 통제하는가(부모는 아동의 행동을 제한하거나 수정하기 위해 합리적인 한계를 설정해야 함), 셋째, 부모는 자녀에 대한 기대를 어느 정도 하는가이다. 부모의 양육태도는 자녀에 대한 기대를 어느 정도에 두고, 정서적 지지와 통제를 어떻게 조합하느냐에 따라 결정되며 이는 여섯 가지 방식으로 유형화할 수 있다.

(1) 수용적인 양육태도: 자녀의 눈높이에서 적절한 지지와 통제의 사용

부모와 자녀가 정서적으로 밀착된 관계로서 가정에서 자녀가 차지하는 위치를 중요하게 본다. 자녀에게 깊은 관심을 갖고 인격적 존재로 자녀를 받아들이며 부모 자신의 갈등에 따라 자녀를 대하지 않는다. 이러한 자녀는 자신을 존중할 줄 알고 자신과 타인을 긍정적으로 대하게 된다.

(2) 익애적 양육태도: 지나친 지지(통제의 부족)

자녀에 대한 사랑과 관심을 지나친 방법으로 표현하는 양육태도로 자녀의 독립성과 자율성을 방해하며, 부모에게 의존적 태도를 발달시킨다. 이러한 양육방식은 자녀로 하여금 불안감을 갖게 하여 쉽게 흥분하거나 지나치게 수줍어하고, 심하게 초조해하며, 주의력 집중이 결여됨으로서 사회성 결여, 불안, 열등감 등 도피적 태도를 취한다.

(3) 허용적 양육태도: 지나친 허용(통제의 결여)

부모가 자녀에게 무엇이나 허용하여 아동이 가정을 좌우하도록 내버려 두는 것으로 아동이 원하는 것, 바라는 것은 무엇이나 충족시키므로 부모는 자녀의 노예가 되어 부모 역할을 상실하게 된다. 이러한 아동은 부모에게 순종하지도 않고 책임감이 적으며 공격적이며, 집에서는 폭군적이지만 집 밖에서는 두려움을 갖거나 반대로 지나친 자신감을 갖게 된다.

(4) 거부적 양육태도: 정서적 지지의 결여

부모가 자녀의 성장, 발달에 무관심하거나 자녀와 관계없는 집안 분위기를 조성하여 아동이 자기 인생을 방해한다고 생각하여 자녀에게 적대감을 표시하는 거부적인 양육방식으로 이러한 자녀는 안정감이 부족, 자신감 결여, 무기력하고 좌절을 자주 경험하며, 사교적이지 못하고 사회생활에 적응이 어렵다. 뿐만 아니라 오줌 싸기, 먹는 습관의 장애, 손톱 깨물기, 거짓말이나 도둑질 등 반사회적 행동을 하기도 한다.

(5) 지배적 양육태도: 지나친 통제

부모 자신이 지배적인 부모에 의해 양육된 사람으로서 자신의 권위를 아동과 관계에서 찾으려 한다. 이런 아동은 겸손하고 조심성 있으며, 정직하고 수줍고 온순하고 순종적이나 민감하여 자주 의식하고 열등감을 느끼며, 확신을 갖지 못하고 혼동을 잘 한다. 따라서 가족이나 주변 사람들에게 순종하고 수동적인 행동을 잘하며, 쉽게 지배를 당하는 경향이 있다.

(6) 과잉기대형 양육태도: 지나친 기대 수준

부모는 누구나 자녀에 대해 기대를 갖고 키운다. 하지만 과도한 기대는 아동에게 압력으로 느껴지게 되는데 아동이 부모의 기대 수준만큼 행동하지 못할 때 열등감을 느끼고 죄의식에 사로잡히며 화를 잘 내는 경향이 있다. 극단적인 경우 아동은 환상에 사로잡히며, 책임감이 없고 잘 다투기도 한다.

한편 바움린드(Baumrind, 1996)는 부모의 양육행동이 자녀의 성장에 미치는 영향에 관한 연구를 수행하여 3~4세의 유아들을 대상으로 자기통제력, 호기심, 생동감, 자립심, 사교성의 5가지 심리적 능력을 측정한 점수를 기준으로 3가지 집단으로 분류하였다.

① 집단 1(유능한 아동집단) – 권위 있는(authoritative: 민주적) 양육태도

권위주의적인 부모보다 융통성 있게 자녀의 행동을 통제한다. 권위 있는(민주적인) 양육방식을 사용하는 부모들은 자녀에게 규칙을 부과하여 자녀의 행동에 제한을 가하고 통제하나, 자신이 부과한 규칙을 왜 아동이 따라야 하는지 그 이유를 설명한다. 또한 자신이 정한 규칙을 따를 것을 자녀에게 요구하나 동시에 자녀 스스로 따를 것인지 말 것인지를 선택할 수 있는 자유를 준다. 권위 있는(민주적인) 부모는 자녀의 욕구나 의견에 상당히 반응적이다. 따라서 자녀가 자신이 부과한 규칙을 따르려고 하지 않으면 납득하도록 설명하여 설득하려고 하며 자녀 스스로 선택해 규칙을 따르도록 하는 민주적인 절차를 사용한다.

② 집단 2(중간수준의 아동집단) – 권위주의적인(authoritarian: 독재적) 양육태도

부모가 자녀의 행동을 권위주의적으로 통제하는 양육방식으로 권위주의적이라는 용어가 의미하는 바는 윗사람에게는 친절하게 순종적으로 대하나 아랫사람에게는 권위를 내세워서 상대방의 의견을 듣지 않고 명령하는 식으로 대하는 것이다. 따라서 권위주의적인 양육방식은 부모가 자녀의 행동을 매우 통제하며 자신의 의견을 따르기를 강요하는 방식이다. 이러한 양육방식을 취하는 부모는 자녀에게 많은 규칙을 부과하며 그것에 무조건 따를 것을 원하면서도 자녀가 자신이 부과한 규칙에 따라야 하는 이유에 대해서는 설명하지 않는다. 또한 자녀가 따르지 않으면 강압적인 방식으로 체벌 등을 사용하기도 한다.

③ 집단 3(미숙한 아동집단) – 허용적인(permissive) 양육방식

자녀에게 요구하는 바가 적고 자녀의 기분이나 충동 등을 마음대로 표현하는 것을 허용한다. 자녀의 행동을 거의 통제하지 않으므로 자녀들은 상당히 자유롭게 생활한다. 허용적인 부모는 자녀를 처벌하지 않고 무조건 수용해 주며 긍정적이다.

(7) 부모교육 예시

부모교육이 다양한 방식으로 이루어지고 있으나 여전히 부모교육이 필요한 부모들이 충분히 교육받지 못하고 있는 실정이다. 부모교육의 한 예시로 초록우산 어린이재단에서는 자녀양육에 대한 지식과 경험의 부재로 어려움을 겪고 있는 부모에게 「초록우산부모교육」을 통하여 부모 스스로 내면의 힘을 키울 수 있도록 다양한 콘텐츠를 제공하고 있는데 이를 통해 자녀를 건강하게 성장시키며 양육과 관련된 어려움이나 문제에 대해 잘 해결할 수 있다는 부모 자신에 대한 믿음을 키울 수 있도록 설계되었다.

특강 1	특강 2	특강 3	특강 4
• 부모의 의미 찾기 • 아동기 발달과업과 부모의 역할	• 청소년기 아동의 특성 이해 • 청소년기 발달과업과 부모의 역할	• 아동학대 현황 및 유형 이해 • 아동학대 예방을 위한 부모의 역할	• 기질의 4요소 이해 • 자녀와의 조화로운 관계 형성
아이 1학년, 부모도 1학년	톡톡! 사춘기 우리아이와 톡(Talk) 하기	톡톡! 해피맘 해피아이	나와 다른 아이, 그래도 행복해!

[그림 1-2] 초록우산 어린이재단 부모교육 내용

제2장

아동권리

아동복지는 아동이 건강하게 성장하는 데 필요한 제도와 서비스를 말한다. 협의의 아동복지는 주로 취약아동의 문제를 예방하거나 해결하는 데 도움이 되는 복지 제도와 서비스를 의미하지만, 넓은 의미에서는 모든 아동이 건강하게 성장하는 데 필요한 제도와 서비스를 포함한다(노혜련 외, 2021). 선진국을 비롯하여 최근의 아동복지정책과 실천의 큰 방향은 통합적이고 포괄적인 아동복지서비스를 제공하기 위해 아동복지기관 혹은 사회복지기관이 상호 협력하여야 한다는 것이다(Marsh, 2000).

포괄적이고 통합적인 서비스는 아동복지가 아동의 생존을 보호하는 차원에서 최적의 생활을 보장해 주는 수준으로 변화되어야 함을 의미한다(김기환, 2000). 즉, 이러한 서비스의 수준은 유엔의 아동권리협약(CRC: The Convention on the Rights of the Child)에서 명시하고 있는 아동의 기본적 권리에 따라 모든 아동의 경제적 · 사회적 · 문화적 · 심리적 욕구를 충족시켜 주는 아동복지정책을 의미한다. 이 장에서는 아동권리 역사, 특성 및 내용을 바탕으로 한국의 아동권리 현황 및 과제를 살펴보고자 한다.

1. 아동권리의 역사

아동의 권리에 대한 논의는 오랜 세월을 거쳐 왔으나 이에 대한 본격적인 논의는 비교적 근래의 일이다. 아동권리사상은 1922년 아동복리회(Save the Children Fund)의 창설자인 애글란타인 잽(Eglantyne Jebb) 여사에 의해 성문화된 아동권리 선언(Declaration of the Rights of the Child)으로부터 시작되었으며, 1924년 국제연맹(League of Nations)은 그의 선언문을 전문과 5개 조로 된 '아동권리에 관한 제네바 선언'(Declaration of Geneva)으로 채택하였다. 유엔총회는 1948년 세계인권선언을 채택하고 그 속에 아동의 권리를 포함하였으며, 1959년 아동의 특별한 요구를 다룰 수 있는 별도의 선언이 필요하다는 입장에서 10개 항으로 구성된 아동권리선언을 채택하였다.

1979년 〈세계 아동의 해〉를 맞아 세계 각국 정부가 의견을 조정하여 1989년 11월 20일 아동권리협약(Convention on the Rights of the Child: CRC)이 완성되었으며 유엔총회는 이를 만장일치로 채택하였다. 이 협약은 54개 조항으로 되어 있으며, 어린이 권리선언의 어린이 존중정신을 계승함과 동시에 환경보호, 약물남용, 성폭력과 같은 문제들을 다루고 있다. 이 협약은 1990년 9월 2일을 기해 20개국 이상의 비준을 받아 국제법의 효력을 갖게 되었으며 한국정부는 1990년 9월 25일에 이를 비준함으로써 협약의 당사국이 되었다. 2007년 말 전 세계 193개국이 협약에 비준함으로써 이 협약은 UN의 7개 협약 중 가장 많은 국가들이 비준한 국제협약의 기록을 갖게 되었다.

유엔아동권리협약은 현존하는 7개의 유엔인권협약 중 가장 포괄적이며 흥미로운 협약으로 이 협약만이 일반적, 전통적, 시민적, 정치적, 사회적, 문화적, 경제적 권리를 포함하고 있다(이양희, 2004; Doek, 2003). 아동권리협약의 기본 철학은 아동은 성인과 동등한 고유한 인간 가치를 지니고 있다는 것이다. 이는 아동의 권리를 단순한 보호가 아니라 보호받을 권리로 보는 관점으로, 권리이기 때문에 보호가 주어지지 않는 경우에 적극적인 개입을 요구할 수 있다는 점에서 새로운 의미가 있다(한지숙, 홍은주, 1998).

한국정부도 1991년 11월 20일에 이 협약에 비준하여 협약의 당사국이 되었으며, 1994년 '제1차 국가보고서'를 유엔아동권리위원회에 제출하였고, 1998년에는 '제2차 국가보고서', 2008년 12월에는 '제3 · 4차 통합 국가보고서', 2018년에는 '제5 · 6차 통합 국가보고서'를 제출하였으며 그동안 아동권리인식을 높이고자 많은 노력을 기울여 왔다.

유교적 가족중심의 전통적 가치관을 유지해 온 우리나라는 1920년대 소파 방정환을 중심으로 아동애호 사상이 활성화되기 시작하였고 어린이날과 어린이 헌장 제정, 아동복지법 등 관련법의 입법화 과정을 통해 아동구호와 아동보호를 넘어 아동복지의 시대를 맞고 있다. 또한 1989년 유엔총회에서 "아동의 권리에 관한 협약"이 채택되고 우리나라가 이 협약에 서명하고 비준함으로써 협약의 당사국이 되면서 아동의 권리에 대한 인식은 크게 성장하였지만 여전히 아동을 권리의 주체로 인정하며 그 권리를 보장하려는 아동권리사상은 서구사회에 비해 매우 미흡한 실정이다. 역사적으로 유럽에서 아동권리에 대한 인식이 일기 시작한 1920년대 초와 비슷한 시기에 우리나라에서는 소파 방정환을 중심으로 한 소년운동이 일어났는데, 이는 전통적인 가부장적 차별질서하에서 억압받고 소외당해 온 아동들에게 권리를 찾아 주자는 아동권리운동으로 볼 수 있다(이재연, 2007). 1923년 어린이날 당일 기념식장에서 낭독되었던 소년운동의 기초조건 3가지, 이른바 "어린이 권리 공약 3장"으로 알려져 있고 실제로 우리나라 최초의 "아동권리선언"의 내용은 다음과 같다.

표 2-1 어린이 권리 공약 3장

1. 어린이를 재래의 윤리적 압박으로부터 해방하야 그들에게 대한 완전한 인격적 예우를 허하게 하라.
1. 어린이를 재래의 경제적 압박으로부터 해방하야 만 십사세 이하의 그들에게 대한 무상 또는 유상의 노동을 폐하게 하라.
1. 어린이 그들이 고요히 배우고 즐거히 놀이에 족한 각양의 가정 또는 사회적 시설을 행하게 하라.

이렇듯 소파 방정환에 의한 아동권리운동은 그 시작이 세계적인 시작과 겨룰 만큼 빨랐으나 그 이후에 계승은 미비하여, 우리사회가 6.25를 경험하고 경제발전에 치중하는 동안 아동에 대한 배려는 뒷전으로 밀릴 수밖에 없었다. 1957년 제정된 어린이헌장은 소파 방정환의 정신이 그대로 반영된 것이기는 하지만 우리나라는 여러 면에서 아동권리실천이 뒤지고 있다(이재연, 2007).

어린이헌장은 우리나라 아동이 누려야 할 기본적 권리의 내용을 담고 있다. 대한민국 어린이헌장은 전문과 11개 조항으로 되어 있는데 무차별원칙과 인간존엄성이 포함되어 있다. 또한 건전한 가정에서의 보호, 영향, 교육, 문호, 놀이 및 오락, 학대와 노동으로부터의 보호, 장애아동의 보호 등에 관한 권리가 명시되어 있다. 어린이헌장은 우리사회의 아동에 대한 다짐과 약속을 나타내고 있지만 선언적 의미가 강하다(공계순, 박현선, 오승환, 이상균, 이현주, 2019). 어린이헌장의 내용은 다음과 같다.

표 2-2 대한민국 어린이헌장

대한민국 어린이헌장은 어린이날의 참뜻을 바탕으로 하여, 모든 어린이가 차별 없이 인간으로서의 존엄성을 지니고, 나라의 앞날을 이어나갈 새사람으로 존중되며, 바르고 아름답고 씩씩하게 자라도록 함을 길잡이로 삼는다.

1. 어린이는 건전하게 태어나 따뜻한 가정에서 사랑 속에 자라야 한다.
2. 어린이는 고른 영양을 섭취하고, 질병의 예방과 치료를 받으며, 맑고 깨끗한 환경에서 살아야 한다.
3. 어린이는 좋은 교육시설에서 개인의 능력과 소질에 따라 교육을 받아야 한다.
4. 어린이는 빛나는 우리 문화를 이어받아, 새롭게 창조하고 널리 펴나가는 힘을 길러야 한다.
5. 어린이는 즐겁고 유익한 놀이와 오락을 위한 시설과 공간을 제공받아야 한다.
6. 어린이는 예절과 질서를 지키며, 한겨레로서 서로 돕고, 스스로를 이기며 책임을 다하는 민주 시민으로 자라야 한다.
7. 어린이는 자연과 예술을 사랑하고 과학을 탐구하는 마음과 태도를 길러야 한다.
8. 어린이는 해로운 사회환경과 위험으로부터 먼저 보호되어야 한다.
9. 어린이는 학대를 받거나 버림을 당해서는 안 되고 나쁜 일과 힘겨운 노동에 이용되지 말아야 한다.
10. 몸이나 마음에 장애를 가진 어린이는 필요한 교육과 치료를 받아야 하고, 빗나간 어린이는 선도되어야 한다.
11. 어린이는 우리의 내일이며 소망이다. 나라의 앞날을 짊어질 한국인으로, 인류의 평화에 이바지할 수 있는 세계인으로 자라야 한다.

2. 아동권리의 특성과 내용

1) 아동권리의 특성

아동이 부모의 자산이나 소유물로 여겨지고 종족의 유지나 국가의 보호를 위한 수단으로 간주되었던 시대에 아동의 권리는 존재하지 않았다. 그 이유는 권리의 주체인 아동이 법률상 미성년자이며 사회 관습적으로 양육의 대상일 수밖에 없었기 때문이다. 아동관이 변화하기 시작한 20세기에 이르러 아동은 고유한 욕구와 존엄성을 가진 독립된 인격체로서 인식되었으며 따라서 오늘날의 아동은 독립된 인격을 가진 권리의 주체로서 인식된다.

인권(human rights)은 인간이기 때문에, 인간이면 누구나 당연히 가지는 권리로써 인간의 존엄성(human dignity)을 근거로 한다(김용자, 1998). 즉, 인권이란 사람이 이 세상에 태어나면서 출생과 더불어 소유하게 되는 자연법적인 천부의 권리를 말한다. 성인에게 주어지는 인권은 아동에게도 그대로 적용되고 그에 덧붙여 아동은 생존을 스스로 보호할 수 없는 특별한 존재이기에 보호권과 양육보장권이 첨가된다(이순형, 2001). 아동의 권리는 아동의 제반 욕구가 사회에 의하여 인식되고 주장된 것이라고 볼 수 있다. 아동의 권리는 아동복지의 이념적 기초가 되기 때문에 아동권리의 실현은 아동복지의 중요한 목표이자 과제라고 볼 수 있다(공계순 외, 2019).

성인들에 의하여 아동은 취약한 존재라고 규정되는데 그 의미를 살펴보면 두 가지 관점에서 논의될 수 있다(이재연, 1996). 먼저, 아동의 신체적인 취약성이다. 아동은 신체적으로 약하고, 미성숙하며 지식이나 경험이 부족하며 이는 아동을 주위에 있는 성인들에게 의존하게 만든다. 이러한 신체적 취약성은 아동이 성장해 가면서 줄어들며 아동은 자신에 대해 책임질 수 있는 능력이 증가한다. 두 번째는 아동의 구조적인 취약성이다. 즉, 아동이 약한 것은 경제적으로나 정치적으로 힘이 없기 때문이라는 것이다. 이는 아동기의 특성에 대한 추정과 역사적인 태도에서 비롯된 것으로 볼 수 있으며, 사회적인 구조나 정치적인 구조가 그런 것이지 아동기 자체가 본래 필연적으로 취약한 것은 아니다. 이재연(1996)은 입법과 정책수립 그리고 사회현실에서 아동들의 신체적, 심리적 약점이 지나치게 의식되는 경향이 있음을 지적하며, 이것이 결국 아동의 취약성을 조장하고 있다고 주장하였다.

유엔의 아동권리선언(1989)에 비추어 아동권리의 3대 원칙을 살펴보면 다음과 같다. 아동권리의 3대 원칙은 “3P”로 대변될 수 있는데 이는 제공(provision), 보호(protection) 그리고 참여(participation)이다(이재연, 1996). 먼저, 제공은 아동이 필요한 인적, 물적 지원을 받고 이를 사용할 권리로, 예를 들어 이름, 국적, 보건, 교육, 여가 및 놀이를 즐길 권리나 지체부자유아 및 고아보호 등이 포함된다. 둘째, 보호는 아동이 위해한 행위로부터 보호받을 권리로써 예를 들면 부모로부터의 격리, 상업적 또는 성적 착취, 육체적 · 정신적 학대, 전쟁참가 등으로부터 보호받을 권리 등이 이에 해당된다. 마지막으로, 참여는 아동이 자신의 인생에 영향을 미칠 중대한 결정에 대해 알 권리로서 아동은 성장과 더불어 책임 있는 성년기에 대한 준비로 사회활동에 참여할 기회를 많이 가져야 한다는 것을 전제로 한다.

아동의 권리에 대한 인식이 높아지고 있으나, 아동의 권리의 목록을 확립하는 것뿐만 아니라 그 권리의 실행가능성의 문제는 쉽지 않다(안동현, 1997). 아동의 권리는 일반적으로 복지권, 보호를 받을 권리, 적극적인 의사결정권 그리고 참여권 등으로 나누어 설명할 수 있다(이배근, 2007). 모든 아동은 적절한 의식주를 제공받으며 건강하고 위생적인 삶을 향유하며 문화적인 생활을 누릴 수 있는 복지권을 가지며, 모든 아동은 폭력과 공포, 학대나 방임으로부터 보호받을 권리를 가지며, 자신의 의견을 주장하고 결정할 수 있는 권리와 자신이 원하는 각종 활동에 참여할 수 있는 권리를 갖는다. 지금까지 많은 선언과 헌장 속에서 아동의 권리를 명시해 왔지만 실천적인 규정을 포함하여 실제적인 진전을 이루지 못한 경우가 많다.

1989년 11월 20일 유엔총회에서 만장일치로 채택된 '아동의 권리에 관한 국제협약'(Convention on the Rights of the Child: CRC)은 아동을 보호의 대상뿐만 아니라 적극적인 권리의 주체로 인식하고 있으며 무차별의 원칙, 아동의 최상의 이익우선, 아동의 생존, 보호, 발달 및 아동의 참여를 중심으로 아동의 권리를 다음과 같이 명시하고 있다. 먼저 생존의 권리는 어린이들이 삶에 대해 갖는 권리로써 살아가기 위해 필요한 기본 조건을 다루며 여기에는 적절한 생활수준, 주거, 영양, 보건 등의 권리가 포함된다. 둘째, 발달의 권리는 어린이들이 그들이 가진 잠재능력을 최대한 발휘하도록 하기 위해 필요한 기본 조건들을 다룬다. 여기에는 교육받을 권리, 여가를 즐길 권리, 전통적인 문화생활을 할 권리, 정보를 얻을 권리, 생각과 양심 · 종교의 자유 등이 포함된다. 셋째, 보호의 권리는 모든 형태의 학대와 방임, 폭력으로부터 어린이가 안전하게 보호받을 수 있는 권리를 의미한다. 난민어린이에 대한 특별한 보호 및 고문, 부당한 형사처벌, 징집, 노동, 약물과 성폭력으로부터의 보호 등이 이에 해당된다. 마지막으로 참여의 권리는 어린이들의 자신의 나라와 지역사회의 활동에 적극적으로 참가할 수 있는 권리를 의미하는데 이는 자신의 의견을 표현하고, 자신의 삶에 영향을 주는 문제들에 대해 발언권을 지니며, 단체에 가입하거나 평화적인 집회에 참여할

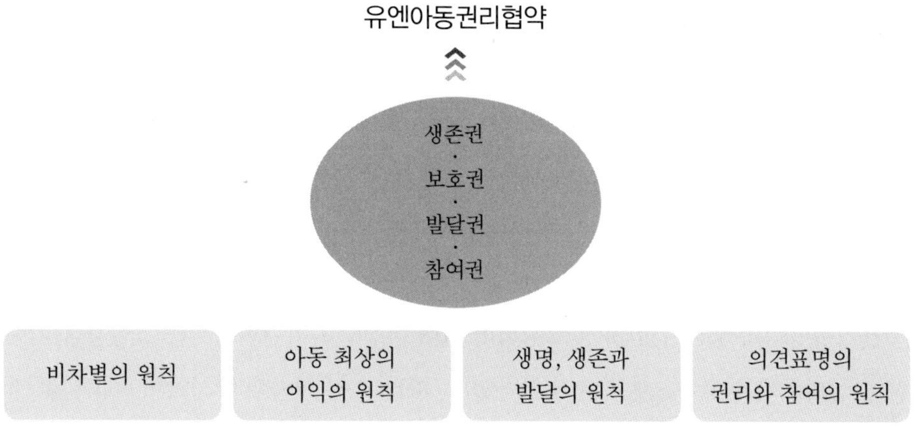

[그림 2-1] 유엔아동권리협약의 구성

출처: 국제아동인권센터(2021), p. 18.

수 있는 자유를 뜻한다. 참여의 권리는 어린이가 자신의 능력의 발달과 함께 사회참여의 기회를 많이 가짐으로써 책임감 있는 성인으로 성장하게 된다는 것을 전제로 한다고 볼 수 있다.

현대사회는 국제사회의 노력으로 수동적인 아동보호에서 능동적인 아동권리 보장이라는 적극적인 아동권리사상이 발달하게 되었다. 영국의 경우 20세기에 들어와서 불문법에서 아동의 권리와 아동의 이익을 반영하는 방향으로 변화되었으며, 1925년 영국의 영아보호법(Guardianship of Infants Act of 1925)에서 처음으로 아동보호와 양육에 관련된 의사결정 내용을 포함하였다. 프랑스는 19세기까지 아동의 권리나 아동의 이익을 법이 보호하지 않았으며 제2차 세계대전 이후에 가족법을 입법화하면서 아동의 최선의 이익을 중요하게 간주하게 되었다(UNICEF, 1996). 미국은 1909년 루스벨트 대통령이 아동에 대한 최조의 백악관 회의를 소집하여 다가오는 10년마다의 아동계획을 수립하는 제도를 제정하였고, 1912년 의회는 아동국(Children's Bureau)을 설치하였다. 또한 1930년 후버 대통령이 소집한 제3회 백악관 회의에서 19조에 이르는 미국 어린이헌장을 선포함으로써 전인적 아동관, 아동의 인격존중, 가정과 아동의 분리 금지 등을 포함한 아동의 권리보호를 위한 국가와 사회의 다짐을 천명하였다. 하지만 세계적으로 아직도 많은 어린이들이 생존과 보호, 발달, 참여의 기본적인 권리를 무시당하며 살고 있는 경우가 많다.

2) UN CRC의 내용

UN CRC는 아랍어, 중국어, 영어, 프랑스어, 러시아어 그리고 스페인어 등 6개의 언어로 작성되어 있다. 이 협약은 전문과 54개 조로 되어 있으며 본문 54개 조는 실질적 규정(Substantive Provisions)인 제1부(1~41조), 이행(Implementation & Monitoring)에 관한 제2부(42~45조) 그리고 부칙에 해당하는 제3부(46~54조)로 구성되어 있다. 아동권리협약의 내용이 산만하게 제시되어 있어 아동권리위원회에서는 조항들을 이해하고 심의하기 쉽도록 8개로 다시 나누었다. 따라서 이 협약의 당사국이 보고서를 작성할 때 8개의 분류 기준에 따라야 한다.

아동권리협약의 기본 목적은 '아동권리에 대한 인식 증진'이므로 모든 당사국들은 아동권리협약의 조항들과 원칙을 널리 알리도록 되어 있다. 전문에서는 유엔의 기본원칙과 인권에 관한 여러 선언이나 규약을 제시하고 있는데, 아동은 특별한 보호가 필요하다는 것과 아동의 보호에 대한 가족의 일차적 책임을 강조하고 있다. 더불어 출생 전후 아동의 법률적 보호, 아동이 속한 사회의 문화적 가치 존중 그리고 아동의 권리를 지키기 위한 국제적인 협력의 중요성을 강조하고 있다. 이어서 8가지 분류에 따른 아동권리협약의 내용을 구체적으로 살펴보면 다음과 같다(이양희, 2004: 42-46).

(1) 이행에 관한 일반원칙

아동권리협약의 이행에 관한 핵심은 제4조인 '당사국은 아동권리협약을 이행하기 위해서 적합한 모든 법률적, 행정적 그리고 기타 방법들을 동원해야 한다'로 볼 수 있다. 따라서 당사국의 모든 법률은 UN의 아동권리협약과 양립할 수 있도록 바뀌어야 한다. 행정적 조치에 포함되는 것은 국가적 정책이나 활동 계획, 예산 배정, 이행을 할 수 있는 정부 기구 설립, 이행모니터링 기구 설립, 시민사회의 참여, 모든 정책에 따른 아동 영향 평가(child impact assessment), 아동의 권리를 옹호할 수 있는 독립적 기구 설립 등이다.

(2) 아동의 정의

아동의 정의는 제1조에 명시되어 있는데 '18세 미만의 모든 아동 혹은 당사국이 정하는 성인 연령의 미만'을 말한다. 유엔아동권리위원회는 출생 이전의 태아에 대해서는 권리를 인정하지 않는다.

(3) 일반원칙

이 부분에서는 제2조(무차별), 제3조(아동의 최선의 이익), 제6조(생명과 최대한의 발달수준의 권리), 제12조(아동의 의견존중)를 포함한다. 우선 비차별의 원칙은 모든 실행조항에 담겨져 있는 것으로, 예를 들어 여아가 남아와 동등한 교육의 기회와 적절한 보건의 권리를 갖는다는 것이다. 아동의 최선의 이익원칙은 협약의 최고의 원칙으로 간주되는 것으로 이는 당사국이 내리는 모든 정책은 의사결정 과정에서 아동의 최선의 이익을 고려해야 한다는 의미이다. 제6조는 생명, 생존 그리고 발달에 대한 권리로 아동이 살해당하지 않는 것은 물론 당사국은 아동의 생존과 발달을 가능한 최대수준으로 보장하여야 한다는 것이다. 아동의 의견존중 조항은 완전 이행이 불가능하며 많은 논란을 불러일으키고 있는데 이 원칙은 사회적 관습과 맥락에서 고려하여 그 범위 내에서 지켜지도록 하고 있다. 아직도 많은 경우에 아동의 의견을 들으려고 하지 않거나 고려하지 않는다. 유엔 아동권리협약의 일반원칙은 삼각형 모델로 설명될 수 있는데 이는 아동의 생존과 발달이 보장되기 위해서는 아동 최상의 이익, 아동의 실질적 참여 그리고 비차별의 원칙이 균형적으로 필요함을 도식화한 것이다.

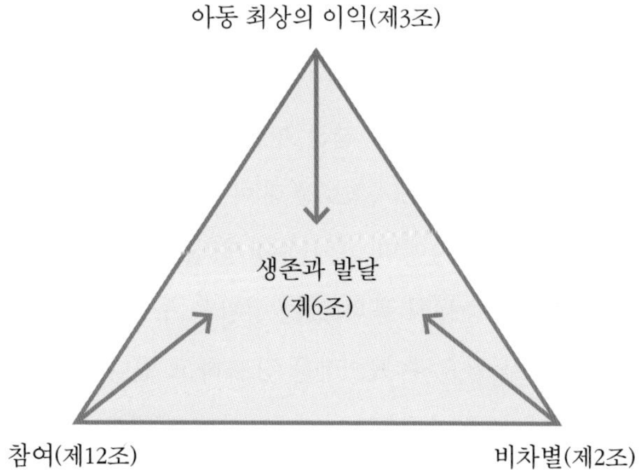

[그림 2-2] 유엔 아동권리협약 일반원칙의 삼각형 모델

출처: 세이브더칠드런(2005).

(4) 시민적 권리와 자유

이는 인간의 기본적인 시민적 권리와 자유, 즉 국제 인권 선언에 명시된 기본적 권리와 상통하는 것으로 제7조(출생신고, 이름과 국적권), 제8조(정체성), 제13조(표현의 자유), 제14조(사고, 사상, 종교의 자유), 제15조(평화로운 집회의 자유), 제16조(사생활 보호), 제17조(적절한 정보에 대한 접근), 제37조(고문, 비인간적 혹은 굴욕적 대우 혹은 처벌을 받지 않을 권리)가 포함된다.

(5) 가족환경과 대체양육

이와 관련된 조항으로는 제5조(부모의 지도), 제18조(부모의 책임), 제9조(부모로부터의 분리), 제10조(가족 재결합), 제27조(이혼시 아동 양육비의 의무화), 제20조(가족환경이 박탈된 아동), 제21조(입양), 제11조(아동의 불법 이송 및 미귀환), 제19조(폭력으로부터의 보호, 아동 집단 수용 기관들의 정기적인 점검), 제39조(피학대 아동의 심리적 · 신체적 회복과 사회복귀), 제25조(양육 지정 조치된 아동의 정기적 심사)이다. 아동권리협약에서는 가족을 아동에게서 분리되어서는 안 될 필수적인 관계로 인정한다. 따라서 가족이 아동의 발달과 안녕을 위한 가장 자연스러운 환경이므로 가족이 이러한 기능을 할 수 있도록 당사국들이 지지해 주어야 한다. 또한 아동을 보호하기 위해 국가가 적극적으로 개입하고 노력해야 함을 밝히고 있다.

(6) 기본보건과 복지

일반적 원칙에서 언급된 제6조(생명, 생존, 발달의 보호)와 더불어 제23조(장애아동), 제24조(건강 및 보건 서비스), 제26조(사회보장 및 아동보호시설), 제27조(생활수준)가 이에 해당한다. 아동의 신체적 건강뿐만 아니라 정신적, 사회적 건강을 포함하며, 장애아동이 "존엄성이 보장되는 충분히 품위 있는 생활을 누려야 함"을 규정하고 있으며 이들의 가족에게도 지원이 필요하다는 점을 강조하고 있다. 사회보장의 경우 모든 아동에게 혜택을 줄 것인지(예: 아동수당의 지급), 아니면 일부 아동에게 줄 것인지(예: 저소득 계층이나 특별한 경우에 지급)에 대하여 제26조에서 "여타의 사정을 참작하여 적절한 경우"에 부여할 것으로 제한하고 있다.

(7) 교육·여가·문화적 활동

이와 관련된 조항들은 제28조(직업 훈련을 포함한 교육), 제29조(교육의 목적), 제31조(휴식, 여가, 문화생활)이다. 여기에는 교육의 기본적 목표에 대한 틀을 제공하고 무상의무교육을 권장하는 내용이 포함되어 있다. 교육의 목적에서 자신의 부모, 문화적 주체성, 언어 및 가치, 자신이 살고 있는 나라와 출신국의 가치뿐만 아니라 타 문화에 대한 존중도 목표로 삼고 있다. 또한 자연환경에 대한 존중도 중요한 목표로서 언급하여 환경교육을 강조하고 있다. 교육은 인간의 기본적인 권리이며 이는 빈곤이나 건강과 연결되어 있다고 할 수 있으므로 교육의 중요성에 대하여 무게 있게 다루고 있으나, 이와 더불어 지나치게 교육만 강조되어서는 안되므로 제31조에는 아동이 여가를 즐길 수 있는 권리와 아동의 휴식과 문화적 활동의 권리를 보장하고 있다.

(8) 특별보호조치

이는 무력분쟁, 법률저촉 그리고 착취와 관련된 것으로 제22조(난민아동), 제32조(아동노동), 제33조(물질남용), 제34조(성적착취), 제35조(인신매매와 납치방지), 제36조(기타 착취), 제37조(자유의 결핍, 감금), 제38조(무력분쟁), 제39조(아동 피해자들의 재활), 제40조(소년법 집행)가 포함된다. 이 조항들은 아동에게 무엇인가 제공해야 한다는 이전의 조항과는 달리 아동을 무엇인가로부터 보호하는 내용으로 이루어져 있다. 난민아동의 경우 난민의 지위를 구하고 있거나 법률적으로 난민으로 취급되는 아동이 부모나 기타 다른 사람과의 동반 여부에 관계없이 적절한 보호와 인도적 지원을 받을 수 있도록 적절한 조치를 취할 것을 규정하고 있다. 아동의 체포 등 자유의 박탈은 "오직 최후의 수단으로써 적절한 최단 기간만" 사용하도록 하고 있으며 이들은 변호사와 같은 법률적 노움뿐만 아니라 사회복지사 등 관련된 도움을 받을 수 있어야 한다고 제시하고 있다. 또한 아동이 자신의 건강, 교육 혹은 발달을 위협하는 노동으로부터 보호받아야 하며, 모든 형태의 착취로부터 아동을 보호할 의무를 국가에 책임지우는 규정을 포함하고 있다.

3) UN CRC의 의의

이러한 UN CRC의 의의를 몇 가지로 살펴보면 다음과 같다(안동현, 1997: 37-38에서 재인용; Hammarberg, 1990).

(1) 협약은 아동의 권리에 대한 전 세계적인 개념 정의를 부여하였다. 문화적, 종교적 견해는 물론 사회 조직을 망라한 정의로써, 어떤 특정한 문화적 관습이라는 미명하에 아동을 억압할 수 없게끔 되었다.

(2) 협약은 아동에게 동등한 권리를 갖는 인간의 지위를 부여하였다. 아동은 누구에게 속한 것이 아니라, 자기 고유의 권리를 갖는 한 개체로 존중되어야 한다. 협약은 아동의 동등성에 대해 투쟁에서 일보 진전한 것으로 간주되어야 한다.

(3) 협약에서 사용하는 권리(rights)라는 용어는 더 이상 아동에 관하여 시혜적 접근이 아닌 시민적, 정치적 접근으로 변경할 것을 주장하고 있다.

(4) 협약은 오늘날 아동들이 처한 열악한 위기상황—빈부격차, 전쟁과 갈등, 환경오염 등—을 폭로하였다. 이것은 아동의 생존에 중대한 이러한 문제들을 해결하기 위하여 절대적으로 필요한 정치적인 각성에 기여할 것이다.

(5) 협약은 아동에 대한 정치적인 관심을 증가시켰다. 협약은 아동에 관한 실제 상황을 토의하는 자료로 이용된다. 협약에서 보고서를 작성하고, 제출하고 토의하는 모든 과정들로 인하여 아동에 관련된 주제들에 대해 정기적인 검사가 촉진될 것이다.

(6) 협약에 의해 정부 보고서에 관련한 토의로 인하여 설정된 연계가 원조 정책에 역동성을 부여할 수 있다. 즉, 각국 정부, 유엔 기관, 전문 단체, 비정부간 단체 등이 참여하는 국제간 협력이 촉진될 수 있다.

(7) 협약은 아동의 권리영역에서 기준-설정의 시발점이 되었고, 또한 무력분쟁에서 아동 보호의 새로운 규준을 제시했다.

결국 아동권리협약은 아동의 위치를 재조명할 수 있게 하는 도구의 역할을 하며, 사회문화적인 맥락에서 아동의 권리를 볼 수 있도록 틀을 제공한다고 볼 수 있다(이양희, 2004). 유엔국제협약을 비준한 우리나라는 비준국의 의무로써 정기적으로 이에 대한 보고서를 유엔에 제출하고 있다. 우리나라는 2024년 1월 현재까지 1996년, 2003년, 2011년, 2019년 총 4차례의 심의를 받았으며, 이를 통해 아동인권보호 및 증진을 위한 다양한 노력을 기울여 왔다. 아동복지법의 개정을 통해 협약의 이룽 최상의 이익, 비차별 원칙을 반영하고 아동학대로부터의 보호를 강화하는 등 국내법과 조화를 이루게 하였으며 이를 통해 아동보호전문기관의 확대, 가정위탁지원센터의 설립, 국내입양의 활성화 등이 이루어졌다. 가장 최근 진행된 2019년 제5, 6차 국가보고서에 대한 심의에서는 비차별, 생명생존 및 발달의 권리, 체벌을 포함하는 아동에 대한 폭력, 성적 착취 및 학대, 교육 및 교육의 목표, 소년사법 운영 등에 대한 조치가 조속히 이뤄지기를 권고하였다. 2019년 국가보고서에 대한 최종견해는 〈표 2-3〉에 제시되어 있으며 정부는 제7차 국가보고서를 2024년 12월 19일까지 제출하여야 한다. 다음 그림에는 유엔아동권리협약 이행 모니터링 절차를 제시하였다.

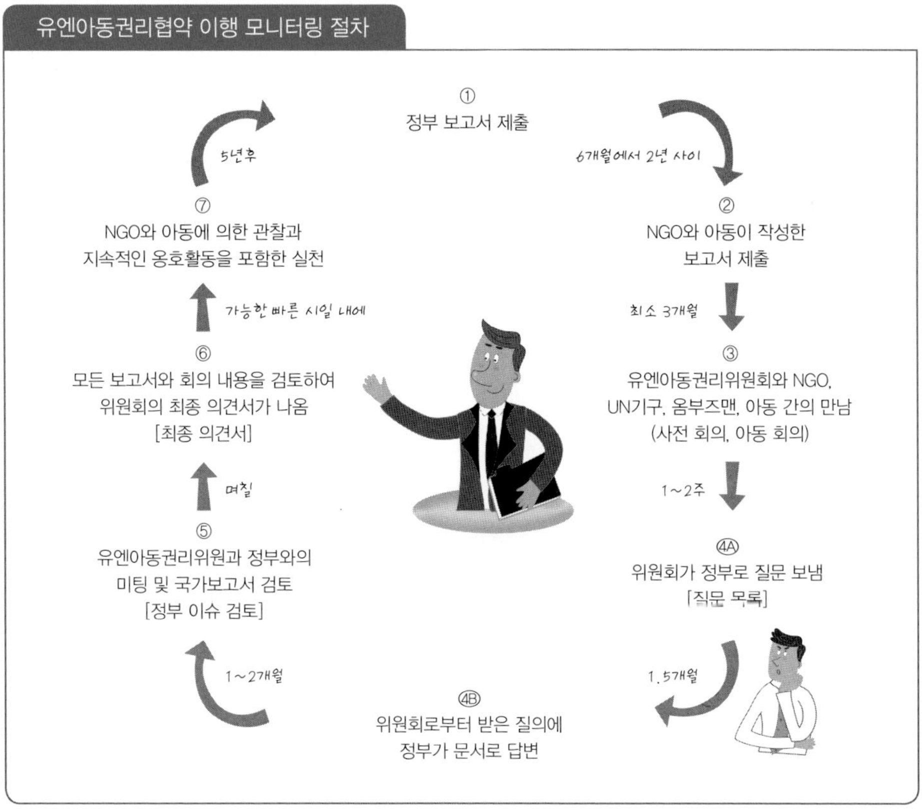

[그림 2-3] 유엔아동권리협약 이행 모니터링 절차

출처: NGO Group for the Convention on the Rights of the Child(2011).

3. 한국의 아동권리 현황

최근 수년 동안 한국사회에서의 아동권리는 매우 발전하고 있고, 향후 발전 가능성이 증대될 수 있는 기반을 갖추어 왔으며 이는 아동정책기본계획에 구체적으로 반영되어 있다. 제2차 아동정책기본계획('20~'24)은 '아동이 행복한 나라'로 비전을 제시하고 핵심목표는 '아동권리의 존중 및 실현'과 '아동이 현재 행복을 누릴 수 있는 환경 조성'이다. 이러한 비전과 핵심목표 실현을 위하여 '권리주체 아동권리 실현' '건강하고 균형있는 발달 지원' '공정한 출발 국가책임 강화' '코로나19 대응 아동정책 혁신' 4가지 추진전략을 제시하고 있으며, 총 30개의 추진과제를 제시하였다. 특히 권리주체인 아동의 권리 실현을 위해 아동 중심 정책 반영을 위한 법적 기반 마련, 아동정책영향평가 전면 실시, 지역아동복지사업 품질 제고, 행정 및 사법절차상 아동 의견표명권 보장, 아동이 중심에 있는 아동권리보호, 아동권리사각지대 해소 등의 중점 추진 과제를 제시하였다.

우리나라는 1991년 아동권리협약에 비준한 이래 현재까지 제1차(32개 권고), 제2차(63개 권고), 제3 · 4차(98개 권고), 제5 · 6차(130개 권고) 보고서를 제출하여 심의를 받았으며, 정부는 2024년까지 제5 · 6차 유엔아동권리협약 권고사항(130개)을 90% 이

표 2-3 제5·6차 UN 권고사항

구분	항목	권고내용
일반이행 조치	포괄적인 정책 및 전략	• 아동 및 청소년 정책 포괄적인 기본계획과 국가인권정책기본계획 등의 수립, 계획의 이행, 모니터링 및 평가를 위한 인력과 예산투입
	아동정책조정	• 아동권리조정기구로서의 아동정책조정위원회 권한 강화 • 아동권리실현을 위한 모든 관련 기관들의 기능과 역할 확립
	자원의 할당	• 아동정책 수행을 위한 예산과 인력의 확충 및 집행의 모니터링
		• GDP증가에 비례하여 아동예산의 확충, 지역 간 격차의 감소방안
		• 취약계층 아동을 위한 예산할당도입
		• 아동 · 청소년 의회 및 참여위원회를 포함, 아동참여예산제 강화
	자료수집	• 아동의 사회경제적 배경과 이주 배경 등 다양한 아동에 대한 중앙화된 정보시스템(centralized system) 구축

일반 원칙	비차별	• 출신지, 성적 지향(sexual orientation) 및 성 정체성에 근거한 차별을 금지하는 차별금지법의 신속한 제정 • 포괄적인 차별금지법 제정 및 전략 시행 • 모든 아동의 보편적 출생등록 및 동등한 사회적 보장
	아동 최상의 이익	• 모든 재판절차, 의사결정에 아동 최선의 이익 반영, 적용 • 폭넓은 아동 참여를 통한 아동영향평가제도의 적용 확장
	생명, 생존 및 발달의 권리	• 아동자살의 예방을 위한 심리적 · 교육적 · 사회적 개입
	아동의사 존중	• 가정, 학교, 법원 및 관련 행정 절차에서 아동의 견해 반영 • 학교 내 모든 아동의 의견표명기회 보장 • 「아동복지법」상 아동의 견해표명의 권리 규정하여 보장 • 발의된 가사소송법안의 신속한 제정, 견해표명의 아동의 권리에 대한 연령제한 폐지
시민적 권리와 자유	출생등록	• 온라인 출생신고를 포함 보편적 출생신고의 보장 • 미혼부의 자녀등록 절차 간소화 • 미등록 출생아동을 파악하기 위한 모니터링 체계 수립 • 출생등록의 중요성에 대한 인식 개선 캠페인 실시
	정체성에 대한 권리	• 아동유기를 허용하는 '베이비박스'의 금지 • 익명출산의 가능성 허용할 수 있는 제도 도입
아동에 대한 폭력	체벌을 포함한 폭력	• 모든 아동에 대한 모든 폭력 및 학대 사례의 국가 데이터베이스 구축, 분석 및 진단실행 • 아동폭력 및 학대를 방지, 모니터링하기 위한 포괄적 전략 및 행동계획 수립 • '간접체벌' 및 '훈육적(disciplinary) 처벌'을 포함 모든 체벌에 대한 명시적 금지 • 폭력 및 학대에 대한 인식 개선 및 교육 프로그램 강화; 폭력 학대 신고 강화 • 폭력 및 아동학대 사례 발견 및 대응을 위한 전문가 양성; 신고 지침 수립 • 폭력 및 아동학대 사건의 수사, 대응의 적절성 강화 • 지역아동보호전문기관, 학대피해아동쉼터 등 아동보호를 위한 인프라, 인력의 확대, 피해아동의 접근성 제고 • 지역 격차 줄이기 위한 인력, 예산의 지원

	성적 착취 및 학대, 착취	• 온라인 성매매와 그루밍 등 아동에 대한 모든 형태의 성적 착취(sexual exploitation) 및 학대 예방 및 대응 강화 • 온라인 그루밍을 정의하고 형사범죄로 규정 • 미성년자 의제강간 연령 상향 • 성매매 및 성적 학대 관련 모든 아동을 대상아동이 아닌 피해자로 명시, 사법절차 접근성 보장 • 성적 착취 및 학대신고의 강화 • 성범죄자들에 대한 처벌기준을 국제기준에 부합하도록 강화
가정환경 및 대안양육	가정환경	• 「영유아보육법」 개정 포함, 돌봄 서비스의 범위와 유연성 제고, 보육시설(childcare facilities) 및 재정적 지원의 보편적 접근 • 부의 육아휴직 접근성 제고 및 이용률 촉진 • 이혼가정 아동의 면접교섭권 보장 • 양육비 이행 촉진 및 보장, 불이행에 따른 제재 • 한부모가족에 대한 편견과 차별방지 및 근절, 양육비지원자격 개정
	가정외보호 아동	• 가정기반 양육지원, 가정위탁의 질 향상 및 확대 • 가출아동예방 및 보호강화 • 아동의 연령과 발달을 고려하여 대안양육배치를 위한 기준 마련, 대안양육의 질 모니터링, 가족재결합지원강화, 보호종료아동의 자립지원 강화 • 보호자의 보호역량의 강화
	입양	• 아동최선의 이익에 따라 입양절차, 미혼모의 자발적동의 의무 • 미혼모에 대한 편견을 줄이고 입양에 대한 긍정 제고 • 입양기관의 운영과 활동에 대한 적절한 규제 • 입양아동의 사후관리 및 사후서비스 강화 • 입양아동의 친생부모정보 접근성 보장 • 국제입양에서 아동보호 및 협력에 관한 헤이그협약 비준 고려, 국제입양에 관한 법률안 제정
	수용자자녀	• 교육과 건강권 등 수용자자녀보호를 위한 정책도입, 아동의 접견권 보장

출처: 류정희(2021), pp. 48-68의 내용을 참고하여 재구성함.

상 이행하는 것을 목표로 설정하였다. 아동권리보장원에서는 2023년 권고사항에 대한 전체 점검을 목표로 2021년에 「유엔아동권리협약 이행 점검 TF」를 발족하였으며, 권고사항에 대한 이행 모니터링 및 이행상황 분석연구를 수행하였다. 이를 통해 권고과제 130개 중 추진완료 및 추진 중 과제는 120개, 추진불가 과제는 10개로, 이행률은 92.3%로 확인된다(아동권리보장원, 2023).

우리 사회가 아동·청소년 인권을 존중해 주는 정도는 2022년 조사 결과, '우리나라 전체에서 자신의 인권을 존중받는다'의 응답률은 82.9%로 2024년 목표치인 80.0%를 초과 달성하였으며 이러한 결과는 아동과 청소년들이 가정, 학교, 사이버 공간 등에서 인권을 존중받고 있다고 긍정적으로 인식하는 것으로 보인다. 다만 사이버 공간에서 아동 인권이 존중되는 정도가 가장 낮은 편으로 사이버 공간에서 아동권리 보장이 취약함을 의미하므로 사이버 공간에서 아동·청소년의 권리가 보장받도록 실질적인 방안을 모색할 필요가 있다. 아동권리보장원에서 매년 전 학년의 학생 및 학교 밖 아동을 모두 포함하여 실시하는 「아동권리 인식조사」의 2022년 조사 결과에서도 아동이 인식하는 아동권리인식도는 90.42점으로, 2020년 88.18점보다 소폭 상승한 것으로 확인되었다(아동권리보장원, 2023). 학교에서의 학생 참여 및 존중과 관련한 2022년 조사 결과, '학교에서의 학교 규칙 제·개정에 대한 학생 참여 및 존중 정도'는 80.6%이며, 2020년에 81.7%, 2021년에 82.2%로 매년 꾸준히 증가하다가 소폭 감소하였으나, 2024년 목표치인 80.0%는 초과 달성한 것으로 나타났다. 학생의 참여와 그에 따른 의견이 학교 내 존중함으로써 학교 구성원으로서의 학생의 역할과 권리를 어느 정도 보장받고 있으며, 아동과 청소년이 참여권을 보장받고 있음을 긍정적으로 인식한 것으로 이해할 수 있다. 이는 제2차 아동정책기본계획에 따라 지자체에서 시행계획을 수립할 때, 청소년참여위원회 등 생활 속에서 아동의 참여권을 보장하도록 추진과제를 제시하고 있어 많은 지자체에서 적극 활용하는 것으로 보인다(민소영, 조소연, 김시아, 2023).

제2차 아동정책기본계획 성과점검 결과, 권리 주체 아동권리 실현의 추진전략에 따른 관리지표 달성도는 2023년 기준 모두 추진 중에 있으나 미완료 상태이다. 이에 따른 관리지표 달성도 및 시사점은 다음과 같다.

① 아동기본법 제정: 「아동기본법」 제정안을 마련하고 심도 있는 포럼 및 토론회를 개최하는 등 아동권리 관련 사회적 인식 강화 및 홍보 활동을 추진함. 향후, 아동기본법의 당사자인 아동과 아동 관련 현장, 학계 전문가의 의견 수렴을 통해 제정안을 발의할 예정임.

② 아동정책영향평가 30개 전문평가 실시: 아동정책영향평가 추진 체계를 마련하고 전문평가와 자체평가를 실시하고 있음. 자체평가는 지난 3년간 양적으로 확대되고 있으나, 전문평가의 경우 2023년까지 총 16건 정책을 대상으로 실시했음에도 최초 설정한 목표보다 미진한 상황임.

③ 아동 의견표명권 보장: 행정 · 사법 절차상 아동 의견표명권을 보장하기 위해 법무부는 「가사소송법」 전부개정안 국회 제출('22.11.10)함.

④ 아동 중심 보호 · 공공후견인제도 도입: 공공후견인제도 도입과 관련해서는 보호 필요 아동의 친권 공백 상태 최소화, 미성년 공공후견제의 근거 마련 및 전담기관 지정 등이 필요함. 아동보호정책의 큰 방향이 시설 중심에서 가정위탁으로 전환하는 현시점에서 현행 시설 중심의 미성년후견제도가 갖는 한계점을 보완할 수 있는 공공의 역할 강화가 중요함. 이에 공공후견인 도입을 위한 연구용역을 추진하였고, 이어서 매뉴얼 및 실행방안 연구를 추진하여 실행체계를 구축하고자 함.

⑤ 아동 노동권 · 뉴미디어 참여 아동권리 가이드라인 제정: 아동 · 청소년 방송 출연자의 건강권, 학습권 등 보호를 위한 「아동 · 청소년의 권익 보호를 위한 표준 제작 가이드라인」을 마련하였으며, 온라인콘텐츠 아동 · 청소년 인권보호 인식 강화를 위한 카드뉴스를 제작하여 배포함. 현장실습생의 권익 보장 강화를 위해, 현장실습생 보호조치 강화 방안을 발표하고 「산업안전보건법」 규정을 마련하여 시행하고 있음. 이와 더불어 '아동 · 청소년 개인정보 보호 기본계획' 수립으로 온라인상에서 아동 · 청소년의 개인정보 권리를 강화하고, 개인정보 노출로 인해 발생할 수 있는 위험을 사전에 차단할 수 있는 제도적인 장치를 마련하였음. 그러나 대중매체에서 일하는 아동의 권리보장 방안은 아직 구체화되지 않았으며, 방송프로그램 제작과정에서 출연 아동의 출연시간 제한, 폭력 노출 금지 등의 내용을 포함한 표준 제작 가이드라인 마련과 수익을 보호하는 제도를 도입하는 것이 필요한 상황임.

4. 아동권리 증진을 위한 향후과제

1) 아동권리에 대한 인식 및 법적 기반 강화

최근 아동의 권리 인식은 많이 높아진 것으로 나타났으나 사회참여나 정책참여 등 참여권 관련 인식은 권리영역 중 가장 낮은 것으로 보고되었다. 또한 아동이 유엔아동권리협약을 '모른다'라는 응답도 30% 이상 나타났으며, 학생인권조례는 50% 이상이 '모른다'라고 응답하였다. 이는 학생들에게 좀 더 적극적으로 권리교육을 통해 유엔아동권리협약과 학생인권조례에 대해 알 수 있도록 해야 함을 의미한다. 최근 아동권리 교육을 받은 경험은 코로나 이전에는 70% 수준이었던 것이 코로나 이후 40%로 크게 떨어진 것으로 나타나 아동의 올바른 권리 인식 강화를 위해 조속히 효과적인 인권교육을 활성화해야 할 필요성이 있다.

2) 아동의 실질적인 참여권 보장

각 지자체별로 아동총회, 아동의회 등이 운영되고 있으며 특히 청소년참여위원회의 경우 대부분의 지자체에서 운영되고 있는 것으로 나타났으나 청소년참여위원회의 운영 결과가 실제 정책과정에서 반영되는 비율은 지자체별로 차이가 매우 크므로 다양한 정책참여 기구를 통해 제시된 아동 의견이 정책 결정에 실제적으로 반영되는 비율을 높일 필요가 있다. 또한 이러한 정책결정기구에 다양한 배경의 아동, 예를 들어 다문화아동, 장애아동, 보호대상아동 등이 참여할 수 있도록 해야 한다.

국제기구나 각 나라의 정부뿐만 아니라 우리 지역사회는 아동의 권리와 복지문제를 그 어떤 사안보다 우선순위에 두기 위해 리더십을 발휘할 책임을 가지고 있다. 아동에 대한 투자는 정부가 할 수 있는 가장 좋은 투자이고 아동에게 확실하게 투자를 하지 않으면 그 어떤 나라도 지속적인 발전을 이룰 수 없다는 점을 정부와 사회가 인식하고 실천해야 할 것이다. 이러한 일을 할 때 반드시 아동의 참여가 있어야 한다. 지금까지와 같이 아동의 시각을 단순히 부가적인 것으로 여겨서는 안 된다. 아동은 세상을 다른 관점에서 바라볼 수 있다. 따라서 아동의 참여는 발상을 전환시키는 계기를 만들어 주며, 사업의 기본계획 자체를 바꾸기도 한다. 유니세프는 아동과 관련된 문제를 해결하는 데 있어 아동의 말에 귀를 기울이게 되면 문제가 잘 해결된다는 실질적 경험을 강조하였다. 즉, 아동의 의견을 적극적으로 알아내거나 반영하지 않고 성인들에게만 유리하게 사업을 계획한다면 결국 어디선가 심각한 문제가 발생할 수 있음을 지적하였다(이재연, 2008b).

무엇보다도 아동기에 대한 차별이 근절되어야 한다. 아동들에 대한 차별은 보통 간접적이고 겉으로 잘 드러나지 않는다. 아동의 이익은 부모나 교사, 관계당국 등 성인들에 의해 표현되고 보호될 것이라고 생각하지만, 아동들은 투표할 권리도, 정치적으로 표현하거나 법정에 나설 권리도 없다. 많은 국가에서 아동은 합법적으로 구타당할 수 있는 유일한 사람이다. 간접적인 차별이든, 악의가 없는 차별이든, 차별의 가능성을 인식하고, 정부와 지역사회의 정책과 사업내용이 아동의 권리를 존중하도록 보장해 줄 수 있는 특별한 구조적 장치를 마련해야 하며 아동·청소년이 가진 기회를 최대화하고 위험은 최소화하여 이들이 안전하고 행복하게 성장할 수 있도록 도와야 함은 우리 모두의 책임이다.

사례로 알아보는 아동권리

03 생명, 생존 및 발달권 / 기후위기

TV를 보는데, 스웨덴에 그레타 툰베리라는 사람이 유엔 기후행동 정상회의에서 발언하는 모습이 나오더라고요.
세계 정상들이 기후위기에 대처하기 위한 노력이 부족하다며 절규하면서 말하는 툰베리의 모습이 기억에 남았어요.
"사람들이 고통받고 있어요. 죽어가고 있고요. 생태계 전체가 무너지고 있습니다. 우리는 대멸종의 시작점에 있습니다. 그런데 여러분은 전부 돈과 끝없는 경제 성장의 신화에 대한 것만 이야기합니다. 도대체 어떻게 그럴 수 있나요?"
우리나라 청소년들도 기후위기 결석시위도 하고, 대통령과 국회에 소극적인 기후 위기 대응은 생명권 침해라며 헌법소원심판을 청구하기도 했다는데, 정작 우리나라는 기후위기에 대처하기 위해 무엇을 하고 있는걸까요?
코로나19라는 신종 전염병도 생겨서 학교도 못 가고, 밖에 나가서 노는 데도 한계가 있고 이 밖에도 많은 어려움이 있잖아요. 밖에 나가서 식사하는 것이 제한되면서 배달음식을 많이 시켜 먹어서 일회용품 쓰레기도 많이 늘었다고 하는데, 정말 걱정이에요.
그런데, 걱정을 넘어 억울하더라고요.
이렇게 지구 환경을 파괴하는데 결국 손해는 어른보다 더 많은 날을 살아갈 저희가 더 많이 입게 되는 거잖아요.
이건 정말 아니지 않나요?

☑ Answer

전 세계적으로 폭염 및 폭우와 잦은 태풍, 따뜻한 겨울 등 이상기후 현상이 발생하고 있습니다. 기후는 우리의 삶과 밀접한 연관이 있기 때문에 기후위기는 곧 인권의 위기라고 볼 수 있습니다. 그러나 아동은 성인보다 기후위기에 더 직접적인 피해를 받습니다. 아동의 생명 · 생존 · 발달에 영향을 받을 뿐만 아니라 앞으로 보다 긴 시간을 살아가며, 기후위기로 인한 더 큰 피해를 입을 수 있으니까요. 일회용품 사용을 줄이고, 대중교통을 이용하는 등 기후위기를 막고 건강한 자연환경을 만들기 위한 노력은 아동의 권리를 존중하는 방법임을 생각해 봐야 할 것입니다.

유엔아동권리협약 제6조(생명 · 생존 · 발달)

① 당사국은 모든 아동이 생명에 관한 고유의 권리를 가지고 있음을 인정한다.

② 당사국은 아동의 생존과 발달을 최대한 보장해야 한다.

[그림 2-4] 사례로 알아보는 아동권리

출처: 국제아동인권센터(2021), p. 49.

제 3장

아동복지 발달사

아동복지는 그 시대 사회의 가치와 사상 및 경제구조 등과 같은 사회변화에 많은 영향을 받아왔다. 아동과 사회 환경은 단순히 영향을 주고받는 것이 아니라 서로 변화를 촉진시키고 가속화시키는 역동적인 상호작용을 하기 때문에(윤미선, 2014. 3. 14.) 역사를 통해 아동복지의 변화를 살펴보는 것은 현재 우리사회에 당면해 있는 아동복지 문제를 해결하는 데 도움이 될 수 있을 것이다.

이에 본 장에서는 서구와 우리나라 아동복지 발달의 역사를 살펴보고, 아동복지에 영향을 미친 요인과 현대 아동복지의 특성을 제시하고자 한다.

1. 서구의 아동복지 발달

서구의 아동복지 발달은 산업혁명의 시작과 함께 자본주의 제도가 탄생한 시기에 이루어졌다. 이에 서구의 아동복지발달은 산업혁명 초기, 산업혁명기, 산업혁명 이후로 구분하여 제시하였다.

1) 산업혁명 초기의 아동복지[1)]

산업혁명 이전에는 아동을 독립된 인격을 가진 보호가 필요한 존재로 보기보다는 성인의 축소판으로 인식하였고, 아동은 기술을 습득해 노동력을 갖춰야 하는 대상으로 여겨졌다. 산업혁명 이전의 중세는 봉건제도와 종교의 영향이 강했던 시대로, 아동의 지위도 부모가 속한 신분에 따라 정해졌다. 대부분의 일반 아동은 가족, 장원(莊園)을 위한 경제력, 군사력 확보 수단에 불과하였으며, 질병과 가난으로 고생하였다. 이 시대의 아동 양육은 공동체 안에서 상부상조적으로 이루어졌는데, 농촌의 경우 자식이 없는 농노나 빈집에서 양육되어 지역사회의 노동력으로, 도시의 경우 5, 6세가 되면 도제가 되어 길드에서 양육되었다. 그 외, 공동체가 보살피지 못하는 장애아동 등의 보호는 종교적 동기에 의해 각 교구의 자선기관을 통하여 이루어졌다.

산업혁명이 시작되면서 농업에 종사하던 사람들이 도시로 몰리고, 이로 인해 도시의 부랑 노동자 증가, 자본가-노동자의 사회적 양극화 발생, 노인, 아동 및 기타 구호가 필요한 사회적 약자에 대한 보호문제 등 다양한 사회문제가 발생하였다. 또한 농촌의 노동력을 가진 인력들이 대거 도시로 이동함에 따라 봉건제도는 점차 붕괴되었으며, 교구의 책임으로 이루어지던 보호도 포화상태에 이르게 되었다. 이에 국가에서는 이러한 문제를 더 이상 구제 사업과 교회의 자선사업에 의지하는 것이 아닌, 국가의 책임으로 받아들이고 이를 지원하기 위해 영국에서는 1601년「엘리자베스 빈민법(Elizabethan Pool Low)」을 제정하였다.

「빈민법」을 제정한
엘리자베스 1세 여왕

「빈민법」 제정의 목적은 복지 차원이 아닌, 노동력 부족 현상을 해소하기 위한 것으로, 실제 빈민을 노동 능력에 따라 노동 능력이 있는 빈민, 노동 능력이 없는 빈민, 요보호 아동으로 구분하고 있다. 본 법령에서의 아동 보호는 시민에게 무료 위탁보호를 시키거나, 유료로 위탁할 경우에는 도제로써 활용하도록 하였으며, 근로능력이 없는 아동에 대해서는 구빈원에 수용하여 보호하였다. 구빈원에 보호된 아동은 빈민, 노인, 장애인의 구분 없이 함께 혼합 수용되었으며, 이로 인해 질병 감염과 높은 사망률, 안

1) 구혜영, 염경혜, 이은화, 한주빈(2023); 정익중, 오정수(2022)를 참고하여 작성.

전에 대한 취약 등을 겪을 수밖에 없었다. 즉, 「빈민법」은 성인뿐만 아니라 요보호 아동에 대한 국가적 개입을 규정하여 아동복지의 시발점으로 볼 수 있으나, 이것이 온전히 아동의 복지 향상을 위한 목적이 아니었기 때문에 아동의 보호 수준은 매우 낮았다.

2) 산업혁명기의 아동복지

19세기 이후 산업혁명의 급속한 진전으로 산업화 · 도시화로 인한 다양한 사회문제가 발생되었고, 그러한 환경에서 그동안 아동의 특성을 고려하지 않고 집단적 수용보호를 지속하는 것에 대한 비판이 제기되었다. 19세기 중반 이후 시설수용 아동의 수는 증가하여 경계 수준에 이를 정도로 넘쳐남과 동시에, 집단수용시설에서의 높은 사망률 등은 시설의 환경이 아동에게 적절하지 않음을 인식하는 계기가 되었다. 이에 아동을 집단수용으로부터 보호하려는 운동이 민간단체에 의해 전개되었다.

19세기 후반에 들어서면서 서구사회에서는 아동보호에 있어 탈시설화의 움직임이 대두되었으며(박세경 외, 2005), 아동시설은 민간단체가 주도하는 자발적 아동보호사업의 전개로 혼합수용 형태에서 아동중심의 전용시설로 발전했다. 또한 민간운동의 하나로 전개된 위탁가정운동으로 인해 민간차원의 가정보호가 시설보호를 대체하기 시작하였으나, 위탁가정과 구빈법이 결합한 도제형식의 가정위탁이 성행하면서 새로운 아동문제가 대두되기도 하였다. 즉, 새로운 아동보호에 대한 필요성은 증가하였으나, 아동보호에 대한 철학적 가치나 사회적 인식의 전환은 병행되지 못한 것이다(박세경 외, 2005).

사진설명 노동하는 아이들
출처: 권홍우(2017. 8. 29.).

19세기에는 아농의 노동문제 역시 심각하였다. 산업혁명 시기의 아동노동은 생산양식의 도입으로 도제제도에 대한 노동은 사라지게 되었으나, 아동의 고용은 면방직 공업에 필요한 값싼 노동력으로 간주되어 계속 행해졌다. 공장에서 일하는 아이는 교육받을 기회를 상실하고 하루에 12시간 이상 일을 해야 했으며, 건강 상태도 양호하지 못해 '백인 노예'라고 불릴 정도였다(임성택, 2022. 6. 24.). 이러한 열악한 근무 조건, 학대 등에 대해 계몽적 사고를 가진 영국 공장주와 여러 단체들은 「공장법

(Factory Acts)」 도입을 주장했다. 치열한 격론 속에서 1833년 제정된 「공장법」은 9세 미만 아동의 고용을 금지하고, 13세 미만 어린이에게 공장 내 교육 기회를 제공하며, 13세 미만 아동의 고용을 한시적으로만 인정하였으며, 1847년까지 18세 이하 아동과 여성의 노동시간을 10시간 이내로 단축하도록 개정됐다. 이는 아동과 여성 등 사회 취약계층의 근로 환경 개선을 위한 최초의 법률적 규제로 큰 의미가 있다(이영석, 2020).

이와 같이 산업혁명기의 특징은 아동기를 독립된 생애기로 인식하면서 아동에 대한 관심이 증가함에 따라, 타 연령대와의 혼합수용보호에서 분리수용보호 및 가정위탁제도 실시 등의 아동중심의 복지 서비스가 발전함과 동시에 아동인권사상이 확대되었다는 점이다.

3) 산업혁명 이후 현대까지의 아동복지

20세기에 접어들면서 아동복지는 아동의 권리, 권리로서의 아동복지사상이 더욱 강조되었다. 1909년에는 아동복지에 대한 국가의 책임을 강조하기 위해 제1차 아동복지백악관회의(White House Conference on Children, Youth, and Families)가 진행되었다. 본 회의에서는 아동은 긴급하고 불가피한 이유 외에는 가정에서 떠나서는 안 된다는 원칙을 확인하고, 가정생활의 중요성과 아동의 가정 내 보호의 필요성을 강조하였다. 이 권고에 따라 미국에서는 가정위탁서비스가 전국적으로 확산되게 되었으며, 초기 대규모 아동양육시설들은 소규모화되거나 소숙사 형태(cottage-style institution)를 취하게 되었고, 입소 대상 역시 친가정이나 위탁가정에서 양육하기 어려운 아동으로 제한하게 되었다. 또한 본 회의의 결과로 1912년에는 아동문제를 전담하는 아동국을 설립하였는데, 아동국의 설립은 아동복지를 위한 별도의 국가기관 운영의 필요성과 동시에 이에 대한 국가의 책임을 인정한 것으로 큰 의의를 가진다(이혜연, 서정아, 조홍식, 정익중, 김귀랑, 2007).

1930년대 개최된 제3차 아동복지백악관회의에서는 아동복지에 대한 권리를 시민의 제일 권리로 인식하고, 그것에 대한 국민적 도덕적 언약으로 19개조에 이르는 「미국아동헌장」을 발표하였으며, 이는 다른 나라의 아동헌장 성립에 영향을 미쳤다(사회복지용어대백과사전, 2024). 독일에서는 1922년에 「아동법」을 제정하며, "아동은 신체적, 정신적 및 사회적 양육을 받을 권리를 가진다."라는 조항을 포함하여 아동의 인권과 권리를 강조하기도 하였다. 이후 1924년에는 국제연맹(League of Nations)에 의해 '아동의 권리에 관한 제네바 선언'이 채택되었고, 1959년에는 유엔에 의해 전문 10개 조로 이루어진 '유엔아동권리선언'을 채택하였으며, 1979년에는 1959년 유엔아동권리선언 채택 20주년을 기념하여 유엔이 정한 '세계아동의 해'로 선포함으로써 아동에 관한 지구촌의 관심을 불러일으켰다(이배근, 1998). 1989년 11월 20일에는 1979년 '세계아동의 해' 10주년을 기념하여 유엔은 전문 및 54개 조로 된 '아동의 권리에 관한 국제협약(Convention on the Rights of the Child)'을 만장일치로 채택하였다. 이로써 권리로서의 아동복지가 아동복지의 이념으로 자리 잡게 되었다.

20세기에 접어들면서 위탁가정과 아동시설은 아동을 보호하는 가장 발전된 형태로 지배적 위치를 차지하였고, 아동복지의 향상을 위해서는 두 제도가 효과적으로 협력하고 조정되어야 한다는 것이 일반적인 결론이었다. 미국에서는 1930년대부터 집단보호는 정서장애나 행동장애 문제 혹은 기타 가정위탁에 부적절하거나 불충분한 아동들을 위한 특별한 치료프로그램으로 발전하였다. 해당 시기에 아동복지생활시설들이 장애아동들을 위한 치료시설로 전환되기 시작하였으며, 1950년대와 1960년대에는 집단보호환경이 정서나 행동상의 문제가 있는 아동들의 치료를 위해서 선호되었다(이혜연 외, 2007).

한편, 미국에서는 1929년 세계 대공황의 발생으로 실업자와 빈민이 계속적으로 증가하자, 국가의 적극적인 개입이 필요하게 되었다. 대량실업에 의한 빈곤문제는 더 이상 민간기관이나 지방정부에 의해서는 해결할 수 없는 것이었으며, 이에 그 업무는 청소년법원과 청소년보호협회, 가족복지협회 등 공공기관과 자선조직협회로 이관되었으며, 연방정부에서도 책임을 인정하기 시작하였다(노혜련 외, 2021). 1935년에는 「사회보장법(Social Security Act)」과 「부양아동 가족지원법(Aid to Families of Dependent Children: AFDC)」을 제정하여 신체장애아동, 고아, 신생아와 산모를 위한 주정부의 공공부조제도에 연방정부가 보조금을 교부하였으며, 미국 연방정부의 보건사회복지부가 행정과 재원을 담당해서 시행하는 저소득 가정 자녀를 위한 재정 프로그램을 마련하기도 하였다(노혜련 외, 2021).

1970년대에는 세계 경제 위기가 발생함에 따라 이를 극복하고자 하는 서구의 노력은 3가지 방향으로 나타났다. 첫째, 북유럽의 경우에는 공공부문의 일자리 창출에 주력하여 시장의 일자리 부족을 보충하고자 하였으며, 둘째, 독일과 프랑스는 일자리 나누기(job sharing)로 접근하였다. 셋째, 미국과 영국은 구조조정과 규제완화를 시도하였으며, 이러한 영향은 복지제도를 큰 폭으로 축소·재편하는 데 영향을 미쳤다(김미곤, 2009). 북유럽 국가 중 스웨덴에서는 보육을 민간 제공자가 공공 제공자와 같은 조건으로 제공할 수 있도록 허가하고, 교육에서도 공립 혹은 사립학교를 선택하게 하는 바우처 제도를 도입하는 등 공공의 비중을 일부 낮추고, 민간의 비중을 높이고자 하였다. 독일의 복지는 상당 부분 근로 유인을 높이는 것에 맞춰져 있어 아동빈곤은 해결하지 못했으며, 영국은 보편적 서비스를 선별적 복지로 전환하여 운영하기도 하였다.

4) 주요 국가의 아동복지

(1) 영국: 아동학대 관련 정책[2)]

영국은 아동보호체계의 역사가 길고 잘 발달한 나라 중 하나로, 2018년 6월, 아동학대를 방지하기 위한 아동보호체계를 대대적으로 개편하였으며, 2019년 9월까지 개편 내용에 따라 지방정부가 개정된 체계를 갖출 수 있도록 유예기간을 두었다. 영국의 복지와 관련하여서는 아동학대 예방 정책을 소개하고자 한다.

영국의 학대 관련 정책은 1889년에 국가의 아동보호 책임과 권한을 명시한 「아동학대 방지 및 보호법(The children Act)」(1889)과 '아동헌장(Children's Charter)'을 제정하며 시작되었다. 해당 법은 아동학대와 관련된 첫 법령으로, 처음으로 정부 차원에서 부모와 자녀 간의 관계에 개입할 수 있게 되었다. 경찰은 아이를 학대한 자를 발견하면 체포할 수 있었으며, 아동이 위험에 처해 있다고 판단할 경우 가택 방문을 할 수 있었다.

1948년에는 위탁 부모에 의해 13살 데니스 오닐(Denis O'Neil)이 사망하는 사건이 발생하자 1948년 「아동법(The Children Act)」을 통해 각 지방정부에 아동위원회와 아동 관련 사무관(Children's Officer)을 배치하기 시작했다. 1970년 「지방정부 사회서비

2) 서영민, 김승영(2019)의 내용을 참고하여 작성함.

스법(Local Authority Social Services Act, 1970)」의 개정과 함께 아이들을 위한 사회복지 및 보호기관은 모두 사회복지 관할로 병합되었다.

그러나 1974년에 아동복지를 담당하는 기관의 연계성 미흡이 드러났고, 이에 지역 내 기관들이 협조하여 위험에 처한 아동을 도울 수 있는 '지역아동보호위원회(ACPC: Area Child Protection Committees)'[3]를 설치하였다. 1991년에 발표된 'Working Together Under the Children Act(아동법에 따른 기관 간 협력)[4]'를 통해서는 아동 사망 시 학대가 의심, 확신될 경우 아동보호 절차가 이루어졌는지 지역아동보호위원회가 조사할 수 있도록 하였다. 1999년에는 『아동보호 방안 보고서(Working together to safeguard children 1999)』를 발간하여 지역아동보호위원회의 세부 가이드라인과 함께 기관 및 종사자들이 학대와 방임으로부터 아이들을 보호하고 복지를 향상시키기 위한 방법을 제시했다.

2004년에는 「아동법(The Children Act)」(2004)을 개정하였고, 개편된 법령에 따라 아동감독관[5]과 아동위원장[6] 관련 사항은 의회를 통과하자마자 시행되었으며, 지방아동안전보장이사회[7] 역시 곧이어 각 지방정부에 설치되었다. 2010년에는 『2010년 아동안전보호지침』을 출간하였는데, 법, 정책, 현장이 아동보호체계와 촘촘하게 연결될 수 있도록 안내하였다.

2018년 개정은 기관 폐지, 이관 등이 포함된, 비교적 파격적인 수준으로 진행되었다. 우드(Wood) 보고서는 기존 아동보호체계의 목표가 '향상'이었다면 이제는 '절대적 수준의 최대치'로 높일 것을 강조하였다. 2018년 아동보호체계의 개편 사항은 다음과 같다. 첫째, 지방아동안전보장이사회(LSCB) 폐지 및 연합 체제 운영이다. 아동보호체계의 주 기관이라 할 수 있는 지역아동안전위원회가 지역마다 편차가 크며, 과

---

3) 지역아동보호위원회(ACPC)는 정부 주도의 아동보호연합체로, 지방정부, 보건 관련 기관, 경찰, 보호관찰기관, 자선단체(NSPCC: National Society for the Prevention of Cruelty to Children), 가정폭력포럼으로 이루어졌다.

4) 1989년 개정된 아동법(The Children Act of 1989)에 따라 학대로부터 아동을 보호하기 위한 기관 간 협력 준비 지침 단행본임.

5) 지방정부들을 관리할 수 있는 감독관.

6) 정부와 의회로부터 독립된 자리에서 아동의 소리를 대변하도록 아동위원장 임명.

7) 지역아동보호위원회를 대체할 각 지방정부 산하의 아동보호체계 단일 기관인 지방 아동안전보장이사회(LSCB: Local Safeguarding Children Board)를 설치.

료주의의 영향을 받아 시의적절한 개입 혹은 타 기관과의 연계가 미흡하기 때문에 아동보호체계의 중심을 다체제로 분배하여 운영함으로써 융통성 있게 협력할 필요성이 있다. 이에 정부는 명확한 책무를 바탕으로 세 기관, 지방정부–경찰–보건기관의 연합 체제를 설치하고자 한다. 둘째, 심각한 아동학대 진상조사 실시이다. 지금까지 심각한 수준의 학대가 다수 있었음에도 불구하고 그동안은 책임 소재를 가리는 데 급급하여, 이를 종합적으로 정리하기 위한 틀이 없었다. 이에 정부는 국무조정실 하에 국가위원회(National Panel)를 설치하여 지방정부가 정리한 사례들을 검토 및 관리하도록 한다. 'What Works Centre for Children's Social Care: WWCSC(아동의 사회적 돌봄을 위한 연구 센터)[8]'에 종합적인 사례 분석을 의뢰할 예정이며, 현재 학대아동사례 보고 개정을 위한 예산은 20만 파운드(약 3억 원)가 배정된 상태이다. 셋째, 아동사망패널과 관련하여 아동 사항을 검토하기 위한 표본 수가 충분하지 않고, 이를 분석하는 것에는 현재 관할 기관인 교육부보다 보건부가 연관성이 높으므로, 아동학대 사례만 보건부로 이관하여 분석하도록 한다.

2018년 개정된 영국의 아동학대 관련 정책은 거버넌스의 구조적 변화를 통해 아동보호체계의 시행력을 향상시키고, 기존 사례를 종합적으로 검토・분석하여 고차원적인 예방을 추구했으며, 아동사망패널의 경우 최근 영국 정부의 사회정책에서 증거를 바탕으로 한 결정(Evidence-informed decision-making) 방향의 일부분으로 이해할 수 있다. 즉, 자국민 사례를 모아 분석함으로써 영국의 상황에 맞는 대응 전략을 구상하고, 이러한 대응 전략을 시행함으로써 같은 사례가 되풀이되지 않도록 하는 데 초점이 맞춰져 있다.

(2) 미국: 저소득 아동을 위한 Head Start 프로그램[9]

1964년 존슨(Lyndon Baines Johnson) 대통령은 '빈곤과의 전쟁(The War on Poverty)'을 선포하였는데, 헤드스타트(Head Start)는 그중 하나의 과제로 채택되었다. 미국 헤

8) 해당 기관의 아동의 사회적 돌봄에 효과적인 것이 무엇인지를 연구를 통해 표준을 설정하고, 이로서 실무자, 정책 입안자 등을 위해 증거를 통해 사례에 접근할 수 있도록 함. 2022년 12월부터 타 기관과 합병되어 현재는 'What Works Centre for Children & families(아동과 가족을 위한 연구 센터)'로 확대 운영 중임.

9) 김순양, 고수정(2012)의 내용을 참고하여 작성.

드스타트(Head Start)는 취학 전 빈곤아동에게 학습능력 제고는 물론, 인지 및 언어발달 서비스, 의료 · 치과 · 정신보건서비스, 영양, 사회서비스 등 다방면에 걸친 포괄적 서비스를 제공해 빈곤의 악순환을 끊겠다는 취지로 만들어진 아동 보육 프로그램이다(위스타트 홈페이지, 2024).

헤드스타트는 지역사회를 기초단위로 헤드스타트 거점기관별로 센터를 설립하며, 아동들이 자신의 집과 지리적으로 가장 가까운 센터에서 서비스를 받을 수 있도록 하고 있다. 헤드스타트 프로그램의 주 대상은 저소득가정의 아동으로, 다음의 기준으로 선정된다. 첫째, 저소득가정이란 가구총소득이 정부가 제시하는 빈곤선 이하인 경우를 의미하며, 총소득이 빈곤선 이상이라 하더라도 공적 부조를 받는 가정의 아동이거나 위탁가정에 있는 아동은 프로그램에 참여할 수 있다. 따라서 요보호가족일시부조(Temporary Assistance for Needy Families, TANF)나 소득보충보장(Supplementary Security Income) 수혜가정은 빈곤가정으로 가름되므로 소득수준에 관계없이 해당자격이 된다. 둘째, 프로그램에 참여할 수 있는 아동의 연령은 최소한 만 3세 이상이 되어야 하는데, 이는 헤드스타트 프로그램을 개진하는 지역 내 학교의 취학 연령에 달해야 하기 때문이다. 만약 아동의 연령이 0~3세일 경우 Early Head Start의 대상이 된다. Early Head Start는 1994년 개정된 「헤드스타트법」에 의거하여 저소득가정의 영유아를 대상으로 개진된 프로그램이다. 셋째, 빈곤선 이하인 저소득가정의 아동이 적어도 90% 이상을 구성해야 하며 장애아동은 적어도 10% 이상 구성해야 함을 명시하고 있다. 프로그램 이용 장애아동의 경우는 장애유형이나 특성에 따라 개별화된(individualized) 교육계획이나 가족서비스계획을 수립해야 한다. 넷째, 지역 내 저소득가정의 아동이나 장애아동 수가 충분하지 못하여 구성 비율을 채우지 못할 경우에는 일반가정의 아동도 참여할 수 있다. 반대로 선정기준에 해당하는 아동들이 많을 경우에는 대기자명부를 작성하고 빈자리가 생기는 즉시 프로그램에 참여시킨다. 마지막으로 프로그램에 참여하는 아동의 평균출석률이 85% 이하로 떨어지거나 장기결석이 발생하면 그 원인을 분석하여 환류한다. 질병으로 인한 장기결석은 문제가 되지 않으나, 가족문제가 원인으로 판명되면 가정방문을 통하여 적절한 가족지원책을 알선해 주거나 관련시설을 연계해 주는 등의 개입을 한다.

헤드스타트는 크게 3~5세 사이의 유아들을 대상으로 하는 헤드스타트(HS), 3세 미만의 아동과 임산부를 대상으로 하는 조기헤드스타트(EHS) 그리고 인디언과 알래스

카원주민 자녀들을 대상으로 하는 American Indian-Alaska Native Head Start(AI-AN)의 세 가지로 구성되어 있다. 이들 중에서 HS는 크게 교육, 부모참여, 건강진단, 사회봉사, 영양, 진로지도의 여섯 가지로 구성되는 포괄적 프로그램이다. 먼저, 교육프로그램은 사회적 · 지적 · 신체적 · 정서적인 면에서 아동들의 연령과 발달단계에 적합한 방법으로 바람직한 학습 환경과 다양한 경험을 제공하는 것을 목표로 운영되고 있으며, 부모참여 및 부모교육 프로그램도 함께 실시하고 있다. 부모참여 프로그램은 아동의 교육이나 발달에 부모가 가장 큰 역할을 수행한다는 전제 아래 부모들이 자녀양육에 책임감을 가질 수 있도록 지지해 주기 위한 것이다. 건강진단은 의료 · 치아치료 · 정신건강 · 영양 등의 측면에서 프로그램을 제공해 줌으로써 대상아동의 전인적 발달을 지원하고, 예방적인 건강진단 및 조기치료가 가능하도록 운영하고 있다. 그리고 사회봉사프로그램은 모든 아동들이 프로그램에 참여할 수 있도록 도와주는 것으로서 부모의 참여와 가정프로그램 활동 독려, 지역사회에 대한 지식함양 등을 도모한다. 영양프로그램은 아동들에게 식생활 지도뿐만 아니라 고른 영양섭취를 통해서 신체 및 사회 · 정서적 발달을 촉진하고자 한다. 마지막으로 진로지도프로그램은 교사에 대한 진로지도교육을 통해서 아동교육의 효과성을 극대화하고자 한다.

이러한 헤드스타트 프로그램에 참여한 저소득층 아동은 고등학교를 마칠 확률이 2.7% 더 높았고, 대학에 진학할 확률은 8.5%, 대학을 마칠 확률은 39% 더 높았으며, 이후 노동에 참여할 확률 역시 증가하는 것으로 나타났다(Martha, Bailey, & Brenden, 2021).

(3) 프랑스: 가족 다양성의 인정과 각종 수당 지원

프랑스의 2022년 합계출산율은 1.8명으로, 유럽 · 북미 등 주요 경제협력개발기구(OECD) 회원국 중 출산율 1위다. 프랑스가 이렇게 높은 출산율을 유지하는 것은 다양한 가족 형태를 인정하고 지원해 주는 사회적 분위기와 다양한 가족 수당으로 분석된다. 프랑스는 비혼(非婚) · 동거를 통해 출산한 자녀에 대해서도 육아휴직부터 각종 수당까지 결혼 자녀와 같은 혜택을 준다(김기환, 2023. 10. 19.). 이에 비혼을 통한 출산은 60% 이상으로 나타난다.

프랑스의 경우, 정부가 가족에 대해 지출하는 금액이 GDP에서 차지하는 비중은 2017년 3.6%로서 OECD 회원 국가 중에서 가장 높으며 우리의(1.3%) 3배에 달한다

프랑스가 높은 출산율을 보이는 것은 가톨릭 문화에 기반하여 전통적으로 가족을 중시해 온 것과 연관이 깊다. 프랑스는 과거 왕권 국가 시절부터 가족을 지원하는 제도가 있었으며, 복지국가 체계가 마련되면서 현대적인 모습의 가족수당제도가 자리 잡고 발전해 왔다. 단순히 정부 지출을 높이는 것 이상으로 사회 전반에 걸쳐 가족을 중시하는 환경과 분위기를 조성하는 것이 출산율을 적정하게 유지하는 데 중요하다는 시사점을 준다(신윤정, 2022).

프랑스 가족수당은 「사회보장법(Code de la securité sociale)」에 근거해서 현금급여를 지급하고 있다. 가족수당 및 영아양육수당 등과 관련한 규정은 '제5권 가족수당 및 그 밖의 가족 관련 수당'에서 적용범위 및 내용을 구체적으로 제시하고 있다(손동기, 2022).

프랑스의 가족 수당 정책에는 가족수당, 가족보충수당, 영아보육수당, 장애아동교육수당, 가족부양수당, 개학수당, 자녀간호수당 등이 있으며, 아이가 많을수록 더

표 3-1 프랑스 사회보장법의 가족수당 및 영유아수당 관련 조항

권(Livre)	부(Titre)	장(Chapitre)
5. 가족수당 및 그 밖의 가족 관련 수당	1. 적용 범위	1. 수당의 종류(Article L511-1)
		2. 적용 범위(Articles L512-1 à L512-6)
		3. 수당의 규칙과 지급(Article L513-1)
	2. 가족 부양을 위한 수당	1. 가족수당(Articles L521-1 à L521-3)
		2. 가족보충수당(Articles L522-1 à L522-3)
		3. 가족부양수당(Articles L523-1 à L523-3)
	3. 영아 보육을 위한 수당	1. 영아보육수당 관련 일반규정(Articles L531-1 à L531-3)
		2. 다른 수당과의 중복 지급과 관련한 규정(Articles L532-1 à L532-2)
		3. 엄마와 아이에 대한 건강 검진과 관련한 규정(Article L533-1)
	4. 특별수당	1. 장애아동교육수당(Articles L541-1 à L541-5)
		2. 주거개선수당(Article L542-9)
		3. 개학수당(Articles L543-1 à L543-3)
		4. 가족간호수당(Articles L544-1 à L544-10)
		5. 자녀 사망에 따른 수당(Article L545-1)

출처: 손동기(2022), p. 228.

많은 수당을 받을 수 있는 시스템이다. 가족수당은 가정의 경제적 상태에 관계없이 20세 미만의 자녀를 2명 이상 양육하는 모든 가정에 지급되며, 만약 한 가정에 3명 이상의 자녀가 있을 경우에는 소득수준과 맞벌이 · 홑벌이 · 한부모 여부에 따라 '가족보충수당'이 추가로 지급된다(신윤정, 2017).

영아보육수당은 보다 효율적인 지원을 위하여 출산 · 육아 관련 보조금들을 통합한 것으로 출산 · 입양장려금, 기초수당, 자녀보육대체보조금, 부모휴직수당이 포함된다. 이 중 출산 · 입양장려금과 기초수당은 일정 소득 이하의 가족에게만 지급된다. 출산 · 입양장려금은 출산 혹은 입양으로 자녀를 갖게 되었을 때 지급되는 일시불 수당이다. 기초수당은 3세 미만의 자녀 양육, 20세 미만의 아동을 입양할 경우 지급되는 수당으로 자녀의 3세 생일 전, 입양된 아이의 20세 생일 전까지 지급된다. 자녀보육대체보조금은 직업을 가지고 있는 부모가 6세 미만의 자녀를 양육하기 위해 보육사를 고용할 때 지원받는 수당으로 우리의 여성가족부의 아이돌봄 서비스와 비슷하다. 급여액은 자녀 수와 소득 수준에 따라 다르고, 부모가 최소 이용비용의 15%는 부담해야 한다. 부모휴직수당은 3세 이하 아동을 돌보기 위해 휴직하거나 근로 시간을 단축할 경우 받을 수 있는 수당으로 우리나라의 출산전후휴가 및 육아휴직급여에 해당한다(신윤정, 2022).

자녀간호수당은 20세 미만의 자녀가 질병 혹은 심각한 장애를 가지고 있거나 사고를 당하여 부모의 돌봄을 필요로 하는 경우 받을 수 있는 수당으로, 이 수당을 받기 위해서는 자녀를 돌보기 위해 직업 활동을 그만두어야 한다. 장애아동교육수당은 20세 미만 자녀의 장애율이 적어도 80% 이상인 경우 받을 수 있는 수당으로, 장애율이 50~79%인 경우라도 특수학교에 다니거나 집에서 특수교육을 받는다면 이 수당을 받을 수 있다.

가족부양수당은 부모 중 한 사람이 혼자서 20세 미만의 자녀를 양육하거나 20세 미만의 아동을 입양해 양육하는 경우 받을 수 있는 수당이며, 개학 수당은 6~18세 미만의 재학 중인 자녀를 양육하는 일정 소득 수준 이하의 가족에게 지급되는 수당이다. 수당은 1년에 1회, 학교가 개학하기 전인 8월 말에 지급되며, 자녀의 연령이 높을수록 급여액이 늘어난다.

(4) 핀란드: 세계 최고의 공교육(공평한 교육)[10)]

1990년대 들어서면서 핀란드 사회의 '평등'과 '정의'의 가치를 실현하고 아동의 보편적 권리를 보장하는 ECEC 제도가 정착되었다. 영유아 돌봄 및 교육(Early Childhood Education and Care, ECEC)은 핀란드 교육에서 점차 중요성이 강조되는 분야로, 교육 및 돌봄을 한자리에 모아 통합하는 것을 이상적 모델(EduCare model)로 한다. 그동안 일반적으로 인식된 영유아 돌봄 및 교육은 단지 부모의 부재 동안 안전을 책임지는 '돌봄'의 형태였으나, 핀란드 정부는 돌봄을 목적 지향적인(goal-oriented) '교육활동'으로 진화할 것을 제시하였다. 이에 따라 기존 데이케어(daycare, 유치원)라고 지칭되던 프리스쿨(Preschool, 초등학교 입학 예비과정) 이전 교육을 공식적으로 영유아교육(Early childhood education)이라 명명했다. 2016 핀란드 교육과정 개정에는 영유아 교육과정이 새롭게 포함되었다(김상훈, 2018).

핀란드에서는 4세부터 무상으로 육아 서비스가 제공되며 6세 아동은 유치원을 무상으로 이용할 수 있다. 7세부터 시작되는 기초교육(종합학교) 역시 무상으로 제공되며 교재·교구, 급식 등 학교에서 사용되는 모든 것이 무상으로 제공된다. 학생이 스스로 고등학교 진학 준비가 미흡하다고 판단하면 자발적으로 10학년을 더 다닐 수 있다. 초등 과정에서는 두 학년을 묶어 학급을 구성하기도 하며, 경직된 학습 진도가 아니라 개별학생의 학습 진도에 따라 교육이 유연하게 이뤄진다. 국가교육청에서 승인한 국가 기본 교육과정을 기준으로 학년별 교과과정은 교사의 재량에 따라 유연하게 구성되고, 개별 학생의 학습 능력별로 별도의 진도가 정해진다.

또한 학교마다 사회복지 및 보건 전문가를 두어 학생들이 학교생활이나 학업 능력에서 문제를 보이면 체계적으로 개입한다. 잘하는 학생은 잘하는 대로 틀에 가두지 않고, 못하는 학생들은 최대한 도와줘 기초 학습 능력을 갖추도록 하려는 게 핀란드 교육정책의 핵심 목표이다. 모든 지방자치단체와 규모가 큰 학교는 교사, 간호사, 상담사, 학교심리사, 교장으로 구성된 학생복지팀을 갖추고 있다. 학생복지팀은 정기적으로 모여 정보를 교환하고 학생들의 복지와 관련된 이슈를 논의하고 대책을 강구, 실행한다.

---

10) 김상호(2016)의 내용을 참고하여 작성함.

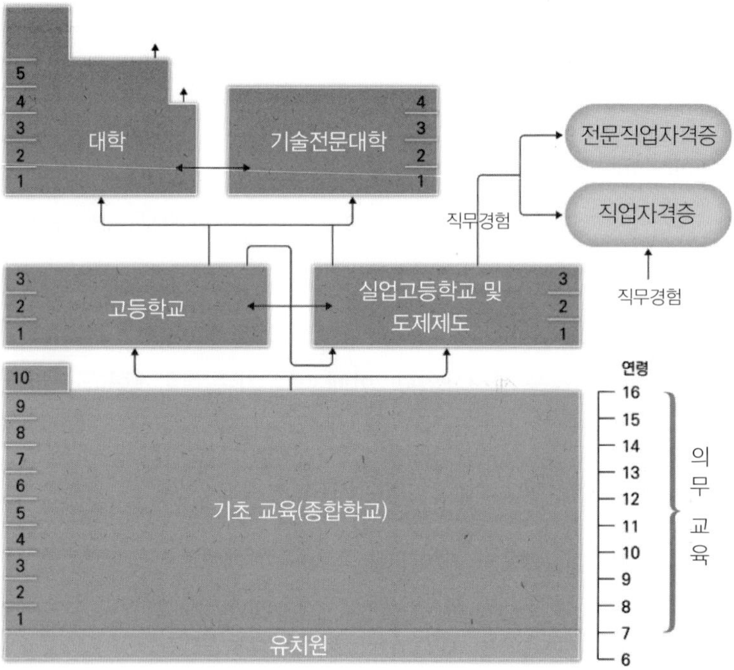

[그림 3-1] 핀란드 교육제도

출처: 김상호(2016), p. 2.

2. 한국의 아동복지 발달

우리나라 아동복지의 발달은 크게 근대이전사회, 근대사회, 현대사회로 나누어 살펴볼 수 있다. 근대이전사회는 전통사회였던 삼국시대부터 조선 중기까지를, 근대사회는 조선 말기부터 해방 전을, 현대는 해방 직후부터 현재까지로 구분된다.

1) 근대 이전의 아동복지

전통사회에서 아동복지는 고아, 기아, 빈곤아동과 같이 보호가 필요한 아동들을 대상으로 이루어졌다. 이 시기에는 친족보호를 우선하여 아동의 문제를 가족 안에서 해결하게 하였으나, 고아와 같이 친족의 보호를 받을 수 없는 경우에는 국가에서 보호하였다. 관련하여, 삼국시대에는 재해를 당한 사람들 속에 아동을 포함하여 관곡을 배급하였으며, 고려시대에는 10세까지의 고아는 관에서 수용·양육하고 이후에는 본인의 희망에 따라 거주하게 하였다. 고려시대에는 관뿐만 아니라 불교, 민가에서도 아동을 보호하였는데, 불교는 자비사상에 입각하여 구걸아동, 고아 등의 아동에게 사찰 위주의 위탁형태 보호를 실시하였고, 민가에서도 아동을 보호한 후에 양자녀, 노비로 삼기도 하였다(김성경, 김혜영, 2021). 다만, 명확한 보호지침이 있었던 것이 아니었기 때문에 아동의 인신매매, 유괴, 약탈 등 폐단이 성행하였다.

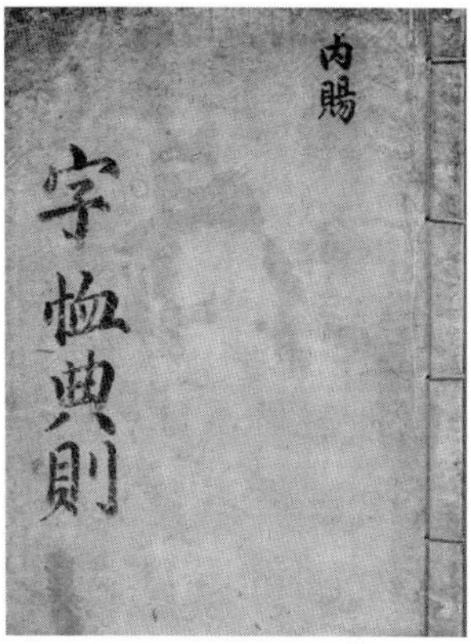

자휼전칙

출처: 한국민족문화대백과(2024).

조선시대에는 고려시대에서 발전하여 구걸아동, 고아 등을 보호할 수 있는 법을 제정하고 아동을 보호하고자 하였다. 이것이 바로 정조 시대에 제정된『자휼전칙』이다.『자휼전칙』은 흉년에 유리걸식하거나 버려진 아이들의 구호 방법인 구휼법을 왕명으로 규정한 법령집으로, '자휼'은 어루만지며 구휼한다는 뜻이다. 구호 대상은 4~10세의 행걸아(行乞兒: 길에서 구걸하는 아이), 3세 이하의 유기아(遺棄兒)이다(한국민족문화대백과, 2024). 행걸아는 진휼청에서 옷과 음식을 주고 질병을 치료해 주었으며, 유기아는 유모를 정한 뒤 유모에게 쌀을 지급하였다. 행걸아나 유기아를 기르겠다고 나서는 사람은 진휼청의 허가를 받아 자녀나 노비로 삼을 수 있게 하였다. 그러나 전통사회에서는 일시적 구제책 위주의 지원으로, 아동에 대한 체계적인 지원은 이루어지지 않았다는 한계가 있다(정익중, 오정수, 2022).

2) 근대의 아동복지

경신학교(원두우학당)

출처: 최재건(2014. 10. 21).

조선시대 말에 서양 선교사에 의해 근대적 의미의 아동보호가 시작되었다. 천주교와 관련하여서는, 파리외방선교회가 설립한 조선영해회의 메스트르(Maistre) 신부가 1854년 버려진 어린아이들을 거두어 신자의 집에 맡겨 양육하는 사업을 통해 한 해에 40~50여 명의 아이를 지원하였다. 또한 1885년에 프랑스 블랑(Blanc) 신부는 서울(옛 한양)에 기와집을 매입하여 고아원(영해원)을 운영하였고, 1888년에는 명동성당 안에 수녀원이 생기자 그 부속건물에 고아원을 만들어 아이들

소파 방정환

을 수용했다.

개신교 선교사들에 의한 고아원의 설립은 교육사업과 관련되어 있다(정익중, 오정수, 2022). 미국 북장로회의 교육선교사였던 언더우드(Underwood)는 1886년에 고아원 형식의 학교(원두우학당[11])를 개원하였고, 1892년에는 영국성공회 의료선교사 랜디스(Landis)가 인천에 고아원학교를 설립하였다. 서양 선교사들에 의하여 도입된 시설보호는 이후 우리나라에서 수용시설 중심의 아동복지 발전에 큰 영향을 미친 것으로 평가된다(정익중, 오정수, 2022).

이후 서구와는 전혀 다른 근대 과정을 걸어와야 했던 우리사회는 일제강점기의 탄압과 비정상적 학교교육의 기능에 저항하기 위해 사회계몽의 일환으로 아동에 대해 주목하기 시작하였다(김민, 2022). 이러한 배경에서 천도교에서는 1921년 5월 1일 어린이의 인격 옹호, 어린이의 정서 함양, 건전한 사회성 함양을 목적으로 천도교소년회(天道教少年會)를 조직하였으며, 창립 1주년을 맞는 1922년 5월 1일에 어린이를 위한 행사를 개최하였다.

이후, 1923년에는 방정환(方定煥)을 포함한 일본유학생 모임인 '색동회'가 주축이 되어 5월 1일을 '어린이날'로 정하였으며, 1923년 5월 1일 어린이날 기념식장에서 우리나라 최초의 아동권리선언이라고 할 수 있는 「어린이 권리 공약 3장」을 발표하였다.

3) 현대사회의 아동복지

현대사회의 아동복지는 정책 변화에 따라서는 아동복지태동기(1950~1960년대), 아동복지제정기(1960~1980년대), 아동복지전환기(1980~1990년대), 아동복지성숙기(2000년~현재)까지의 4단계로 구분되며(보건복지부, 2022a), 복지의 특성에 따라서는 사회구호 단계(1945~1960년), 선별주의 아동보호 단계(1960년대~1980년), 보편주의 아동복지 단계(1980년대~현재)의 3단계로 구분할 수 있다.

본 책에서 현대사회 아동복지의 내용은 3단계의 복지특성에 따라 내용을 제시하

11) 초기에는 '원두우학당'으로 불리다가 '예수교학당'과 '민노아학당'을 거쳐 '구세학당'이 되었음. 1905년부터는 '경신학교'로 이름을 바꿔 운영.

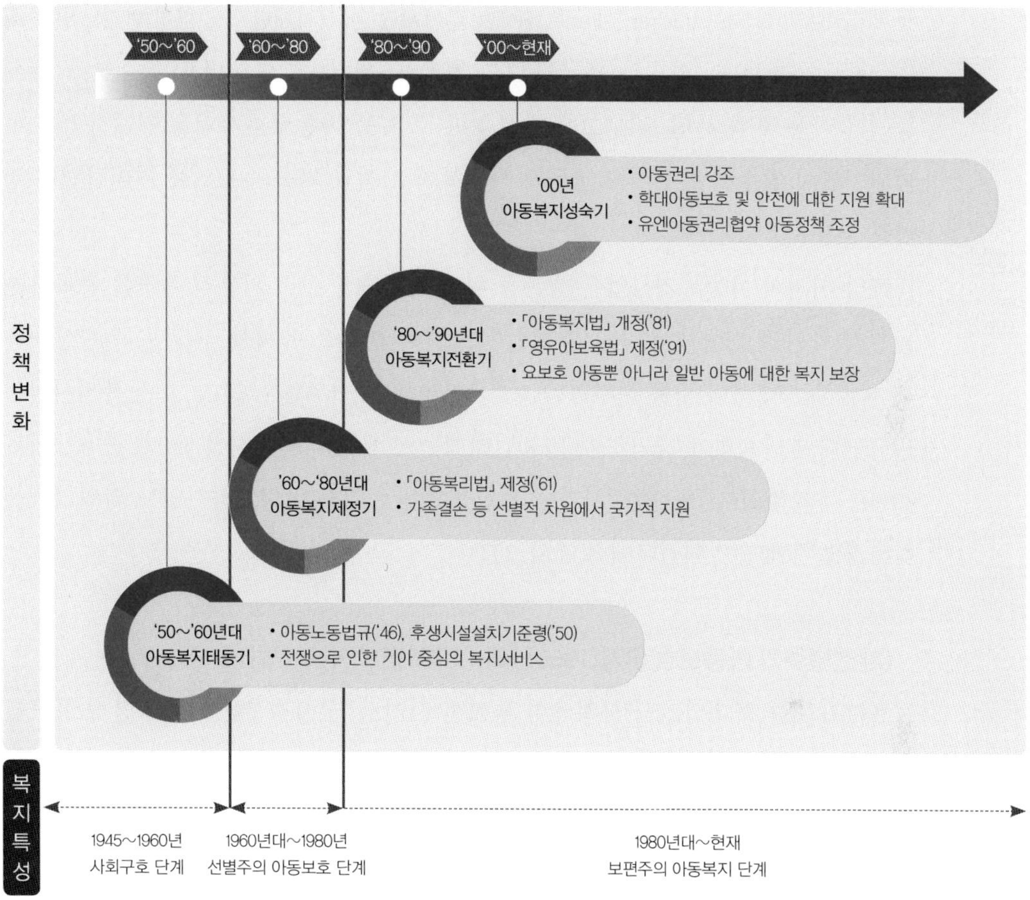

[그림 3-2] 현대사회 아동복지 변화

출처: 보건복지부(2022a), p. 344의 내용을 재구성함.

되, 정책변화에 대한 내용도 포함하였다.

(1) 사회구호 단계(1945~1960년)

1960년 이전까지의 아동복지사업은 빈곤 계층의 아동을 대상으로 민간과 해외 원조에 의존하여 사회구호적 형태로 운영되었다(구혜영 외, 2023). 1950년대 한국전쟁의 여파로 많은 전쟁고아, 기아 및 미아가 발생하였으나, 이 시기에는 국가체제가 형성되는 시기로 아동을 보호하기 위한 국가의 법적 근거 및 서비스가 부족했다. 이에 이들의 응급구호를 위해 민간과 외국 원조기관(이하 외원기관)에 의존한 빈민구호 중심의 서비스가 주로 이루어졌다(보건복지부, 2022a). 대표적인 외원기관은 기독교아동복리회(Christian Children's Fund, 한국어린이재단, 어린이재단으로 명칭 변경), 양친회(Foster Parents Plan), 선명회(World Vision, 한국월드비전으로 명칭 변경) 등으로, 국내에 들어와 아동 후원 사업, 전쟁고아의 보호와 수용 등 아동보호사업을 전개하였으며, 외원기관이 철수한 이후에도 전문적 사회복지 지식과 기술의 도입에 기여하였다(정익중, 오정수, 2022).

해당 시기의 아동복지사업은 생존을 위한 의식주와 같이 기본적 욕구를 충족하는 물질적 차원의 분배에 치중하였으며, 최소한의 생활을 유지할 수 있도록 시설수용을 제공하는 대책이 주를 이루었다(보건복지70년사편찬위원회, 2015). 아동복지시설은 1950년대에 급속하게 증가하여 1960년대에는 전체 사회복지시설 592개 중 472개로 80%를 차지하였다. 또한 이 시기에는 전쟁고아에 대한 국외입양사업도 외원기관에 의해 활발하게 운영되었다(구혜영 외, 2023).

(2) 선별주의 아동보호 단계(1960년대~1980년)

1960년대는 쿠데타로 군사정권이 들어선 시기로, 군사정부는 자기정당성 확보를 위해 복지 관련 법률을 대량으로 제정하였다(노혜련 외, 2021). 관련법으로는「아동복리법」(1961),「생활보호법」(1961),「미성년자보호법」(1961) 등이 있다. 이 중, 1961년 12월 30일 제정된「아동복리법」은 보호대상 아동에 대한 국가의 책임을 처음으로 법제화한 것으로, 보호대상 아동들을 국가가 개입하여 보호한다는 점에서 중요한 정책 변화의 의의를 갖고 있지만, 아동복지전달체계나 보호조치의 우선순위, 관련 원칙도 마련되어 있지 않아 그 기능을 거의 수행하지 못했다는 한계가 있다(보건복지70년사편찬위원회, 2015).

이 시기에는 국가주도 경제개발계획의 추진에 의한 산업화가 진행되었고, 선성장 후분배란 국가발전의 논리에 따라 경제성장을 이루기 위해서는 어떤 희생도 감수해야 한다는 인식과 함께 사회복지 지출은 극소화되었다(정익중, 오정수, 2022). 이는 아동복지 정책에 있어서도 공비부담의 극소화와 요보호 아동 발생의 예방을 강조하면서, 시설구호아동의 가정복귀와 입양, 위탁보호, 탁아서비스를 권장한 정책과도 연계된다(이혜경, 1993). 하지만 여전히 아동복지는 외원기관에 의존한 수용시설이 주를 이뤘는데, 탁아시설을 제외한 아동 수용보호시설의 수는 1964년 508개소에서 1967년 568개로 증가하였으며, 같은 해에 수용시설 아동의 수는 65,000명이었다. 이러한 아동수용시설의 증가는 1967년을 정점으로 감소하기 시작하였는데, 이는 1966년부터 외원기관에서 거택보호나 탁아사업 등으로 지원을 다원하기 시작하였기 때문이다.

우리나라 아동복지사업의 재원은 1970년대 중반 외원기관이 철수를 완료하기 전까지 이들에 대한 의존도가 전체 사회복지 예산의 50%를 넘을 정도로 높았으나(노혜련 외, 2021), 철수 이후에는 국가개입이 불가피함에 따라 국가 보조 비율이 조금씩 증가하기 시작하였다. 1970년대에는 사회복지의 기반이 되는 「사회복지사업법」(1970)을 비롯하여 아동복지와 밀접한 「모자보건법」(1973)과 「국민복지연금법」(1973), 「입양촉진 및 절차에 관한 특례법」(1976)을 제정하였다. 해당 시기에는 탈시설화가 본격적으로 거론되기 시작하여, 보호가 필요한 아동의 입양을 촉진하고 입양 아동의 보호와 복지 증진을 도모하는 데 필요한 사항을 규정함과 동시에 아동의 교육과 보건의 강화, 아동시설 운영의 평가를 제도화하려는 요구가 강하게 나타났다(최옥채, 2017). 하지만 아동복지의 확장과 함께 사회복지가 여러 영역으로 점차 분화되고, 복지보다는 경제를 우선하는 정부의 정책 기조로 인해 이 시기의 아동복지는 보호대상아동을 중심으로 하는 선별주의 원칙에 입각한 잔여적 형태의 서비스로 평가할 수 있다.

(3) 보편주의 아동복지 단계(1980년대~현재)

① 아동복지 보편적 확충기(1981~1999)[12]

1980년대에는 「아동복리법」이 「아동복지법」으로 개정되어 전체 일반 아동을 복지의 대상으로 포함하는 보편주의적 이념을 공식화하고, 가정위탁과 결연사업 등 다양한 분야로 서비스를 확장하였다. 1985년부터는 요보호 아동에 대한 가정위탁 형태를 명명하고 일부 지역을 중심으로 시범사업을 추진하였으나, 국외입양 전(前) 아동을 일시적으로 보호・양육하는 것에 그쳤다.

또한 1980년대 들어 여성 취업률이 급증하면서 탁아 요구가 크게 늘어났고, 도시 저소득층 아동 및 농어촌 지역 아동의 방치문제가 사회문제로 나타났다. 이에 늘어나는 보육수요에 대처하고 아동의 건전한 육성과 맞벌이 가정의 경제적 사회적 지원

---

12) 정경희 외(2020)의 내용을 참고하여 작성함.

을 위하여 1991년 1월 「영유아보육법」이 제정, 공포되었다(한국민족문화대백과, 2024). 「영유아보육법」의 제정은 그동안 보호 중심의 정책에서 아동의 전인적 발달을 위한 교육의 개념이 포함되었다는 점과 보호대상아동뿐만 아니라 전체 아동에게 그 범위가 확장되어 보편적 아동복지의 대표적 사례라는 점에서 큰 의미가 있다.

1981년 「아동복지법」을 통하여 보편주의적 이념을 공식화하였음에도 불구하고 한동안 시설보호아동 중심으로 아동복지정책이 지속되었다. 그러나 국제적인 흐름에 의하여 좀 더 구체적인 이행노력이 요구된 시기이기도 하다. 1991년에 가입한 유엔아동권리협약의 권고는 아동의 안전에 국가적 관심을 기울이고, 모든 아동의 인권보장을 위해 국제적 기준에 부응하기 위한 법적 · 제도적 조치를 강구하는 계기가 되었다. 우리나라는 1994년과 1999년에 아동인권상황에 대한 1, 2차 국가보고서를 제출하고 이에 대해 유엔아동권리위원회는 2003년 초 50여 개의 권고사항을 제시하였다(김승권, 2007).

② 아동복지서비스 발전기(2000년 이후)[13]

21세기에 들어서면서 저출생의 경향이 더욱 심화되고 여성의 사회참여가 확대됨에 따라 정부는 출산율 제고와 여성의 경제활동 지원 목적으로 다양한 양육지원 정책을 지속적으로 확대하여 왔다(김은정, 2014). 또한 이혼 등 가정해체가 증가함에 따라 아동을 안전하게 보호하고 예방하기 위한 체계 마련의 필요성이 증가하였으며, 외국근로자 입국 증가, 결혼이민자 증가, 북한이탈주민의 유입으로 다문화가족 아동복지에 대한 관심이 증가하였다(구혜영 외, 2023).

2000년에는 아동 안전을 공식 목표로 「아동복지법」을 개정하였고, 아동복지전달체계 다양화 및 제도화를 통해 아동복지 정책을 체계화하고, 이전까지 부처에서 산발적으로 추진되어 온 아동정책의 효율성을 높이기 위해 국무총리 소속으로 아동정책조정위원회[14]를 신설하였다. 또한 2000년 개정 「아동복지법」 이후 2012년 개정 「아

13) 보건복지70년사편찬위원회(2015)의 내용을 참고하여 작성함.

14) 「아동복지법」 제10조(아동정책조정위원회) 제1항 아동의 권리증진과 건강한 출생 및 성장을 위하여 종합적인 아동정책을 수립하고 관계 부처의 의견을 조정하며 그 정책의 이행을 감독하고 평가하기 위하여 국무총리 소속으로 아동정책조정위원회(이하 "위원회"라 한다)를 둔다.

동복지법」까지 아동복지서비스 분야에서 가정위탁지원센터, 아동보호전문기관, 지역아동센터, 위스타트와 희망스타트(드림스타트) 등 아동통합서비스센터, 실종아동전문기관, 중앙입양원 등 다양한 전달체계가 나타나게 되는데 이를 제도화하였다. 특히 2012년의 개정「아동복지법」은 2000년 이후 아동복지서비스의 분화과정에서 우후죽순 형태로 나타난 다양한 서비스와 제도들을 하나의 아동복지 입법 속에 담아 체계화하였다는 의의를 갖는다. 또한 공공부문인 전담공무원의 개입은 아동복지의 공공성을 강화하는 기초가 되었으며, 가정에서의 보호양육과 지원서비스, 가정위탁, 시설보호, 입양, 치료요양 등 보호대상아동의 다양한 아동보호서비스가 공공전달체계의 보호조치와 연계되는 체계를 구축하였다는 의의를 갖는다. 더불어, 2004년「영유아보육법」을 전면 개정해 보육시설 종류와 종사자 자격 기준을 명확히 하는 등 보육사업에 대한 기본 틀을 마련하고, 2013년에는 전격적으로 0~5세 무상보육을 시행하였다(노혜련 외, 2021). 2013년도 미취학 아동의 전면 무상보육의 실시는 보육에 대한 국가적 책임이 한층 강화되었음을 시사한다(김은정, 2014).

또한 체계적인 아동복지 정책 수립의 기틀을 마련함과 동시에 우리나라 전체 아동의 복지 향상을 위해 정부에서는 5년마다 아동정책기본계획 수립을 실시하고 있으며, 이때에 아동종합실태조사의 결과를 반영하도록 하고 있다. 아동종합실태조사는 3년마다 아동의 양육 및 생활 환경, 언어 및 인지 발달, 정서적 · 신체적 건강, 아동 안전, 아동 학대 등의 영역에 대한 종합실태 조사이다[「아동복지법」 제11조(아동종합실태조사)]. 정부는 2015년「제1차 아동정책기본계획」을 수립하였는데, 본 계획은 아동정책에 대해 범부처 차원에서 포괄한 최초의 중기계획이라는 점에 의의가 있으며, 2018년 아동수당지급, 온종일 돌봄체계 마련, 2019년 아동치료비 경감, 고교 무상교육의 실시 등의 성과를 보였다(노혜련 외, 2021). 2019년에는 그동안 흩어져 있던 아동복지 관련 사업의 효과적인 추진을 위해 아동권리보장원을 설립하여 아동정책에 대한 종합적인 수행과 아동복지 관련 사업의 효과적인 추진을 위하여 필요한 정책의 수립을 지원하고 사업평가 등의 업무를 수행하도록 하였다.

최근에는 사회변동과정에서 학교부적응, 학교폭력, 아동학대, 미혼모와 아동의 문제, 컴퓨터와 스마트폰 중독 등이 사회문제로 대두되고 있으며, 이에 따라 학대아동에 대한 강제보호서비스, 장애아동서비스, 학교사회복지서비스, 방과 후 아동보호, 지역사회 아동통합서비스 등이 새롭게 부각되고 있다(정익중, 오정수, 2022).

3. 아동복지 발달 영향 요인

아동복지의 발달은 아동을 둘러싼 다양한 환경의 변화에 영향을 받았다. 카두신(Kadushin, 1974)은 아동복지의 발달에 영향을 준 변화요인을 몇 가지로 정리하였는데, 사회적 · 경제적 · 정치적 변화 등으로 설명하고 있다(장인협, 오정수, 2000). 카두신이 제시한 요인은 아래와 같다.

1) 경제적 · 정치적 변화

산업혁명으로 도시화, 자본가와 노동자 간의 양극화 발생 등 사회적 문제가 증가함에 따라 정부에서는 그동안 종교나 민간에 맡겨 왔던 아동문제에 개입이 필요하게 되었다. 이때에는 국가의 경제적 부양능력이 증대하면서 요보호 아동을 사회가 돌볼 여력을 가지게 되었으며, 이에 고아, 빈곤아동뿐만 아니라 장애아동 등 특별한 보호가 필요한 아동 역시 사회적으로 지원하고 보호할 수 있게 되었다.

더욱이 정치의 민주화로 정치지도자가 되기 위해서는 비생산층 인구의 이익에도 관심을 가지지 않을 수 없었다. 20세기 이후 현대국가에서는 투표권 등 시민적 권리가 모든 국민에 부여되어 있기 때문에 정치적으로 이러한 시민적 요구를 수용하여 지역사회가 원하는 서비스를 수용하고 확대하게 되었다. 또한 아동문제를 감소시킴으로써 사회적 안정을 이루고 미래에 지불해야 할 사회적 비용을 감소시키기 위한 정치적 고려가 작용하였다.

2) 사회제도의 전문성 확보

과거에는 부모가 아동 돌봄에 대한 기능을 상실하여도 확대가족, 이웃 등을 통해 상부상조적으로 돌봄이 필요한 아동을 보호 · 양육해 왔다. 즉, 전문적으로 아동을 보호하는 시설은 없었으나, 아동 문제 발생 시 마을 안의 자원을 활용하여 해결할 수 있었다. 그러나 산업화, 도시화되면서 그러한 아동보호의 기능은 소멸되었고 그것을 대신할 새로운 제도의 도입이 필요하게 되었다. 이러한 기능은 점차 공교기관, 지업

집단, 민간단체로 이전되어 오다가 보호를 전적으로 담당할 제도의 필요성에 의해 현대적 의미의 전문화된 아동복지서비스가 출현하게 되었다.

3) 과학의 발달과 아동기의 발견

중세시대까지만 해도 사회적으로 아동은 성인의 축소판으로 인식되었으며, 아동기에 대한 개념이 존재하지 않았다. 그러나 과학적인 지식과 기술의 발전은 아동연구에 많은 성과를 가져왔고, 이는 아동의 발달과 문제에 대한 이해를 높이는 결과를 가지고 왔다. 특히 아동기의 발견은 다른 인생주기와는 다른 독특한 특성을 가진 아동에 대한 전문적이고도 체계적인 복지 및 교육 서비스의 필요성을 증대시켰고 이러한 인식의 확대는 아동복지가 발전할 수 있는 계기가 되었다.

4) 아동수의 변화

출산율과 아동사망률 역시 아동복지의 발전에 영향을 미친 요인이다. 과거에는 많은 아동이 태어났으나 열악한 발달환경으로 인해 그에 못지않게 높은 아동사망률을 보였다. 그러나 의료기술의 발달과 보건위생, 영양, 환경 등 아동이 성장할 수 있는 조건이 향상됨으로써 아동의 수명이 연장되고 이전과 달리 양육 가능한 계획된 출산이 확대됨에 따라 적은 수의 아동이 출생하여 생존의 기회가 많아졌다. 이에 그동안 아동의 보건위생, 영양 등 기초적인 욕구에 집중된 복지에서 아동의 교육, 보육과 같이 아동의 건강한 발달을 지원할 수 있는 다각적인 복지 서비스로 변화가 이루어졌다.

5) 맞벌이 가구 증가

과거에는 남성은 경제활동을, 여성은 돌봄과 가사활동을 전담하는 성역할 고정관념이 존재하였으나, 최근에는 여성들의 경제활동이 증가함에 따라 가정 내 돌봄 기능을 대체할 수 있는 복지서비스에 대한 욕구가 커졌다. 이에 경제활동과 돌봄의 이중고에 시달리고 있는 여성을 지원하고, 아동 돌봄의 주체로서 남성이 참여할 수 있도록 아동 돌봄 관련 서비스가 확대되고 있으며, 관련한 육아정책 역시 점차 발전하고 있다.

6) 아동의 지위 변화

최근에는 권리로서의 아동복지가 아동복지의 이념으로 자리 잡고 있으나, 과거에는 아동은 부모에게 예속된 존재로서 한 인간으로서의 법적 지위가 인정되지 않았었다. 20년대, 국내외에서 아동의 권리를 보장하기 위한 다양한 협약, 운동 등의 노력으로 점차 아동의 권리는 향상되었으며, 우리나라는 최근 아동복지 추진 시 아동의 권리를 최우선적으로 고려한 서비스 제공, 배치 결정 등을 실행하고 있다. 이러한 아동 존중의 관점은 아동복지뿐만 아니라 사회 전반에 영향을 미치고 있으며, 가정 내에서도 아동을 하나의 인격체로 바라보고 존중하는 데 기여하고 있다.

제4장

아동의 특성과 아동발달이론

1. 아동의 특성

아동은 아동기라는 발달단계 동안 성장과 발달이 함께 이루어지는 시기로, 장인협과 오정수(2000)는 아동의 대표적인 특성으로 의존성, 성숙, 욕구, 민감성, 적응성의 다섯 가지를 제시하고 있다.

첫째, 아동의 대표적인 특성 중 하나인 의존성으로 이는 아동이 생명 유지와 신체적 · 지적 · 사회적 발달을 위해 부모 또는 보호자의 사랑과 보살핌에 의존함을 말한다. 그리고 아동은 안전함과 사랑, 소속감을 갖고자 하는데, 만약 부모를 상실했거나 부모가 있지만 부모로부터 사랑과 보호를 받을 수 없을 경우 아동은 정체감 상실이나 불안을 느끼게 된다.

둘째, 아동기는 미성숙한 단계에서 성숙한 단계로 나아가는 과정이며 아동은 성장단계에 적절하게 자신의 생활상황을 대처해 나가면서 필요한 이해력과 신체적 · 정신적 기능과 능력을 발전시켜 나가게 된다. 따라서 아동은 주변의 격려와 지도를 필요로 하며 수준에 맞는 지식과 기술, 행동방식 등에 관한 학습의 기회가 제공되어야 한다.

셋째, 아동기에는 인간의 기본적인 생리적 욕구와 함께 인격적 욕구라 할 수 있는 정신적 · 심리적 욕구가 동시에 충족되어야 하며, 이러한 욕구 충족이 이루어져야 아동이 건강하게 성장하고 발달할 수 있게 된다.

넷째, 아동의 감정은 상당히 예민하며 자기 욕구에 대한 즉각적 만족을 얻고자 한다. 그러나 욕구가 충족되지 않으면 불안과 불신이 조성되고 심한 경우 냉담과 퇴행 등의 어려움에 놓이게 된다.

다섯째, 적응성으로 아동이 환경 속의 인간으로서 독립생활이 가능한 사회적응능력을 학습하는 시기다. 아동은 성장하면서 자신이 속한 가정, 또래집단, 학교, 지역사회 등 사회공동체에 소속되어 사회적 인간으로 성장해 가는 것이다. 따라서 아동이 사회환경에 잘 적응하기 위해서는 부모나 사회의 적절한 보호와 교육이 꼭 필요하다(오정수, 정익중, 2019: 31에서 재인용).

1) 아동발달의 특성

아동발달은 독립적이라기보다는 유전과 환경의 상호영향성의 특성을 갖고 서로 밀접하게 관련되어 있으며, 기초성, 적기성, 누적성, 불가역성을 특성으로 들 수 있다.

첫째, 나이가 어릴수록 그때의 경험 여부가 이후의 초석적 의미를 가지게 되므로 유아기 초기 경험의 기초성은 매우 중요한 부분이다. 따라서 이 시기에 신체적 영양상태와 지적·정의적·사회적·도덕적 발달을 위한 자극 등이 주어져야 한다. 둘째, 적기성으로 인간의 발달과업은 가장 적절한 시기가 있기 때문에 그 시기에 해당 발달과업이 이루어지지 못하면 다음 발달에 지장을 초래하게 된다. 즉, 특정 시기에 학습, 경험 등 발달과업이 성취될 수 있도록 지도해야 한다. 셋째, 누적성으로 아동이 환경 및 다양한 요인들로 인해 결함이 발생하면 성장발달에 결손이 생기고 그 결손이 다음 단계의 성장 및 발달에 영향을 미친다. 즉, 결손이 장기화되지 않도록 즉각적인 지원이 이루어져야 한다. 넷째, 불가역성으로 한 단계에서 잘못한 것 또는 잘못한 것의 영향이 이후 단계에서 잘한다고 해서 이전 단계에 영향을 주거나 이를 교정, 보충하는데 한계가 있다는 것이다(구혜영 외, 2023).

아동기는 가정에서 학교로 활동범위가 넓어지는 시기로 초등학교 입학부터 졸업까지의 시기를 말한다. 프로이트(Freud)는 잠복기에는 지적 활동과 신체 발달, 성장에 에너지가 집중되는 시기라고 하였고, 에릭슨(Erikson)은 아동은 이 시기에 체계적인 교육을 통해 근면성이 발달하는 시기라고 하였다. 또한 피아제(Piaget)는 아동이 자아중심적인 사고에서 벗어나 타인의 관점에서 생각할 수 있는 구체적 조작기에 해당된다고 하였다.

이 시기에는 다양한 영역에서 동시적으로 발달이 이루어지며 각 영역의 발달은 상호영향성을 갖는다.

(1) 신체발달

아동의 신체적인 발달은 개인마다 다르지만 비교적 완만하게 진행되며 안정되는 시기이다. 아동기 초기 동안 키는 1년에 5.5cm, 체중은 1년에 2.5kg 정도 성장하는데, 성별에서 남아가 여아보다 신체적 성숙이 더 빠르지만 11세에서 12세경에는 여아의 신체적 성숙이 남아보다 더 우세해진다. 이런 현상은 신체적 급성장이 이루어지는 사춘기가 여아는 만 10세에서 12세, 남아는 만 14세에서 16세로 여아가 먼저 시작하기 때문이다.

신경계 발달은 12세경이 되면 성인 뇌 무게의 95% 정도에 도달하며 면역계도 최대로 성숙하여 항원항체 반응의 증진으로 감염을 축소화할 수 있고, 호흡기계의 폐 발달은 10세까지 비교적 완만하게 진행되다가 이후부터 급격히 발달하여 활발한 운동기능을 뒷받침한다. 또한 치아는 유치가 빠지고 영구치가 난다(오진아 외, 2020).

(2) 운동발달

출생 시 운동 반응은 반사적인 것으로, 반사 운동은 대뇌피질의 발달과 함께 점차 의식적이고 자발적인 운동으로 대치된다. 영유아기의 운동발달은 머리 들기(2개월), 구르기(3개월), 앉기(6개월), 붙잡고 걷기(9개월), 혼자 서기(11개월), 혼자 걷기(12개월), 손잡고 계단 오르내리기(16개월), 혼자서 계단 오르기 및 달리기(24개월)를 한다.

만 2세에서 4세 아동의 운동 능력은 달리기와 뛰기를 할 수 있고, 필요한 동작들을 습득하여 옷 벗기와 옷 입기가 부분적으로 가능하다. 만 5세에서 6세경에는 모든 근육의 기능이 매우 높은 수준까지 발달하기 때문에 다양한 운동이 가능하고 7세경이 되면 던지기, 받기, 자전거 타기 등이 가능하다.

초등학교 시기의 아동은 게임, 스포츠 등 집단활동에 참여하며 점차 경쟁적 집단놀이에 참여하게 된다. 또한 12세경이 되면 운동기술이 더욱 정교해져 성인의 수준에 도달하게 된다(김성경, 김혜영, 2021).

(3) 인지발달

아동기는 피아제의 인지발달단계 중 구체적 조작기로 대략 7세에서 12세에 해당되는 시기이다. 아동은 이전의 전조작기의 자아중심적인 사고에서 벗어나 타인의 관점에서 생각할 수 있게 되며 아동의 사고능력과 기술은 급격한 진전을 보인다. 이 시기의 아동은 무게, 부피, 양 등이 형태가 변화하거나 액체를 담는 용기가 달라져도 액체의 양은 변화하지 않는다는 보존개념을 획득하게 되고, 사물이 공통적으로 가지고 있는 속성에 따라 분류하고 서열화하는 능력 등 지적 조작이 가능하고 논리적 사고가 가능하며 사물들 사이의 관계를 이해할 수 있다. 그러나 추상적 개념이나 철학적 개념에 대한 사고는 여전히 제한적이다(배화옥, 김미숙, 이은주, 2021).

(4) 언어발달

언어는 인간의 기본적인 의사소통의 도구이며 우리는 생애 초기부터 언어습득을 위한 준비를 한다. 출생 직후 아동의 울음은 전혀 분화되지 않은 반사적인 울음이었다가 생후 1~2개월부터 분화된 울음(differentiated crying)을 통해 자신의 욕구를 나타내기 시작한다. 즉, 울음의 음조와 강도로 배가 고픈지, 아픈지, 졸린지, 관심이 필요한지 등을 표현하기 시작하고 보호자는 이러한 울음을 통해 아동의 정서 상태를 추측할 수 있다. 대략 2개월경에 초기옹알이(cooing)를 하고 3개월경이 되면「아아아아」「우우우우」등의 음절을 율동적으로 내는 소리를 한다. 6개월경이 되면 반복 옹알이를 시작으로 스스로 소리를 만들어 내서 연습하는 시기로서「마마마」「바바바」등의 반복된 음절을 소리 낸다.

생후 8개월경이 되면 자신의 소리와 타인의 소리를 구별하면서 모방하는 행위, 즉 반향어(echolalia)를 한다. 9~15개월경 되면 한 단어로 다양한 의미를 함축하여 언어를 구사하게 된다. 18~20개월경이 되면 두 단어를 결합하여 자신의 의사나 감정을 의미 있게 표현하기 시작한다.

아동의 언어발달은 연령이 증가하면서 한 단어 발화에서 두 단어, 단순한 문장에서 복잡한 구조의 문장을 사용하면서 점차 성인의 언어와 유사해지고 학령기에 진입하면서 인지능력과 언어기술이 풍부해진다. 아동은 언어를 사회적 의사소통 도구로 사용하는 역량도 함께 발달하게 되면서 특정 주제를 놓고 다른 사람과 대화할 수 있는 능력이 점차 높아진다(공계순 외, 2019).

(5) 정서발달

정서란 외부의 자극에 대하여 동요, 흥분될 때 경험하는 심리상태나 감동으로써 포괄적인 정신 · 신체적(psychosomatic) 상태라 할 수 있다. 영유아기가 미분화적 · 전체적 · 직접적 표현을 하는 시기라면 아동기는 기본적인 정서의 분화가 이루어지는 시기로 아동은 점차 성장해 가면서 스스로 이를 억제할 수 있게 되고 분화된 간접적 표현을 하게 된다. 또한 아동이 성장하면서 어떤 정서적 경험을 했는가에 따라 그의 성격발달에 상당한 영향을 미치게 된다.

아동기의 사회 · 정서발달을 위한 구체적 목표는 첫째, 자아존중감을 경험하게 하는 것으로 이는 가족의 한 구성원으로서 자신 확인하기, 독립심 증진시키기, 자신감을 가지고 남에게 보여주기 등의 자신의 권리를 옹호하는 것이며, 둘째, 타인 돕기, 성인과 자신 구별하기, 타인의 권리 존중하기, 타인과 긍정적으로 상호작용하기, 과업완수를 위해 타인과 협동 작업하기 등의 협동적인 친사회적 행동을 보여 주는 것이다. 마지막으로 삶에 대한 적극적 태도를 보이는 것으로 새로운 활동 시도하기, 일상생활에 참여하기, 교실활동에서 흥미와 열정 보여주기, 성인과 신뢰감 형성하기 등이 있다(도미향, 남연희, 이무영, 변미희, 2021).

(6) 사회성 발달

아동에게는 인격적 독립을 얻는 것, 동년배 이성과 어울려 지내도록 배우는 것, 성역할을 배우는 것 등의 사회성 발달을 위한 과업이 주어지며, 자신의 성취에 대한 기쁨과 함께 성인에게 인정을 받으면서 스스로에 대한 가치감과 근면감을 형성하게 된다(도미향 외, 2021). 또한 아동은 또래와의 놀이를 통해 관계성 및 사회성을 발달시켜 나가게 된다. 2~4세까지 자아중심적 상징놀이를 즐겨하던 아동은 5~6세경이 되면 단체놀이에 더 많은 흥미를 갖게 되고 이러한 또래와의 단체놀이 과정을 통해 협동과 상호작용의 쾌락을 경험하고, 역할 관계의 상호성을 학습하게 되며, 이를 통해 아동의 자아중심성은 다소 감소하게 된다. 아동은 또래와 어울리면서 삶에 관련된 여러 측면에는 다양한 방식이 있다는 것을 알게 되고, 또래집단과의 경험을 통해 집단의 사회적 규범과 압력에 점점 더 민감해진다. 아동은 자신과 다른 관점으로 세상을 보는 또래친구들과 상호작용을 하면서 자기의 관점이 지니고 있는 한계를 이해하기 시작한다. 또한 또래친구들과의 단체놀이나 활동은 아동이 자아중심적 사고와 행동에서 탈피하여 성인에 가까운 사고와 행동의 융통성을 배우게 된다(김성경, 김혜영, 2021).

2. 아동발달이론

아동발달이론은 아동의 성장발달 과정을 이해하기 위한 것으로 정신분석이론, 대상관계이론, 심리사회이론, 인지발달이론, 행동주의이론, 인본주의이론, 애착이론 등이 있다. 이에 본 장에서는 각 이론의 특징을 살펴봄으로써 아동발달에 대해 이해하고자 한다.

1) 정신분석이론

프로이트
(Sigmund Freud, 1856~1939)

프로이트는 1856년 모라비아주 프라이베르크(지금의 체코 프로시보르)에서 출생하였다. 4세에 가족들과 오스트리아 비엔나로 이주하여 1938년까지 비엔나에 거주하였고 비엔나대학 의학부를 졸업한 뒤 많은 임상관찰을 기반으로 인간의 마음에 본인이 의식하지 못하는 무의식의 존재가 있다는 것을 이론으로 정립하였다. 정신분석을 창안하였고 히스테리의 주된 원인이 성욕이라고 주장하였으며 정신분석학 이론의 기초를 닦았다. 1902년 비엔나 정신분석학회를 창립하고 융, 아들러, 오토랭크와 같은 많은 정신분석학자들을 배출하였다.

프로이트는 1886년 유태인인 마르타 베르나이스와 결혼하여 세 딸과 두 아들을 두었는데, 안나 프로이트는 뒤에 유명한 아동 정신분석학자가 되었다.

독일에서 히틀러가 이끄는 나치당이 집권하자 독일의 비밀경찰들은 1932년에 유태인인 프로이트의 저서를 모두 불태웠고 그 후 프로이트는 비밀경찰의 끊임없는 표적이 되다가, 미국을 비롯한 국제 사회의 외교 노력으로 가족과 함께 영국으로 망명하여 지내다 1939년 9월 23일 런던에서 사망하였다(오진아 외, 2020).

(1) 정신분석이론의 특성

프로이트는 인간 정신에 대한 정의를 크게 두 가지로 주장하였다. 첫째는 신체적인 기관, 뇌 혹은 신경계로 보았고, 다른 한편으로는 설명할 수 없는 즉각적인 것으로 의식적인 행위라고 보았다. 그는 정신적인 과정들을 의식, 전의식, 무의식이라고 구분하였고, 이 세 가지 특성의 구분은 절대적이거나 영구적이지 않다고 하였다. 프로이트는 원초아, 자아 그리고 초자아의 개념에서 원초아와 초자아는 과거의 영향이 있다는 공통점이 있으며, 자아만이 주로 현대적인 사건, 즉 개인의 경험에 의해 결정된다고 보았다(Freud, 1964).

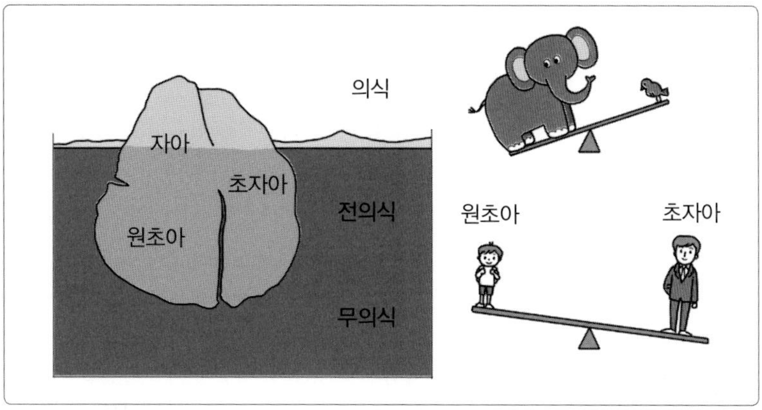

[그림 4-1] 정신세계의 구조

출처: 권인수 외(2020), p. 25.

① 의식 구조

프로이트는 인간의 정신세계를 의식, 전의식, 무의식의 세 가지로 구분하였다. 의식은 인간의 모든 정신 활동이며 다시 생산되거나 기억될 수 있다. 전의식은 주의를 집중하고 노력하면 의식화될 수 있으며 의식과 무의식 사이에 존재한다. 무의식은 스스로 자각하고 의식화할 수 없는 정신세계이며 인간의 본능, 감정과 관계가 있다. 일반적으로 무의식적인 것은 전의식의 상태로 변화된 후에 의식화의 상태가 된다(Freud, 1964).

② 성격의 구조[1)]

프로이트는 인간의 성격을 원초아(id), 자아(ego), 초자아(super-ego)로 구분하였다.

표 4-1 성격의 구조

구분	의미
원초아 (id)	• 성격의 본능적인 측면으로 출생 시부터 내재된 모든 것이 해당된다. • 생물학적 기본 욕구와 충동적이고 비이성적이며 이기적인 욕망을 포함한다. • 생물학적 욕구가 현실적으로 충족될 수 없을 시에도 즉각적인 만족을 추구한다.
자아 (ego)	• 성격의 이성적인 측면으로 내부적으로는 원초아의 본능 욕구를 통제하며, 그것의 만족을 허용할 것인지 결정한다. • 자아는 원초아의 욕구, 초자아의 욕구 그리고 현실의 욕구를 서로 조화시킨다. • 유아기에 발달하기 시작하며 인지, 학습, 문제 해결 등의 인지과정에 에너지를 공급하기 위해 원초아에서 에너지가 공급된다. • 자아가 성숙해지면 욕구를 만족시킬 논리적이고 현실적인 전략을 고안한다.
초자아 (super-ego)	• 성격의 도덕적인 측면으로 3세에서 6세 사이에 발달되기 시작하며, 부모의 성격, 가족, 인종, 국가의 전통 등의 사회적 환경의 욕구들이 초자아에 영향을 미치며 아동은 부모의 도덕적 가치를 내면화하며 자아로부터 발달한다. • 발달 과정에서 사회적으로 존경받는 이상적인 대상의 영향도 포함하며, 주로 만족을 제한하는 기능을 하는데 초자아가 발달되면, 사회적 규칙을 위반하지 않으려 하고, 위반할 시 죄책감, 수치심을 느끼게 된다.

(2) 프로이트의 성적 발달단계

표 4-2 프로이트의 성적 발달단계

구분	연령	내용
구강기	0~1세	• 성적 욕구, 즉 리비도는 즐거움의 원천으로 입에 집중되어 있다. • 어머니로부터 얻는 구강 만족은 향후 발달에 매우 중요하다.
항문기	1~3세	• 리비도는 항문에 집중되어 있다. • 배변 훈련은 아이의 생물학적 욕구 충동과 사회적 욕구의 충돌을 야기한다.

1) 성격의 구조는 Freud (1964)와 Sigelman et al. (2022)의 내용을 참고하여 표로 구성함.

남근기	3~6세	• 리비도는 성기에 집중되어 있다. • 오이디푸스 또는 엘렉트라 콤플렉스는 동성인 부모와 동일시됨으로써 해소되고 초자아의 발달로 이어진다.
잠복기	6~12세	• 이 시기의 리비도는 고요하다. • 정신적 에너지는 학업과 동성 친구와의 놀이에 사용된다.
생식기	12세 이후	• 성적 본능을 다시 각성시키는 시기로, 사춘기에는 성숙한 성적 관계를 형성하는 것을 추구한다.

출처: Freud (1964)와 Sigelman et al. (2022)의 내용을 표로 구성함.

2) 대상관계이론

멜라니 클라인
(Melanie Reizes Klein, 1882~1960)

멜라니 클라인은 1882년 오스트리아 빈에서 4남매 중 막내로 태어났다. 클라인의 아버지는 정통 유대교 집안에서 태어났으나 할아버지의 소원과 달리 의사가 되었다. 클라인은 아버지의 독립적인 정신을 마음에 간직하며 살았고, 아버지처럼 의학을 공부하기를 원했다. 그러나 아버지는 클라인보다 큰딸 에밀리를 더 좋아하였고 클라인의 감정을 고려하지 않았다. 클라인은 세 살 무렵 아버지 무릎에 올라갔다 밀쳐졌던 고통스러운 기억을 기술하였다. 클라인의 어머니는 가족을 부양하기 위해 가게를 열었고, 그로 인해 클라인을 돌볼 시간적 여유가 없었다. 클라인의 손위 형제들은 모두 어머니의 젖을 먹고 자랐지만 클라인은 유모의 젖을 먹고 자랐다. 클라인에게 어머니는 애증으로 가득 찬 존재로 그녀를 질식시킬 것 같은 존재였다.

클라인은 결혼 후 1909년 남편의 전근을 따라 헝가리 부다페스트로 이사하였고, 1914년 산도르 페렌찌(Sandor Ferenczi)에게 분석을 받기 시작하였다. 1919년 클라인은 자신의 아이에 대한 분석을 헝가리 정신분석협회에 발표 후 협회 회원이 되었다. 1924년 아브라함에게 분석을 받기 시작하였으나 다음 해 12월 아브라함의 갑작스러운 사망으로 분석은 끝이 났다. 그녀는 1957년 75세의 나이에 일생의 주제였던 사랑과 증오의 갈등을 집대성한 「시기심과 감사」를 출간하였고, 1960년 78세로 영면하였다.[2)]

2) 이 내용은 최영민(2022)의 내용을 요약하여 정리함.

(1) 대상관계이론의 특성

대상관계이론은 정신분석에 뿌리를 두고 있는 분야로 정신분석이론이 인간의 행동을 성적이고 공격적인 추동에 의해 행동 동기의 영향을 받는다고 본 반면에 대상관계이론은 인간의 행동 동기를 타인과의 관계를 형성하고자 하는 욕구에 의해 영향을 받는다고 보았다.

대상관계는 초기 유아의 관계성에 대한 욕구로부터 인간의 동기 원리를 도출하고 결과적으로 정신분석 치료의 일차적 목표를 초기 유아의 관계 경험에서 시작된 대상과의 관계를 수정하는 것으로 보았으며 모든 이론을 포괄하는 개념이다. 대상관계이론은 멜라니 클라인(Melanie Reizes Klein, 1882~1960), 로널드 페어베언(W. Ronald D. Fairbairn, 1889~1964), 해리 건트립(Henry James Samuel Guntrip, 1901~1975), 도널드 위니캇(Donald Woods Winnicott, 1896~1971) 등 대인관계 이론가들에 의해 더 분명하게 제시되고 발전되었다. 대상관계이론가들은 인간의 생애초기 관계가 중요하다고 보았는데 해리 건트립은 유아는 쾌락이 아닌 대상을 추구하며 인격의 성장은 일차적으로 대상관계의 질에 달려 있다고 한 로널드 페어베언의 주장에 동의하였다. 즉, 자아의 성장은 대상관계에 달려 있기 때문에 건강한 성격에 결정적인 요소는 자아와 대상 사이의 관계라는 것이다.[3]

클라인은 관계성(relationship)의 관점으로 발달을 이해하였다. 유아에게는 이 세상에 두 종류의 대상이 있는데 하나는 자신에게 젖을 주어 생명을 유지시켜 주고 사랑스러운 보호로 그를 감싸 주는 좋은 젖가슴과 다른 하나는 나쁜 젖가슴으로 이는 자신을 파괴하려 하기 때문에 유아 역시 그것을 미워하고 파괴하려고 한다. 유아는 그 안에서 박해와 고통을 느끼게 되고 이렇게 생성된 박해불안(persecutory anxiety)을 방어하기 위해 편집-분열자리를 취하게 된다는 것이다. 편집-분열자리는 악순환을 하며 강화될 수도 있고 극복될 수도 있다. 박해불안은 타고난 파괴적 공격성에 의해 시작되지만 부모의 좋은 돌봄은 이러한 박해불안을 감소시키고 편집-분열자리에서 벗어나 우울자리로 대체된다(최영민, 2022).

클라인은 유아를 처음부터 대상을 추구하는 존재로 보았으며 유아는 자신을 보살

---

3) 이 내용은 Frank L. Summers, Ph. D. 저, 이재훈 역(2004)의 내용을 요약하여 정리함.

펴 주는 어머니에 대해서 좋은 대상 또는 나쁜 대상 모두로 지각하고 상호작용을 하게 되며, 어머니가 유아 자신에 대한 것을 내면화해서 좋은 대상 또는 나쁜 대상의 내부대상(internal objects)을 형성하여 대상관계의 기반을 형성한다고 하였다. 즉 인간은 타인의 실제적인 특성보다는 내부대상과의 유사성에 따라 대인관계를 맺고 특히 생애 초기 유아가 경험한 애착대상과의 관계는 이후 대인관계에 결정적인 역할을 미친다는 것을 강조하였다. 또한 이 이론에 따르면 태아는 자기와 외부를 구별할 능력이 없기 때문에 자신을 돌보는 어머니가 객관적인 외부 대상이 아닌 자기 자신으로서 체험하게 되는데 이러한 것을 자기 대상(self objects)이라고 한다(김정진, 2022).

대상관계이론가들에 따르면 유아가 어머니와 분리되어 개별화되어 가는 과정을 중요시한다. 유아는 어머니를 자신과 분리된 존재로 지각하게 되는 과정에서 분리불안을 경험하고, 전이대상(예: 인형)에 집착하며 자신의 불안을 달랜다. 이때 유아가 안정감을 갖고 개별화를 이루기 위해서는 안아 주는(holding) 어머니의 역할이 중요하다. 어머니의 양육방식에 따라 유아는 거짓 자기(false self)와 참 자기(true self)를 발달시킬 수 있다. 참 자기는 자발적인 생생한 느낌을 경험하면서 발달하는데, 이를 위해 어머니는 건강한 환경을 제공하고 유아의 자발적 감정과 표현에 민감하게 반응하고 인정해 주어야 한다. 그렇지 않고 어머니의 바람과 욕구를 강요할 때 유아는 거짓 자기를 발달시킨다. 따라서 초기 유아기에는 유아의 욕구와 표현을 충분히 충족시키며 수용해 주었다가 점진적으로 유아에게 독립성을 부여하고 좌절에 대한 인내를 길러 주는 어머니의 양육방식인 완벽하지 않은 '충분히 좋은 어머니(good enough mother)'의 역할이 필요하다고 도널드 위니캇은 강조하였다(이미형, 김민녀, 2021).

(2) 대상관계이론의 인간관[4)]

대상관계이론에서 바라보는 인간관은 크게 다섯 가지로 나눌 수 있다. 먼저, 인간을 관계지향적 존재로 보는 것인데, 이 인간관에서는 인간은 타인과 관계를 맺으려는 기본 동기와 의미 있는 인간관계를 형성하고 확립하는 것을 최대의 과제로 보았다. 인간은 의미 있는 인간관계를 맺지 못하고 대상과의 관계를 상실하게 되거나 그런

4) 이 내용은 권중돈(2021)의 내용을 요약하여 정리함.

가능성이 커진다고 느껴지면 공포와 불안을 경험하게 된다. 둘째, 개별화를 추구하는 존재로 본다. 인간은 관계를 지향하는 존재이기도 하지만 동시에 관계에서 떨어져 나와 독립적인 존재가 되고자 한다. 즉, 개별화에 실패하면 자신이 누군가에게 융합된 채로 살아가고 '먹혀 버릴 것 같은 불안(fear of engulfment)'을 느끼게 된다는 것이다. 따라서 인간은 자아의 능력을 활용하여 세상을 탐색하고 대상으로부터 독립을 추구함으로써, 지나치게 깊은 관계에 빠져 버려서 헤어 나오지 못하는 상태가 되지 않으려 한다. 셋째, 불변적 존재로 보는 것인데, 이는 인간에 대해 변화 가능성이 낮은 존재, 즉 불변적 관점과 결정론적 관점을 유지하고 있다. 인간은 생애 초기에 대상관계에서 경험한 것이 정신 내에 남아 있게 되고, 이러한 과거 관계의 잔재, 다시 말해 내적 대상관계가 개인의 인식과 타인과의 관계를 결정한다고 보는 것이다. 넷째, 인간을 주관적 존재로 본다. 즉, 개인에게 어떤 일이 일어났는지보다는 개인에게 어떤 일이 일어났다고 지각하는지가 더욱 중요하다. 인간은 타인과의 관계를 있는 그대로 혹은 왜곡해서 해석하여 자신의 내부에 정신표상을 만들고, 그 표상에 근거하여 타인과의 관계를 맺는다고 본다. 따라서 개인을 이해하기 위해서는 객관적 현실이나 경험을 어떻게 지각하여 받아들였는지, 다시 말해 자신과 외적 대상을 내면화하여 형성한 내적 표상을 정확하게 이해해야 한다. 다섯째, 인간을 환경 속의 존재로 본다. 인간은 외적 대상과 관계를 맺으려고 하는 선천적인 욕구를 가지고 태어나는 사회적 존재이므로, 다른 사람과의 관계가 인간의 생존과 성장의 전제조건이 된다. 따라서 타고난 생물적 요인이나 본능이 인간 성격 형성에 미치는 영향은 적으며, 대상과의 관계를 포함한 환경적인 요인이 더욱 중요한 영향을 미친다고 본다.

(3) 대상관계이론의 기본 가정

표 4-3 대상관계이론의 기본 가정

- 인간은 태어나면서부터 관계를 맺고자 하는 성향을 타고난다.
- 인간행동의 동기는 대인관계를 형성하고 유지하려는 대상 추구 성향이며, 궁극적 목표는 의미 있는 대인관계를 확립하는 것이다.
- 발달은 생물적 본능보다는 관계라는 환경적 맥락에 의해 이루어지며, 타인과의 융합 관계에서 분리되어 독립적이고 개별적인 존재로 성장해 가는 과정이다.

- 초기 발달 단계의 대상관계 경험이 성인기 이후의 대인관계, 행동과 태도를 결정하는 주요 요인이다.
- 내담자의 정신병리는 내면화된 대상관계상의 문제이다.
- 내담자가 자신의 문제를 해결하기 위해 노력할 수 있는 능력을 가진 통합적 인격체라는 신념을 유지해야 한다.
- 증상 해결을 위한 기법의 사용보다는 내담자와의 치료적 관계 자체에 초점을 둔다.
- 과거의 대상관계가 아니라 과거가 반영된 현재의 대상관계와 이에 관련된 감정, 자아 기능에 초점을 둔다.
- 내담자는 좋은 측면과 나쁜 측면을 가진 가치 있는 통합적 인격체이다.
- 치료자는 자신을 치료의 도구로 사용해야 하므로 내담자의 왜곡된 대상관계에 대한 요구에 굴복하지 말아야 한다.
- 원조과정에서는 전이, 방어기제, 통찰에 초점을 두지 않고, 관계를 변화를 촉진하는 수단으로 보기보다는 관계 그 자체를 통하여 내담자의 통찰, 정화, 자기실현이 이루어지도록 돕는다.

출처: 권중돈(2021), p. 425.

3) 심리사회이론

(1) 심리사회이론의 특성

에릭슨(Erikson)은 인간의 발달 단계를 8단계로 나누어 제시하였으며, 인간은 전생애에 걸쳐 위기를 경험한다고 주장했다. 프로이트의 마지막 발달 단계가 청소년기인 반면 에릭슨은 인간의 심리사회적 성장이 성인기에도 이어진다고 주장하며 두 조건 간의 건강한 균형을 이룰 때 발달이 최상으로 진행된다고 강조했다. 에릭슨의 이론은 프로이트의 이론과 달리 인간발달의 추진 요인으로서 성욕을 덜 강조하고, 또래 등의 사회적 영향을 강조하였다. 또한 비이성적인 원초아를 강조하는 것이 아닌, 이성적인 자아와 그것의 적응력에 중심을 두며 인간은 자신의 발전에 적극적이고, 유해한 초기 경험을 극복할 수 있다고 여기며 인간 본성에 대해서 프로이트보다 긍정적인 견해를 보였다(Sigelman et al., 2022).

에릭슨
(Erik H. Erikson, 1902~1994)

에릭슨은 1902년 독일의 프랑크루프트에서 태어났다. 그의 어머니는 덴마크 코펜하겐에 살던 유대인으로, 에릭슨이 출생하기 전 에릭슨의 생부와 헤어져 프랑크푸르트로 와서 아기를 낳았다. 에릭슨의 생부에 대해서는 그가 유대인이 아닌 덴마크계 사람이라는 것 외에는 거의 알려져 있지 않으나 에릭슨의 처음 이름은 생부의 성을 따랐다. 에릭슨의 어머니는 에릭슨을 낳은 후 간호사 훈련을 받고, 1905년 에릭슨이 세 살 때에 유대인 소아과 의사 테오도르 홈부르거(Theodor Homburger)와 재혼하였다. 1908년에 에릭슨의 이름이 Erik Salomonsen에서 Erik Homburger로 바뀌었고 1911년이 되어서야 그의 계부에게 공식적으로 입양되었다. 이처럼 덴마크계의 혈통을 가지고 유태계 계부 아래 독일에서 자라난 에릭슨의 성장배경은 그가 자아정체감의 문제에 일찍부터 관심을 가지게 만들었다.

정체성의 발달은 그의 이론적 작업의 중심이자 자신의 삶에서 가장 큰 관심사 중 하나로 손꼽힌다. 에릭슨은 초등학교를 수학하고 18세에 김나지움을 졸업한 후 대학에 진학하지 않고 유럽을 여행하면서 방랑의 시간을 가지며 독학으로 독서와 사색에 몰두하였는데 이 시기에 피렌체에서 아동 정신분석학자 페이스 블로스와 만나 정신분석학을 접하게 되면서 인생의 전환기를 맞게 된다. 이후 비엔나 대학에서 프로이트의 딸인 안나 S. 프로이트 등으로부터 정신분석학을 사사 받고, 학교와 아버지의 병원에서 아이들을 관찰하면서, 폭넓은 체험을 바탕으로 신 프로이트 학파로 인정받으며 아동 정신분석학자로 발전하게 되었다.

27세에 에릭슨은 미국의 미술가이며 작가인 죠안 서슨과 결혼해서 가정을 이루었고, 1933년 히틀러의 반 유대 정책으로 인하여 유럽을 떠나 보스톤으로 이주하여 보스톤 최초의 아동정신분석학자로서 하버드 의과대학에서 심리학 연구자로 일했다. 그 후 예일대학교의 인간관계연구소에서 연구와 강의를 하였다(오진아 외, 2020).

표 4-4 에릭슨의 심리사회적 발달 단계

단계	심리사회적 위기	특징
유아기 (출생~1세경)	신뢰 VS 불신	• 어머니(보호자)에 대한 신뢰를 배운다. • 어머니의 반응이 매우 중요하다. • 어머니가 무시, 방치, 비일관적인 반응을 보이면 아이는 타인을 불신하게 된다(신뢰가 불신보다 더 중요하지만 응석받이가 된 유아는 나중에 타인을 너무 쉽게 신뢰하거나 쉽게 속는 사람이 될 수도 있다).

초기 아동기 (1.5~3세)	자율성 VS 수치심과 의심	• 아동은 자신의 의지를 주장하며 자율성을 배워야 한다. 그렇지 못할 경우 아동은 자신의 능력을 의심하게 된다.
학령 전 아동기 (4~5세)	주도성 VS 죄책감	• 아동은 계획을 세우고 실행하며 주도성을 키우게 된다. 단, 타인의 권리를 침해하지 않는 법을 배워야 한다.
학령기 (6~11세)	근면성 VS 열등감	• 아동은 중요한 사회적, 학문적인 기술을 습득하고 자신과 또래를 비교하여 근면하면 자신감을 갖게 되나 그렇지 못할 경우 열등감을 느끼게 된다.
청소년기 (12~20세)	자아정체감 VS 정체감 혼란	• 청소년들은 자신이 누구인지 질문하고 사회적, 직업적 정체성을 확립해야 한다. 그렇지 못할 경우 그들은 성인으로서 해야 할 역할에 대해 혼란스러움을 겪는다.
성인 초기 (21~24세)	친밀성 VS 고립감	• 청년들은 타인과 공유된 정체성을 형성하기를 추구한다. 그렇지만 그들은 친밀감을 두려워하고 고립과 외로움을 경험할 수도 있다.
성인기 (25~65세)	생산성 VS 침체성	• 성인들은 부모 혹은 노동자로서 무엇인가를 생산하고 있다는 것을 느껴야 한다. 그렇지 못할 경우 그들은 자기중심적이고 정체될 수 있다.
노년기 (65세 이후)	통합감 VS 절망감	• 노인들은 걱정과 후회 없이 죽음을 맞이하기 위해서 그들의 삶을 의미 있게 여겨야 한다. 그렇지 못할 경우 절망감을 느끼게 된다.

출처: Erikson (1963, 1982)과 Sigelman et al. (2022)의 내용을 참고하여 표로 구성함.

4) 인지발달이론

(1) 피아제 이론의 특성

피아제는 알프레드비네 연구소에서 최초의 표준화된 IQ테스트를 진행하면서 인지발달에 대한 관심을 가지게 되었다. 그는 어린아이들의 오답에 관심을 가졌으며 그 이유는 그들이 그들보다 나이가 많은 어린이보다 아는 것이 적기 때문이 아니라 질적으로 다르게 생각하기 때문이라는 것을 알아차렸다. 그는 유아기에서 청소년기까지의 사고의 변화를 설명하는 인지발달이론을 개발했으며, 인지는 한 유기체가 환경에 적응하는 데 도움을 주는 과정이라고 하였다. 또한 인간이 성숙해지면서 더 복잡한 인지 구조와 조직화된 사고 혹은 행동 패턴을 습득하여 환경에 적응하는 데 도움을 얻는다고 하였다(Sigelman et al., 2022).

피아제
(Jean Piaget, 1896~1980)

피아제는 1896년 스위스의 뉘샤텔에서 태어났다. 그는 어린 시절부터 자연현상에 남다른 관심을 가지고 있었으며, 생물학에 비범한 재능을 보여 11세에 백색종 참새의 서식을 관찰한 논문을 학술지에 발표하였고, 21세인 1918년에 생물학으로 박사학위를 받았다. 대부의 추천으로 철학과 심리학을 공부하기 시작하여, 프로이트의 정신분석학에도 관심을 가졌으며, 융과 브로일러에게 지도를 받은 후 1919년에 파리의 소르본 대학에서 2년간 공부하였다. 파리에서 학생들의 독해력 검사를 실시하다가 학생들이 범하는 실수 유형에 관심을 가지고 아동의 추론 과정에 대한 연구에 몰입하여 1921년부터 2년간 4편의 심리학 논문을 발표하였다.

이후 장 자크 루소 연구소의 소장으로 임명되어 부속 유치원의 4~6세 아동들을 관찰하고 임상진단방법을 응용하여 아동과 대화를 나누면서 아동의 사고과정의 하부구조를 밝혀내는 수많은 저서를 발표하였다. 또한 자신의 세 아이들을 면밀히 관찰함으로써 영아기 발달이론을 정련화하였고 심리학과 교육학에서 중요한 업적을 이루었다(오진아 외, 2020).

피아제에 따르면 인지는 개인과 환경의 상호작용을 통해 발달한다. 환경에 적응하기 위한 동화와 조절의 상호보완 관계는 자연적으로 주어지는 것이며, 적응과 조직의 과정은 평형을 유지하려는 본질적인 경향으로 보았다(Sigelman et al., 2022).

표 4-5 피아제의 인지발달 이론의 주요 개념

개념	의미
도식 (schema)	• 조직화된 행동 혹은 사고방식으로 유아의 잡는 행위, 빠는 행위는 초기 행동도식이며, 서로 다른 대상에 적응하는 데 사용되는 행동 방식이다. 이미지나 단어와 같은 내부 정신 기호를 사용하여 경험을 나타내는 것은 기호 도식에 해당한다. • 아이들은 조직과 적응의 두 가지 지적 기능을 통해 그들의 경험(양육)으로부터 도식화하며 능동적으로 지식을 생성한다. 조직을 통해 아이들은 기존의 도식화를 체계화하고 복잡한 구조로 조직화하며 재조직으로 복잡한 인지 구조들을 발전해 간다.
동화 (assimilation)	• 새로운 경험을 기존의 도식에 따라 이해하는 과정이다. • 동화의 과정에서 환경을 자신만의 방식으로 다루며 때로는 기존의 범주에 끼워 맞추기도 한다.

조절 (accommodation)	• 현존하는 도식을 새로운 경험에 더 적합하게 변경하는 과정으로 새로운 경험이 동화될 수 없다면 도식은 새로운 경험에 적합하게 조절되어야 한다.
평형 (equilibration)	• 동화와 조절이 균형을 유지하는 것으로 정신적으로 안정된 상태를 추구하는 과정이다.

출처: Sigelman et al. (2022), pp. 210-211에서 재인용.

피아제는 인지발달을 감각운동기, 전조작기, 구체적 조작기, 형식적 조작기의 4단계로 구분하였으며 아이들은 각 단계를 이전단계로 돌아가거나 건너뛰지 않고 순서대로 진행한다고 보았다(Piaget, 1971).

표 4-6 피아제의 인지발달 단계

연령	인지발달 단계	특징
0~2세	감각운동기	• 유아는 세상을 탐험하고 이해하기 위해서 그들의 감각과 운동 반응을 사용한다. • 선천적인 반사신경에서 지능적인 행동으로 발전하며, 이미지 혹은 단어 사용을 통해서 상징적인 생각을 하여 정신적으로 문제 해결을 계획하는 것이 가능해진다.
2~7세	전조작기	• 아동들은 언어 발달과 놀이를 가장한 문제 해결을 위해 상징적인 사고를 사용한다. • 타인의 관점을 이해할 수 없기 때문에 자기중심적이며, 비가역적 사고, 보존개념을 이해하기 시작한다.
7~11/12세	구체적 조작기	• 논리적 사고 습득 및 분류, 서열화가 가능해진다. • 시행착오를 통해 현실적인 문제들을 해결하는 것이 가능하지만 추상적 사고의 어려움이 있다.
12세~성인기	형식적 조작기	• 추상적 사고와 가설-연역적 추론이 가능해진다.

출처: Sigelman et al. (2022).

5) 행동주의이론

행동주의이론에서는 대부분의 인간행동이 학습되거나 학습에 의해 수정된다는 기본 전제에 근거를 두고 있으며 인간의 의지나 감각, 본능과 같은 내성적이며 관념적인 개념들은 과학적인 연구의 대상이 될 수 없으므로 객관적으로 관찰 가능한 인간의 행동이 초점이 된다고 보는 것이다. 행동주의이론의 대표적 학자인 스키너(Skinner)의 조작적 조건화는 인간의 행동이 강화 자극에 의해 통제될 수 있음을 설명하였는데 행동에 따르는 결과 중에서 그 행동의 빈도를 높이는 것이 강화(reinforcement)이며 빈도를 낮추는 것이 벌(punishment)이다. 한편 사회학습이론가인 밴듀라(Bandura)는 인간은 타인의 행동을 관찰하고 모방함으로써 새로운 행동을 학습할 수 있다고 하였으며 학습은 경험이나 연습에 의해 개인의 지식이나 행동에 비교적 지속적인 변화가 일어나는 것을 의미하며 아동발달에서 특히 환경적 요인을 강조하였다(구혜영 외, 2023).

[그림 4-2] 밴듀라의 보보 인형 실험

출처: 권인수 외(2020), p. 64.

6) 애착이론

(1) 볼비의 애착 이론

애착(attachment)은 두 사람 사이에 형성되는 애정적 유대관계로 영아는 출생 후 본능적으로 미소 짓기, 울기, 옹알이, 매달리기, 잡기 등으로 애착신호를 보내 양육자를 자기 곁에 머물도록 한다. 영아가 보이는 행동에 양육자가 민감하고 적절한 반응을 보이면 안정적인 애착관계를 형성하지만 양육자가 영아가 보내는 애착신호에 적절한 반응을 보이지 못한다면 안정된 정서적 애착은 발달하지 않는다.

표 4-7 볼비의 애착 발달 단계

단계	연령	특징
전애착단계 (pre-attachment phase)	생후 12주	• 붙잡기, 울기, 미소 짓기, 눈 응시하기 등 여러 가지 신호 체계를 통해 주변인들과 접촉을 시도하고 양육자를 자기 곁에 머무르게 한다.
애착형성단계 (attachment in the making)	생후 12주~6개월	• 낯선 이와 친숙한 이를 구분하기 시작하고 서로 다르게 반응한다. • 부모를 인식하기는 하나, 부모가 떠나도 저항하지는 않는다. • 지속적인 보살핌을 주는 양육자에게 더 많은 미소를 보인다.
애착단계 (clear-cut attachment)	생후 6개월~2세	• 애착형성이 된 이에게 쉽게 접근하는 반면 다른 대상에게는 배타적이 된다. • 낯선 이에 대한 배타성이 낯가림(stranger anxiety)으로 나타난다. • 애착대상이 안 보이면 분리불안(separation anxiety)을 보인다.
목표수정 관계형성 단계 (goal-corrected relationships)	2세부터 발달	• 애착형성이 된 이의 행동을 예측할 수 있다. • 분리불안이 감소한다. • 분리될 때에 나타나던 저항이 감소한다.

출처: 권인수 등(2020)의 내용을 참고하여 표로 구성함.

생후 첫 3년이 양육자와 영아가 정서적 유대를 형성하는 데 민감한 시기로 이 시기에 양육자의 보살핌에 대한 정서적 경험을 기초로 형성된 애착은 성인기 정서발달의 기초가 되며, 볼비는 이러한 애착형성 단계를 네 단계로 분류하였다(권인수 외, 2020).

(2) 에인스워스의 애착 이론[5]

에인스워스
(Mary Ainsworth, 1913~1999)
출처: 존스홉킨스대학교 셰리든 도서관

에인스워스는 1913년 미국에서 출생하였고, 가족과 함께 캐나다로 이주하였다. 토론토대학교에서 심리학을 전공하고 1942년 캐나다 여군부대에서 임상적 평가와 개인면담을 실시하는 조사관으로 복무하였다. 1950년 영국 런던에서 연구를 계속하며 보울비(John Bowlby)와 함께 애착이론을 발전시켰고, 낯선 상황 실험을 통해 아동과 주양육자 사이의 정서적 애착에 대하여 연구하였다. 그녀는 낯선 상황 분류(Strange Situation Classification: SSC)라는 측정도구를 개발하였으며, 이후에도 관련 연구를 지속하여 애착 유형을 분류하였다. 볼비와 에인스워스는 처음에 아동을 대상으로 애착이론을 개발하였으나 1960년대 이후에 에인스워스는 성인에 초점을 맞추어 확장을 이끈 새로운 개념을 도입하였다(오진아 외, 2020).

에인스워스(Mary Ainsworth)는 영아가 양육자와 애착관계가 좋으면 안정적인 관계를 형성하지만 애착관계가 원만하지 못하면 양육자와 함께 있을 때 불안한 표정을 짓는다는 것을 확인한 후 영아가 어머니나 다른 양육자와 형성한 애착의 질을 측정하기 위해 8가지 일화로 구성된 '낯선 상황 실험'을 실시하여, 애착 형성을 4가지 유형으로 분류하였다.

① 안정애착(secure attachment)

연구대상의 65% 정도를 차지하는 안정애착 유형의 영아는 어머니와 함께 있는 동안 적극적으로 탐색하지만 분리가 되면 눈에 띄게 혼란스러워질 수 있다. 그러나 어머니와 분리되어도 영아는 능동적으로 위안을 찾고 탐색과정으로 나아가며 어머니가 돌아오면 반갑게 맞이하고 쉽게 편안해진다.

---

5) 이 내용은 오진아 외(2020)의 내용을 참고하여 작성함.

② 회피애착(avoidant attachment)

연구대상의 20% 정도를 차지하는 회피애착 유형의 영아는 어머니에게 반응을 별로 보이지 않는 불안정 애착을 나타낸다. 이들은 어머니와 분리되었을 때 스트레스를 덜 받고, 어머니가 돌아와도 무시하거나 회피하고 낯선 사람에게도 어머니와 동일한 방식으로 회피하거나 무시할 수 있다.

③ 저항애착(resistant attachment)

연구대상의 10~15%를 차지하는 저항애착 유형의 영아는 어머니가 방을 떠나기 전부터 불안해 하는 불안정 애착을 나타낸다. 어머니 가까이에 머물려고 하지만 어머니 옆에 붙어서 탐색을 거의 시도하지 않고 어머니가 방을 나가면 상당한 스트레스를 받는다. 어머니가 돌아오면 접촉의 시도는 하지만, 어머니가 안아 주어도 안정감을 얻지 못하고, 화를 내거나 소리를 지르면서 어머니를 밀어내는 양면성을 보인다.

④ 혼란애착(disorganized attachment)

연구대상의 5~10%를 차지하는 혼란애착 유형은 가장 불안정한 애착의 형태로 회피애착과 저항애착이 결합된 것이다. 애착유형 중에서 낯선 상황에 가장 큰 스트레스를 받는다. 영아는 어머니가 돌아와도 얼어붙은 표정으로 어머니에게 접근하거나 어머니가 안아 줘도 시선을 회피한다. 또는 어머니 근처로 움직이다가 어머니가 가까이 다가오면 갑자기 피한다.

표 4-8 낯선 상황 실험

에피소드	등장인물	실험상황	관찰(애착) 행동
1	양육자, 아기	실험자가 양육자와 아기를 실험실로 안내한 후 실험실을 나간다.	–
2	양육자, 아기	아기는 장난감을 가지고 놀면서 실험실을 탐색하는 동안 양육자는 아기 곁에 앉는다.	• 안전기지로서의 양육자
3	양육자, 아기, 낯선 사람	낯선 사람이 실험실에 들어와 양육자와 이야기를 나눈다.	• 낯선 사람에 대한 아기의 반응 • 안전기지로서의 어머니

4	낯선 사람, 아기	양육자가 실험실을 나간다. 낯선 사람이 아기와 상호작용을 시도하고 아기가 당황하면 진정시킨다.	• 분리불안
5	양육자, 아기	양육자가 다시 실험실로 들어오고 낯선 사람은 실험실을 나간다. 양육자는 아기를 반기고 필요하면 아기를 달래준다.	• 양육자와 재회 시 아기의 반응
6	아기	아기만 남겨두고 양육자가 실험실을 나간다.	• 분리불안
7	낯선 사람, 아기	낯선 사람이 다시 실험실에 들어오고 아기를 달랜다.	• 낯선 사람에 의해 달래지는 정도
8	양육자, 아기	양육자가 실험실에 들어오고 낯선 사람은 나간다. 아기를 달래 줄 필요가 있으면 양육자는 아기를 달래 준 후 다시 장난감을 가지고 놀게 한다.	• 양육자와 재회 시 아기의 반응

출처: 오진아 외(2020), p. 51.

3. 아동복지실천 관점

1) 생태체계 관점[6)]

생태체계 관점은 인간행동을 설명하는 여러 이론들 가운데 체계이론과 생태학을 결합하여 만든 것으로 인간의 행동을 개인 내적인 요인과 다양한 환경과의 상호작용의 결과로 바라본다.

브론펜브레너(Bronfenbrenner)는 생태학이론을 '활동적이고 성장하는 인간과 환경 간의 일생동안 이루어지는 진보적이고 상호적인 적응과정을 연구'하는 것으로 규정하고 있으며 환경은 인간의 발달에 영향을 주거나 인간발달에 의해 영향을 받는다고 생각되는 유기체 외부의 사건이나 조건을 의미한다고 보았다. 즉, 각각의 환경체계

6) 이 내용은 박언하, 유성이, 성시한, 오승환(2019)의 내용을 요약하여 정리함.

는 발달하는 개인과 상호작용하며 동시에 각 체계들끼리 상호작용함으로써 인간발달에 영향을 미친다고 하였다. 브론펜브레너는 유아의 생활에 직·간접적으로 작용하는 사회적 환경들의 상호연계성을 체계화하였고 유아의 발달이 이루어지는 주변세계와 더 넓은 세계 사이의 관계를 이해하고자 하였다. 그는 유아들의 주변 세계에 대한 해석과 그 해석들이 어떻게 변화하는지에 초점을 두었고 유아가 자기 주위 환경과 경험을 선택하고 수정하며 창조할 수 있다고 보았다. 이처럼 인간은 자신을 둘러싼 생태계의 발달과 함께 전인으로 성장, 발달할 수 있다고 보았고, 브론펜브레너는 개인을 둘러싸고 있는 환경을 미시체계, 중간체계, 외체계, 거시체계의 네 가지 체계로 구분하였다.

(1) 미시체계

미시체계(micro system)는 개인 혹은 인간이 매일 접하고 직접적으로 영향을 주고받는 사회적, 물리적 환경으로 미시체계 내에서 아동과 부모, 가족, 친구, 교사와 같은 요인들 간에는 직접적인 상호작용이 이루어진다.

(2) 중간체계

중간체계(meso system)는 미시체계 간에 발생하는 상호작용을 의미하며, 가정과 학교, 가정과 직장, 가정과 이웃 등 미시체계들이 상호작용하는 것으로서 하나의 미시체계에서 일어나는 일이 다른 미시체계에 영향을 미칠 가능성을 의미한다. 예를 들어 하나의 미시체계인 가족에서 스트레스를 받는 사건을 경험한 아동은 또 다른 미시체계인 학교에서의 출석률이 떨어지거나 학습에 큰 어려움을 겪을 수 있다.

(3) 외체계

외체계(exo system)는 개인이 직접 참여하지는 않지만 개인에게 영향을 미치는 사회적 환경으로 주로 지역사회가 해당된다. 예를 들어, 어머니의 직장 생활이 문제없이 잘 이뤄지면 어머니가 아동에게 더 많은 관심을 줄 수 있지만, 직장 생활에 문제가 생겨 야근을 빈번하게 하게 되면 스트레스가 생기고 이로 인해 아동에 대한 관심이 떨어질 수 있다.

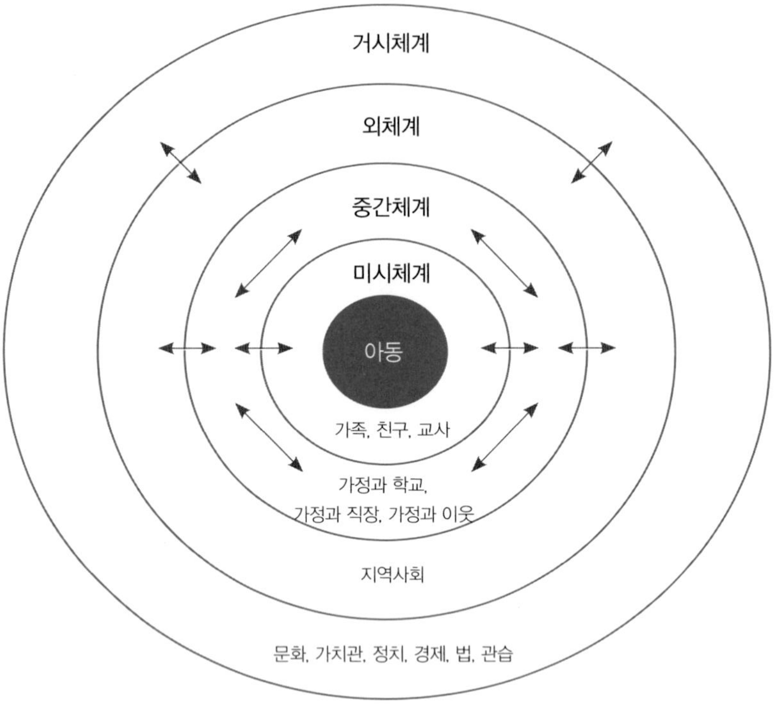

[그림 4-3] 생태체계 모델

(4) 거시체계

거시체계(macro system)는 미시체계, 중간체계 그리고 외체계를 둘러싼 문화, 가치관, 정치, 경제, 법, 관습 등의 더 큰 문화적인 맥락으로 출산, 양육, 교육, 환경, 실업, 이혼 등에 대한 거시체계의 규정은 다른 체계들과 상호작용하면서 인간발달에 영향을 미친다.

2) 강점관점

'강점관점(Strength Perspective)'실천은 실천가가 사정한 문제를 해결하는 것이 아닌 이용자가 원하는 변화를 실현하기 위해 삶의 목표를 세우고 이를 성취하기 위해 필요한 강점과 자원을 찾고 활용할 때 더 큰 변화와 성장이 가능하다는 것을 강조하며(김선정, 2013), 이용자의 도전을 강조하고 미래지향적이므로 학령기를 시작하는 아동에게 적합하다고 할 수 있다(배윤정, 2017).

표 4-9 이용자와 이용자 가족 강점 찾기

이용자	이용자 가족
개인행동에 대한 책임을 진다.	가족이 서로 신뢰하고, 존경하며 서로를 즐거워한다.
필요한 변화를 이루기 위해 위험을 감수하려는 의지를 나타낸다.	동의하지 않을 때조차 서로의 의견을 듣고, 존중하며, 의사소통은 명백하고, 긍정적이며 생산적으로 한다.
가족, 친척, 친구에 대한 충성심과 관심을 나타낸다.	가족의 행동과 상호작용을 지배하는 명백하고 합리적인 규칙을 가지고 있다.
타인에게 애정, 동정, 관심을 보이고, 타인을 용서하려고 한다.	각 성원의 생각, 선호, 욕구는 가족에게 영향을 미치는 결정을 내리기 전에 고려된다.
직업을 찾고, 유지하고, 책임 있는 고용인이 되고, 개인의 재정적 의무를 충족한다.	가족은 역사의식을 제공하는 전통과 의식, 이야기와 정체성을 가지고 있다.
어려움과 좌절을 견디고 노력하는 의지를 나타낸다.	가족은 서로를 돕기 위해 자신이 갖고 있는 것을 공유하고 개인적 희생을 감수한다.
특별한 능력과 재능을 건설적으로 활용한다.	갈등이 인정되고 해결된다.

출처: Bradford & Charles. (남기철 외 공역, 2020), pp. 344-345의 사회복지실천기법과 지침을 참고하여 표로 재구성함.

이용자의 변화는 이용자가 스스로 만들어 내는 것이라고 믿으며, 실천가가 하는 모든 노력은 이용자가 원하는 변화를 알아내고, 그 변화를 이루어 내는 데 사용할 이용자의 강점과 자원을 발견 · 육성하고 탐색 · 개발하는 데 초점이 맞춰져 있다. 이러한 강점관점 실천을 하려면 실천가의 관점을 먼저 강점관점으로 전환하는 것이 필요하다. 바로 그런 이유에서 강점관점은 '학습하는 것'이 아니라 '체화하는 것'으로 표현하곤 한다. 그런데 최근 강점관점에 관한 관심이 증가하면서 실천 관점의 전면적 전환 없이 이를 단지 적용하는 것으로 오해하는 경우가 있다. 문제 사정 시 추가로 강점 사정을 하거나, 실천 과정에서 이용자를 칭찬하는 것을 강점관점으로 여기는 것은 강점관점을 제대로 실천한 것으로 볼 수 없으며, 이러한 개입은 이용자와 실천가의 혼란을 가중시킨다(노혜련 외, 2021: 45에서 재인용).

사회복지실천가는 이용자와 이용자 가족의 행동을 주의 깊게 관찰함으로써 강점을 확인할 수 있다.

3) 가족중심 실천

던스트 등(Dunst et al., 2002)은 가족중심 실천(Family-centered Practice)을 가족을 위엄과 존중 있는 존재로 인식하고 취급하는 실천 활동이며, 가족이 의사결정에 참여하여 가족 스스로 서비스 선택을 할 수 있게 하는 것으로 가족과 전문가가 협력하는 활동이라고 규정하면서 전문가 중심의 모델과 구별하고 있다(정은주, 2010: 9에서 재인용).

가족중심 실천에 관한 개념 정의들은 1990년대 초부터 활발하게 논의되어 왔는데 연구자의 실천영역에 따라 개념 구성들은 일부 차이를 보인다. 그러나 실천영역의 다양성과 차이에도 불구하고 가족중심 실천의 공통적 요인들을 발견할 수 있다. 가족중심 실천이 강조한 전제가정은 아동복지분야에서 제기되기 시작하였는데 아동의 생활에 지속적이면서 강력한 영향을 미치는 요인은 가족이라는 것이다. 가족은 아동의 성장에 가장 중요한 자원이며, 가족을 효과적으로 돕는 데 있어서 가족참여(family involvement)가 필수적인 요인으로 인식되었다. 이러한 인식의 변화는 아동의 필요성에 초점을 맞추기보다 부모와 가족전체에 지원하여 아동을 양육하는 데 적합한 가정환경을 만드는 것이 더욱 효과적이라고 보게 하였다. 이에 따라 가족지원을 계획하는 전문가(A service coordinator)는 가족의 욕구 파악, 서비스 계획 및 조정(coordination), 평가(evaluation) 등 서비스 전달 과정에 가족의 참여를 촉진시키는 역할을 강조하여 왔다. 특히 가족중심 실천이 효과적으로 수행되기 위해서는 가족의 능력을 긍정적으로 볼 수 있는 전문가의 관점이 요구되어 진다고 할 수 있다(석말숙, 2007).

가족중심 실천에서 전문가와 가족은 서비스 과정에서 서로 협력적인 관계를 유지한다. 가족이 아동보호 과정에 스스로 참여하고 전문가와 동등하게 협력하며 전문가를 지원할 수 있는 능력을 갖출 때 비로소 가족중심 실천이 가능해진다. 가족이 서비스에 어떠한 참여태도를 보여 주는가에 따라 아동과 가족의 문제를 해결하기 위한 서비스 과정에서 가족이 주도적으로 이끌 수도, 또는 이끌려 갈 수도 있다. 가족중심 실천을 현장에 적용하고 있는 아동보호기관들의 경우 가족개입서비스를 증가시킴에 따라 시간이 지나면서 부모들이 스스로의 역할과 가족 기능 회복을 위한 기술을 더욱 빨리 습득하고 이로 인해 가족과 아동의 불안이 해소되면서 가족만족과 가족의 역량을 이끌어 내는 데 보다 효과적인 개입방식이라는 인식이 증가하고 있다(정은주,

2010). 따라서 전문가는 가족에 대한 신뢰를 바탕으로 가족에게서 정보를 수집하고 가족과 협력적인 관계를 이루면서 실천해야 한다(노혜련 외, 2021).

제2부

아동복지의 원리와 방법

제5장

아동복지의 실천원리

아동복지 실천에 있어 아동복지서비스의 대상과 욕구는 점차 전문적인 역할이 요구되고 있다. 아동은 발달에 있어 다양한 욕구를 지니고 있기 때문에 아동과 가족을 중심으로 사회복지실천의 원리를 알고 사회복지사의 구체적 역할을 이해하는 것은 매우 중요한 일이다. 그렇기 때문에 전문적인 실천기술을 적용하여 이미 드러난 문제를 지닌 아동에 대한 개입을 비롯하여 조기개입을 통한 예방과 치료를 제공할 필요가 있다.

1. 아동복지의 기본 전제[1)]

1) 안정된 가정환경

가정은 아동의 건강한 성장과 발달을 위한 최적의 장소이며 아동이 태어나 최초로 경험하는 생활환경을 말한다. 가정은 사회구성의 기본단위이며 아동의 건강한 성장,

1) 정익중, 오정수(2022)의 내용을 참고하여 작성함.

발달의 기본토대가 되므로 아동의 가정생활의 안정이나 가족기능의 강화가 아동복지 실현에 있어 가장 중요한 기초로 인식되고 있다. 아동은 부모와 가정을 일차적 매개로 하여 그 사회에 필요한 기본적인 일상생활의 습관이나 행동 및 가치판단의 기준을 학습하면서 점차 사회적 인간으로 성장하게 된다. 따라서 아동의 최선의 이익을 위해 가정 안에서 아동의 성장 시기에 맞추어 건강하고 안전하게 양육되어야 하며, 아동은 함께 사는 가족의 성실하고 적절한 돌봄이 필요하다.

아동권리협약에서는 아동은 그의 의사에 반하여 부모로부터 분리되지 않아야 하며(「아동복지법」 제9조), 아동이 자신의 부모를 알고 부모에 의해 양육 받을 권리가 있음을 전제하고 있다. 하지만 아동에게 가정 외 보호가 필요한 경우에 대체가정 서비스인 가정위탁이나 입양이 바람직하며, 시설보호 서비스를 제공하는 경우에도 가정과 유사한 형태의 공동생활가정제도가 바람직하다.

2) 소득 및 주거의 보장

아동의 건전 육성을 위해서는 안정된 경제생활과 주거생활이 보장되어야 하며 최소한의 물질적 욕구와 의식주가 충족되어야 한다. 2020년 통계청에서 발표한 인구주택 총조사에 따르면 전국 아동 인구 중 주거빈곤아동은 447천 명(5.2%)에 달한다. 이는 우리나라 아동 20명 중 1명은 제대로 된 집에서 살지 못한다는 뜻이다.

빈곤과 경제적 불안정은 최소한의 아동의 욕구를 충족하지 못함으로써 아동의 건강한 성장발달에 장애를 초래하고, 교육과 문화적 경험의 기회 박탈이나 결함을 경험하게 된다. 이것은 나아가 아동의 지적발달과 정서적 발달, 아동학대와 방임, 아동 비행 등의 사회문제나 행동문제를 초래하기도 한다. 빈곤가구 소득보장을 위한 정책으로 국민기초생활보장지원제도(생계급여, 주거급여, 의료급여, 교육급여 등), 근로장려세제, 자녀장려세제, 아동발달지원계좌, 에너지 바우처 등이 있으며 아동이나 가구의 특성에 따라 장애아동수당, 아동수당, 한부모가족 아동양육비 지원 등이 있다.

주거보장을 위한 주택 및 주거환경 개선 관련 지원 제도는 「주거기본법」에서 국민이 쾌적하고 살기 좋은 생활을 위한 기준을 만들어 놓고 있으며, 주거급여, 영구임대주택, 장기전세주택 지원 등이 있다. 하지만 아동의 주거환경 개선에 관한 규정은 찾아볼 수 없으며 「아동복지법」에서도 아동의 주거환경에 대한 사항을 규정하지 않고 있어 주거빈곤아동에 대한 대책 마련이 시급하다.

3) 건강 및 의료보호서비스

아동복지서비스의 기본 전제는 아동의 건강과 의료보호다. 「아동권리협약」 제24조는 아동에게 질병의 치료와 재활을 위해 최고 수준의 건강 관련 시설을 이용할 권리를 인정하고 있다.

이를 위해 다음의 내용을 규정하고 있다.

- 영아와 아동의 사망률을 감소시킬 것
- 일차적 보건서비스 개발에 중점을 두고 모든 아동의 건강서비스와 의료지원의 제공을 보장할 것
- 질병과 영양실조를 퇴치할 것
- 적합한 산전·후의 적절한 건강관리를 제공할 것

국가에서는 '의료보장제도'를 통해 개인의 건강과 의료문제를 사회와 국가의 책임으로 해결하고자 한다. 「국민건강보험」은 국민건강보험에 강제가입을 하도록 하는 사회보험 제도로 보험가입자에게만 의료혜택을 주고 있어 부모가 보험에 가입한 아동에게 의료서비스를 제공하지만 보험에 가입하지 못한 빈곤가정의 아동은 공공부조의 하나인 의료부조제도를 제공하고 있다. 건강보험서비스는 생후 4개월부터 71개월까지 영유아를 대상으로 건강검진을 제공하며, 장애입양아동은 만 18세까지 의료비를 지원, 산모·신생아 건강관리, 저소득층 가구를 위한 아기 기저귀와 조제분유 등을 바우처로 지원하고 있다.

4) 교육의 기회

교육은 아동이 성장발달하면서 아동이 빈곤에서 벗어나 사회에 참여하게 하는 공식적 교육제도를 말한다. 교육의 결핍은 아동의 자기완성과 가치 실현을 저해하고 아동 자신의 욕구좌절은 물론 부모나 사회적으로도 능력 있고 자질 있는 인적자원이 부

족해져 많은 부담을 주게 된다. 「아동권리협약」 제28조에서는 국가는 기회 균등의 기초 위에 아동이 교육 받을 권리를 보장해야 한다고 규정하고 있다. 「헌법」 제27조에서는 모든 국민은 능력에 따라 균등하게 교육 받을 권리를 가진다고 하였으며, 제31조 제2항에서는 초등교육과 중등교육을 의무교육으로 하고 있어 부모는 자녀가 최소한 법률이 정하는 교육을 받게 할 의무가 있으며 국가나 지방정부는 이에 필요한 교육조건을 정비하고 학교를 설치 · 운영하도록 하고 있다.

교육복지서비스는 아동에게 적합한 교육을 받을 수 있도록 교육제도에서 최선의 혜택을 지원하는 전문적 교육지원서비스를 말한다. 교육 소외 학생을 비롯한 모든 학생에게 교육 · 복지 · 학습 · 문화 · 심리 · 정서지원 프로그램을 제공하여 학생들이 학교생활을 잘할 수 있도록 돕고 학생들에게 교육의 기회 균등 실현을 목적으로 한다. 특히 빈곤하거나 불우한 환경의 아동이 교육의 기회를 박탈당하는 경우 성인이 되어서 빈곤의 악순환을 경험하게 되며, 높은 사교육 의존으로 인해 발달에 맞지 않는 학습을 통해 학업 스트레스로 인한 정서적 문제를 가진 아동들도 사회적으로 많은 관심의 대상이 되고 있다. 따라서 교육은 아동의 성장발달과 개인의 능력이 발휘될 수 있도록 제공되어야 한다.

5) 유해노동과 환경으로부터 보호

모든 아동은 노동이나 유해한 환경으로부터 보호되어야 한다. 산업화와 도시화 과정에서 아동의 노동은 성인에 비해 임금이 낮고 더 복종적인 존재로 받아들여져 아동노동이 증가하였다. 하지만 이러한 아동노동은 아동발달을 저해하고 건강을 위태롭게 하며 지능발달과 장애를 초래한다. 2017년 국제노동기구(International Labour Organization: ILO)는 5~17세 아동 중 2억 1,800만 명이 연소아동으로 파악하고 있으며 그중 1억 5,200만 명은 고강도 · 장시간 노동을 강요받고 있어 정신적 · 육체적 건강을 위협받고 있다고 하였다. 개발도상국가나 빈곤가정의 아동은 집안에서 아이 돌보기나 가사일을 하고 있으며 논이나 밭에서 농작물을 수확하며 농업분야나 서비스업, 제조업 등에 고루 분포되고 구두닦이, 껌팔이, 아동매춘 등 음란사업에도 노동을 강요받는 것으로 나타났다.

우리나라의 경우 「근로기준법」에 15세 미만자는 근로자 채용금지, 여자와 18세 미만자는 보건상 유해 및 위험 사업에 채용을 금지하고 있으며 15세 이상 18세 미만자의 근로시간은 1일 7시간, 일주일에 42시간 초과근무를 금지하고 있다. 「아동복지법」에서도 아동의 노동착취 행위를 금지하고 있다.

유해노동으로부터 아동을 보호하는 것은 아동발달의 관점에서 아동에게 교육과 놀이의 기회를 충분히 보장하는 것으로 해석될 수 있다. 아동이 불가피하게 취업해야 할 경우는 아동의 연령 및 능력을 고려하여 교육이나 복지대책이 수반되어야 하며 아동 노동의 유해성에 대한 대중의 인식이 필요하다.

6) 건전한 놀이의 제공

모든 아동에게는 교육 받을 권리와 함께 성장에 도움 되는 지적 관심과 신체적 활동을 추구하고, 자기충족감을 줄 수 있는 놀이기회를 갖도록 해야 한다. 아동은 놀이를 통해 자신의 신체조절 능력, 운동 능력을 터득하여 건강한 신체발달을 도모하고, 아동의 의사소통 능력, 사회화 과정을 경험하고 대인관계 기술을 습득하게 된다. 놀이는 욕구나 감정을 발산하여 신체적, 정신적으로 건강하게 성장할 수 있는 촉진제가 된다. 따라서 모든 아동은 성장에 도움이 될 수 있는 놀이활동을 할 수 있는 기회를 제공받아야 한다. 아동에게 놀이 시간은 단순히 노는 시간에서 벗어나 교육시간이 되며, 아동의 발달 단계를 측정 및 평가하고 장애나 문제에 직면한 아동에게는 치료의 시간이 될 수도 있다는 점을 염두에 두어야 한다(지성애, 홍혜경, 2001).

아동권리협약 제31조와 우리나라 어린이 헌장에서 아동의 놀이, 오락, 문화 활동에 대한 아동의 권리를 규정하고 있으며 2020년 제2차 아동정책기본계획에서는 지역사회와 학교에서 놀이를 통해 아동의 잠재력을 키울 수 있는 환경을 확대해야 한다며 놀이권에 대해 명시하고 있다.

2. 아동복지실천을 위한 아동복지서비스의 목표

1) 아동복지서비스의 목표

페코라, 휘터커와 말루치오(Pecora, Whittaker, & Maluccio, 1992)는 아동복지실천을 위한 아동복지서비스의 목표를 다음의 네 가지로 제시하였다(정익중, 오정수, 2022에서 재인용).

(1) 아동의 안전(safety)

아동복지서비스의 일차적 목표는 아동학대나 유기 및 모든 위해한 환경으로부터 아동을 보호하고 안전하게 양육하는 것이다. 구체적으로 말하면 아동이 학대를 받지 않으며, 가정은 아동에 대한 최소한의 양육 기준을 수행할 수 있도록 아동을 안전하게 보호할 수 있어야 한다. 아동복지분야의 사회복지사들은 아동이 안전한 환경에서 생활할 권리를 갖고 있으며 신체적, 정서적, 성적 등 모든 학대나 유기로부터 보호받아야 한다는 철학적 · 윤리적 기초를 갖고 활동해야 한다.

(2) 연속성(permanence)

국가나 사회복지기관이 아동을 학대나 위해한 상황으로부터 보호하고자 할 때 아동의 안전만을 고려하는 것은 충분하지 않으며 안정된 가족관계의 유대에 대한 아동의 욕구를 고려하여 보호해야 한다. 아동을 일시적인 가정위탁이나 공공기관의 보호 아래 두기보다는 아동이 안정되고 영구적인 가정에서 성장할 수 있도록 조치를 취해야 한다. 아동은 헌신하여 돌볼 수 있는 부모를 필요로 하는데 지속적인 사랑과 보호를 제공하는 부모를 갖지 못하여 위탁가정을 옮겨 다니거나 아동보호시설에 장기간 보호받는 것은 아동의 건전한 자아상에 손상을 줄 수 있다. 연속성을 지니면서 영구적인 가정을 갖는 것은 아동에게 소속감을 증진시키고 미래에 대한 확신을 갖도록 도울 수 있으며 아동기나 사춘기의 어려움을 보다 잘 극복할 수 있는 힘을 길러 준다.

(3) 아동의 복지(child well-being)

아동복지는 아동의 기본적 욕구가 충족되고 지속적인 양육과 지원, 자극을 제공하는 환경 속에서 성장할 수 있는 기회를 갖는 것을 말한다. 아동복지서비스 체계가 제공할 수 있는 지원이 한계가 있음에도 불구하고 아동복지서비스는 아동에게 정상적인 발달을 가능하게 할 최소한의 기회와 정서적인 필요를 공급하는 양육의 최소 기준을 향상시켜야 한다.

(4) 가정의 복지(family well-being)

가족의 복지는 가족이 아동을 돌볼 수 있는 능력을 갖게 함으로써 아동발달, 건강, 교육, 주거 및 사회적 · 영적 · 문화적 욕구를 충족시키게 하는 것이다. 사회복지사는 가족에게 이러한 서비스를 공급하고 아동을 양육하는 부모의 역할을 지지하고 증진해야 한다. 아동은 지속적인 양육 · 지지 및 자극을 제공하는 가정에서 성장 · 발달의 기회를 갖는 욕구가 있으며, 가정은 아동에게 보살핌을 제공하여 보호자와 아동의 안정된 관계를 제공하는 최선의 장이다.

2) 아동복지의 실천기준

더불어 아동복지의 실천기준은 사회복지사가 아동의 건강한 발달과 성장을 지원하기 위해 개입하는 기준이라 할 수 있는데 이를 살펴보면 다음과 같다.

(1) 최저기준: 최저한도의 생활보장

아동이라면 누구나 출생과 더불어 보편적으로 보장받는 인간다운 생활을 위해 필요한 최저한도의 생활보장의 수준에 근거한다.

(2) 아동권리협약(1989)의 기준 아동권리시표(참여권)

1989년 유엔이 선포한 아동권리협약은 아동복지의 기본 요소로서 시민적 권리와 자유, 가족환경과 대리적 보호, 기본적인 건강과 복지, 교육, 여가, 문화적 활동, 특별 보호 조치를 명시하고 있다.

(3) 최적 기준: 복지(welfare)에서 웰빙(well-being)으로의 변화

종래의 아동복지는 문제가 발생한 후에야 기능하는 치료적이며 보호적인 성격이었지만 웰빙으로서의 아동복지는 예방과 자립 그리고 가족과의 통합을 중시하는 성격으로서 최저기준에서 최적의 기준을 지향하면서 적극적인 예방과 가족기능의 통합을 추구하면서 해당 지역사회와 아동의 욕구와 특성에 효과적인 아동복지정책과 서비스를 모색하는 경향을 보이게 되었다.

3. 아동복지서비스의 분류

아동복지서비스는 다음의 분류 기준에 따라 다음과 같이 나누어 볼 수 있다. 첫째, 서비스가 제공되는 장소, 둘째, 서비스의 기능, 셋째, 방어선의 위치, 넷째, 가족의 욕구수준에 따라 서비스의 내용을 구분해서 분류할 수 있다.

표 5-1 아동복지서비스의 분류

<table>
<tr><th>분류기준</th><th colspan="4">가정 ← 분류의 연속성 → 시설</th></tr>
<tr><td>서비스가 제공되는 장소</td><td>가정 내 서비스</td><td colspan="3">가정 외 서비스</td></tr>
<tr><td>서비스의 기능</td><td>보충적 서비스</td><td>지지적 서비스</td><td colspan="2">대리적 서비스</td></tr>
<tr><td>방어선의 위치</td><td colspan="2">제1차 방어선
(출생가정)</td><td>제2차 방어선
(대리가정)</td><td>제3차 방어선
(주거시설)</td></tr>
<tr><td>서비스의 내용</td><td>가사지원서비스
보육서비스</td><td>개별지도
집단지도
가족치료</td><td>가정위탁
입양</td><td>주거시설</td></tr>
</table>

출처: 장인협, 오정수(2000), p. 131.

1) 서비스 제공 장소에 의한 분류

서비스 제공 장소에 의한 분류는 아동복지서비스를 제공받는 아동이 생활하는 장소에 따라 분류하는 것으로 가정 내 서비스(in-home service)와 가정 외 서비스(out of home service)가 있다.

(1) 가정 내 서비스

가정 내 서비스는 아동이 부모를 비롯한 구조적 결손이 없는 가족구성원과 함께 생활하면서 필요한 양육과 서비스를 제공받는 것을 말한다. 가정 내 서비스는 가정이 아동의 양육과 발달에서 가장 핵심적인 위치와 중요성을 차지하고 있음을 감안할 때 원가정의 결핍된 기능을 보충해 줌으로써 아동을 가정에서 분리하거나 시설에 수용하지 않고 원가정의 해체나 붕괴를 막아주는 기능을 수행하고, 결핍된 기능을 지지하거나 보충하는 것을 의미한다.

또한 가족의 구조적 결손은 없지만, 가족의 심각한 스트레스나 역기능 상태에 있을 때 제공될 수 있으며 한부모 가족이나 조손가족 등 구조적 결손이 발생하거나 가족 기능의 원활한 수행이 어려운 경우에 위기를 극복할 수 있는 자원의 역할을 수행한다.

「아동복지법」 제3조에서 아동은 완전하고 조화로운 인격발달을 위하여 안정된 가정환경에서 행복하게 자라나야 한다고 기본이념을 명시하고 있으며 이는 가정중심의 보호원칙을 바탕으로 가정 내 양육 서비스의 중요성을 강조하고 있다.

(2) 가정 외 서비스

가정 외 서비스는 아동이 자신이 거주하는 가정과 가정 밖의 서비스 제공 장소 간에 왕래하거나, 원가정을 떠나 위탁가정이나 장기적으로 보호시설 등에 거주하면서 제공받는 양육이나 보호 서비스를 말한다. 아동은 안정된 가정생활과 가정중심의 보호원칙의 중요성에도 불구하고 가정이 해체되거나 아동의 특별한 욕구 충족을 위해 불가피하게 가정으로부터 보호를 받아야 하는 경우가 발생한다. 이러한 경우 가정 외 서비스를 부정적인 관점으로 보기보다는 적극적으로 아동의 복지를 위한 최선의 대안을 제공해야 한다.

2) 아동복지서비스의 대상

아동복지서비스의 욕구수준에 따른 분류는 아동의 욕구수준에 따라 모든 아동을 대상으로 하는 보편적 서비스부터 아동학대나 방임 등 위험 요소가 있는 아동을 중심으로 하는 서비스, 이미 발생한 위험 문제에 처한 아동을 중심으로 하는 전문적 치료

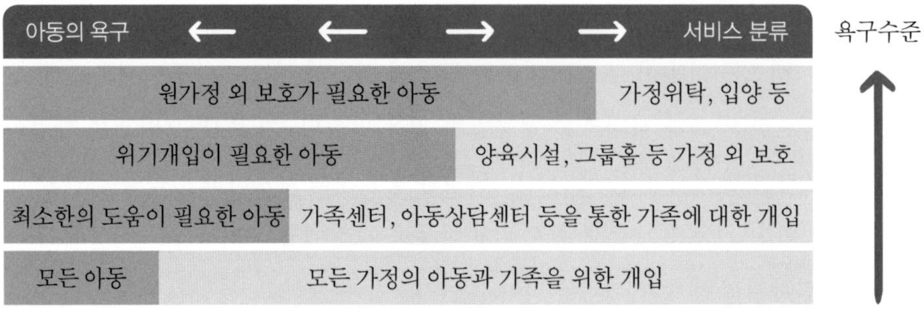

[그림 5-1] 아동의 욕구수준에 따른 분류

출처: Children's Defense Fund(1993)를 참고하여 정리함.

와 서비스로 분류할 수 있다.

'모든 아동'을 위한 서비스는 가장 보편적인 서비스로 문제가 발생하기 이전에 아동이 건강하게 성장·발달할 수 있도록 적절한 소득, 주택, 보건, 보육, 교육, 여가 서비스를 제공한다. 따라서 아동의 행복과 건강한 발달을 촉진하기 위해 아동이 속한 가정에서 양육과 보호를 받으며 생활할 수 있도록 한다. 하지만 과거 아동복지의 주요 대상은 요보호 아동을 보호하는 소극적 아동복지서비스를 주로 해 왔기 때문에 예방적 차원의 모든 아동의 건전한 성장과 발달을 위한 기본적인 서비스는 상대적으로 부족하다. 따라서 모든 아동과 가족을 대상으로 한 포괄적이고 다양한 아동복지서비스가 강화되어 건전한 가정환경, 보건, 보육 및 교육, 여가 및 오락 등 각 분야에서 아동의 권리와 욕구가 충족될 수 있도록 해야 한다.

'최소한의 도움이 필요한 아동'을 위한 서비스는 아동이 조화롭고 건강하게 성장하는 데 필요한 기본적인 욕구를 충족하지 못하는 경우에 제공되는 서비스를 말한다. 산업구조의 변화에 따라 맞벌이 부부의 증가, 이혼이나 별거 등 가족해체의 비율이 높아지고 재혼가정 증가 등 가족의 형태가 다양화됨에 따라 가족기능이 약화되고 있다. 이에 대해 가족센터의 프로그램이나 부모 및 아동교육, 가정방문 서비스 등을 제공하며 필요에 따라 아동상담서비스를 이용함으로써 아동 양육 및 가족 기능 강화를 위한 맞춤형 서비스를 제공한다.

'위기개입이 필요한 아동'을 위한 서비스는 가족지원서비스로 약물남용치료서비스, 단기보호 등의 긴급일시보호서비스, 정신건강서비스, 가정폭력서비스 등이 있으며 일시적으로 아동은 자신의 원가정을 떠나 양육이나 서비스를 제공받을 수 있다.

'원가정 외 보호가 필요한 아동'을 위한 서비스는 심각한 욕구수준에 대한 개입으로 집중 가족보존 서비스와 학대아동 등에 대한 아동지원서비스를 제공하며, 학대나 방임과 같이 아동이 가정에서 보호받지 못하는 상황이 발생하는 경우 가정위탁 등의 일시대리보호서비스나 주거형 치료센터, 그룹홈, 교정 시설 등 외부의 가정이나 시설에서 보호서비스를 제공한다. 단, 아동의 보호에 있어 원가정 보호의 원칙의 중요성에도 불구하고 아동의 안전을 위한 최선의 대안을 제공하는 것이 중요하다.

3) 서비스 기능에 따른 분류

서비스 기능에 따른 분류는 아동 양육을 위한 가정의 역할에 대해 아동복지서비스가 수행하는 기능에 따라 세 가지 모델을 구분하고 있으며(Kadushin & Martin, 1988; 표갑수, 2002), 첫 글자를 따서 3S모델이라고 한다.

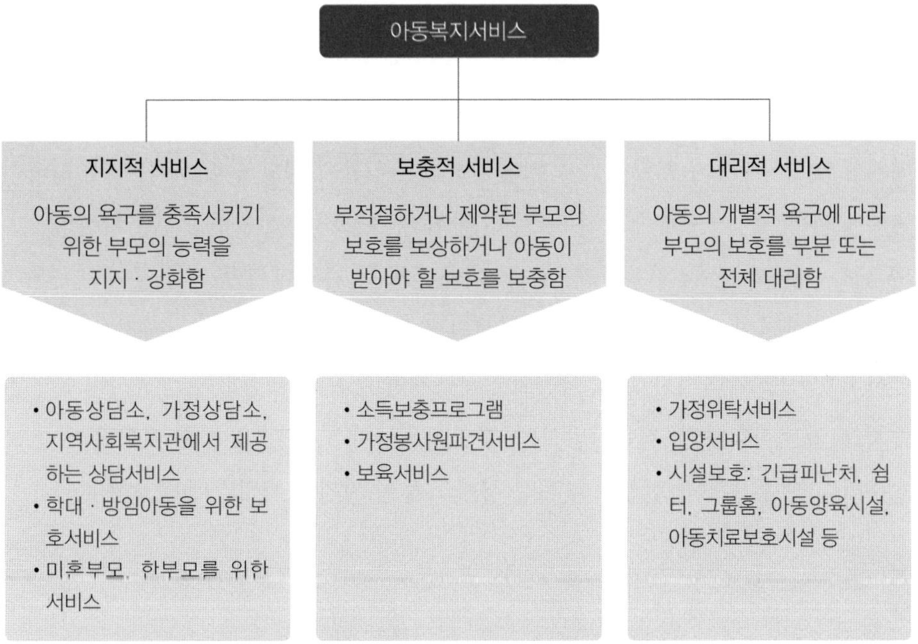

[그림 5-2] 카두신의 아동복지서비스

출처: Kadushin & Martin(1988), p. 29에서 수정; 공계순 외(2019)에서 재인용.

(1) 지지적 서비스(Supportive Service)

지지적 서비스는 아동의 욕구를 충족시키기 위한 부모의 능력을 지지·강화하는 것으로 원가정의 구조를 침해하지 않으면서 그 가정의 기능이 원활하게 수행될 수 있도록 지원해 주는 서비스를 말한다. 주로 자기 집에 살고 있는 아동에게 제공되고 있어 재가보호(home-based care)라고 할 수 있다. 가족체계가 구조적으로 손상되지 않았지만 부모-아동의 스트레스 상황에서 아동의 문제를 해결할 수 있도록 부모나 가족의 기능을 지원하고 강점을 강화시켜 주는 제1차 방어선 역할을 한다. 즉, 부모의 양육 기능을 지지하는 입장을 가지며 아동의 욕구 충족을 위해 부모의 능력을 강화하는 것을 말한다.

따라서 지지적 서비스는 원가정에서 생활하고 있는 아동에게 가족의 역할과 기능이 제대로 수행될 수 있도록 하는 예방적인 접근방법이다. 가족 및 부모-아동 간의 관계가 지속적인 스트레스에 노출될 경우 가족 내에 갈등이 심화되면 이혼, 별거, 유기 등의 가족해체가 생길 수 있으므로, 이때에 가족구성원들 간에 발생하는 문제해결을 위하여 아동과 가족이 각자의 책임을 효율적으로 수행할 수 있도록 그들의 능력을 강화시킬 필요가 있다. 즉, 아동의 다양한 욕구 충족을 위해 가족을 기반으로 가족에게 필요한 다양한 지지서비스를 제공하는 것이며 가정기반 서비스를 통해 부모를 강화하고 지지함으로써 부모의 역할에서 수행해야 하는 과업을 이행할 수 있도록 한다. 따라서 지지적 서비스는 가족체계의 외부로부터 사회적 기능을 원조해 주는 것을 말한다.

부모-자녀의 관계, 부부관계, 형제-자매관계 등 가정의 갈등과 긴장이 계속되지 않도록 예방적인 활동을 포함한다. 구체적 활동으로는 아동상담소, 가정상담소, 지역사회복지관, 가족치료센터, 아동보호전문기관 등에서 제공하는 상담서비스나 가족치료, 개별사회사업, 집단상담사업, 부모교육서비스, 학대 및 방임 아동을 위한 보호서비스, 미혼부모 및 한부모를 위한 서비스 등이 지지적 서비스에 해당한다.

"익명 출산 허용보다 시급한 일…미혼부모 지원 · 상담 강화"

ㄱ씨(19)는 올해 초 출산을 앞두고 고향에서 멀리 떨어진 지역의 한 병원을 찾았다. 가족에게도 알리지 않은 채 출산한 뒤 베이비박스에 아이를 맡겨 다른 가정에 입양되게 할 생각이었

다. 하지만 막상 아이를 보니 미안함에 선뜻 결정을 하지 못했다.

결국 그는 고향에 있는 아동보호단체를 수소문해 양육에 필요한 상담을 받으면서 남자친구와 아이를 기르기로 결심했다. 부모님에게 임신 사실을 알리는 일이 엄두가 나지 않았지만, 단체 직원들이 함께 가족을 찾아 아이 양육을 설득했다. 현재 ㄱ씨는 남자친구와 결혼해 아이를 기르고 있다.

출생신고가 안 된 영유아 2123명을 조사해보니 249명(11.7%)이 이미 숨진 것으로 나타나자, 정부가 아동ㆍ유기 예방 대책 중 하나로 '보호출산제' 입법 필요성을 다시 한번 강조했다. 정부ㆍ여당이 추진 중인 보호출산제는 임신부가 보건소 등에서 상담을 받은 뒤 익명으로 출산할 수 있도록 한다. 양육을 원치 않는 경우 아이는 지방자치단체에 인도된다. 출산 사실이 알려지는 걸 꺼리는 산모가 병원에서 아이를 낳고 적법한 입양 절차를 밟도록 하겠다는 취지다.

그러나 미혼부모 지원 단체들은 보호출산제가 '섣부른 해법'이라고 우려한다. ㄱ씨 같은 위기 임신부가 양육 포기를 고민하는 건 신분 노출에 대한 두려움뿐만이 아닌 양육에 필요한 지식과 경제력 부족 등 복합적인 원인이 작동하기 때문이다. 이런 까닭에 아동의 친부모 알 권리 침해 우려가 있는 보호출산제 도입보다 임신ㆍ출산ㆍ양육에 필요한 상담과 지원을 강화하는 게 더 시급하다는 주장이다.

미혼모 지원ㆍ상담 단체인 한국미혼모지원네트워크 설명을 들어보면, 양육 포기를 부추기는 요인은 출산과 성에 대한 지식 부족과 건강에 대한 우려 등 여러 요인이 겹쳐진다. 10대 임신부 등은 병원을 한 번도 찾지 않은 채 갑작스럽게 산통을 느껴 집에서 출산하는 일도 있다. 경제적 어려움이나 사회적 고립까지 겹치면 아동 유기ㆍ학대 위험이 커진다는 설명이다. 현재 0~2살 아이를 기르는 한부모 가정은 부모급여(0~1살 기준 월 70만 원) 외에 매달 △양육비 20만 원 △아동수당 10만 원 △기저귀와 분유 구매비용 각각 7만 원ㆍ9만 원 등을 지원받는다. 육아 부담으로 일하지 못하거나 홑벌이인 미혼부모가 아이를 기르기엔 부족한 금액이라는 의견이 많다.

위기 임신부를 상담할 통합창구를 만드는 것도 숙제다. 현재 양육에 대한 복지제도 상담은 복지부가 운영하는 '보건복지상담센터'(전화번호 129), 임신ㆍ출산 갈등에 대한 상담은 여성가족부 '가족상담전화'(1644-6621) 등으로 나뉘어져 있다. 복지부는 보호출산제가 도입될 경우 자녀 양육을 선택할 때 받을 수 있는 복지제도 정보 제공 및 상담을 의무화할 계획이지만 상담기관 숫자는 시ㆍ도별 1곳 등으로 많지 않다.

반면 익명 출산을 허용하는 신뢰출산제를 2014년에 도입한 독일은 모든 여성들에게 임신 유지 및 중지ㆍ출산ㆍ양육 관련 정보 및 상담을 제공하는 1600여 개 기관을 운영하고 있다. 산모가 받을 수 있는 지원책을 안내해 양육을 우선적으로 권한다. 독일 정부가 2014년 5월~

2016년 9월 익명 출산을 고민하며 상담기관을 찾은 산모 1277명의 출산 · 양육 유형을 집계한 결과 가정 양육을 택한 이가 26.0%, 익명 출산을 하지 않고 아이를 낳은 뒤 입양을 보낸 이가 15.0%였다. 익명 출산을 선택한 경우는 19.5%에 그쳤다.

오영나 미혼모지원네트워크 대표는 "양육을 포기하려다가도 출산 · 양육에 대해 상담 받고 경제적 지원이 연계되면 마음을 돌리는 경우가 많다"며 "양육을 도울 제도를 안착시킨 뒤 보호출산제 도입을 고민해도 늦지 않다"고 말했다.

출처: 한겨레(2023. 7. 20.).

(2) 보충적 서비스(supplementary service)

보충적 서비스는 아동이 가정 내에서 생활하도록 지원하면서 부모의 보호나 양육의 질이 부적절할 경우 부모나 가정의 역할을 보완해 주거나 일부 대신해서 제공하는 서비스를 말한다. 그리고 부모와 자녀의 관계가 심하게 손상되어 있거나 부모의 보호나 양육의 질이 부적절한 경우, 부모의 사망, 유기, 이혼, 별거 또는 가출, 실직, 질병 및 장애, 수감, 직업상의 이유 등으로 부모의 역할이 일시적으로 결손된 경우에 아동의 욕구를 충족시키는 사회적 장치이다. 아동의 건강한 성장발달을 위한 환경을 마련하는 데 있어 가족이 일정 소득을 가지고 있거나 부모가 소득창출을 위한 경제활동을 수행해야 하지만 부모의 실직, 사망, 장애 등으로 인해 가족소득원 역할이 상실된 경우는 경제적 불안정으로 가족이 위기에 처할 수 있다. 이러한 경우, 가족에 대한 경제적 안정장치로 사회보험제도와 공적부조 같은 소득유지사업을 제공한다. 이와 같은 소득 보충 프로그램은 부모의 소득을 보충하여 양육기능을 보충한다는 점에서 중요한 보충적 서비스가 될 수 있다.

또, 가정봉사서비스(homemaker service)는 아동보호와 가사유지와 관련해서 아동을 보호하고 집안일을 도와주는 부모의 부재에 대응하는 서비스이다. 그 외에도 여성의 취업으로 인해 맞벌이 부부가 증가하여 가족의 양육기능을 보완해 주는 보육서비스(day-care), 장애아동이나 비행아동을 위한 복지서비스, 학대 및 방임아동의 특수한 아동보호사업 등이 보충적 서비스에 해당한다. 보충적 서비스는 치료적이며 예방적 서비스라 할 수 있다.

서울시, 청소년부모 양육비 지원 확대…'자립촉진수당'도 신규 지급

서울시는 청소년 (한)부모의 부담을 덜어주기 위해 양육 및 자립 지원을 확대한다고 25일 밝혔다.

시에 따르면, 청소년 부모는 자녀를 양육하는 부모가 모두 24세 이하 청소년인 경우이며 청소년 한부모는 24세 이하의 모 또는 부를 말한다.

시는 기존에 저소득층 위주였던 청소년 (한)부모 지원 정책의 소득 기준을 낮춰 지원 대상을 확대한다는 방침이다. 아동양육비는 소득 기준을 중위소득 90% 이하로 완화하고 자녀 1인당 월 20만 원의 추가 양육비를 지급한다.

청소년 부모의 경우 기준 중위소득 60% 이하는 기존에 받던 양육비 월 20만 원에 '서울형 아동양육비' 20만 원을 더해 총 40만 원을 받는다. 기준 중위소득 60～90%에는 20만 원의 '서울형 아동양육비'가 새로 지원된다. 청소년 한부모의 경우에도 기준 중위소득 65% 이하는 기존에 받던 양육비 월 35만 원에 서울형 아동양육비 20만 원을 더해 총 55만 원을 받고 기준 중위소득 65～90%는 월 20만 원을 지원받는다.

아울러 시는 기준 중위소득 90% 이하의 청소년 부모를 대상으로 월 10만 원의 '자립촉진수당'을 신규 지급한다. 기준 중위소득 65% 이하 청소년 한부모에게 지원하던 월 10만 원의 '자립촉진수당'과 연 154만 원 이내의 '검정고시 학습비'는 기준 중위소득 90% 이하로 대상을 늘린다.

시에 주민등록을 두고 있고 기준 중위소득 90% 이하인 청소년 (한)부모라면 동주민센터에서 방문 신청을 통해 누구나 지원금을 받을 수 있다. 본인이 직접 신청하기 어려우면 대리 신청도 가능하며 이 경우 위임장과 신분 확인 서류를 지참해야 한다.

김선순 서울시 여성가족정책실장은 "청소년의 나이에 찾아온 생명을 포기하지 않고 책임지기로 한 청소년 (한)부모 가정을 응원한다"며 "청소년 부모와 자녀가 건강하게 성장하고 자립할 수 있도록 지원을 확대해 나가겠다"고 전했다.

출처: 배소현(2023. 8. 26.).

(3) 대리적 서비스(substitute service)

대리적 서비스는 부모가 그들의 역할을 포기하거나 가정이 와해되어 부모의 역할 전부가 상실되었거나 부모-자녀관계를 유지하기가 불가능할 때 아동을 일시적 또는 영구적으로 대리보호하는 것으로 아동은 자신의 가정을 떠나서 다른 가정이나 시설에서 생활하게 된다. 즉, 대리적 서비스는 지지적 서비스나 보충적 서비스를 받을 수 없는 경우의 아동을 양육하기 위한 마지막 대책으로 아동은 원가정을 떠나 가정위탁이나 입양, 생활시설(공동생활가정)에서 양육과 보호를 받게 된다. 부모의 사망으로 부모 역할에 심각한 결손이 있거나 출생가정으로부터 부모의 보호를 더 이상 받을 수 없게 된 아동의 경우에 부모가 아닌 가정이나 시설이 아동의 부모나 가정의 역할을 대신하는 서비스를 말한다.

상황에 따라서 중기적 또는 장기적으로 대리가정이 필요한 경우에 가정위탁서비스(foster care)가 제공되는데, 이는 아동이 원가정에서 양육이 어렵거나 시설보호에 거부적이거나 불가능한 경우에 일정 기간 동안 제3의 가정에서 제공하는 대표적인 대리보호 서비스이다. 이 경우는 계획된 기관이 경과되거나 위탁 사유가 해제되면 다시 원가정으로 복귀가 가능하다.

입양서비스는 영구적인 대리가정이 필요한 경우에 제공되는 서비스로 법적 · 사회적 관계에 따라 새로운 가족형태를 맺는 것이다. 따라서 친부모와의 아동에 대한 권리와 의무가 소멸되어 양부모에게 양육의 권리와 의무가 이양되어 영원한 친자관계가 성립된다. 가정위탁서비스와 입양서비스를 통해 아동에 대한 보호 · 양육서비스를 제공할 수 없을 경우에는 아동양육시설에서 집단적인 보호서비스를 제공한다. 이 경우는 소규모의 그룹홈에서부터 대규모 아동양육시설까지 규모와 형태가 다양하다.

대리적 서비스는 가급적 시설보호보다는 가정위탁이나 입양에 의한 보호가 우선되어야 하지만 우리나라의 경우 입양제도가 활성화되지 않아 가정위탁과 생활시설을 통해 아동에게 적절한 보호와 양육환경을 제공하고 있다.

예비 위탁부모 "첫째 품던 마음으로 둘째를 맞아야지"[잠시만 부모가 되어 주세요]

열악한 지원과 사회적 편견은 물론 희생이 따르는 걸 알면서도 '보호가 필요한 아이들에게 가족이 되어 주고 싶다'는 생각 하나로 부모를 자처하는 이들은 지금도 존재한다.

지난 3일 만난 예비 위탁부모 노현철(44) · 이선미(38) 부부의 상기된 얼굴에는 미소가 가득했다. 이들은 이날 위탁아동인 보배(3 · 가명)와 두 번째 만남을 가졌다. 앞으로 한 지붕 아래에서 함께 지내기 위한 일종의 사전 적응 훈련을 가진 것이다.

조만간 정식 위탁부모가 되는 노씨 부부는 지난해 5월 우연히 공문을 보고 가정위탁 제도를 처음 알게 됐다. 노씨는 "아동권리보장원에서 교육청을 거쳐 내려온 공문에 가정위탁 참여자 중 교사 비중이 적다는 내용이 있었다"며 "공문을 본 직후 아내와 '우리 가족도 할 수 있지 않을까' 하는 이야기를 나눈 게 계기가 됐다"고 했다.

초등 교사인 노씨 부부는 평소에도 위기에 처한 아이들에 대해 관심이 컸다. 학교에서 '인성 부장'이라는 직책을 맡고 있는 노씨는 아동학대 피해 학생들의 등교·학습 지원 업무를 한다. 학교에서도 부모의 손길이 미치지 못하는 아이들을 보고 도울 길이 없을까 고심했다고 한다. 이씨는 "어른들의 잘못으로 아이들에게 난 상처는 쉽게 치유되지 않는다. 어떻게든 작은 도움이 되고 싶다는 생각을 해 왔다"고 전했다.

생면부지의 아이를 맡아 기르는 건 말처럼 쉬운 일이 아니다. 노씨 부부도 결심을 실행에 옮기기까지 수백 번 고민했다. 맞벌이를 하는 만큼 '과연 아이를 맡아 기르는 게 옳은 일인가' '아이에게 두 번 상처 주는 것이 아닐까'와 같은 생각이 머릿속을 떠나지 않았다. 부부의 딸 율(6)이가 갑자기 동생이 생겨 혼란스럽거나 힘들어할까 봐 걱정되기도 했다.

하지만 걱정을 없애 준 건 다름아닌 율이었다. 동생이 생길 수도 있는데 괜찮겠냐는 부부의 질문에 율이는 "동생이니까 장난감 한 번 양보하고, 다음번에 동생도 양보하고 그러면 괜찮아"라고 답했다. 보배가 집에 왔을 때도 율이는 선뜻 아끼던 장난감 왕관을 내주고 동화책을 읽어 줬다. 율이가 보배와 어울리는 모습에 '우리가 그렇게 거창하고 대단한 일을 하는 게 아니지. 그저 율이를 키웠던 대로 보배를 품어야지'라고 노씨 부부는 생각했다. 보배는 이달 중 노씨 부부의 '둘째 딸'로 이 집에 올 예정이다.

한승화(29·가명)씨 부부도 예비 위탁부모 교육을 마치고 집으로 올 아이를 기다리고 있다. 첫째가 걸음마를 막 떼기 시작한 이후 한씨 부부는 "둘째는 마음으로 낳아 품어 보자"고 결심했다. 아직 어떤 아이를 맡아 기르게 될지 모르는 한씨 부부는 걱정 반 설렘 반으로 하루하루를 기다리고 있다. 네 살짜리 딸이 혼란스러워 할까 봐 미리 '동생이 생긴다'는 사실을 계속 설명해 주고 있다.

한씨 부부가 처음 위탁부모가 되겠다는 소식을 알리자 주변에선 말리는 사람이 더 많았다. 한씨는 "아직 제 나이가 서른 살도 안 됐고 남편도 30대다 보니 '젊은 부부가 왜 남의 아이를 맡아 기르려 하냐'는 말을 많이 들었다"고 했다. 한씨의 친정엄마를 비롯해 주변의 걱정이 컸지만 이미 위탁아동을 맡아 기르고 있는 시부모의 지지가 있어 용기를 낼 수 있었다.

한씨는 "첫째를 키워 보니 이 작고 소중한 생명을 키우고 성장시키는 게 얼마나 힘든 일인지, 이런 돌봄이 얼마나 값진 일인지 알게 됐다"며 "내가 낳은 아이만이 아니라 아이라면 누구나 이런 돌봄을 받을 수 있어야 한다고 생각했을 뿐"이라고 말했다.

출처: 서울신문(2024. 1. 10.).

4) 방어선 위치에 따른 분류

방어선 위치에 따른 분류는 주커먼(Zukerman)이 제시한 것으로 방어선(line of defence)의 개념을 통해 아동복지서비스 체계를 분류하였다. 주커먼(Zukerman, 1983)은 지지적 서비스와 보충적 서비스의 대부분을 제1차 방어선, 대리적 서비스 중 가정 형태의 서비스를 제공하는 가정위탁과 입양을 제2차 방어선, 생활시설 등의 집단보호서비스를 제3차 방어선으로 분류하였다.

(1) 제1차 방어선(The First Line of Defence)

제1차 방어선은 가정 내에서 생활하는 아동과 가족을 위한 서비스를 말한다. 즉, 가정은 아동에게 일차적 방어선으로서의 기능을 가지며, 아동의 기본적인 욕구, 아동의 부적응 또는 발달상의 문제를 막아주는 기능을 수행한다. 만약 가정이 아동의 기본적인 욕구를 충족하지 못할 위험에 처하거나 부모-자녀의 관계에 장애가 있을 경우에는 가정 내 사회적 기능을 회복, 유지, 강화하기 위한 서비스를 수행해야 한다.

(2) 제2차 방어선(The Second Line of Defence)

제2차 방어선은 아동에게 대리가정을 마련해 주는 서비스를 말한다. 가정이 정상적인 기능을 원활히 수행하지 못할 경우 아동에게 원가정을 대신할 수 있는 다른 보호의 장이 필요하다. 아동의 최소침해 대안(the least detrimental alternative)의 원칙에 따라 가정과 가장 유사한 환경을 만들어 주는 것이 제일 바람직하다고 보고, 아동에게 가정환경과 가장 유사하고 지역사회에 자유로운 접근이 보장되는 보호를 제안하고 있다. 제2차 방어선의 대표적인 형태로는 가정위탁과 입양 서비스가 있다.

(3) 제3차 방어선(The Third Line of Defence)

제3차 방어선은 아동의 욕구가 원가정 혹은 대리가정에 의해 보호·양육되지 못하는 경우에 한하여 마지막 대안으로 제공되는 집단보호서비스로 시설에 수용하여 집단적인 보호(생활시설)를 제공하는 경우를 말한다. 이는 탈시설화의 경향에 따라 가장 마지막에 사용되어야 할 아동복지서비스에 해당한다. 주로 집단적 생활환경이 필요한 아동이나 특수한 욕구를 가진 장애아동 등으로 구성된 소규모 공동생활가정에서부터 대규모 생활시설까지 규모와 형태가 다양하다. 대부분의 생활시설은 공공재원을 지원받아 공공기관과 민간기관에서 운영하고 있다.

제6장

아동을 위한 사회복지실천방법

아동복지실천은 아동 및 가족을 대상으로 한 사회복지실천의 과정이며, 아동의 고유한 특성을 바탕으로 아동발달 단계, 아동의 문제 및 욕구, 아동의 환경 등을 종합적으로 고려한 실천방법이 요구된다.

1. 클라이언트로서 아동의 특성

아동은 일반적으로 연령에 따라 범주화하여 구분한다. 이때 연령의 구분은 법의 종류에 따라서 규정하고 있다. 하지만 이러한 아동에 대한 견해는 시대적 · 사회적 배경에 따라 변화하며 현재는 아동이 신체적 · 정신적으로 성장하고 있다. 아동은 미성숙한 존재이며 생존과 발달을 위해 성인의 보호와 돌봄에 의해 성숙하기 때문에 아동이 갖는 개별적 특성에 따른 개입이 필요하다. 클라이언트로서 아동은 다음과 같은 특성을 가진다(정익중, 오정수, 2022).

첫째, 아동의 발달은 유동적이다. 아동은 신체적 · 심리적 · 사회적 측면에서 발달 단계를 거치며 성장한다. 이때 아동의 발달 단계와 특성에 대해 들여다보고 아동의 발달과업을 달성하는 데 있어 발달 시기에 맞는 환경을 뒷받침해 주어야 한다.

둘째, 행동언어의 특성을 가진다. 아동은 생애 초기부터 자신의 욕구를 표현하기 위해 다양한 방법을 통해 의사소통을 하고 있다. 주로 학령기에 이르기까지 아동은 언어를 습득하고 언어기술을 발달시켜 적절한 언어표현방법과 사고능력을 습득하는 과정에서 다양한 방법으로 의사소통을 한다.

셋째, 아동은 독립된 인격체이다. 아동은 성인으로부터 보호와 양육, 사회화, 교육 등을 받으며 성장하는 보호의 대상이 아닌 독립된 인간으로서 아동의 권리와 복지가 보장되어야 한다.

넷째, 비자발적인 클라이언트이다. 아동은 생리적 욕구와 같은 인간의 본능의 충족뿐 아니라 인격적 욕구와 사회적 욕구를 가지고 있지만 아동이 가진 문제 상황에 따른 참여의지나 문제인식이 없을 수 있으므로 다양한 방식으로 자신의 저항을 표현할 수 있다.

2. 아동대상 사회복지실천과정

1) 초기접수상담

초기접수(intake)는 사회복지사와 클라이언트 간의 첫 만남이 이루어지는 공식적인 과정이다. 클라이언트인 아동은 대부분 비자발적 클라이언트로 부모와 함께 방문하거나 부모만 방문하는 경우도 많다. 이 단계에서는 주로 클라이언트의 문제와 욕구를 파악하고 아동과 부모의 방문동기와 기대가 본 기관의 목적과 기능에 부합하는 것인지 확인한다. 사회복지사는 아동을 독립된 존재로 인식해야 하며 클라이언트의 행동, 특성에 대해 파악하고 필요에 따라 초기 저항을 다루도록 한다.

(1) 문제 및 욕구 확인

첫 만남에서 아동 클라이언트와 부모를 면접하게 되는데 이 단계에서는 아동의 문제 및 문제해결 욕구와 서비스를 명확하게 파악하고 전문적 개입에 대한 합의점을 도출한다. 아동과 클라이언트는 스트레스 상황에 노출되어 불안감을 가질 수 있으므로 사회복지사는 신뢰감을 형성함으로써 원조관계를 수립한다.

부모와의 면접을 통해 아동의 상황, 어려움에 대한 인식 정도를 파악하고 기관 방문 동기 및 무엇을 기대하는지에 대해 확인한다. 이는 아동의 상황 및 행동특성 등 아동에게 서비스 개입 내용과 본 기관을 통해 해결 가능 여부를 가늠하는 자료가 된다. 필요에 따라 아동과의 면접을 통해 아동 클라이언트가 보는 상황, 욕구, 어려움 등에 대해 어떻게 생각하고 있는지를 파악하고 아동의 행동특성 및 대처방법 등에 대해 조사한다.

(2) 서비스 제공 가능성과 개입형태 점검

사회복지사는 확인된 문제와 욕구를 토대로 제공받고자 하는 서비스가 기관의 목적이나 기능에 부합하는 경우에 아동과 부모에게 서비스 내용, 아동의 권리와 책임, 제한사항과 비밀보장을 설명한다. 또한 사회복지사는 아동에게 낙관적 기대감을 표시할 수 있다.

한편 부모나 아동의 문제나 욕구가 기관에 부합하지 않는 경우는 그 이유를 설명해 주고 욕구에 부합하는 타 기관에 대한 정보를 제공하거나 의뢰할 수 있다. 이때에는 구체적이며 명료하게 정보를 제공하여 의뢰가 형식적으로 이루어지지 않도록 한다.

(3) 초기저항 다루기

해당 서비스가 제공될 수 있다는 전문적인 판단이 내려지면 초기 실천을 위한 개입이 시작되는데, 이때에 가장 중요한 것은 클라이언트의 저항을 다루는 일이다. 특히 아동의 불안과 저항을 다루는 것은 성인과는 다른 방식으로 표출한다. 아동은 매우 다양한 방법으로 거부, 부정, 부인, 양가감정 등 저항을 표현한다. 이러한 반응과 행동을 심도 있게 이해하기 위해 아동의 강점 확인, 방어기제 등을 분석하고 아동의 발달 수준을 고려하여야 한다. 또한 우호적인 서비스 제공 환경을 만들어 아동의 보호 욕구를 분석하고 강점을 확인하여 아동문제가 어떻게 다루어져야 하는지 생각해야 한다.

사회복지사는 아동과 신뢰감 형성을 위해 서비스의 내용과 기대수준을 설명해 주어야 하며, 아동의 자유 및 책임, 비밀보장에 대해 알릴 필요가 있다.

2) 사정단계

사정단계에서 사회복지사는 아동에 대해 수집된 정보(생육사에 관한 정보, 가족관계 및 사회적 관계망, 가족 내 역동, 현재 아동의 발달 상태 조사, 그동안 문제해결을 위해 노력한 사항, 환경자원 등)에 근거하여 개입의 우선순위 및 개입의 방향과 방법이 어떻게 구체적으로 다루어질 수 있는지 생각해야 한다.

(1) 아동발달 관점의 이해

아동 문제의 사정은 발달 단계 및 기능수행 정도를 분석하고, 피해사례 아동의 경우에는 아동의 보호욕구를 파악해야 하며, 아동의 긍정적이고 기능적 측면에서 강점을 사정하도록 한다. 특히 아동은 급격한 발달을 경험하기 때문에 아동의 개인차를 인정하고 아동의 상황을 이해해야 한다. 이를 위해 사회복지사는 아동의 발달에 대한 충분한 지식을 습득하여 아동발달론적인 관점에서 아동의 인지 · 정서 · 신체 등 균형잡힌 발달 상태에 대하여 파악해야 한다.

(2) 생태체계적 관점의 적용

사회복지실천은 '환경 속의 인간'이라는 관점에 근거하여 문제 및 욕구를 파악한다. 아동 또한 개인적 발달과 기능에 대한 사정과 더불어 아동의 사회적 환경에 대한 사정이 동시에 이루어져야 한다. 아동의 대표적 사회적 환경은 가정환경과 학교환경 등이 있다. 아동은 발달에 있어 외부 환경의 변화에 민감하게 반응한다. 따라서 가족 내부의 현실이나 압력에 대하여 사정할 수 있는데 가족의 갈등이나 긴장상태 등 가족의 역동에 대하여 파악하고 이로 인한 즉각적인 격리나 개입이 필요한지 살펴야 한다. 학교환경에서는 학교생활 적응정도, 학업활동의 적정한 수행 여부, 학교 내 대인관계(교사 및 또래관계 등)에 대한 내용 등을 사정해야 한다.

특히 아동의 주변 환경으로부터 아동에게 도움이 될 만한 사회적 지지망은 아동의 보호적 요소가 될 수 있다.

(3) 구조화된 평가도구의 활용

아동의 행동과 발달을 분석하는 데에 다양한 평가측정도구가 있지만 아동을 심도 있게 이해하기 위해서는 관찰이나 투사적인 사정을 할 수 있다. 이를 위해 사회복지사는 심리전문가나 정신분석가 등에게 의뢰하여 공식적인 사정도구를 사용하여 파악할 수 있다.

아동이나 가족의 문제를 진단하고 개입방법을 찾기 위해 심리검사를 실시할 수 있다. 특히 연령이 어린 학령 전 유아의 경우는 놀이를 통한 상호작용 평가, 도형그림검사, 얼굴표정 그림검사, 동물가족화 등을 활용할 수 있으며, 학령기의 아동은 성격유형검사, 학교생활화, 기초학습능력검사 또는 자기보고식 측정도구를 사용할 수 있다. 아동은 가족의 원조과정이 필요하기 때문에 가계도를 통해 세대 간 전이되는 부모의 양육태도와 가족 문제를 확인할 수 있다.

3) 계획단계

아동은 급격한 발달이 이루어지는 시기이므로 아동의 발달 단계를 충분히 고려하여 계획한다. 이 단계에서는 개입을 위한 목표를 명확하게 수립하고, 목표를 달성하기 위한 평가계획도 수립해야 한다. 이때 목표는 구체적이고 실현 가능하도록 포괄적인 사정에 근거하여 수립해야 하며, 수행 가능한 활동 내용을 바탕으로 개입 내용을 정리하여 사회복지사와 아동 간에 상호 계약을 거친다.

4) 개입단계

개입단계는 계획한 내용을 수행하는 단계로, 사회복지사의 전문적인 지식과 기술이 요구된다. 아동과의 사회복지실천은 아동에 대한 개입뿐 아니라 부모 및 가족 체계의 욕구에 대한 적절한 개입을 포함할 수 있다. 개입 단계에서 활용할 수 있는 구체적인 개입방법을 선택하며, 개입방법은 아동의 증상이나 문제, 가정환경의 특성, 사회복지사의 능력에 따라 결정한다.

(1) 아동에 대한 개입

사회복지사가 아동에게 개입하기 위한 방법으로 의사소통기술을 활용하여 개별적으로 면담하는 경우가 많다. 의사소통은 감정, 태도, 가치관, 정보 등을 다른 사람에게 보내고 전달받아 해석하는 사회적 과정으로 언어적 · 비언어적 의사소통 과정을 통해 메시지를 주고받는다(장수미 외, 2017). 아동은 언어적인 상호작용에 미숙하고, 새로운 환경이나 낯선 사람에게 민감한 반응을 보인다. 따라서 사회복지사는 아동의 언어적 의사소통 뿐 아니라 비언어적 의사소통을 알아차리고 아동과 신뢰관계를 형성해야 한다. 아동과의 의사소통을 위해 다음과 같은 개입 방법이 필요하다(Rose & Fatout, 2003; 김성경, 김혜영, 2021). 첫째, 아동과의 상담에서는 폐쇄형 질문보다는 개방형 질문을 통해 아동의 관점에서 특별한 상황에 대한 이해를 위해 힘쓴다. 둘째, 아동의 언어표현을 경청하고, 그들의 생각, 느낌, 바람, 의견을 이끌어 낸다. 셋째, 사회복지사와 아동은 동반자적 관계를 형성하기 위해 아동과 소통한다. 넷째, 아동에게 일어난 사건을 경청하고, 그 사건에 대한 해석을 제공한다. 다섯째, 이사, 입학, 양육시설 변경 같이 아동에게 일어날 수 있는 사건을 경험하는 과정에 있는 아동을 도와주는 일에 관여한다. 여섯째, 아동의 나이, 능력, 이해와 배경 등에 따라 적합한 방법으로 의사소통한다. 일곱째, 아동의 삶에서 복합적이고 고통스러운 문제에 대해 민감하게 의사소통한다.

사회복지사는 아동에게 진지하고 관심 있는 태도를 보여 신뢰관계를 형성하는 것이 중요하다. 아동을 개별적으로 면담할 때 필요한 기술은 다음과 같다(양정빈, 김효순, 이무영, 정여주, 홍성례, 2020; Johnson & Yanca, 2001).

- 관찰하기: 아동의 언어나 행동하는 것에 주의를 기울여 보다 잘 이해하는 기술이다. 특히 아동의 비언어적 표현은 아동 상담에서 매우 중요하다.
- 경청하기: 아동과의 면접에서 가장 적극적인 과정이다. 경청은 아동이 하는 말을 집중하여 듣고, 질문에 답하는 것을 파악하며 긍정적이고 무조건적인 관심을 보인다. 또, 아동이 충분히 표현하도록 격려하여 부정적 판단을 줄여야 한다.
- 질문하기: 사회복지사는 아동에 관한 필요한 정보를 얻기 위해 신중하게 사용하는 기술이다. 아동과의 면담에서는 폐쇄형 질문(closed-ended question)보다는 개방형 질문(open-ended question)을 하는 것이 바람직하다. 개방형 질문은 아동이 원하는 방식으로 쉬운 언어와 표현을 사용하여 질문한다.

(2) 가족에 대한 개입

가족의 문제나 욕구는 아동의 정서나 발달과정에 직접적인 영향을 미친다. 아동에 대한 개입의 효과를 증진시키기 위해 필요한 경우 부모와의 면담을 진행할 수 있다. 따라서 사회복지사는 부모와 협조체계를 구성하여 가족과 환경 사이에 원활한 상호작용의 부족이나 부조화가 있다면 아동–가족의 관계를 개선하기 위한 개입을 해야 한다.

아동의 발달은 개인적 · 환경적 영향을 많이 받는다. 하지만 아동의 발달에 문제가 발생한 경우 부모, 특히 주 양육자인 어머니가 아동을 다루는 방식에 문제가 있다고 책임을 돌리는 경우가 많다. 자녀에 대한 훈육이 일관적이지 않거나 역기능적인 태도를 가지고 있다 하더라도 아동 문제의 근본적인 원인을 찾기보다 그러한 문제를 이해하고 대처방법을 찾도록 노력해야 한다.

비행아동 등 행동장애를 나타내는 아동의 경우에는 가정생활에 대한 개입이 필요하다. 행동장애 아동에 관한 연구에 따르면 부모가 역기능적인 양육태도를 보이거나 알코올 중독자이거나 범법자인 경우 아동의 행동장애로 이어진다. 또 일관적인 훈육태도를 보이지 않거나 지나치게 엄하거나 지나치게 풀어주는 경향이 있으며, 가족관계가 부정적이고, 비지지적인 의사소통, 방어기제의 사용, 민주적 의사소통의 결여 등의 경향을 보인다(정익중, 오정수, 2022). 이 경우에 사회복지사는 부모와 함께 양육태도에 관한 교육프로그램과 가족 간의 역기능적 태도에 가족치료기법을 적용할 수 있다.

(3) 집단에 대한 개입

아동집단상담은 아동복지실천현장에서 유용하게 활용되고 있는 상담형태 중 하나이다. 주로 아동의 사회성에 관한 개입, 또래관계를 지지하기 위한 개입, 아동 개인의 정서적 문제에 관한 개입 등 비슷한 문제와 욕구를 가진 아동에 대해 집단상담의 방식을 활용한다. 아동은 의존적 욕구를 가지는 특성을 보인다. 집단상담을 통해 아동은 도움을 받을 뿐 아니라 다른 아동의 성장을 위해서 도움을 줄 수 있다. 따라서 아동은 건전한 성인역할 모델이 되어주는 전문적인 집단지도자와 함께 안전하고 허용적인 분위기 속에서 성원들의 경험을 공유하고 아동의 태도와 행동 변화를 통한 문제를 해결할 수 있다. 아동은 집단을 통해서 또래와의 개방적인 의사소통을 형성하며,

집단지도자와 또래들을 모델링하여 이해와 신뢰감을 형성할 수 있다.

집단상담은 다음과 같은 장점을 가진다. 첫째, 집단상담에 참여한 아동 간에 동질감을 느껴 나와 비슷한 문제를 다른 아동들도 가지고 있다는 사실을 통해 아동의 문제를 보편적인 것으로 받아들이며 객관적으로 대처하도록 돕는다. 둘째, 집단상담에 참여하는 것만으로도 아동의 성장·발달이 촉진될 수 있다. 셋째, 집단상담을 통해 소속감, 부정적 감정의 발산, 자아탐색을 경험하는 것은 아동의 심리적 욕구를 충족시키도록 돕는다. 넷째, 자신과 타인에 대한 책임감의 향상은 집단 내뿐 아니라 집단 밖의 실제 생활에까지 인정받을 수 있다(송정애, 2022).

집단상담은 개별상담과 병행하여 개입이 가능하다. 개인상담에 거부적인 아동은 집단상담을 통해 개인상담에 참여할 수 있으며, 집단상담에 심적 부담이 있는 아동은 개별상담을 진행하여 심리적 상태가 어느 정도 안정된 후 집단 상담으로 전환하여 다양한 인간관계를 체험하고 일상생활에서 행동의 폭을 넓혀가도록 개입할 수 있다.

집단지도자는 집단과정에 대한 충분한 훈련을 통해 상호작용을 촉진하는 지식과 기술을 습득하여야 하며 다음과 같은 몇 가지 방침을 수립해야 한다(송정애, 2022; 정익중, 오정수, 2022).

표 6-1 개별상담 대 집단상담의 적용 기준

개별상담	집단상담
• 문제의 정도가 심각하고 원인과 해결이 복잡한 경우 • 정서적 문제(의심증, 우울증, 대인관계가 좋지 않은 아동)가 있는 경우 • 자신에 대한 탐색, 이해, 통찰력이 부족하거나 제한된 경우 • 타인으로부터 관심, 인정 등을 지나치게 요구하는 경우 • 집단활동에 대하여 불안 또는 공포가 있는 경우 • 폭력이나 비정상적 행동 가능성이 있는 경우	• 사회적 적응 문제가 있는 경우 • 타인을 보다 잘 이해하고, 타인이 자신을 어떻게 보는가를 알아야 하는 경우 • 타인에 대한 배려, 대화기술, 사회적 기술 습득이 필요한 경우 • 자신의 관심사나 문제에 관하여 타인의 조언, 반응이 필요한 경우 • 자신의 문제에 대한 검토, 분석을 기피, 유보하거나 필요 이상의 위험을 느끼는 경우 • 타인과의 유대감, 소속감, 협동심이 필요한 경우

① 집단 형태

- **폐쇄형 집단**: 집단 성원을 미리 선정하고 일정 기간 동안 집단을 운영한다. 종결할 때까지 새로운 회원을 받아들이지 않는 집단을 말한다.
- **개방형 집단**: 집단을 개방하여 언제든 성원이 영입되고 그만둘 수 있는 집단 운영 형태를 말한다.

개방형 집단은 많은 성원이 참여하고, 신규 성원은 기존 성원들로부터 역할과 기능을 학습할 수 있고, 집단 전체가 방어기제를 사용하지 않는다는 장점이 있다. 반면, 신규 성원이 낯설어 할 수 있고 구성원에 따라 치료의 단계가 다를 수 있다는 단점이 있다. 따라서 집단지도자는 신규 성원을 되도록 빨리 소개하고 기존 성원들의 역할 모델링을 통해 집단 발달에 지장이 없도록 활발한 개입을 유도해야 한다.

② 집단 구성

집단지도자는 집단 성원 수에 따라 상호작용의 기회가 충분하지 않거나 집단의 역동이 약해질 수 있음을 감안하여 구조화할 필요가 있다. 아동의 경우 8~15명 내외로 구성하는 것이 바람직하다.

③ 운영 방법

주로 집단상담은 주 1회, 1회기 2~3시간 정도 진행하는 것이 바람직하나 아동의 경우는 성인에 비해 주의집중 시간이 짧다는 것을 고려하여 구조화한다. 효과적인 아동집단상담은 주 2회, 1회기 60~90분 정도로 구성한다.

5) 평가 및 종결단계

(1) 평가방법

종결단계에서 사회복지사는 아동과 함께 계획했던 목표가 어느 정도 달성되었는지 평가하고, 더 이상의 서비스가 없어도 스스로 문제를 해결할 수 있는지를 확인한다. 즉, 평가는 아동의 변화를 확인하는 과정으로 달성한 변화 뿐 아니라 미해결 문제를 확인하고 이를 해결하기 위한 앞으로의 계획을 수립하는 데 도움을 준다.

평가를 위해 목표달성 정도를 측정할 수 있는 평가도구를 활용하거나 사회복지사가 관찰한 변화 과정을 확인할 수 있다. 또한 아동복지실천에 대한 평가와 피드백을 통해 효과적인 개입의 내용, 보완이 필요한 사항 등에 대해 검토할 수 있다.

(2) 종결방법

종결은 아동복지실천의 마지막 단계로, 초기접수 단계에서 제시되었던 문제나 어려움이 해결되었는지를 평가하고 원조관계를 종결시키는 것을 의미한다. 사회복지사는 아동이 종결단계에서 경험하는 심리 · 정서 · 사회적 과정을 이해하고 아동이 종결에 대해 준비할 수 있도록 미리 인지시켜야 한다. 특히 아동의 경우 성인에 의존적인 특성을 가지기 때문에 종결에 대한 두려움이나 저항, 걱정 같은 반응이 있을 수 있다. 따라서 아동의 정서적 반응에 관심을 두어 종결은 이별이 아니라 아동 스스로 해결해 나갈 수 있는 성장과 변화의 과정으로 받아들일 수 있도록 해야 한다. 종결에 앞서 종결에 대해 미리 안내하고, 아동과 함께 종결을 준비하는 것도 좋다. 예를 들어, 문제가 재발할 경우 아동이 어떻게 행동해야 하는지 미리 계획을 세워 보고, 개입 과정에 대해 함께 평가하고 수료식 등을 통해 종결 과정에 아동을 참여시킬 수도 있다.

종결은 계획적으로 이루어지는 것이 가장 바람직한 형태이나 의도치 못한 종결을 하는 경우가 있다. 계획적인 종결은 아동의 문제 및 욕구에 관하여 성취해야 할 목표를 달성한 경우이다. 한편 의도치 못한 종결은 아동 문제 해결에 변화가 나타나지 않거나 아동이나 가족이 비협조적인 태도나 강한 저항을 보여 더 이상의 개입이 어려운 경우, 사회복지사의 사정 등으로 종결하는 경우가 있다(김익균, 2003).

3. 아동의 통합사례관리

1) 통합사례관리의 개념과 필요성

최근 사회복지서비스는 복합적인 욕구를 가지고 있는 클라이언트에 서비스를 전달함에 있어 통합사례관리와 개별적 맞춤형 서비스를 제공하고 있다. 이때 다양한 기관의 사회복지서비스를 전달함에 있어 서비스 간의 통합과 조정을 통해 서비스의 중복이나 단절을 최소화하기 위한 노력이 필요하다.

아동 통합사례관리는 아동이 필요로 하는 서비스를 효과적이고 효율적인 방법으로 조정하여 제공하는 서비스로 빈곤가정의 아동 및 그 가족의 복합적 욕구에 적절하게 대응할 수 있는 포괄적 서비스를 통합적으로 제공하는 것을 말한다. 즉, 아동의 욕구에 부합하기 위한 서비스 제공과정이면서 동시에 빈곤 아동 및 가족의 삶을 변화시키는 결과를 달성하는 활동이라 할 수 있다. 사례관리는 임상적 기능의 직접적 개입 형태와 행정적 기능의 간접적 개입 형태의 복합적 기능을 수행한다. 임상적 기능의 사례관리는 빈곤가정 아동의 신체적·정신적·심리적·사회적 측면에 관심을 갖고, 개별화된 상담 및 치료를 통하여 개입한다. 이때 아동 및 가족과 사회복지사는 우호적이고 신뢰관계를 구축하는 것이 사례관리의 지속성 유지에 중요한 역할을 한다. 행정적 기능의 사례관리는 지역사회 내에서 아동 및 가족의 사회적 체계, 예를 들면 가족, 이웃, 학교, 직장, 지역사회 등의 체계에 관심을 갖고, 보건, 복지, 교육 및 보육 등의 서비스 체계와 가족성원들 사이의 공식적 비공식적 지지망을 개발하고 유지하는 기능을 수행한다. 이를 위해 서비스 의뢰나 연계, 조정 활동 등의 간접적 개입 활동이 요구된다.

2) 사례관리의 기본원칙

아동대상 사례관리는 다음과 같은 원칙을 가진다.

첫째, 서비스의 개별화 아동 및 가족의 욕구에 따른 개별화된 맞춤서비스가 제공되는 것에 초점을 둔다.

둘째, 사회복지서비스의 중복과 단절을 최소화하고, 생애주기별 서비스를 제공한다. 이때 서비스는 욕구수준에 맞는 양과 질, 서비스 내용, 제공방법에 따라 통합적인 서비스 원칙을 적용해야 한다.

셋째, 클라이언트의 서비스 욕구수준이 높아짐에 따라 단순 보호 서비스가 아닌 서비스 제공을 위한 심리·정서·사회적 욕구를 조화롭게 조정해야 한다.

넷째, 사회복지서비스의 궁극적인 목적인 삶의 질 향상을 위해 서비스 연속성을 가지고 지속적이고 연속적으로 다차원적인 서비스를 제공하여 아동과 가족이 사회체계 안에서 적응이 가능하도록 서비스를 제공해야 한다.

다섯째, 전문직으로서 사례관리자의 책임을 가지고 유사전문직과 차별화된 역할에 대한 개입이 요구된다.

여섯째, 아동의 사례관리는 가정방문을 원칙으로 아동과 가족이 포함되어 있는 환경에 대한 개입과 적극적인 상호작용이 필요하다.

일곱째, 아동과 가족의 개별적인 실천기술 뿐 아니라 지역사회 실천기술 통합의 원칙을 가지고 개입한다.

사례관리 대상으로서의 아동은 가정과 사회 안에서 성장과 발달 특성의 차이를 보이나 일반적으로 가정과 사회 안에서 보호와 교육을 필요로 한다. 그렇기 때문에 아동의 욕구에 통합적인 개입이 이루어질 때 건강한 성장·발달을 도모할 수 있다.

3) 사례관리 과정

아동의 통합사례관리 과정은 일반 사례관리 과정과 유사한 단계로 구성되어 있으며, 사례관리 과정은 [그림 6-1]과 같다.

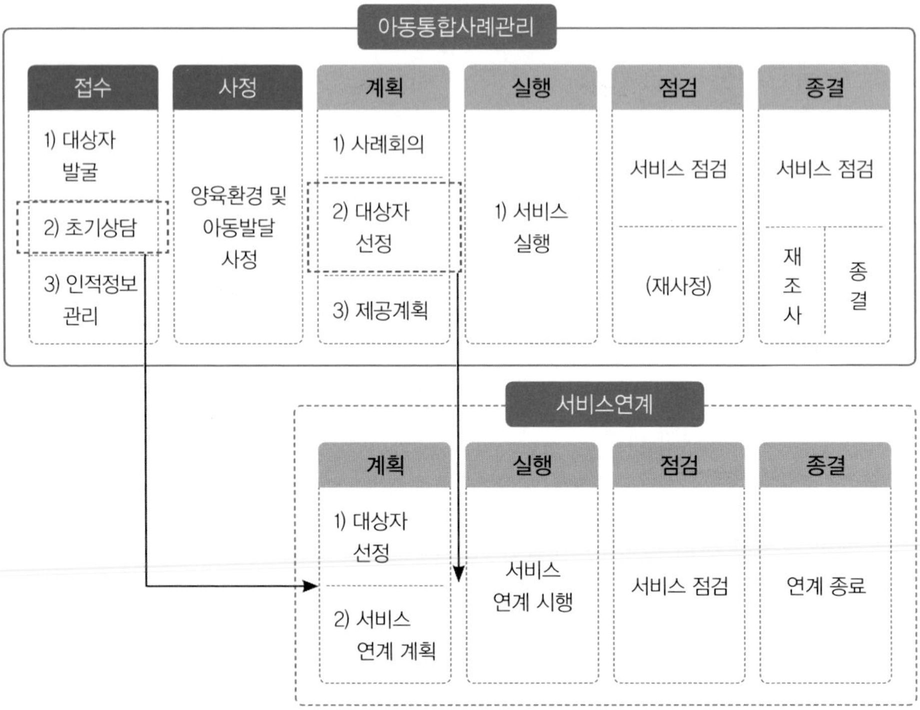

[그림 6-1] 아동 통합사례관리 과정

출처: 보건복지부(2023d), p. 40.

(1) 접수

접수는 가정방문을 통해 아동에 관한 정보 및 주변환경의 정보를 수집하는 단계로 대상자 발굴, 초기상담, 인적정보관리로 구성된다.

① 대상자 발굴

지역사회 내 취약계층 아동 중 사례관리가 필요한 대상자를 발굴하기 위한 과정으로 가정방문을 통한 자체 발굴과, 서비스 욕구가 있는 아동이나 부모의 자발적 의뢰, 타 기관(읍 · 면 · 동, 지역아동센터, 아동보호전문기관, 어린이집, 유치원, 학교 등)에 의한 의뢰 또는 시 · 군 · 구(희망복지지원단, 아동보호팀, 생애초기 건강관리사업 등), 읍 · 면 · 동(찾아가는 보건복지팀 등)에 의한 발굴 및 의뢰가 있다.

② 초기상담

초기상담은 서비스 대상자인 아동의 가정을 방문하여 진행하는 것을 원칙으로 하며 상황에 따라 지역사회기관 방문, 대상자 내방 등으로 진행할 수 있다. 주로 과거 서비스 수혜 이력이나 가구원의 인적사항 등 구체적인 사전정보를 사전에 파악하는데, 가구상태, 경제, 주거, 건강상황 등에 대한 정보 등을 파악하고 이를 토대로 종합의견을 정리할 수 있으며, 아동의 성장 · 발달에 유해한 가구 구성원의 위기가 관찰된 경우 초기상담 단계에서 위기사례로 분류할 수 있다.

사례관리자가 가정방문을 통해 초기상담을 진행하는 것은 아동들이 보이는 신체적 상태를 파악하기 위함에 있다고 할 수 있다. 아동의 신체적 요소들을 통해 적절한 보살핌을 받고 있는지, 보호자로부터 학대나 방임으로 인한 상처가 있는지, 발육 부진이나 비만 등의 신체적 어려움을 가지고 있는지를 세심하게 살펴야 한다.

관련 기관 의뢰 시, 사례관리자가 확인할 사항

- 의뢰를 고려하는 이유를 명확히 전달하여 대상아동 및 가족에게 반드시 필요하다는 인식 제공

- 의뢰하려는 문제가 대상아동 및 가족에게 우선순위를 갖고 있는 것이고, 대상아동 및 가족이 해결을 원하는 것이라는 점에 대상자의 동의 필요
- 의뢰를 고려하기 전, 타 기관의 서비스 활용에 장애가 될 수 있는 대상아동 및 가족의 어려움에 특별한 주의 필요
- 대상아동 및 가족이 사용 가능한 교통수단, 문맹, 두려움 및 스트레스 등에 대해 확인
- 타 기관에 대한 과거의 부정적 경험, 노력과 시간의 부족, 대상아동 및 가족과 기관 간의 부족한 의사소통, 기관의 절차와 정책 등의 요인이 의뢰와 실패에 영향을 미칠 수 있음
- 의뢰 시, 대상아동 및 가족이 의심과 오해 등 부정적 감정과 비현실적 기대를 갖지 않도록 확인
- 대상아동 및 가족의 욕구와 서비스에 대한 기대 등 필요한 정보를 기록한 서비스 의뢰서를 제공하거나 받아야 함

출처: 보건복지부(2023d), p. 41.

③ 인정정보 관리

인적정보 관리아동과 가족의 주거사항, 가구유형, 가족사항, 소득현황, 사례관리 대상자 정보 등의 세부정보를 파악하고 수집하는 과정이며 아동은 미취학, 취학 중, 임신부로 구분한다.

(2) 사정

사정은 아동과 가족의 전반적인 상황에 대한 욕구 및 문제를 종합적으로 분석하는 단계로 아동발달사정으로 구성된다.

① 아동발달사정

아동발달사정은 아동과 가족의 다양한 욕구와 상황, 현재와 미래에 발생 가능한 위기요인 등을 종합적으로 평가하는 과정으로 사례관리자의 전문가적 역량이 요구되는 과정이다. 이 과정에서 아동 통합사례관리 대상 또는 단일 프로그램이나 서비스 연계 대상을 선정한다. 아동 통합사례관리가 필요하다면 부모나 기타 보호자에게 서비스 개입 방향을 전달하고 아동이 이런 서비스 이용에 동의하는지 여부를 확인한다. 또한 사정 결과를 토대로 사례관리 등급을 구분하여 사례점검 및 개입을 하도록 한다.

표 6-2 사례등급별 정의

구분		정의
아동통합사례관리	위기개입	• 아동학대, 방임, 가정폭력 등 아동과 가족에게 위기상황이 존재하는 경우로 사례관리자가 즉각적으로 개입하여 위기상황에 대한 대처가 필요한 경우
	집중 사례관리	• 대상자의 연령별 발달, 양육자의 양육능력, 가정환경 사정영역 중 2개 이상의 영역에서 위험 요인이 확연히 표출되어 아동학대, 방임 등 위기로 이어질 가능성이 높은 사례 • 양육환경과 아동발달에 대한 문제가 안정화될 때까지 집중적인 주의 및 관리가 필요한 경우
	일반 사례관리	• 대상자의 연령별 발달, 양육자의 양육능력, 가정환경 사정영역 중 하나 이상의 위기 및 위험 요인이 관찰되나 문제와 욕구의 심각성이 상대적으로 낮으며 문제 양상이 복합적이지 않은 사례 • 아동발달 및 양육지원 등의 통합서비스 지원을 통한 예방적 개입이 필요한 사례
	비사례관리	• 아동발달 사정도구의 모든 항목에서 '0점(없음)'으로 체크된 대상자
아동복지 서비스 연계		• 비사례관리 또는 일반 사례관리 대상자 중 단순한 문제 및 욕구가 있어 단기간 개입, 서비스 연계 등으로 상황 호전이 가능한 경우 ※ 팀장 또는 슈퍼바이저 검토 및 사례회의에서 논의 후 서비스 연계 대상자 선정 여부를 결정

출처: 보건복지부(2023d), p. 45 중 일부 발췌.

(3) 계획

계획과정은 접수 및 사정을 통해 파악한 아동의 정보를 근거로 사례회의를 실시하여 달성하고자 하는 아동의 사례관리 목표를 설정하고 서비스 계획(전략)을 수립하는 단계를 말한다.

① 사례회의

이 과정에서는 맞춤형 통합서비스 제공에 대한 간략한 계획을 수립, 사례에 대한 점검 및 종결 여부 등 통합사례관리 전 과정에 대한 협의 및 조정이 이루어지는 과정을 말한다. 특히 초기단계에서의 사례회의는 주사례관리자와 사례조정자를 결정하며, 서비스 개입의 우선순위를 정하게 된다.

주요 내용으로는 아동 및 가족의 구체적 역할 설정 및 개입의 목표 및 서비스 제공계획을 점검하며, 초기상담, 인적정보관리, 욕구조사, 아동발달사정의 내용을 종합적으로 파악된 정보를 근거로 사례관리의 장기목표를 설정한다. 주기적 사례회의를 통해 서비스 개입 여부, 서비스 내용 등 서비스 적절성을 점검하고, 대상자의 변화, 장 · 단기 목표 달성 여부 등에 대한 사례관리 진행상황을 점검한다.

표 6-3 사례회의 종류

첫 사례회의	모니터링(사례점검) 사례회의	종결 사례회의
• 문제 및 욕구 분석 • 장 · 단기 목표 수립 • 대상자 선정 여부 판단 • 타 기관 의뢰 여부 (필요시)	• 서비스 개입 여부 및 서비스 내용 점검 • 대상자 변화 점검 • 장 · 단기 목표 점검 및 신규 목표 수립	• 종결 여부 결정 • 사례관리과정에서 일어난 대상아동 및 가족의 변화 논의 • 사후관리계획 수립

출처: 보건복지부(2023d), p. 48의 내용을 일부 수정함.

② 대상자 선정

사정 및 사례회의 논의 결과에 따라 사례관리 대상자와 서비스 연계 대상자를 최종 확정한다.

③ 서비스 제공계획

사례관리 장 · 단기 목표 달성을 위한 서비스 제공 전략을 구체적으로 수립하는 과정으로 아동의 문제 및 욕구 해결을 위한 맞춤형 서비스의 구체적인 서비스 전략을 수립하는데, 서비스 제공자, 전달방법, 제공횟수 및 시간, 서비스 비용 및 부담, 평가방법 등의 내용을 다룬다.

이때에는 아동의 전인적 발달을 위해 아동과 가족에 대한 통합접근 및 지원 관점 계획을 수립하고, 서비스의 단순 나열이 아닌 사례별 특성을 고려하여 아동과 가족의 의사를 적극적으로 반영하도록 한다. 이때에는 보호자 중심의 욕구 반영이 아닌 아동의 성장과 발달에 필요한 내용으로 조정이 필요할 수 있으며, 계획 수립 시 어려움을 겪는 경우에는 슈퍼비전을 받아 계획을 수립한다.

(4) 실행

실행과정은 지역사회 내 다양한 자원과 연계하여 아동에게 통합서비스를 연계 및 제공하는 단계로 주로 지역서비스 제공관리로 구성된다. 서비스 계획 내용에 근거하여 지역사회 내 다양한 자원을 연계하여 서비스를 제공하는 단계로 서비스 제공계획의 내용을 근거하여 서비스를 연계한다.

(5) 점검(모니터링)

사정 주기 내에 제공된 모든 서비스에 대한 종합적인 점검을 실시한다.

① 서비스 점검

사정 주기 내에 아동에게 제공된 서비스의 적절성과 아동의 변화 등 서비스에 대한 종합적인 점검을 실시하는 과정으로 서비스 점검과 서비스 평가로 구분된다. 서비스 점검은 서비스의 이행 여부, 변경 내용 및 사유, 진행상태, 서비스 제공 상황 등 개별 서비스에 대한 점검 내용을 다룬다. 서비스 평가는 서비스 제공량, 서비스 내용, 제공 방법, 대상자 실태 및 변화 등 대상자에게 제공된 모든 서비스에 대한 종합적인 평가를 실시한다.

이때에는 서비스 제공 계획이 실행과정에서 적절하게 진행되고 있는지 확인하는데, 사례목표 달성 정도, 계획에 따른 실행 상황, 아동의 변화 정도 등을 점검한다. 또한 연계서비스를 제공 중인 사례에 대해서는 서비스 제공기관과의 소통을 통해 서비스 제공의 적정성 및 효과성 등을 파악하도록 한다.

② 모니터링 사례회의

사례회의를 통해 아동의 변화 및 서비스 개입 여부, 목표 달성 여부 등 사례관리 과정에 대한 점검을 통해 향후 사례관리 방향을 설정한다. 주로 다루어야 할 점검 내용은 서비스의 적절성, 사례관리 진행상황 점검으로 이루어진다.

- 서비스 개입 여부, 서비스 내용, 아동의 변화, 장·단기 목표 달성 여부 등
- 아동의 상황은 변화되었는가?
- 연계는 잘 이루어지고 있는가?

- 희망하는 결과가 달성되었는가?
- 목표는 어느 정도 달성되고 있는가?
- 서비스 제공계획은 수정할 필요가 있는가?
- 사례는 종결되어야 하는가?

③ 아동발달 재사정

서비스 개입 후 아동의 변화 상황을 점검하기 위하여 사례등급에 따른 주기에 맞추어 재사정을 실시하며, 그 결과를 고려하여 사후관리 기관 연계 등 종결 계획을 수립한다.

주요 내용으로는 사례관리 과정에서 발생한 아동의 문제 및 욕구의 변화 정도를 평가하고, 아동에 대한 서비스의 지속개입 여부 및 서비스 결정을 위한 도구로 활용한다.

(6) 종결

아동 통합사례관리의 마지막 과정으로 사례관리 종결 여부 및 유형을 결정하는 단계이다.

① 종결

아동 통합사례관리를 마무리하는 과정으로 종결사유 검토 및 종결심사를 실시한다. 이때에는 종결사유 결정의 적절성, 종결에 대한 사례관리자의 종합적인 의견, 사례관리 개입 이후에 나타난 아동 및 가족의 변화 기술, 장·단기 성과목표의 달성 여부 등을 점검한다.

종결 시 사후관리계획을 수립하도록 하는데, 타 기관 의뢰 필요여부를 확인하여 필요에 따라 찾아가는 보건복지전담팀, 희망복지지원단, 교육복지우선지원사업, 지역아동센터, 청소년상담복지센터 등으로 의뢰한다. 또한 연령 도래의 경우에도 지속적 상담 및 보호가 필요 여부에 따라 타 기관으로 연계할 수 있다.

이사로 인한 종결의 경우에는 새로운 거주지역의 지역사회 자원을 활용할 수 있도록 이관한다. 연락이 두절된 경우에는 사후관리를 통해 전화 및 방문 등을 통한 접촉 방안을 마련하며, 아동 및 가족이 서비스를 거부하는 경우는 일정 기간 후 서비스 제공 권유를 위한 연락, 방문 등의 재접촉 방안을 마련해야 한다.

② 사후관리

종결 이후에 아동 및 가족이 성취한 변화를 유지하고 있는지 여부를 파악하고 재개입 여부를 판단하기 위한 과정으로 문제가 재발했거나 재발할 우려가 있는 경우 즉각적으로 개입하여 아동이 위험에 노출되는 것을 방지하는 효과 및 사회적 안전망의 역할을 할 수 있다. 사후관리 실시 여부는 종결 사례회의 시 수립한 사후관리 계획을 바탕으로 변화 상황, 안정화 여부 등에 대한 모니터링을 통해 재개입의 필요성을 조기에 판단하도록 한다.

제7장

아동복지정책

아동복지정책은 모든 아동의 생계, 의료, 주거, 교육 등에 대한 기본적인 요구를 충족시키고 생존권, 보호권, 발달권, 참여권의 아동권리를 보장하여 아동의 복지를 구현하기 위한 정부, 국가 차원의 계획, 지침 등을 의미한다(보건복지부, 2022a). 우리나라 「아동복지법」 제1조에 명시되어 있듯이 '아동이 건강하게 출생하여 행복하고 안전하게 자랄 수 있도록 아동의 복지를 보장하는 것'이라는 목적을 달성하기 위해서는 아동과 그들을 보호 · 양육하는 부모에 대한 국가적 개입을 통해 적절한 환경을 조성할 필요가 있다.

본 장에서는 아동복지정책에 대한 개념을 이해하고, 아동의 건강한 발달을 위해 우리나라에서 실행되고 있는 아동복지정책을 포괄적으로 살펴보고자 한다.

1. 아동복지정책의 개념과 관점

1) 아동복지정책의 개념

정책(policy)은 공공문제를 해결하거나 어떤 목표를 달성하기 위해 합리적인 결과를 수행할 수 있게 하는 원칙이나 규율로, 사전적 의미로는 정치나 정무를 시행하는 방침을 의미한다. 이러한 의미에서 아동복지정책은 아동복지를 위한 활동을 하는 데 필요한 원칙과 방향을 제시하는 행동 노선과 계획이라 할 수 있다(구혜영 외, 2023). 정책은 현재 당면한 아동의 문제만을 해결하는 것이 아니라 미래에 바람직한 사회를 이룩하는 것을 목적으로 하기 때문에 미래지향적인 특성을 가지며, 그렇기 때문에 국민이 납득할 수 있는 당위성을 가져야 한다. 최근 우리나라에서는 아동권리에 대한 국민적 공감대와 함께 이를 실현하기 위해서 정책을 수립하고 실행해 나가고 있다.

2) 아동과 가족에 대한 정책의 관점[1)]

하딩(Harding, 1991)은 가족과 국가의 아동에 대한 권리와 책임에 따라 아동복지의 관점을 자유방임과 가부장주의 관점, 국가부권주의와 아동보호 관점, 가족 및 부모의 권리 옹호 관점, 아동권리 및 해방의 관점 네 가지로 나누고 있다. 본 책에서는 비교적 초기 관점인 자유방임과 가부장주의 관점을 제외한 3가지 관점에 대해 살펴보고자 한다.

(1) 국가부권주의 관점(state paternalism)

본 관점은 서구에서 19세기 후반에서 20세기 초 복지에 관한 국가개입의 성장과 더불어 형성된 관점으로, 아동보호에 관한 광범위한 국가의 개입을 인정하고, 부모의 보호가 부적절할 때에는 국가는 때로 개입 자체가 권위주의적이라 하더라도 가족과 아동에게 개입할 수 있다고 본다. 가족의 생물학적인 유대는 존중되지 못하며, 생물학적 관계에서 부모의 보호가 부적절하다면 국가의 개입에 의한 양질의 대체보호가 선호된다(정익중, 오정수, 2022). 본 관점에서는 부모의 권리와 자유에 관한 우선권은 낮은 반면, 아동이 가장 중요하게 생각되지만, 아동을 의존적 존재로 간주하기 때문에 아동의 권리 및 해방형과 구분된다.

1) 이 내용은 송주미(2000)의 내용을 참고하여 정리함.

(2) 가족 및 부모의 권리 옹호 관점 (the modern defense of the birth family and parent's rights)

가족 및 부모의 권리 옹호 관점은 2차 세계대전 이후 복지국가의 팽창과 더불어 형성, 발전된 관점으로 생물학적 부모–자녀관계에 가치를 두고 이를 보호 · 유지하는 데 도움을 주는 지지적 측면의 국가 역할을 강조한다. 즉, 아동이 출생한 원가정을 중시하는 관점이다. 아동이 가족과 분리되어도 유대는 유지되어야 하며 국가의 역할은 가족의 연대가 유지되도록 가족을 지지하는 것이다.

이에 국가는 가족이 제대로 보호 · 유지될 수 있도록 사회적 박탈과 연계되는 빈곤, 스트레스, 자원의 결여를 경험하지 않도록 해야 하며, 부모로부터 아동을 분리시켜 대체보호를 제공하는 것이 아니라, 그러한 대체보호가 필요하지 않도록 가정에 대한 지지를 제공하는 역할을 수행해야 한다. 하지만 본 관점은 원가정을 지나치게 강조하여 아동학대의 심각성을 지나치게 과소평가하는 경향이 있다고 비판받기도 한다.

(3) 아동권리 및 해방 관점(children's rights and liberation)

본 관점은 아동보호의 입법이나 정책이 정교화되지 못해 가장 주변적인 견해로, 몇몇 시기와 장소에 있어 영향력을 발휘해 온 유형이라고 할 수 있다. 이 관점은 아동은 성인과 같은 권리를 지닌 독립된 인간으로 보고 있으며, 모든 선택에서 아동의 의견을 우선한다. 본 조례에서는 아동의 자율과 자유 그리고 자기결정권을 주요 개념으로 한다. 아동에게 투표, 근로, 여행, 생활의 장소와 더불어 살고 싶은 사람에 대한 선택 등 시민의 모든 권리를 부여함으로써 아동이 성인으로부터 자유를 얻을 수 있도록 국가가 보장해 주어야 한다는 것이다.

그러나 이 관점은 아동의 의사결정능력에 대한 의문 제기와 너무 극단적인 자유로 오히려 아동에 대해 방임과 같은 학대가 발생할 수 있다는 비판을 받는다.

2. 아동정책의 유형

아동정책은 아동의 보호와 가족의 유지를 목표로 한다(정익중, 오정수, 2022). 아동정책이 이러한 목표를 달성하기 위해서는 아동과 아동을 둘러싼 환경에서 발생할 수

표 7-1 아동복지의 정책적 관점

비교기준	하위기준	국가부권주의	가족 및 부모의 권리 옹호	아동권리 및 해방형
아동 및 가족	아동관	• 성인의 보호를 받아야 하는 존재 • 성인과 다른 욕구와 권리를 가지는 존재	• 의존적, 미성숙, 부모의 보호를 받아야 하는 존재	• 성인과 같은 자유와 자율을 지닌 존재 • 가치결정권과 선택권을 가진 존재
	부모-자녀관계	• 심리적 유대에 기초한 가족 중시 • 대안적 가족(입양)에 의한 가족에 적극적	• 생물학적 부모-자녀관계 중시	• 아동의 선택이 반영된 가족 중시 • 대안적 가족의 형태(집단가정, 지역사회보호 등) 선호 • 아동견해가 배제된 부모-자녀관계 반대
아동복지	아동복지 정의	• 부적절한 부모의 보호로부터 아동을 보호하는 것이 복지 • 가능한 최선의 보호를 위해 대리양육자에 대해 호의적	• 생물학적 부모와 아동의 관계 유지를 위한 보호와 지원이 복지	• 아동자유, 즉 결정과 선택의 자유 보장과 보호가 복지
	아동복지 대상	• 요보호 아동 (잔여적)	• 가족(부모의 보호하에 있는 아동)	• 아동(성인과 대립되는 개념으로써, 독립적 개인으로서 인간)
	아동복지 서비스	• 1차적(보호) 서비스 • 2차적(변화와 치료)서비스 • 대리적 서비스	• 2차적(변화와 치료) 서비스 • 3차적(예방과 강화) 서비스 • 보완적 서비스와 지지적 서비스	• 아동권리를 위해서 가능한 모든 서비스
아동보호 문제의 원인		• 부모자신의 심리적 결함 • 대리보호에 호의적	• 사회적 환경과 관련 부모는 사회의 희생자(빈곤, 스트레스, 자원의 결여는 외부환경에 기인) • 대리보호에 대해 회의적	• 성인의 부당한 아동대우(성인의 아동 취급이 원래 부정적) • 아동이 선택한 보호형태 강조 및 인정
아동의 권리		• 양육 · 보호에 대한 아동의 권리강조(이에 대한 부모권리는 낮은 비중)	• 부모의 친권을 강조(아동권리에 관해서는 부모친권 강조로 대신)	• 아동권리 강조(성인과 같은 권리를 지닌 아동 강조) • 부모권리에 대한 비중을 낮게 둠
국가역할	국가개입 시기	• 사후	• 사전, 사후	• 사전, 사후
	국가개입 정도	• 강제적 개입(부적절한 가족에 대한 강제적, 광범위한 개입)	• 지지적 개입(아동 및 가족에 관한 지지적 개입강조)	• 아동권리보장에는 강제적이나 그 외에는 최소 개입

출처: 송주미(2000), pp. 200-202.

있는 이슈를 파악하고, 이에 대해 적절한 서비스를 제공할 필요가 있다. 아동복지를 달성하기 위한 정책적 접근방법은 가족유지 및 지원 정책, 대체가정서비스 정책, 아동보호서비스 정책이 있다(장인협, 오정수, 2000).

1) 가족유지 및 지원 정책

가족유지 및 지원 정책은 아동양육을 지원하기 위한 정책으로 소득보장에 의한 방법과 서비스 제공에 의한 방법이 있다. 국가들은 아동의 권리 증진과 복지실현을 위하여, 또한 자녀의 양육비로 소요되는 비용에 대한 보장을 위하여 다양한 제도를 통해 아동이 있는 가구에 소득을 지원한다(정찬미, 2017). 국가가 제공하는 아동에 대한 소득보장은 현금급여 외에 조세혜택, 서비스 및 비용혜택 등 각기 다른 형태로 지원이 가능하며, 보편주의 원칙에 따라 모든 아동을 대상으로 지급할 수도 있고, 선별주의 원칙에 의하여 사회적 취약계층의 아동에게 급여를 제공하기도 한다.

소득보장 지원방식은 각 국가의 경제 · 정치 · 문화적 상황에 따라 운영방식이 다양하다. 예를 들어 스웨덴은 현금급여 방식의 아동수당 제도를 보편적으로 시행하여 모든 아동에 동일한 소득보장을 지원하나, 조세제도를 통한 아동부양가구의 소득지원은 없다. 영국은 현금급여 제도인 아동수당에 소득상한선 기준을 두어 준보편적 방식으로 시행하며, 조세혜택으로 환급형 세액공제인 WTC(Working Tax Credit)와 CTC(Child Tax Credit)를 통해 저소득층에 대한 급여수준을 보완하는 방식으로 아동의 소득보장을 지원하고 있다(정찬미, 2017).

우리나라에는 아동보육서비스, 가정양육수당, 2018년 도입된 아동수당과 2022년 도입된 부모급여 등 자산조사 없이 보편적으로 제공되는 급여와 서비스, 장애아동 양육수당 등 소득이나 재산 기준은 없지만 특정한 위험에 노출되어 있거나, 인적 특성(장애, 다문화, 북한이탈주민 등)을 가진 아동을 대상으로 하는 급여 및 서비스 등이 있다. 이외에도 아동양육의 지원 범위에 있어 가족에게 부과되는 비용은 의료, 문화활동, 주거 등의 비용을 포괄하고 있기 때문에 관련 사회보장과 연계하여 지원이 이루어질 필요가 있다(정익중, 오정수, 2022).

서비스를 제공하는 방법은 가족문제의 예방과 해결, 관련 기능을 강화하기 위한 교육, 상담, 문화 서비스 및 지역사회 연계 등이 있다. 대표적으로는 우리나라 가족센터

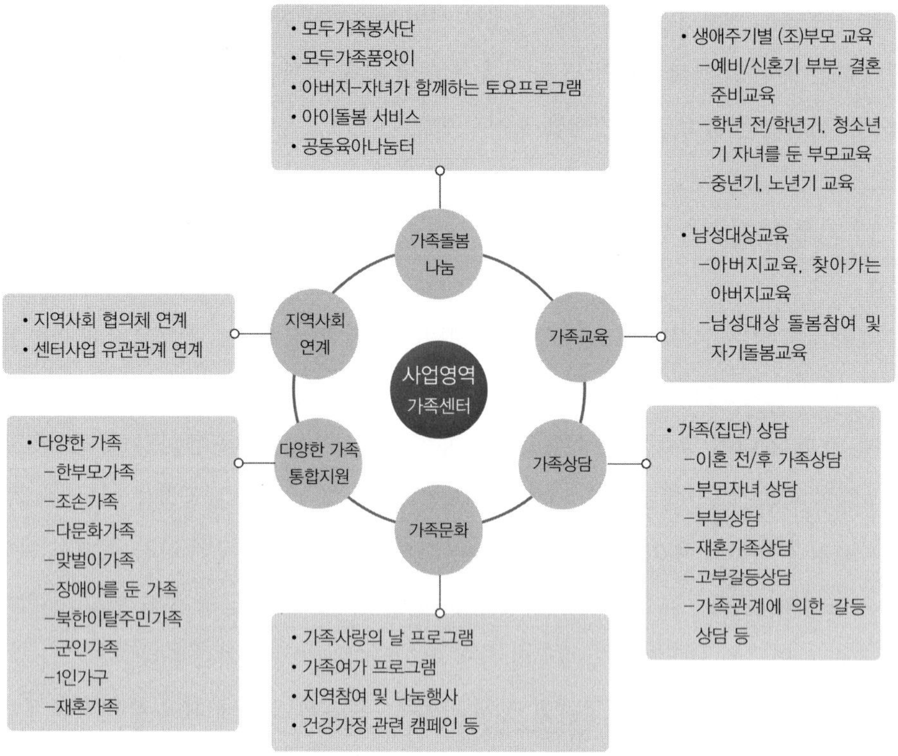

[그림 7-1] 가족센터 사업영역

출처: 한국건강가정진흥원 홈페이지(https://www.familynet.or.kr/web/index.do). 2024.

에서 추진하는 사업이 밀접하게 연계되어 있다.

2) 대체가정서비스 정책

대체가정서비스는 일시적으로는 가정위탁, 친족보호, 주거시설보호 등이 있으며, 영구적으로는 입양이 있다. 아동에게 가정은 아동의 성장과 발달을 위한 가장 중요한 환경으로, 원가정에서 보호받지 못하는 아동은 가정과 가장 유사한 형태의 보호를 우선적으로 실시할 필요가 있다.

가정위탁은 보호대상아동(요보호 아동)을 보호 · 양육하기를 희망하는 가정에 위탁 양육함으로써 가정적인 분위기에서 건전한 사회인으로 자랄 수 있도록 지원하는 것을 목적으로 하는 사업이다. 우리나라 가정위탁보호의 유형은, 첫째, 전문가정위탁 보호 유형으로 피해아동, 2세 이하 아동 등으로서 특별한 보호가 필요한 보호대상아동을 전문적으로 보호·양육하는 것을 목적으로 하는 가정위탁보호, 둘째, 일반가정위탁보호 유형으로 전문가정위탁보호에 해당하지 않는 보호대상아동을 보호·양육하는 것을 목적으로 하는 가정위탁보호, 셋째, 일시가정위탁보호 유형으로 보호대상아동을 일시 위탁하여 보호·양육하는 것을 목적으로 하는 가정위탁보호가 있다.

주거시설보호는 공동생활가정, 주거치료시설, 재활시설, 비행청소년 교정시설 등 여러 가지 형태의 장에서 제공된다. 가정에서 제공될 수 없는 서비스 욕구를 지닌 아동들에게 서비스를 제공하며, 아동의 보다 다양한 욕구를 충족시키기 위하여 시설의 형태가 다양화되고 있다(정익중, 오정수, 2022).

3) 아동보호서비스 정책

아동보호서비스는 학대 또는 방임 등 위기에 빠진 아동을 보호하는 데 목적을 둔 정책이다. 우리나라의 폭력으로부터 아동을 안전하게 보호하기 위한 국내 정책 및 제도는 아동학대사건 및 학대로 인한 사망사건에 대한 대응의 측면에서 마련되어 왔다. 즉, '예방'보다는 신고 이후의 '대응' 체계로서 마련된 것이다(김은정, 2016).

2019년에는 국가의 책임성을 강화하는 것을 목표로 아동학대에 대한 대응체계가 전면 개편되면서 기존의 아동학대조사 업무를 2020년 10월부터 기초 지자체 시군구로 이관하여 시군구의 공무원이 현장조사 업무를 담당하고 있다. 그러나 아동학대전담공무원의 가해자에 대한 강제 조사 등 강제적 권한이 뒷받침되지 않아 아동학대 사건에 대한 조사는 현실적으로 한계가 있다(김예슬, 2023. 10. 8.). 이러한 한계에도 불구하고 아동복지법과 아동학대범죄의 처벌 등에 관한 특례법에서는 아동학대전담공무원의 조사 결과를 토대로 아동학대 사례를 판단하도록 하고 있어 사법의 판단과 전담공무원의 의견이 다른 상황이 종종 발생한다.

강제적 권한은 아동의 보호와 부모의 친권보호라는 두 가지 목표 중 아동의 보호에 초점을 둔 것이지만(정익중, 오정수, 2022), 우리나라에서는 이러한 권한이 뒷받침되지 않기 때문에 가정 내에서 재학대가 이루어질 수도 있다는 문제를 안고 있다. 최근 아동학대의 사례가 증대하고 사회적 문제로 부각되면서 아동학대를 위한 체계화된 절차와 개입, 관련 제도적 강화가 필요하다.

3. 우리나라 아동복지정책

1) 제2차 아동정책 기본계획

아동정책 기본계획은 정부의 포괄적인 아동정책 수립 방향을 규정한다는 점에서 타 법률 등에 의한 기본계획과 구분된다(관계부처 합동, 2020). 「아동복지법」 제7조에는 관계부처 합동으로 아동정책 기본계획 수립을 의무화할 것을 명시하고 있다. 제2차 계획은 2020~2024년 동안 적용되며, '아동 중심' 관점으로 기존 정책의 패러다임을 전환하고, 실질적으로 아동의 삶을 변화시켜, 아동의 정책 체감도 향상을 도모하기 위

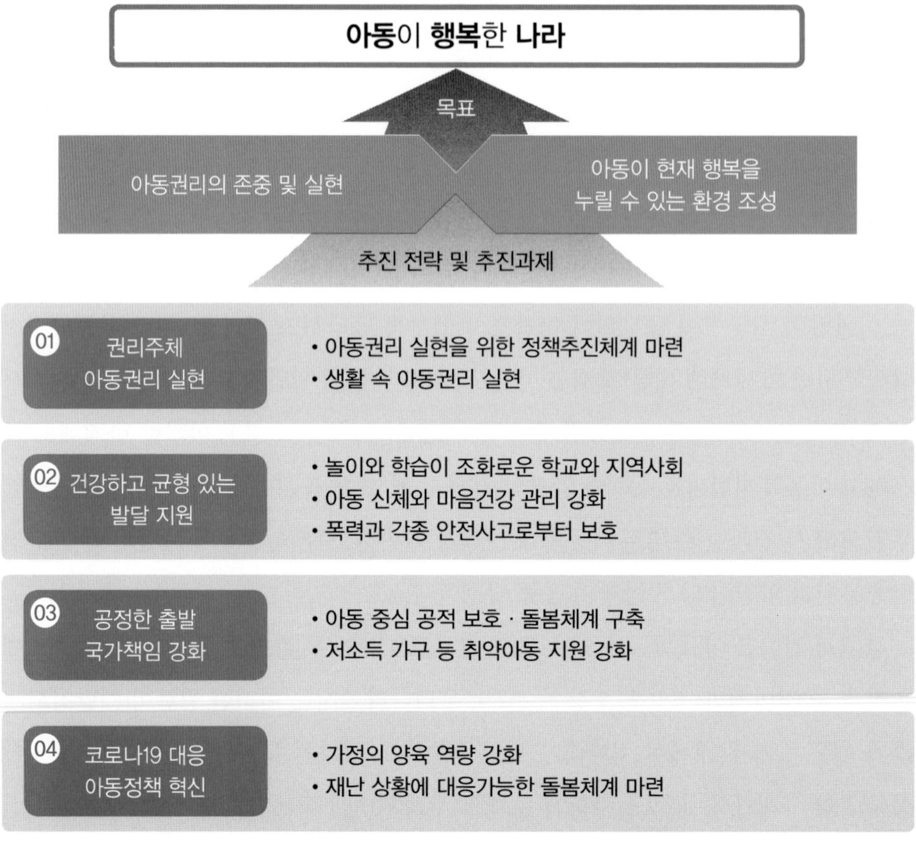

[그림 7-2] 제2차 아동정책 기본계획 정책 방향

출처: 관계부처 합동(2020), p. 5.

해 아동권리와 아동 특성을 고려하였다는 점이 기존 계획과의 차별점이다.

2) 제7차 청소년정책 기본계획

청소년정책 기본계획은 「청소년기본법」 제13조 및 제15조에 근거하여 여성가족부 장관이 관계 중앙행정기관의 장과 협의하여 청소년정책 기본계획을 5년마다 수립하

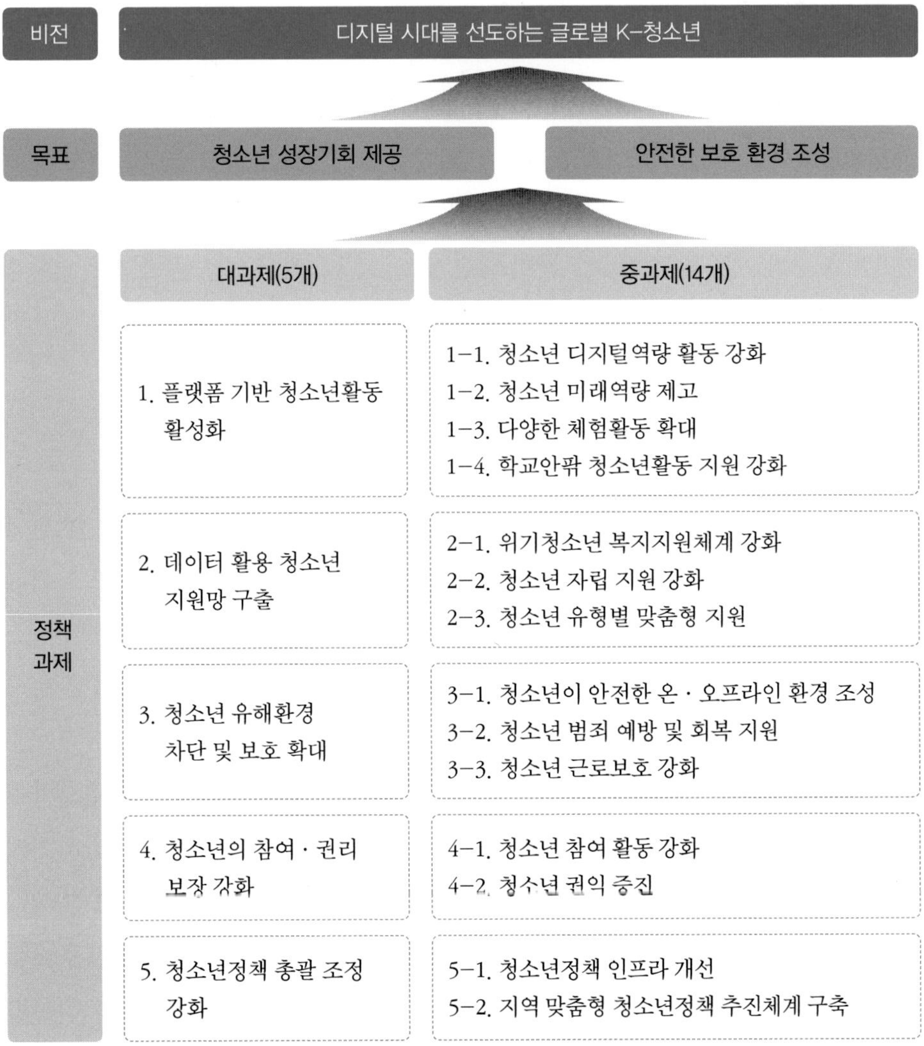

[그림 7-3] 제7차 청소년정책 기본계획 정책 방향

출처: 관계부처 합동(2023b), p. 19.

도록 하고 있다. 제7차 계획은 2023~2027년 동안 적용되며, 정책 과제는 청소년의 역량 강화를 위한 플랫폼 기반 청소년 활동 활성화와 지원이 필요한 청소년을 촘촘히 지원할 수 있도록 데이터를 활용한 청소년 지원망 구축, 증가하는 유해환경으로부터 청소년을 안전하게 보호할 수 있도록 유해환경 차단 및 보호 강화, 청소년이 건강하고 균형 있게 성장할 수 있도록 참여 권리 보장 강화, 청소년정책의 효과성과 실효성을 높일 수 있도록 총괄 조정 기능 내실화이다(관계부처 합동, 2023b).

3) 제4차 중장기 보육 기본계획

중장기 보육 기본계획은 「영유아보육법」 제11조에 근거하여 보건복지부장관이 중앙보육정책위원회 심의를 거쳐 보육 기본계획을 수립하도록 하고 있다. 제4차 계획은 2023~2027년 동안 적용되며, 기존 계획의 한계, 현장의 의견을 수렴하여 종합적 양육지원 강화, 영유아 중심 보육서비스 질 제고, 보육교직원 전문성 제고 및 역량강화, 안정적인 보육서비스 기반 구축의 정책 추진 전략을 설정하였다.

4) 아동친화도시[2)]

유니세프 아동친화도시는 1996년 제2차 유엔인간정주회의(UN Habitat II)의 결의로부터 시작되었다. 제2차 유엔인간정주회의는 도시가 모두 살기 좋은 곳으로 거듭나야 한다고 결의하며, '아동의 안녕이야말로 건강한 도시, 민주적 사회, 굿 거버넌스의 평가 지표'임을 선언했다. 유니세프는 각국의 지방정부와 협력해 살기 좋은 도시를 만드는 유니세프 '아동친화도시' 사업을 진행하고 있다.

아동친화도시의 개념은 학자 또는 지역별로 다양하게 정의되고 있지만, 유엔아동권리협약 정신에 따라 아동 · 청소년의 보편적 4대 권리(생존권, 보호권, 발달권, 참여권)가 온전히 실현되는 도시(권순정, 강순원, 유희정, 변종석, 2017), 아동의 기본적 생존권뿐만 아니라 사회의 일원으로서 지역사회에서 일어나는 일들에 대해 참여할 권리를 보호하고, 궁극적으로 그들의 삶의 질을 향상할 수 있도록 하는 기반시설과 서비

---

2) 유니세프 아동친화도시 홈페이지(http://childfriendlycities.kr/)의 내용을 참고하여 작성.

비전	**보육 · 양육서비스**의 **질적 도약**으로 모든 영유아의 **행복한 성장 뒷받침**
목표	• 영유아 성장발달 시기별 최적의 국가 지원 강화 • 미래 대응 질 높은 보육 환경 조성 • 모든 영유아에게 격차 없는 평등한 출발선 보장

4대 중점전략 16대 주요과제

	전략	주요 과제
Ⅰ	종합적 양육지원 강화	① 부모급여 도입으로 양육 비용 경감 ② 종합적 육아 지원 서비스 제공 ③ 맞춤형 양육정보 제공으로 부모 양육역량 강화 ④ 육아 건강 · 상담서비스 지원 강화
Ⅱ	영유아 중심 보육서비스 질 제고	① 어린이집 보육 최적의 환경 조성 ② 어린이집 품질관리 체계 개편 ③ 영유아의 건강한 성장 · 발달 지원 및 권리존중 확산 ④ 놀이 중심 보육 과정 내실화
Ⅲ	보육교직원 전문성 제고 및 역량 강화	① 보육교직원 양성 및 자격체계 고도화 ② 보육교직원 전문역량 강화 ③ 보육교직원 권익 보호 환경 조성 ④ 보육교직원 근무환경 및 합리적 처우개선
Ⅳ	안정적인 보육서비스 기반 구축	① 어린이집 안정적 · 효율적 지원체계 마련 ② 공공보육 확대 및 내실화 ③ 인구구조 변화에 따른 보육의 사각지대 예방 ④ 전달체계, 시스템, 홍보 고도화

[그림 7-4] 제4차 중장기 보육 기본계획 정책 방향

출처: 보건복지부(2022b), p. 11.

스가 충분히 마련된 도시로 정의할 수 있다(박금식, 박지영, 2017).

이러한 개념에 따라 지방정부는 물론 관련 민간단체와 지역사회 구성원 모두의 협력과 활동을 통해 아동을 지역사회의 핵심적인 구성원으로 인식하고 이들의 적극적인 참여를 통해 아동 중심의 환경을 마련해 주는 것이 아동친화도시의 조성에서 핵심적인 사항으로 볼 수 있다(박세경, 2016). 우리나라는 2024년 1월 기준, 전국 124개의 지방자치단체가 유니세프 아동친화도시를 조성하고 있으며[3], 아동친화도시가 조성된 지방정부에서는 〈표 7-2〉의 아동친화원칙을 준수하여 사업을 운영하여야 한다.

표 7-2 아동친화도시 10가지 원칙

구분		내용
1	아동친화도시 전담조직	아동권리를 우선적으로 고려하는 상설기구(전담기관, 추진단, 추진위원회)를 마련해야 한다.
2	아동친화적인 법체계	지역사회 내 모든 아동의 권리를 증진하고 보호하기 위해 조례/규정이 있어야 한다.
3	아동의 참여체계	아동과 관련된 의사결정 과정에 아동이 참여하여 의견을 말하고 그 의견이 반영될 수 있어야 한다.
4	아동의 독립적 대변인	아동권리를 보호하고 대변하여 정책을 제안할 수 있는 독립적인 기구를 마련해야 한다.
5	아동권리 교육 및 홍보	지역사회 내 아동과 상인, 관련기관 종사자, 공무원 대상으로 아동권리를 널리 알려야 한다.
6	아동예산 분석 및 확보	아동을 위한 예산을 적절하게 확보하여 효율적이고 공평하게 사용해야 한다.
7	정기적인 아동권리 현황 조사	아동권리 실태를 정기적으로 모니터링하고 조사하여 자료를 수집해야 한다.
8	아동친화도시 조성전략 수립	아동권리 실태조사에 기초하여 4개년 간의 추진전략과 과제를 개발해야 한다.
9	아동영향평가	조례, 정책 및 사업 등이 아동에게 미치는 영향을 평가하여 아동권리 실태가 실제적으로 변화될 수 있도록 해야 한다.
10	아동 안전을 위한 조치	아동이 안전하고 건강한 환경에서 자랄 수 있도록 정책과 사업을 추진해야 한다.

출처: 유니세프 아동친화도시 홈페이지(http://childfriendlycities.kr/).

3) 추진도시 33개, 인증도시 91개임.

5) 우리나라 아동복지정책 유형

(1) 보호대상아동을 위한 시스템

현행 보호대상아동을 위한 보호체계는 입양, 가정위탁보호, 공동생활가정(그룹홈), 아동양육시설을 중심으로 운영되고 있다. 아동을 불가피하게 원가정과 분리보호 할 경우에는 아동이 가정과 유사한 환경에서 성장할 수 있도록 입양과 가정위탁을 우선 고려하여야 하며, 시설형 보호가 필요한 경우에는 공동생활가정을 우선 고려하도록 하고 있다.

① 입양

입양은 아동복지법과 입양특례법에 따라 보호대상아동에게 건전한 가정을 영구적으로 제공하여 신체적·정서적·사회적으로 건강하게 성장할 수 있도록 지원하는 것을 말하며, 친부모가 자녀를 돌볼 능력이 없어 친부모의 가정에서 성장할 수 없는 아동에게 혈연적 관계가 아닌 법률적 관계를 맺어 새로운 친자 관계를 형성하는 것이다.

우리나라에서는 보호대상아동이 부모가 없는 등 원가정에 돌아가기 어려운 경우에는 우선적으로 입양이 고려되고 있다. 다만, 현행 입양제도에서 입양기관의 역할이 중대함에도 불구하고, 여전히 입양 수수료로 운영되고 있어 부정적인 이미지를 지니고, 입양이 공적인 아동보호체계로 흡수되지 못하고 있는 한계가 있다. 따라서 입양기관이 아동복지시설로서 입양 업무를 위탁받아 제 기능을 수행할 수 있도록 체계 개편이 필요하다. 또한 관련 실무자와 일반인은 입양허가 전후의 관리감독을 양부모가 법적 또는 도덕적으로 부적합한 사람이어서 조사를 받는 과정으로 오인해서는 안 되며, 사회적 보호 대상인 아동에게 가정을 결정하는 일이 중대하기 때문에 일련의 과정을 거치는 것으로서 인식하는 등 개선이 필요하다(배윤진, 2021).

배윤진(2021)의 연구에서 제안한 입양과정 단계별 국내입양제도의 개선점은 다음과 같다.

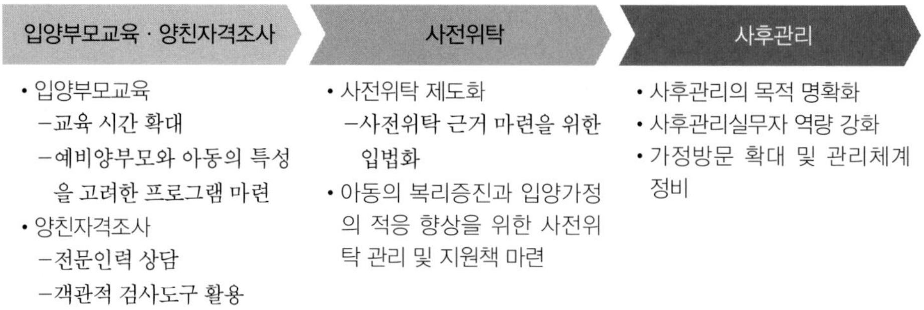

[그림 7-5] 국내입양과정 단계별 개선점

출처: 배윤진(2021), p. 4.

② 가정위탁보호

우리나라 「아동복지법」 제3조 제6호에 의하면 "가정위탁"을 보호대상아동의 보호를 위하여 성범죄, 가정폭력, 아동학대, 정신질환 등의 전력이 없는 보건복지부령으로 정하는 기준에 적합한 가정에 보호대상아동을 일정 기간 위탁하는 것을 의미한다. 이러한 가정위탁보호의 목적은 보호대상아동을 보호 · 양육하기를 희망하는 가정에 위탁하여 양육함으로써 가정의 분위기에서 건전한 사회인으로 자랄 수 있도록 하는 것이다(정익중, 오정수, 2022).

가정위탁은 보호자 한 명당 담당해야 하는 아동의 수가 적고 가정과 유사한 환경에서 아동이 보호를 받을 수 있기 때문에 가장 적절한 보호 형태로 알려져 있다. 그러나, 우리나라에서는 위탁가정에 지원되는 비현실적 경제적 지원, 가정위탁을 실시하는 보호자에 대한 심리 · 정서적 지원의 부재, 보호자의 전문성이나 주거 환경에 대한 체계적인 규정이 없이 이루어지는 보호로 보호 수준의 차이가 발생하는 점 등 그 장점이 제대로 드러나지 않고 있는 실정이다. 이에 최근에는 특수한 욕구를 가진 아동을 보호 · 양육하기 위해 '전문가정위탁제도'를 전국적으로 확대하는 등 노력하고 있다.

③ 공동생활가정

아동공동생활가정(그룹홈)은 보호를 필요로 하는 아동에게 가정과 같은 주거여건과 보호를 제공하는 것을 목적으로 하는 생활시설로, 소규모(8명 미만)로 운영되기 때문에 종사자는 아동에 대한 이해도가 높고 좀 더 개인의 특성을 고려한 보호가 가능하다는 장점이 있다. 공동생활가정 보호는 아동양육시설과 대체관계에 있으나, 규모나 서비스 측면에서 뒤에 제시한 아동양육시설 기능전환의 방향성이 될 수 있기 때문에 공동생활가정 보호의 장단점을 명확하게 파악하는 것이 필요하다.

④ 아동양육시설

아동양육시설은 대표적인 대규모 집단보호 시설로, 보호가 필요한 아동을 입소시켜 일시적 또는 장기적으로 보호·양육 및 취업훈련, 자립지원 서비스 등을 제공하는 것을 목적으로 한다. 최근 보호대상 아동의 국외 입양 증가, 외국의 원조 감소, 저출생 등의 인구학적·사회환경적 요인의 변화로 아동양육시설은 기능이 다양하고 복합적인 형태로 변화되어야 할 필요성이 부각되고 있다. 이에 최근에는 양육시설 기능전환·소규모화 및 가정형 보호 활성화를 위한 지원 확대와 아동 특성(경계선 지능, 행동·정서장애 등)에 따라 특화 시설을 조성하는 등 다양한 방안이 강구되고 있다.

(2) 저소득층 아동 지원

① 아동급식

보건복지부에서 추진하는 아동급식은 지역사회의 저소득가정의 아동들이 건강하게 자랄 수 있도록 민·관이 협조체계를 구축하여 지역실정과 아동의 가정환경 및 욕구에 맞는 급식지원을 통해 결식예방 및 영양개선을 목적으로 실시하고 있다. 아동급식의 지원대상은 18세 미만의 취학 및 미취학아동으로 저소득층에 해당하는 아동 중에서 결식우려가 있는 아동이 이용자이다.

2021년 국민권익위원회에서 발표한 '아동급식제도 사각지대 개선방안(국민권익위원회, 2021)'에 따르면 아동급식과 관련하여 아동급식단가 최저기준에 대한 법령상 근거 부재, 지자체별 아동급식의 과도한 편차 발생, 아동급식카드 사용처(가맹점) 부족, 아동급식카드 디자인 및 결제방식으로 인해 낙인감 등 발생의 문제가 있는 것으로 나타난다. 아동은 신체적·정신적으로 성숙하지 않아 스스로 급식능력이 부족하므로 급식이 필요한 아동들에게 양질의 급식을 제공해야 하며, 이러한 과정에서 낙인감을 감소하고 타 서비스 연계를 통해 저소득층 아동에 대한 지원을 확대할 필요가 있다.

② 드림스타트

드림스타트는 아동의 건강한 성장과 발달을 도모하여 취약계층 아동에게 공평한 출발기회를 보장하고, 나아가 빈곤의 대물림을 방지하기 위한 목적으로 실시되고 있다. 기존의 아동복지서비스가 문제 발생 후 단편적이고 치료적인 면에 초점을 두었다면, 드림스타트는 문제가 발생하기 전에 통합적인 사례관리를 통하여 문제발생을 예방하는 사전적이고 능동적인 복지를 추구하는 아동복지서비스이다.

그러나 드림스타트 사업은 재정 및 인력의 부족, 사업의 편의성 및 단기적 성과 도출을 이유로 오히려 사업 초기에 비해 영유아 대상 사업을 축소하고 있는 실정이다. 또한 드림스타트 예산이 꾸준히 증가하고 있다는 점은 고무적이나 여전히 현장에서는 예산 부족으로 인한 인력수급 문제 및 찾아가는 서비스의 부족을 호소하고 있으며, 예산 분배, 관리감독과 사업지원이 단일 조직에서 행해지는 체계가 아니므로, 아동권리보장원과 시·도의 긴밀한 체계구축이 요구된다(박은정, 유혜미, 2020).

③ 방과 후 아동돌봄과 지역아동센터

지역아동센터는 지역사회아동의 보호교육, 건전한 놀이와 오락의 제공, 보호자와 지역사회의 연계 등을 통해 계층 간 양극화 해소 및 사회통합에 기여를 위한 종합적인 아동복지서비스를 제공하는 아동복지시설의 하나이다.

그러나 초등돌봄교실과 방과 후 학교, 청소년 방과 후 아카데미와 같이 지역사회 돌봄 및 학습지원시설로서 유사 서비스가 확대되면서 지역아동센터의 기능과 위치에 대한 자리매김이 필요하다(남승연, 정수연, 2017). 특히 온종일돌봄이 실행됨에 따라 지역아동센터는 취약계층 아동이 다닌다는 인식으로 차별이 발생할 수 있는 상황이다. 이에 현재의 부처 중심의 돌봄 서비스 설계가 아닌, 이용자들의 욕구를 파악하여 통합적으로 돌봄체계를 만들어 나갈 필요가 있다.

(3) 아동권리보호정책

① 아동학대예방 및 보호

우리나라 「아동복지법」 제3조 제7호에 의하면 아동학대를 "보호자를 포함한 성인이 아동의 건강 또는 복지를 해치거나 정상적 발달을 저해할 수 있는 신체적·정신적 · 성적 폭력이나 가혹행위를 하는 것과 아동의 보호자가 아동을 유기하거나 방임하는 것을 말한다.”고 정의하고 있다. 아동학대예방 및 보호의 목적은 급증하는 아동학대 문제에 적극적 · 체계적으로 대처하여 아동학대에 대한 국민의식 제고와 더불어 궁극적으로 아동의 건전 육성 및 권리증진을 도모하는 것이다(정익중, 오정수, 2022).

정부는 갈수록 심각해지는 아동학대 문제를 해결하기 위해 '아동학대 방지 보완대책(2018년)' '포용국가 아동정책(2019년)' '아동 · 청소년 방지 대책(2020년)'을 연달아 발표하며 아동학대 대응 정책을 개선하기 위해 꾸준히 노력해 왔다(황선영, 2023. 3. 22.). 정부가 발표한 아동학대 대응체계 개선안은 첫째, 아동학대 발생 초기에 면밀한 조사와 정확한 판단을 할 수 있게 현장 대응에 대한 전문성을 제고하고자 했다. 둘째, 현장 대응인력인 경찰 · 공무원 · 아동보호전문기관 간 역할을 정립하고, 협업을 강화하고자 했다. 셋째, 「아동복지법」을 개정하여 1년 내 2회 이상 신고아동 중 학대가 강하게 의심되는 경우와 보호자가 아동의 답변을 방해하는 경우, 즉시 아동을 분리 조치하도록 했다. 넷째, 현장 인력이 학대현장에서 조사 및 수사 진행할 시 대응 이행력을 강화하고자 했다. 다섯째, 대응 인력을 충분히 확충하고, 이들이 업무로 인해 소진되는 것을 막기 위해 업무 여건을 개선하고자 했다. 여섯째, 학대 아동과 가해자의 학대 위험이 높은 위기 아동을 발굴하고, 조기에 개입할 수 있는 시스템을 갖추고자 했다.

이러한 노력에도 불구하고 여전히 아동학대 사망 사건이 발생하고 있다. 이를 개선하기 위해서는 사건이 발생하기 전 예방하는 시스템을 만들어야 한다. 또한 지속적으로 심각한 아동학대에 대한 진상조사를 국가차원에서 정기적으로 실시하여 아동학대에 대한 근본적 해결책을 포함한 좀 더 실효성 있는 제도를 마련할 필요가 있다.

② 아동정책 전반에 아동권리 관점 반영

우리나라에서는 향후 5년 동안의 아동복지 정책 방향을 포괄적으로 규정하고 있는 '제2차 아동정책 기본계획(2020~2024년)' 수립 시, '아동 행복' '권리주체로서 아동 관점 강화'를 위한 법 · 제도적 체계 정비, 재정적 지원을 확충하는 방향으로 아동정책을 정립하고자 하였다.

아동정책 수립 시 고려하였던 아동권리 관련 사항을 구체적으로 살펴보면, 첫째, 아동은 보호가 필요한 존재임과 동시에 존엄 · 권리를 지닌 권리주체라는 복합적 특성을 고려해야 한다는 점이며, 둘째, '아동 행복'은 성인기까지 연결되어 개인 전체 삶에 지대한 영향을 미치고, 사회・국가 발전에서 중요한 의미를 가지는 요소라는 점이다. 아동기 낮은 행복감은 아동의 삶의 질과 자존감을 하락시키고, 이는 성인기 불행으로 연결되어 개인 및 전체 삶의 질의 저하를 일으키며, 이는 사회・국가의 발전에도 부정적 영향을 미칠 가능성이 높다는 것이다. 셋째는 이미 선진국은 정책 전반에 아동 관점이 반영되도록 하고 충분한 아동보호 하에 아동 권리가 실현되어 '아동 행복'이 향상되도록 노력 중이라는 점이다. 핀란드, 독일, 스위스, 벨기에 등은 아동 권리 등을 헌법에 명시하고, 기본법을 규정하는 등 아동중심 관점이 정책 전반에 투영하도록 노력하고 있다(관계부처 합동, 2020).

이러한 관점은 실제 제2차 아동정책 기본계획 전반에 반영되었으며, 향후 아동 관련 계획 수립 시에도 아동의 권리를 존중하는 방향으로 정책을 수립할 필요가 있다.

③ 유엔아동권리협약 이행

우리나라는 유엔아동권리협약의 당사국으로, 모든 아동의 인권보장을 위한 국제협약의 정신에 호응하여 법적・제도적 조치를 취하고 국제적 기준의 아동권리보호와 아동복지 증진에 노력하고 있다(류정희, 2021). 협약에 비준한 이후 2년 경과 후 그리고 이후 매 5년 주기로 비준국의 정부는 협약의 이행상황을 유엔아동권리위원회에 보고하도록 되어 있다. 2017년 우리나라는 유엔아동권리위원회에 5~6차 국가보고서를 제출하였고, 2019년 10월 위원회의 최종견해가 전달되었다.

일반이행조치, 일반원칙, 시민적 권리와 자유, 아동에 대한 폭력, 가정환경 및 대안양육에 대한 권고사항이 있었다. 우리나라 아동의 행복할 권리를 실현하기 위해 권고사항을 고려하여 정책을 추진해야 할 것이다.

4. 아동복지 전문가로서의 정책참여 방법[4)]

정부의 정책과정은 ① 정책의제설정, ② 정책결정, ③ 정책집행, ④ 정책평가의 연속적인 정책 활동으로 구성된다. 사회문제가 정책의제설정 활동을 거쳐 정책문제가

---

4) 이 내용은 이소희(2019)의 내용을 요약하여 정리함.

되고, 이 정책문제를 받아들여 정책결정 활동을 전개한 결과로써 정책이 만들어지고 또한 이를 실현하기 위한 정책집행 활동이 있게 되면 정책결과가 나오게 된다. 이러한 정책 활동과정에서 아동복지 전문가는 어떠한 형태로 정책에 참여할 수 있는지 살펴보고자 한다.

1) 이슈 제기자

아동복지 정책과정에서 아동복지 전문가는 현장에서 발견되는 아동과 가족의 욕구를 확인하고, 이에 대한 정책적 지원 체계가 부족할 경우에는 공공의 논의로 올려놓는 이슈 제기자로서의 역할을 해야 한다. 여기서 이슈란 어떤 문제(problem)나 요구(demand)가 '공공의 관심'을 끌어 '공공정책상의 논점'으로 제시되는 경우를 의미한다.

즉, 아동복지 이슈 제기자는 아동 현장에서 발생하는 아동과 가족의 문제나 요구를 공공화하여 대중의 관심을 높이고, 정책결정자들이 관련 논의를 이어갈 수 있도록 만드는 역할을 의미한다. 이때, 이슈 제기자는 한 번의 관심에서 그치지 않고, 지속적으로 대중의 관심과 함께 이것이 실제 정책에 반영될 수 있도록 현실 가능한 정책안을 제시하는 것 역시 중요한 역량이 될 것이다.

2) 정책분석가

정책분석이란 합리적 정책결정을 위해서 주로 정책결정 시에 이루어지는 지적활동을 의미한다. 아동복지 전문가는 경력, 업무 등에 차이는 있지만, 자신이 종사하고 있

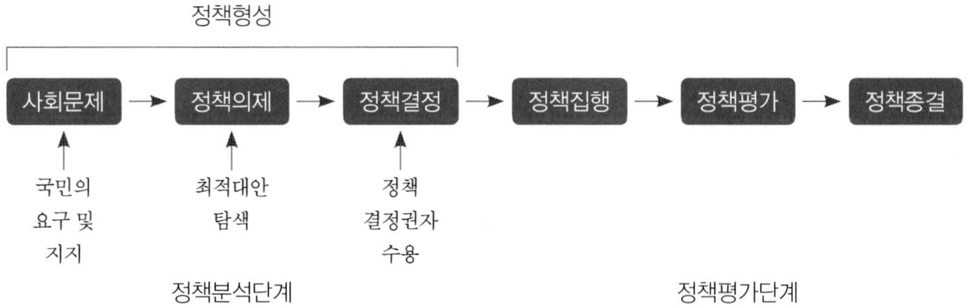

[그림 7-6] 정책단계와 정책분석 및 평가

출처: 박종관(2024), p. 3.

는 분야에서 발생하고 있는 문제에 대해 인지하고 있으며, 그 문제를 해결하기 위한 방향이나 대안을 어느 정도 가지고 있다. 이에 정책분석 과정에 현장전문가로서 참여하여 현장에 적합한 방안을 제시한다면 보다 나은 정책분석이 이루어질 수 있다.

3) 정책결정자 및 관련자

정책결정이란 문제해결을 위해 제시된 여러 대안 가운데 하나 또는 우선순위를 선택하는 행위 또는 과정을 의미한다. 정책결정은 최적대안의 탐색을 위한 효과성 판단과 정책결정권자의 의지가 반영된다.

실제적으로 이러한 정책결정은 1인 내지는 위임권을 받은 소수의 사람들이 협의를 통해 결정하고 있다. 아동복지 전문가는 정책결정을 위한 정부의 위원회, 협의회 등에 참여하여 정책에 대한 의견 제시와 결정을 할 수 있다. 이때, 위원회에는 정책의 효과성, 타당성을 다각적으로 검토하기 위해 법률가, 학계, 연구기관 등 다양한 배경을 가진 전문가가 참여하는데, 현장에서 활동하고 있는 아동복지 전문가는 현장의 현황과 사례를 통해 다른 전문가들의 이해를 도울 수 있기 때문에 중요하다.

4) 정책감시자

아동복지 전문가는 자신이 종사하고 있는 분야에서 아동 관련 정책이 제대로 집행되고 있는가를 모니터링하는 선한 감시자의 역할도 담당해야 한다. 정책이란 결정된 그대로 늘 집행되지 않는다. 정책은 가치의 배분이 그 본질이기 때문에 그것에 의하여 이해관계가 얽힌 사람들에 의해 자주 그 영향을 받게끔 되어 있다. 그렇기 때문에 정책결정이나 집행과정에서 변경되기도 하고 왜곡되기도 하며 때로는 결정이 없었거나, 집행이 이루어지지 않았던 것처럼 무위의 상태로 돌아가기도 한다. 만약, 제대로 집행이 되지 않으면 아동복지 전문가는 새롭게 이슈화하거나 경우에 따라서는 민주적인 참여의 방식으로 정치적 압력을 행사하는 등 여러 가지 방법들을 강구하여야 한다.

5) 정책평가자

정책평가는 정책집행이 일어난 이후에 집행과정과 정책결과를 대상으로 하는 평가적 · 지적 활동을 말한다. 즉, 정책이 원래 의도한 문제의 해결에 얼마만큼 영향을 미쳤는가를 파악하는 것이다. 평가 시에는 긍정적 효과와 부정적 효과를 면밀하게 검토할 필요가 있다. 즉, 아동복지 전문가는 자신의 분야와 관련된 정책이 의도했던 효과를 내었는지, 예상하지 못했던 결과와 국민들의 반응에 대해 세세한 분석과 이해를 해야 한다. 또한 그에 따른 영향이나 결과에 작용한 요인들을 파악하여 앞으로의 대책이나 정책방향 등을 제시하거나 견해를 밝힐 수 있어야 한다.

제8장

아동복지 관련법과 전달체계

1. 아동복지 관련 법률

1) 한국 아동복지 관련 법률 체계

아동복지정책 및 실천에 앞서 이를 시행하기 위한 관련 근거가 필요하다. 우리나라 아동복지 관련법의 법률체계는「아동복지법」을 기본법으로 하고 있으며 아동복지 관련법으로는「영유아보육법」「한부모가족지원법」「입양특례법」「건강가정기본법」「아동수당법」「실종아동 등의 보호 및 지원에 관한 법률」「청소년기본법」등이 있다. 아동복지법은 아동복지의 분야를 총체적으로 다루고 있으며, 아동복지 관련법은 아동복지와 관련된 다수의 법률로, 아동복지 분야별로 아동복지의 하위영역에서 아동복지서비스와 관련된 사업을 실시함에 있어 그 기반을 마련하고 있다.

우리나라 아동복지법은 1961년에 제정되었으며「아동복리법」으로 출범하였다. 아동복지법은 요보호 아동에 대한 국가책임을 다루고 있지만 주보호 대상을 부모가 양육할 수 없는 아동에 한정하고 있어 선별적 · 사후적 성격을 가지고 시작되었다. 이후 1981년「아동복지법」으로 개정되면서 구호적 성격의 아동복지서비스에서 18세 미만의 모든 아동으로 확대되어 아동의 복지를 보장하기 위한 기반을 마련하였다. 더불어 시설보호, 가정위탁사업, 아동학대 보호 및 예방활동, 결연사업의 확대 등 다양한 서비스를 제공하게 되었다. 하지만 사회환경의 변화와 아동의 다양한 욕구를 반영하기에 다소 미흡하고 부분적인 개정이었다.

1990년대 핵가족화와 취업모의 증가로 보육수요가 확대되고 2000년대 이후에는 이혼의 증가, 저출생·고령화 사회로의 진입 등 다양해지는 사회적 욕구에 의해 아동복지에 대한 관심이 높아지면서 2012년 아동복지법은 아동의 이익을 최우선하는 정책 추진 기반을 바탕으로 전면 개정되었다. 가장 큰 변화는 보편적 정책에 있으며 무상급식과 무상보육의 실시이다. 특히 무상보육은 어린이집이나 유치원 등 보육·교육을 위한 돌봄 서비스를 이용하는 0~5세 모든 영유아에게 보육수당을 지급하며, 가정양육 아동에게는 양육수당을 지원하고 있다. 또한 아동정책기본계획, 아동종합실태조사 등 아동복지 증진을 위한 정책 수립의 근거를 마련하였다. 이후 2016년 아동복지법 일부를 개정하여 아동의 원가정 보호원칙을 규정하여 아동이 태어난 가정에서 건강한 성장을 지원하는 내용을 추가하고 아동보호에 대한 국가 및 지방자치단체의 책무를 강화하였다.

아동복지 사업을 실시함에 있어 아동복지를 보장하기 위한 아동복지 관련법은 〈표 8-1〉과 같이 제시하였다. 아동복지법을 바탕으로 아동복지서비스와 사업의 기반을 마련하고 있으며 아동복지 관련법과 기타 아동 관련법으로 정리하였다.

표 8-1 아동복지 관련법

구분	법률
아동기본법	아동복지법
아동복지 관련법	영유아보육법, 한부모가족지원법, 입양촉진 및 절차에 관한 특례법, 아동수당법, 실종아동 등의 보호 및 지원에 관한 법률, 아동의 빈곤예방 및 지원 등에 관한 법률, 아동학대범죄의 처벌 등에 관한 특례법, 학교폭력예방 및 대책에 관한 법률, 장애아동 복지지원법, 청소년 기본법, 청소년 보호법, 청소년 성보호법, 한부모가족지원법, 모자보건법
기타 아동 관련법	국민기초생활보장법, 사회보장법, 긴급복지지원법, 건강가정기본법, 가정폭력방지 및 피해자보호 등에 관한 법률, 사회복지사업법, 정신보건법, 유아교육진흥법, 교육기본법, 특수교육진흥법, 학교급식법, 학교보건법, 근로기준법, 근로청소년복지법, 소년법, 소년원법, 보호관찰법, 장애인복지법

2) 아동복지법

우리나라 아동복지기본법은 「아동복지법」이며, 주요 내용은 다음과 같다.

(1) 「아동복지법」의 목적과 이념

- (제1조) **목적**: 아동이 건강하게 출생하여 행복하고 안전하게 자라나도록 그 복지를 보장한다.
- (제2조) **기본이념**: ① (무차별 평등의 이념) 아동은 자신 또는 부모의 성별, 연령, 종교, 사회적 신분, 재산, 장애유무, 출생지역, 인종 등에 따른 어떠한 차별도 금지된다. ② (안정된 환경의 제공) 아동은 안정된 가정환경에서 행복하게 자라야 한다. ③ (아동이익 최우선 원칙) 아동에 관한 모든 활동에 있어서 아동의 이익이 최우선적으로 고려되어야 한다. ④ (아동보호와 지원을 받을 권리) 아동의 권리보장과 복지증진을 위하여 법에 따른 보호와 지원을 받을 권리를 가진다.
- (제3조) **대상**: 18세 미만의 모든 아동
- (제4조, 제5조) **책무**: ① (국가와 지방자치단체의 책무) 가정복귀 지원, 장애아동 권익 보호, 아동의 차별 금지, 아동권리협약 이행, ② (보호자 등의 책무) 가정 내 건강한 양육, 학대금지 등의 책임을 가진다.

(2) 아동 보호서비스

아동에 대한 보호서비스는 아동의 보호와 관련된 규정으로 시 · 도지사 또는 시장 · 군수 · 구청장은 그 관할 구역에서 보호대상 아동을 발견하거나 보호자의 의뢰를 받은 때에는 아동의 최상의 이익을 위해 보호조치를 해야 한다(제15조).

① 전담공무원, 민간전문인력 또는 아동위원에게 보호대상 아동 또는 그 보호자에 대한 상담 · 지도를 수행하게 하는 것
② 친족에 해당하는 사람의 가정에서 보호 · 양육할 수 있도록 조치하는 것
③ 보호대상 아동을 적합한 유형의 가정에 위탁하여 보호 · 양육할 수 있도록 조치하는 것
④ 보호대상 아동을 그 보호조치에 적합한 아동복지시설에 입소시키는 것

⑤ 약물 및 알코올 중독, 정서 · 행동 · 발달 장애, 성폭력 · 아동학대 피해 등으로 특수한 치료나 요양 등의 보호를 필요로 하는 아동을 전문치료기관 또는 요양소에 입원 또는 입소시키는 것
⑥ 입양과 관련하여 필요한 조치를 하는 것

「아동복지법」 제17조에서는 아동 보호와 관련하여 절대적 금지행위에 대해 정의하고 있다.

① 아동을 매매하는 행위
② 아동에게 음란한 행위를 시키거나 이를 매개하는 행위 또는 아동에게 성적 수치심을 주는 성희롱 등의 성적 학대행위
③ 아동의 신체에 손상을 주거나 신체의 건강 및 발달을 해치는 신체적 학대행위
④ 아동의 정신건강 및 발달에 해를 끼치는 정서적 학대행위(가정폭력에 아동을 노출시키는 행위로 인한 경우를 포함)
⑤ 자신의 보호 · 감독을 받는 아동을 유기하거나 의식주를 포함한 기본적 보호 · 양육 · 치료 및 교육을 소홀히 하는 방임 행위
⑥ 장애를 가진 아동을 공중에 관람시키는 행위
⑦ 아동에게 구걸을 시키거나 아동을 이용하여 구걸하는 행위
⑧ 공중의 오락 또는 흥행을 목적으로 아동의 건강 또는 안전에 유해한 곡예를 시키는 행위 또는 이를 위하여 아동을 제3자에게 인도하는 행위
⑨ 정당한 권한을 가진 알선기관 외의 자가 아동의 양육을 알선하고 금품을 취득하거나 금품을 요구 또는 약속하는 행위
⑩ 아동을 위하여 증여 또는 급여된 금품을 그 목적 외의 용도로 사용하는 행위

이 외에도 친권상실선고 등의 청구(제18조), 아동학대의 예방과 방지 의무(제22조), 사후관리(제28조) 등을 규정하고 있다.

(3) 아동 지원서비스

아동에 대한 지원서비스는 아동안전 및 건강지원을 위한 안전기준의 설정(제30조),

아동 긴급보호소 지정 및 운영(제34조), 취약아동에 대한 통합서비스 지원(제37조), 자립지원(제38조), 자산형성지원사업(제42조) 등에서 규정하고 있다.

아동복지 수행을 위해 국가 또는 지방자치단체가 아동의 시설보호조치 및 아동복지사업을 위해 아동복지시설을 설치(제50조)하고 있으며 아동복지 정책 및 서비스 실행을 위한 조직으로 아동정책조정위원회를 구성(제10조)하고 그 역할을 설명하고 있다.

(4) 아동복지시설

아동복지시설은 국가 또는 지방자치단체가 아동복지시설을 설치하여 아동복지사업을 수행하도록 규정하고 있으며 아동복지시설의 종류는 다음과 같다(제52조).

① **아동양육시설**: 보호대상아동을 입소시켜 보호, 양육 및 취업훈련, 자립지원 서비스 등을 제공

② **아동일시보호시설**: 보호대상아동을 일시보호하고 아동에 대한 향후의 양육대책 수립 및 보호조치

③ **아동보호치료시설**: 아동에게 보호 및 치료 서비스 제공

④ **공동생활가정**: 보호대상아동에게 가정과 같은 주거여건과 보호, 양육, 자립지원 서비스를 제공

⑤ **자립지원시설**: 아동복지시설에서 퇴소한 사람에게 취업준비기간 또는 취업 후 일정 기간 동안 보호함으로써 자립을 지원

⑥ **아동상담소**: 아동과 그 가족의 문제에 관한 상담, 치료, 예방 및 연구 등

⑦ **아동전용시설**: 어린이 공원, 어린이 놀이터, 아동회관, 체육 · 연극 · 영화 · 과학실험 전시시설, 아동휴게숙박시설, 야영장 등 아동에게 건전한 놀이 · 오락 · 그 밖의 각종 편의를 제공하여 심신의 건강유지와 복지증진에 필요한 서비스를 제공

⑧ **지역아동센터**: 지역사회 아동의 보호 · 교육, 건전한 놀이와 오락의 제공, 보호자와 지역사회의 연계 등 아동의 건전 육성을 위하여 종합적인 아동복지서비스를 제공

⑨ **아동보호전문기관**: 학대받은 아동의 치료, 아동학대의 재발 방지 등 사례관리 및 아동학대예방

⑩ **가정위탁지원센터**: 보호대상아동에 대한 가정위탁사업을 활성화

⑪ **아동권리보장원:** 아동정책에 대한 종합적인 수행과 아동복지 관련 사업의 효과적인 추진을 위하여 필요한 정책의 수립을 지원하고 사업평가 등의 업무를 수행
⑫ **자립지원전담기관:** 보호대상아동의 위탁 보호 종료 또는 아동복지시설 퇴소 이후의 자립을 지원
⑬ **학대피해아동쉼터:** 아동가정지원사업, 아동주간보호사업, 아동전문상담사업, 학대아동보호사업, 공동생활가정사업, 방과 후 아동지도사업 등을 제공

표 8-2 아동복지시설의 유형과 서비스의 종류

시설유형	서비스 종류
생활시설	아동양육시설, 아동일시보호시설, 아동보호치료시설, 공동생활가정, 자립지원시설, 학대피해아동쉼터
이용시설	아동상담소, 아동전용시설, 지역아동센터, 아동보호전문기관, 가정위탁지원센터, 자립지원전담기관
행정기관	아동권리보장원

3) 아동복지 관련 주요 법률

(1) 영유아보육법

1991년 제정된 「영유아보육법」은 다음의 내용을 규정하고 있다.

- (제1조) **목적:** 영유아의 심신을 보호하고 건전하게 교육하여 건강한 사회 구성원으로 육성함과 아울러 보호자의 경제적 · 사회적 활동이 원활하게 이루어지도록 함으로써 영유아 및 가정의 복지 증진에 이바지함을 목적으로 한다.
- (제2조) **정의:** '영유아'란 7세 이하의 취학 전 아동을 말하며 '보육'이란 영유아를 건강하고 안전하게 보호 · 양육하고 영유아의 발달 특성에 맞는 교육을 제공하는 어린이집 및 양육 지원에 관한 사회복지서비스를 말한다.
- (제3조) **이념:** 영유아 이익의 최우선의 원칙, 영유아의 안전하고 쾌적한 환경 마련, 차별금지 원칙을 규정하고 있다.

「영유아보육법」에 의한 어린이집의 설치는 국공립어린이집(제12조), 그 외 보육시설의 설치(제13조), 직장어린이집의 설치(제14조)에 관해 규정하고 있으며, 아동의 건강한 육성을 지원하기 위해 보육정책위원회, 육아종합지원센터, 한국보육진흥원 등의 설치에 관한 내용을 담고 있다.

(2) 한부모가족지원법

「한부모가족지원법」은 1989년 「모자복지법」이 제정된 이후 「모・부자복지법」 「한부모가족지원법」으로 명칭이 변경・개정되었으며 다음의 내용을 규정하고 있다.

- (제1조) 목적: 한부모가족이 안정적인 가족 기능을 유지하고 자립할 수 있도록 지원함으로써 한부모 가족의 생활 안정과 복지 증진에 이바지한다.
- (제4조) 정의: ① 배우자와 사별 또는 이혼하거나 배우자로부터 유기(遺棄)된 자, ② 정신이나 신체의 장애로 장시간 노동 능력을 상실한 배우자를 가진 자, ③ 교정시설・치료 감호시설에 입소한 배우자 또는 병역 복무 중인 배우자를 가진 사람, ④ 미혼자(사실혼(事實婚) 관계에 있는 자는 제외한다)
- 대상: 보호대상자 아동은 18세 미만(취학 중인 경우에는 22세 미만을 말한다)으로 모자가족 또는 부자가족이 해당한다.
- 서비스의 내용: (제12조) 생계비, 아동교육지원비, 아동양육비 등 복지급여에 관한 규정, (제14조) 고용의 촉진 및 고용지원연계, (제17조) 가족지원서비스, 청소년 한부모에 대한 교육지원, 자녀양육비 이행지원, (제18조) 국민주택의 분양 및 임대에 관한 제반 규정 등이 있다.

한부모가족 복지시설은 출산지원시설, 양육지원시설, 생활지원시설, 일시지원시실, 한부모가족복지상담소가 있다(제19조).

(3) 입양특례법

1961년 제정된 입양을 위한 최초의 「고아입양특례법」은 전쟁고아와 부모로부터 유기된 아동을 국외입양함에 따른 요건과 절차를 규정하였다. 이후 국내입양에 대한 사회적 인식이 증대됨에 따라 1976년 「입양촉진 및 전략에 관한 특례법」으로 개정되었고, 2011년 「입양특례법」으로 전면 개정되었다.

- (제1조) **목적**: 요보호 아동의 입양(入養)에 관한 요건 및 절차 등에 대한 특례와 지원에 필요한 사항을 정함으로써 양자(養子)가 되는 아동의 권익과 복지를 증진한다.
- (제3조) **국가 등의 책무**
  ① 모든 아동은 그가 태어난 가정에서 건강하게 자라야 한다.
  ② 국가와 지방자치단체는 아동이 그가 태어난 가정에서 건강하게 자랄 수 있도록 지원하고 태어난 가정에서 자라기 곤란한 아동에게는 건강하게 자랄 수 있는 다른 가정을 제공하기 위하여 필요한 조치와 지원을 하여야 한다.
  ③ 모든 국민은 입양아동이 건강하게 자랄 수 있도록 협력하여야 한다.
  ④ 국가와 지방자치단체는 건전한 입양문화를 조성하고 요보호 아동의 국내입양을 활성화하며, 아동이 입양 후의 가정생활에 원만하게 적응할 수 있도록 하는 등 입양아동의 권익과 복지 증진을 위하여 힘써야 한다.

국가와 지방자치단체는 국내입양의 활성화를 위해 다음의 사항을 실시하도록 규정하고 있으며 그 내용으로는 입양 정책의 수립 및 시행, 입양에 관한 실태조사 및 연구, 입양 및 사후관리 절차의 구축 및 운영, 입양아동 및 입양가정에 대한 지원, 입양 후 원만한 적응을 위한 상담 및 사회복지서비스 제공, 입양에 대한 교육 및 홍보 등을 실시하도록 규정하고 있다(제3조).

입양아동에 대한 복지지원으로 입양조건, 입양절차, 입양기관, 아동의 인도, 요보호 아동의 발생예방, 사회복지서비스 제공에 관하여 규정하고 있으며, 건전한 입양문화의 정착과 국내입양의 활성화를 위해 매년 5월 11일을 입양의 날로 정하였다.

(4) 건강가정기본법

가족의 건강한 유지·발전을 위한 「건강가정기본법」은 2003년 제정되었는데 그 내용은 다음과 같다.

- (제1조) **목적**: 건강한 가정생활의 영위와 가족의 유지 및 발전을 위한 국민의 권

리 · 의무와 국가 및 지방자치단체 등의 책임을 명백히 하고, 가정문제의 적절한 해결방안을 강구하며 가족구성원의 복지 증진에 이바지할 수 있는 지원정책을 강화함으로써 건강가정 구현에 기여한다.

- (제2조) **기본이념**: 가정은 개인의 기본적인 욕구를 충족시키고 사회통합을 위하여 기능할 수 있도록 유지 · 발전되어야 한다.

건강가정사업으로는 가정에 대한 지원(제21조), 위기가족긴급지원(제21조의 2), 자녀양육지원의 강화(제22조), 가족단위 복지증진(제23조), 가족의 건강증진(제24조), 가족부양의 지원(제25조), 가정생활문화의 발전(제28조), 이혼예방 및 이혼가정지원(제31조), 건강가정교육(제32조) 등을 규정하고 있다. 또한 이를 수행하기 위해 한국건강가정진흥원 및 가족센터를 설치 · 운영하고 있다.

(5) 아동수당법

「아동수당법」은 아동수당제도를 지원하기 위한 규정을 마련한 것으로 2018년 3월 제정되었으며 2019년 1월에 개정하여 9월 아동수당 지급 대상 연령을 만 6세 미만에서 만 7세 미만(83개월) 아동으로 확대하였다. 이후 2022년 4월 1일 일부 개정된 「아동수당법」이 시행되었다.

- (제1조) **목적**: 아동에게 아동수당을 지급하여 아동 양육에 따른 경제적 부담을 경감하고 건강한 성장 환경을 조성함으로써 아동의 기본적 권리와 복지를 증진한다.
- (제3조) **국가 등의 책무**
  ① 국가와 지방자치단체는 아동수당이 아동 양육에 따른 경제적 부담을 경감하고 아동의 건강한 성장 환경을 조성하는 데 필요한 수준이 되도록 최대한 노력하여야 한다.
  ② 국가와 지방자치단체는 제1항에 따라 필요한 비용을 부담할 수 있도록 재원을 조성하여야 한다.
  ③ 보호자는 아동의 기본적 권리와 복지 증진을 위하여 아동수당을 사용하여야 한다.

「아동수당법」은 아동수당의 지급대상과 지급액, 지급신청방법을 명료화하고 아동수당의 지급 절차에 대하여 규정하고 있다.

(6) 실종아동 등의 보호 및 지원에 관한 법률

「실종아동 등의 보호 및 지원에 관한 법률」은 2005년 제정되었으며 이로 인하여 실종아동으로 인한 가정해체 등 사회문제가 지속됨에 따라 사회적 · 국가적 손실을 방지하고, 본인 및 가족의 신체적 · 정신적 · 경제적 고통을 제거하기 위한 전문화된 시스템을 마련하기 위해 그 근거를 마련하였다. 이 법률에서는 아동의 실종예방과 더불어 실종 아동 등의 복귀 및 복귀 후 지원에 대하여 규정하고 있다.

- (제1조) **목적**: 실종 아동 등의 발생을 예방하고 조속한 발견과 복귀를 도모하며 복귀 후의 사회 적응을 지원함으로써 실종 아동 등과 가정의 복지 증진에 이바지한다.
- (제2조) **대상**: 실종 당시 만 18세 미만인 아동

국가의 책무(제3조)는 보건복지부 장관과 경찰청장의 책무를 구분하여 규정하고 있는데 그 내용은 다음과 같다.

- **보건복지부 장관의 책무**: 실종아동 등을 위한 정책 수립 및 시행, 실종아동 등과 관련한 실태조사 및 연구, 실종아동 등의 발생 예방을 위한 연구 · 교육 및 홍보, 정보연계시스템 및 데이터베이스의 구축 · 운영, 실종아동 등의 가족지원, 실종아동 등의 복귀 후 사회 적응을 위한 상담 및 치료서비스 제공
- **경찰청장의 책무**: 실종아동 등에 대한 신고체계의 구축 및 운영, 실종아동 등의 발견을 위한 수색 및 수사, 유전자 검사 대상물의 채취

이 법에서는 실종아동 등에 대한 사회적 책임을 환기하고 아동의 실종을 예방하기 위하여 매년 5월 25일을 실종아동의 날로 하고, 실종아동의 날부터 1주간을 실종아동 주간으로 하도록 규정하고 있다.

(7) 아동학대범죄의 처벌 등에 관한 특례법

1961년 「아동복지법」이 제정되면서 '자기의 보호 또는 감독을 받는 아동을 학대하는 행위'를 금지행위로 규정하였지만 요보호 아동을 보호하기 위한 법률이라는 한계가 있어 '아동학대의 정의'나 '아동학대 유형'이 명확하지 않다는 지적을 받았다(윤소현, 2022). 이후 아동복지법을 전면 개정하면서 아동학대의 정의 규정을 마련하고, 아동학대 행위의 유형을 구체화하였으며 아동학대에 대한 신고를 의무화하였다. 하지만 아동학대 사망사건들이 연달아 발생하면서 아동학대범죄에 대한 처벌을 강화하고 학대 피해아동에 대한 긴급조치 및 보호를 규정하는 「아동학대범죄의 처벌 등에 관한 특례법」이 제정되었다.

- (제1조) **목적**: 아동학대범죄의 처벌 및 그 절차에 관한 특례와 피해아동에 대한 보호절차 및 아동학대행위자에 대한 보호처분을 규정함으로써 아동을 보호하여 아동이 건강한 사회 구성원으로 성장하도록 한다.

아동학대 살해 · 치사(제4조), 아동학대 중상해(제5조) 등 아동학대 범죄를 규정하고 있으며 처벌규정에 대하여 최고 무기징역, 상습범(제6조) 및 아동복지시설 종사자 등에 가중처벌(제7조), 친권상실(제9조) 규정을 포함하고 있다. 이 법은 처벌 규정 외에도 아동학대 범죄에 대한 처리절차에 대한 규정(제10조)에 관한 특례를 규정하고 있다.

아동학대 관련 법률 중 「아동 · 청소년의 성보호에 관한 법률」은 아동학대 중 '성적 학대'를 다루는 법에 관한 규정을 구체화하고 있다.

(8) 청소년 관련법

최조의 청소년 관련법은 1987년 제정된 「청소년육성법」이며 1991년에 「청소년기본법」이 제정되었다. 2004년 개정된 청소년 기본법은 청소년의 권리 및 책임과 가정 · 사회 · 국가 · 지방자치단체의 청소년에 대한 책임을 정하고 청소년 정책에 관한 기본적인 사항을 규정함을 목적으로 한다(제1조)고 규정하고 있다. 청소년 기본법은 청소년의 육성에 대한 내용을 중심으로 다루고 있으며 「청소년 활동진흥법」과 「청소년복지지원법」을 별도로 제정하여 청소년 관련법을 체계화하였으며 청소년 복지의 특정

영역을 다루고 있어 전문화 및 구체화하여 청소년 육성정책의 내용을 다루고 있다.

「청소년보호법」은 청소년에게 유해한 매체물과 약물 등이 청소년에게 유통되는 것과 청소년이 유해한 업소에 출입하는 것 등을 규제하고 청소년을 유해한 환경으로부터 보호·구제함으로써 청소년이 건전한 인격체로 성장할 수 있도록 함을 목적으로 한다(제1조). 구체적으로 유해매체물, 유해약물, 청소년 유해업소 및 유통, 청소년 폭력·학대, 청소년 유해환경으로부터 청소년을 보호·구제할 수 있는 규정을 마련하고 있다.

2022년 5월, 보건복지부는 어린이날 100주년을 기념하면서 아동기본법(가칭) 제정을 추진할 계획을 밝힌 바 있다. 아동기본법은 '아동의 보호와 권리'에 관한 목적을 가지며, 그동안 아동을 보호, 보육, 교육의 대상으로, 혹은 아동과 청소년으로 분절시키는 정책과 행정으로 벗어나 아동을 권리주체로 존중하고 보호 지원을 위한 내용으로 국가와 사회의 역할과 책임을 규정하는 법안을 추진하는 것으로 확인된다.

2. 아동복지 전달체계의 유형

아동복지 전달체계는 사회복지 전달체계 중 아동을 위한 복지서비스의 전달체계를 가리키는 것이므로 사회복지 전달체계의 개념을 이해할 필요가 있다.

사회복지 전달체계란 사회복지정책이 공급자와 수요자(클라이언트)를 이어 주는 조직적 장치를 가리키며 정책이 구체적인 서비스 제공으로 이어지는 과정구조라 할 수 있다(구혜영 외, 2023). 즉, 아동복지를 실현하기 위해 공공과 민간의 조직이 필요한 사업을 계획하여 실천에 옮기기 위해 공급자와 수요자를 연결하기 위한 조직적이고 체계적인 장치이다.

아동복지 전달체계는 보건복지부와 시·도, 시·군·구를 통한 각종 아동복지기관과 시설, 어린이집, 아동보호전문기관, 입양기관 등을 포함하며 여성가족부의 가족센터, 교육부의 교육복지사업 등도 아동복지 전달체계에 포함된다.

1) 공공복지서비스 전달체계

우리나라 아동복지 전달체계상의 공적인 아동복지를 담당하는 조직은 중앙정부 각 부처에서 지방정부인 시 · 도, 시 · 군 · 구, 읍 · 면 · 동의 사회복지 행정체계로 연결된다. 아동복지정책을 직접적으로 담당하는 중앙부처는 보건복지부, 여성가족부,

[그림 8-1] 보건복지부 조직도(일부)

출처: 보건복지부 홈페이지(www.mohw.go.kr).

교육부가 있으며 그 외에 기획재정부, 법무부, 행정안전부, 문화체육관광부, 고용노동부 등이 있다. 보건복지부와 여성가족부는 주로 아동복지의 공공행정을 담당하고 있으며 아동복지법 제10조에 따라 심의기구를 마련하여 아동정책 및 아동권리 증진의 기본방향, 아동정책의 개선 및 예산지원, 아동정책 관련 부처 간 협조사항 등 아동정책의 이행과 평가, 조정을 위해 국무총리실 산하에 아동정책조정위원회를 설치했다.

보건복지부의 아동정책은 [그림 8-1]과 같이 주로 인구정책실 산하에 있는 인구아동정책관과 보육정책관에서 아동복지와 관련된 전반적인 정책을 담당하고 있다. 인구아동정책관은 인구정책총괄과, 출산정책과, 아동복지정책과, 아동권리과, 아동학대대응과로 구성되어 있으며 주로 아동복지에 관한 정책 총괄 및 종합계획의 수립 및 시행, 아동권리 증진 및 인권보호, 아동학대 예방 및 피해아동 보호 등의 업무를 담당하고 있다. 보육정책관은 보육정책과, 보육사업기획과, 보육기반과로 구성되어 있다.

여성가족부의 아동관련 부서는 [그림 8-2]와 같이 구성되어 있으며 청소년 가족정책

[그림 8-2] 여성가족부 조직도(일부)

출처: 여성가족부 홈페이지(www.mogef.go.kr).

실의 청소년정책관, 가족정책관 그리고 권익증진국에서 관련 업무를 담당하고 있다.

지방정부의 전달체계는 시 · 도, 시 · 군 · 구 내에 아동보육 및 아동복지 담당부서가 있으며 아동복지심의위원회를 두어 아동정책 시행계획에 관한 사항, 아동의 보호 및 퇴소조치, 친권행사의 제한이나 상실 선고 청구, 후견인의 선임이나 변경 청구, 지원대상 아동의 선정과 지원에 관한 사항을 심의한다(아동복지법 제12조). 읍 · 면 · 동에는 사회복지전담 공무원이 아동복지 행정을 담당하고 있다.

공적 서비스 전달체계로 2007년 '희망스타트' 사업을 시작으로 빈곤아동 가구에 필요한 서비스를 통합 · 제공하였으며, 2008년 '드림스타트'로 명칭을 변경하여 맞춤형 아동통합지원사업을 실시하고 있다.

2) 민간복지서비스 전달체계

아동복지 전달체계의 민간단체, 조직은 공공 전달체계와 상호보완적인 역할 수행을 위해 설립된 개인이나 비영리사회단체 및 기업 등이 아동복지서비스를 제공하는 시설과 기관을 말한다. 민간조직은 아동에게 일어나는 사회환경의 변화와 욕구에 대해 탄력적으로 대응하기 용이하지만 우리나라의 사회복지구조의 특성상 정부 보조금의 의존률이 높고, 부처별로 분산되어 있어 서비스 공급 등에 취약점을 가지고 있다는 평가를 받고 있다. 이를 극복하기 위해 민 · 관이 합동하여 서비스 중복성 방지 및 민간기관의 전문성을 활용하여 효율적인 복지서비스를 제공하고자 [그림 8-3]과 같이 아동보호체계를 개편하였다.

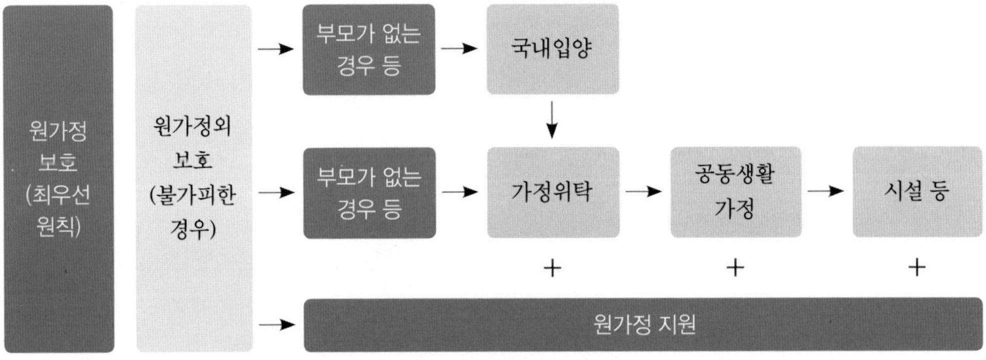

[그림 8-3] 아동보호체계 흐름도

출처: 아동권리보장원 홈페이지(www.ncrc.or.kr).

보호대상아동이 발생하였을 경우 아동보호전문기관, 가정위탁지원센터, 입양기관, 아동양육시설 등에 보호신청이 산발적으로 접수 처리되어 서비스의 중복이나 낭비적 요소가 발생하였다. 하지만 2020년부터 시·도, 시·군·구는 보호대상아동의 발생 시 아동보호팀을 중심으로 초기상담, 일시보호, 보호조치, 사후관리 등 유기적인 아동보호 전달체계를 지원하고 있다. '원가정 보호'를 최우선적으로 고려하되, 원가정을 통한 보호가 어렵거나 원가정 분리가 불가피한 경우 친족의 보호·양육 이외에 가정통합, 입양, 아동양육시설 등을 통해 보호서비스를 제공하고 있다.

우리나라 대표적인 아동전문기관인 초록우산은 1948년에 설립되어 전쟁고아 구호사업을 시작으로 불우아동결연사업, 아동학대예방사업 등 국내 아동복지를 실천하고 있다. 2011년에는 아동 NPO 최초로 아동복지연구소를 설립하여 아동 친화적인 환경조성을 위한 연구사업을 진행 중에 있다. 또한 전 세계 11개국 아동 중심의 구호·개발·옹호 단체가 연합하여 출범한 국제어린이재단연맹 활동을 통해 빈곤과 기저 환경을 개선하여 아동과 그 가족들의 삶을 지원하고 있다.

3) 국제기구 전달체계

아동복지 국제기구는 아동복지 증진을 위한 국제간의 이해와 협력을 바탕으로 세계의 평화와 발전을 구현하기 위해 설치되었다. 유엔아동권리선언에서는 모든 아동은 인종, 피부색, 성별, 언어, 종교, 출생지 등에 상관없이 누구나 인간으로서의 존엄과 권리를 가지고 있다고 열거하고 있다. 하지만 세계 도처에 아동학대, 착취, 빈곤, 질병 등의 문제로 고통받는 아동이 여전히 존재한다. 이를 위해 국가에서 아동의 권리와 아동보호 의무를 하지 못하는 저개발국의 아동에 대한 아동권리 보장을 위한 다양한 국제기구들이 아동복지 증진을 위한 다양한 활동들을 펼치고 있다.

- 유엔아동권리위원회(CRC): UN 산하 인권기구로 유엔아동권리 협약 이행감사기구
- 국제아동기금(UNICEF): 국제연합이 창설하여 전쟁국가, 신생국가, 저개발국가의 아동을 보호, 식량 및 의료지원, 교육 및 직업훈련, 모자보건, 질병퇴치 사업 등

- 세계보건기구(WHO): 모 · 부자 보건향상을 위한 교육, 모유먹이기 캠페인, 낙태 방지를 위한 피임교육 등
- 국제노동기구(ILO): 근로아동의 복지를 위한 제협약. 최저고용연령, 연령별 근로시간, 고용금지업종 등
- 국제연합 교육과학문화기구(UNESCO): 교육-문맹퇴치, 무상교육, 과학-환경문제, 문화-세계문화유산 보존사업 등
- 국제아동복지연합(IWCW): 모자보건, 심신장애아동 재활, 사회부적응 아동의 보호와 교육
- 세이브더칠드런: 해외보건의료사업, 다문화가족 아동지원사업, 빈곤아동지원사업, 아동권리교육사업, 대북지원사업, 긴급구호, 권리옹호, 아동권리모니터링, 국제개발협력사업
- 월드비전: 세계최대규모의 국제구호개발 NGO 한국전쟁 때 구호기관을 만들어 모금활동 시작, 아동의 생존권, 빈곤완화를 위한 옹호활동 등
- 초록우산 어린이재단: 어린이의 행복한 성장을 위해 돌봄, 자립, 교육, 건강 · 안전, 주거 복지사업, 아동옹호사업, 국제구호사업 등
- 굿네이버스: 한국 국적의 국제구호개발 NGO 기관

(1) 국제아동기금(UNICEF) 한국위원회

① 기관 소개

유니세프는 유엔아동권리협약에 유일하게 명시된 아동권리 증진기구이다. 1946년에 설립되어 '차별 없는 구호'의 정신으로 전 세계 어린이의 삶을 개선하기 위해 보건, 영양, 식수와 위생, 교육, 긴급구호 사업을 펼치고 있다.

유니세프 한국위원회에서 진행하는 대표적인 사업으로 '유니세프아동친화사회 만들기'가 있는데, 이는 어린이가 생활하는 사회(지역사회, 학교 등)와 어린이에게 영향을 미치는 사회(기업, 병원 등)를 어린이에게 친화적인 환경으로 만들어 가고 있다.

② 미션과 비전

미션	한국에서 유니세프를 대표해 '모든 어린이가 행복한 세상'을 만듭니다			
비전	한국에서 아동권리 옹호와 기부문화를 이끌어 나가는 가장 신뢰받는 아동 기관			
전략 목표	**모금**	**아동권리 증진**	**커뮤니케이션**	**행복한 직장**
	신뢰와 효율성을 바탕으로 한 모금 극대화	유엔아동권리 협약상 지위에 걸맞은 아동권리 증진 역할 수행	신뢰도와 인지도를 높이는 브랜드 커뮤니케이션	직원이 자랑스러워하고 행복한 직장 만들기

[그림 8-4] 유니세프의 미션과 비전

출처: 유니세프 홈페이지(https://www.unicef.or.kr).

③ 유니세프 한국위원회의 활동내용

차별 없는 구호	어린이 삶 개선	긴급구호	한국아동권리 증진
생존과 발달 교육 보호 안전하고 지속 가능한 환경 공평한 기회	기후위기 대응 이노베이션 성평등 장애 어린이 조사와 연구	코로나19와 백신 인도주의 지원 난민 어린이	아동권리협약 이행 정책 개선 활동 아동친화사회 만들기 권리 교육
			한국 정부 협력

[그림 8-5] 유니세프 한국위원회의 활동내용

출처: 유니세프 홈페이지(https://www.unicef.or.kr).

(2) 세이브더칠드런

① 기관 소개

세이브더칠드런은 1919년 영국 런던에서 최초 설립되었으며 우리나라에는 1953년 한국전쟁 피해아동을 위한 구호사업이 시작되어 현재 전 세계 약 116개 국가에서 활동하는 국제구호개발 NGO 단체이다. 아동은 미약한 보호대상이 아니라 주체적인 인격체로 존중받아야 하며 아동의 생존, 보호, 발달, 참여의 권리 실현을 위해 인종, 종교, 정치적 이념을 초월하여 아동의 건강한 삶, 교육받을 권리, 안전한 환경에서 꿈을 키울 권리를 보장받도록 국제구호사업을 펼치고 있다.

② 2030년까지 달성을 위한 사업 전략

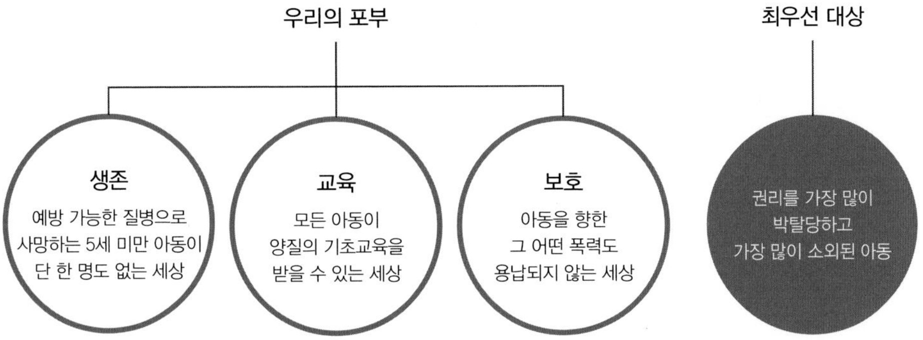

[그림 8-6] 세이브더칠드런의 사업 전략

출처: 세이브더칠드런 홈페이지(https://www.sc.or.kr).

③ 활동내용

22개국 해외아동을 위한 구호사업으로 영유아 조기교육, 아동 기초교육, 청소년 직업훈련 등 교육사업을 진행 중에 있으며, 모자보건 및 예방접종지원을 통해 건강한 영유아기를 보낼 수 있도록 지원하고 있다. 또, 아동폭력 및 방임 등으로부터 아동을 보호하며, 난민지원, 기후대응 사업 등을 진행하고 있다.

국내사업으로는 학대 등 아동폭력으로부터 아동을 보호하고 복지 사각지대에 놓인 빈곤아동을 발굴하여 돕는 위기아동지원사업과 자립지원사업이 있으며, 아동권리협약에 명시된 아동의 놀이권 보장을 위한 놀이터 환경진단 및 놀이환경 개선사업이 있다. 또한 놀이 및 학습 접근성이 낮은 장애아동의 권리증진사업, 저소득가정 아동의 질병 및 병원 치료를 지원하는 보건의료사업을 지원하고 있다.

제3부

아동복지의 실천분야

제**9**장

아동빈곤

아동빈곤 문제는 우리사회뿐만 아니라 대부분의 국가에서 사회, 정책적 이슈이자 관심사이다(이미영, 2016). 아동의 빈곤은 교육기회의 감소로 인해 성인이 된 후에도 생산성을 저하시키고 실업에 처할 위험을 높여 빈곤의 악순환을 초래할 수 있기 때문에 빠른 개입이 필요하다. 아동빈곤은 아동을 양육하는 가족의 빈곤이라고 할 수 있는데, 부모의 보호와 양육에 의존할 수밖에 없는 아동은 빈곤한 성인, 노인에 비해 더욱 열악한 환경에 처할 수 있다(정익중, 오정수, 2022). 이에 아동빈곤은 아동 개인뿐만 아니라 그 가족과 가족이 처한 환경까지 다각적인 검토가 필요하다.

본 장에서는 아동빈곤에 대한 개념과 이를 지원하기 위한 다양한 정책 및 서비스를 살펴보고자 한다.

1. 아동빈곤의 개념과 현황

1) 아동빈곤의 개념

빈곤(Poverty)의 사전적 정의는 '기본 욕구를 충족시킬 수 있는 생활수단이 부족한 상태'로, 여기서 이야기하는 기본 욕구는 협의의 의미로는 생존을 위해 필수적인 욕구, 광의의 의미로는 공동체 내에서의 일반적인 생활수준을 향유하기 위한 욕구라고 볼 수 있다(브리태니커, 2013. 6. 20.; 정은희 외, 2013에서 재인용).

우리나라의 「아동의 빈곤예방 및 지원 등에 관한 법률」 제3조(정의) 제2항에서는 아동빈곤을 '아동이 일상적인 생활여건과 자원이 결핍하여 사회적 · 경제적 · 문화적 불이익을 받는 빈곤한 상태'로 정의하여 광의의 의미로 빈곤을 정의하고 있다. 실제 아동빈곤은 화폐소득의 결핍이라는 단일한 차원의 정의로 충분히 포괄하기 어렵다. 빈곤 상태에서 생활하는 아동은 그들이 성장하고 발달하기 위해 필요한 물질적 · 정신적 · 정서적 측면을 포함하는 다차원적 측면에서 다양한 결핍(deprivation)을 경험하게 된다. 그 결과, 우리 사회의 동등한 구성원으로서 누려야 할 아동의 기본적인 권리를 보장받지 못하며 아동이 지닌 잠재력 실현이 제한된다. 이처럼 아동빈곤은 물질적 결핍의 다차원성을 특징으로 하며, 이는 생존과 생활에 필수적인 재화와 서비스, 건강과 돌봄, 교육, 문화, 안전과 주거 환경에 대한 아동의 접근성 문제와 연결된다(류정희, 2020).

이러한 빈곤은 과거에는 최소한의 생활수준(음식, 주거, 의복 등 기본적인 욕구 충족)을 영위하는 데 소요되는 금액을 설정하고 그 이하를 빈곤으로 정하는 절대적 빈곤으로 측정하였으나, 최근에는 기본적 욕구가 충족되더라도 사회의 전반적인 생활수준과 비교하여 개인이 느끼는 상대적 박탈감과 불평등을 반영한 상대적 빈곤으로 빈곤을 측정하고 있다. 상대적 빈곤은 사회의 평균소득, 중위소득의 일정 비율로 정하는데, 우리나라와 OECD에서는 중위소득 50%를 기준으로 한다.

2) 아동빈곤의 현황

(1) 상대적 빈곤율

우리나라 0~17세 아동의 상대적 빈곤율(OECD의 중위소득 50% 기준 적용)은 2020년 9.8%로 2015년 16%에서 감소 추세이며, OECD 국가 중 중간보다 낮은 편으로 핀란드, 덴마크가 5%로 가장 낮고, 프랑스(11.7%), 일본(14%) 등은 우리나라보다 높다.

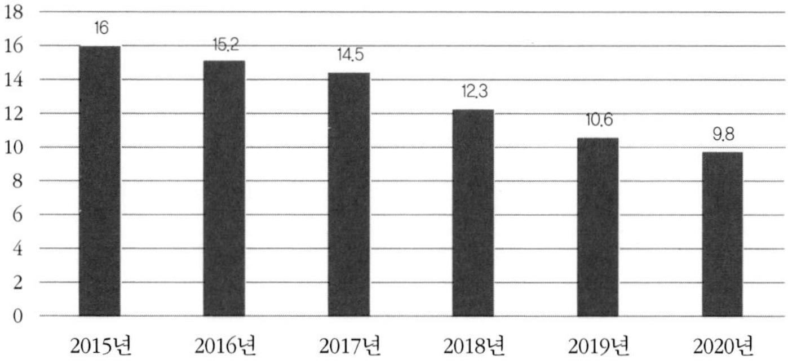

[그림 9-1] 우리나라 상대적 빈곤율 추이

주: 1) 0~17세를 대상으로 하며, 상대적빈곤선은 균등화처분가능소득의 중위 50%임.

2) 소득 기준연도임(즉, 2020년 결과는 2020년 소득을 기준으로 조사한 2021년 가계금융복지조사의 자료임).

출처: 통계청 보도자료(2022. 12. 27), p. 4.

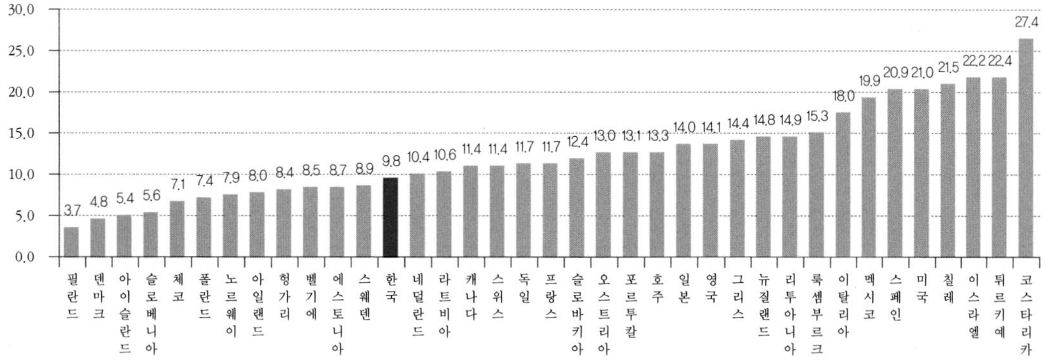

[그림 9-2] OECD 국가 아동의 상대적 빈곤율(2019)

주: 1) 분석대상은 0~17세임.

2) OECD 각국 수치는 2019년을 기준으로 작성하되, 2017년(아이슬란드, 칠레), 2018년(폴란드, 아일랜드, 일본, 이탈리아, 이스라엘), 2020년(호주, 멕시코, 뉴질랜드, 라트비아, 한국, 스웨덴), 2021년(코스타리카) 수치도 포함됨, 네덜란드, 라트비아, 슬로바키아는 잠정치임.

출처: 통계청 보도자료(2022. 12. 27.), p. 4.

(2) 아동결핍지수(Child Deprivation Index)

최근에는 아동의 빈곤을 다차원적으로 살펴보고자 하는 노력이 이루어지고 있는데, 그중 유니세프 이노첸티(Innocenti)의 14개 항목 아동결핍지수(Child Deprivation Index)는 아동의 물질적 결핍 수준을 아동의 성장과 발달에 필요한 기준으로 고려될 수 있는 소유(possesstions), 서비스(services), 기회(opportunities)의 결핍을 측정할 수 있도록 설계되어 있다(류정희, 2020). 아동결핍지수는 전체 14개 문항 중 2개 이상의 항목에 '아니요'라고 응답한 아동의 비율을 의미한다.

우리나라 2018년 만 0~17세 아동의 결핍지수는 31.5%로, 문항별로 살펴보면 14개 문항 중 취미 생활, 스포츠, 동아리 활동 등의 정기적인 여가 생활 결핍이 26%로 가장 높았으며, 친구들을 집으로 초대해 놀거나 식사를 하는 기회의 결핍(15.2%), 야외 활동을 할 수 있는 기구의 결핍(15.1%)이 다음으로 높게 나타났다.

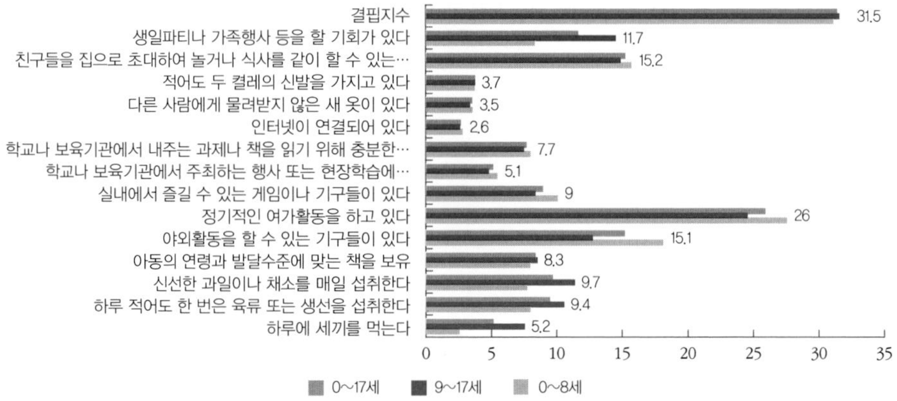

[그림 9-3] 아동결핍의 항목별 분포

주: 분석 결과는 표준화 가중치를 적용한 결과임.

출처: 류정희(2020), p. 15.

표 9-1 아동결핍지수의 14개 항목 구성

구분	항목
1	하루에 세끼를 먹는다.
2	하루에 적어도 한 번은 육류 또는 생선을 섭취한다.
3	신선한 과일이나 채소를 매일 섭취한다.
4	아동의 연령과 발달 수준에 맞는 책을 보유하고 있다.
5	야외 활동을 할 수 있는 기구들이 있다.
6	정기적인 여가 활동을 하고 있다.
7	실내에서 즐길 수 있는 게임이나 기구들이 있다.
8	학교나 보육기관에서 주최하는 행사 또는 현장학습에 참가하기 위한 돈을 지불할 수 있다.
9	학교나 보육기관에서 내주는 과제나 책을 읽기 위해 충분한 면적과 채광이 적당한 조용한 공간이 있다.

10	인터넷이 연결되어 있다.
11	다른 사람에게 물려받지 않은 새 옷이 있다.
12	적어도 두 켤레의 신발을 가지고 있다.
13	친구들을 집으로 초대하여 놀거나 식사를 같이 할 수 있는 기회가 종종 있다.
14	생일 파티나 가족 행사 등을 할 기회가 있다.

출처: 류정희(2020), p. 14.

2. 아동빈곤의 발생원인

1) 정책적 요인: 아동 복지 예산 감소[1]

2017년에 유니세프와 16개 국제 연구기관이 공동 진행한 '아동 빈곤 보고서(Children of Austerity)'에서 2008년 글로벌 금융위기 이후인 2008~2014년까지 OECD 및 EU 회원국의 주요 경제 지표와 사회 보장 지표 변화 추이를 관찰한 결과, 같은 고소득 국가라 하더라도 정책 방향에 따라 아동 빈곤율에 큰 차이를 보이는 것을 확인하였다. 경제위기 시 유럽 국가에서는 가족수당 등 아동복지를 위한 국가의 재정 지출을 감소하여 고정 아동 빈곤율[2]이 증가하였으나, 미국은 경제 침체 속에서도 사회 안전망의 범위를 확충하여 각종 경제 지표 악화 속에서도 아동 빈곤율은 증가하지 않았다.

또한 최근 유니세프가 보편적 아동 수당을 지급하고 있는 고소득 15개 국가를 분석한 결과, 평균 5%의 아동 빈곤 감소 효과를 보았으며, 아동의 행복, 건강, 교육 등을 포함해 성장 후 사회 경제에 기여하는 능력 개발에도 영향을 끼치는 것으로 나타났다. 즉, 국가에서 현금 지급이나 세금 이전과 같이 아동을 위한 예산을 확대하는 것은 부모가 일과 생활을 양립하는 데 도움이 되며, 이는 아동에게 긍정적인 영향을 미치는 선순환 효과를 보이는 것이다(유니세프, 2020. 6. 17.).

1) 유니세프 보도자료(2017. 5. 11.)의 내용을 참고하여 작성.

2) 18세 미만 자녀를 보유한 가정의 실질 소득이 경제 위기 이전의 국가 평균 실질 소득의 60% 미만으로 하락한 경우를 기준으로 함.

2) 사회구조적 요인

빈곤의 원인을 사회구조적 원인으로 살펴보는 관점에서는, 빈곤을 개인이 통제하기 어려운 경제적, 정치적, 사회적, 문화적 요인들의 결과로 평가한다(이순아, 2015). 즉, 저소득층보다는 부유층의 이해관계에 부합하고 있는 정치 시스템, 노동비용 감소에만 크게 의존하는 기업들의 이윤추구 전략, 생계 영위에 적절한 소득을 보장하여줄 수 있는 일자리의 부족, 임금차별, 사회적 고립 등의 사회적 상황과 구조적 측면들이 빈곤을 야기하고, 특정 집단에 빈곤이 가중되는 원인이 되고 있다는 것이다.

또한 장기화된 경제 불황, 산업구조의 재편에 따른 고용 불안정, 노인단독가구 증가, 이혼율 증가, 여성에 대한 취업기회 및 임금차별, 임시직의 확대와 여성 한부모가족의 증가 역시 빈곤을 발생시키는 사회적 요인으로, 여성 한부모의 경우 취업된 상태일지라도 취약한 보육 지원과 가사, 양육의 부담, 임금차별 등과 같은 현 사회 구조는 빈곤의 여성화를 가속화하고 있다.

3) 가구 요인

아동빈곤이란 아동이 속한 가구의 빈곤을 의미한다고 볼 수 있기 때문에 아동빈곤을 유발하는 가구 요인을 살펴볼 필요가 있다. 관련 선행연구에서는 아동빈곤에 영향을 미치는 가구 요인을 크게 가구특성(가구규모 및 가구유형), 가구주의 인구사회학적 특성, 고용관련 특성으로 구분하고 있다(김미숙, 배화옥, 2007).

먼저, 가구특성과 관련하여서는 가구원수, 18세 미만 아동의 유무에 따라 가구의 빈곤에 차이가 있는 것으로 나타난다. 가구원수가 많은 가정은 한정된 자원을 여러 가구원이 나눠서 사용해야 하기 때문에 경제적으로 빈곤할 가능성이 높으며, 18세 미만의 아동이 있는 가정은 양육이나 교육 등 부양부담이 빈곤 확률을 높인다. 실제 윤홍식과 조막래(2006)의 연구에서는 18세 미만의 아동이 존재할 경우, 아동이 증가할 때마다 빈곤에 처할 가능성이 약 8.4배 증가함을 밝혔다. 가구유형과 관련하여서는 한부모 가정은 아동빈곤의 가장 주요한 원인으로, 특히 모자가정의 아동빈곤은 여성빈곤문제와 맞물려 보다 취약한 것으로 나타난다(배화옥, 2008).

다음으로 가구주의 인구사회학적 특성 관련해서는 성, 교육수준 등이 있는데, 가구유형에서와 같이 여성이 가구주인 경우 남성인 경우보다 빈곤할 확률이 더 높은 것으로 나타난다. 노동시장에서의 여성의 주변적 지위와 여성의 육아와 가사의 우선적 책임 및 보살핌 노동 등으로 인해 여성의 노동시장 진입 자체가 어려운 실정이다(김안나, 2006). 또한 진입을 하더라도 불안정한 지위나 근로조건 및 육아 등으로 인해 잦은 이탈을 경험하거나 재진입이 어려워 여성의 경제적 독립을 어렵게 하고 빈곤을 심화시키는 구조적 요인이 되고 있는 것으로 확인된다(김안나, 2006).

학력은 가구소득의 근간이 되는 취업여부 및 직업형태와 상관성이 높은데, 학력이 낮을수록 저임금, 미숙련 노동에 종사할 가능성이 높고 이는 빈곤에 처할 확률을 높인다. 빈곤과 관련된 가구주의 고용관련 특성은 실업, 임시직 및 일용직일 경우에 그 외 상용직 임금근로자, 자영업자보다 빈곤한 것으로 나타난다.

3. 빈곤이 아동발달에 미치는 영향

1) 빈곤과 아동발달 관계를 설명하는 모델

(1) 누적적 위험모델

누적적 위험모델은 빈곤 환경 내에 중첩되어 있는 위험요인에 의해 빈곤이 아동에게 더욱 큰 영향을 준다고 설명한다(장희선, 김기현, 2014). 아동의 발달에 위협적인 빈곤은 그 자체로도 아동에게 부정적이지만, 가정의 사회·경제적 소외, 가정 내 역기능적 상호작용, 부족한 사회적 지지 등 빈곤 환경 내 존재하는 다양한 위험요인들이 복합적으로 작용함으로써 아동의 발달을 더욱 부정적으로 이끌게 된다는 것이다. 이에 누적적 위험모델에서는 사회적, 물질적 환경 속에서 아동의 발달을 위협하는 빈곤 문제를 살펴보기 위해서 다차원적 접근을 강조한다.

아동발달에 관해 종단적으로 살펴보았던 미국의 대표적인 연구(Sameroff, Seifer, Barocas, Zax, & Greenspan, 1987)에서 소득이나 가족구조(부부상태)가 아동발달의 주요한 차이를 만드는 것처럼 보이는 이유는 이들 자체가 다른 위험요인들과 강하게 결합되어 영향을 미치기 때문이라고 설명하였다(장희선, 김기현, 2014). 또한 미국 빈곤 아동의 가정과 관련된 5가지 위험요인(아동학대, 부모 간 폭력, 가족해체, 낮은 사회경제적 지위, 높은 부모 스트레스)의 누적이 아동의 발달에 미치는 영향을 살펴본 연구에서는(Appleyard, Egeland, van Dulmen, & Sroufe, 2005), 유아기의 누적된 위험요인은 청소년기의 부정적 발달을 예측하는 것을 확인하였다. 즉, 빈곤과 관련하여 더 많은 위험요인에 노출된 아동일수록 이후 청소년기 및 성인기에 문제행동을 가질 가능성이 높기 때문에, 아동기에 발생할 수 있는 위험요인을 확인하여 이를 예방하기 위한 포괄적인 예방 및 조기 개입의 노력이 필요하다.

(2) 레질리언스 모델

레질리언스(resilience: 적응유연성)란 어떤 스트레스 상황 가운데에 있더라도 긍정적인 기능을 발휘하여 스트레스 이전의 적응 상황으로 되돌아오는 복귀능력으로, 아동이 위험요인으로부터 자신을 보호할 수 있는 긍정적인 힘과 능력을 제공한다(김수정, 정선욱, 2021). 즉, 같은 문제 상황에 놓인 아동이라도 개인이 보유한 레질리언스에 따라 스트레스에 부적응하여 문제가 심화되기도 하고, 성공적으로 적응하여 극복하기도 한다.

초기 레질리언스 관련 연구들은 고위험 상황에 처한 아동들이 성공적으로 적응하기 위해 영향을 미치는 개인적 보호요인과 위험요인을 밝히고자 하였다면, 최근에는

표 9-2 빈곤아동의 레질리언스 관련 보호요인

구분	보호요인
개인 요인	1. 타인을 위한 서비스나 복지에 자신을 맡김 2. 현명한 의사결정, 자기주장성, 충동 조절 및 문제 해결을 포함하는 생활기술의 활용 3. 사교성, 친구를 사귀는 능력, 긍정적인 관계를 형성하는 능력 4. 유머감각 5. 내적인 통제의 소재 6. 자율성, 독립심 7. 미래에 대한 긍정적인 견해 8. 융통성 9. 학습을 위한 능력과 연계 10. 자기동기부여 11. '무언가에 능함', 개인역량 12. 자존감, 자신감

가족 요인	**(부모 또는 주양육자의)** 1. 민주적 양육태도 2. 분명한 경계설정과 집행(규율, 규칙, 법률) 3. 친밀한 관계 4. 경제적 지원 5. 교육을 중시하고 장려함 6. 목표설정과 성취 장려 7. 이타적 가치와 협동성 같은 생활기술의 발달 권장
환경 요인 (학교 및 지역사회)	1. 민주적 학교 분위기 2. 학생들의 의사결정 및 그 밖의 의미 있는 참여 기회 제공 3. 교과수업 외 활동참여 4. 지지적인 교사 5. 학생 개개인의 독특한 재능을 인정하는 교사 6. 많은 보살핌을 주는 외적지지 및 자원들(신뢰관계 포함) 7. 보건, 교육, 복지, 안전 서비스의 접근가능성

출처: 정연정(2010), p. 39; 김성경, 김혜영(2021), p. 12에서 제시한 내용을 재구성함.

생태학적 관점에서 개인뿐만 아니라 아동을 둘러싼 가족, 환경적 측면에서도 요인을 찾고자 한다. 여기서 위험요인이란 아동의 발달에 부정적인 영향을 미치는 요인으로, 빈곤아동과 관련된 위험요인은 저체중, 부모의 낮은 교육수준, 어머니의 우울, 사회적 지지의 결핍 등이 있다(정익중, 오정수, 2022). 반대로 보호요인이란, 취약한 환경조건 하에서도 위험요인과 작용하여 부정적인 발달 산물의 가능성을 경감시키는 요소로서 유머감각, 자율성, 민주적 양육태도, 지지적인 교사 등이 있다(정익중, 오정수, 2022).

사회복지 현장에서는 빈곤아동과 관련된 위험요인과 보호요인을 확인하고, 아동이 환경에 성공적으로 적응할 수 있도록 보호요인을 강화하도록 지원할 필요가 있다.

(3) 인적자본투자이론(Human Capital Investment Theory)[3)]

인적자본투자이론은 아동에 대한 가족의 투자능력을 강조하는 이론이다. 해당 이론에서는 아동의 인적자본형성에 기여하는 물질적 재화, 경험, 서비스를 구매할 수

3) 이 내용은 김효진(2008)에서 발췌함.

있는 가족의 경제적 능력에 따라 아동의 발달 정도가 달라질 수 있음을 강조하여 부모의 경제적 지원의 결핍은 아동의 발달 기회를 제한한다고 말한다. 구체적으로는 부모는 아동의 인적 자본 향상을 위해 시간과 자금을 투자하며, 이러한 투자는 주로 교육, 건강, 주거, 음식 등의 형태로 아동의 미래에 영향을 미칠 수 있다는 것이다. 즉, 빈곤한 부모는 생계를 위해 자원의 대부분을 소비해야 하기 때문에 아동발달을 향상시키기 위한 시간, 자본, 에너지를 갖지 못해 아동에 대한 투자자원이 부족하게 되고, 이는 아동에게 부정적 영향을 준다는 것이다.

(4) 가족과정모델(Family Process model)[4]

가족과정모델에서는 특히 아동의 삶에서 가장 많은 영향력을 미치는 가정과 주양육자인 부모에 초점을 맞추어 빈곤을 분석한다. 빈곤이 부모의 스트레스를 가중시키며, 아동에 대한 지원과 관심을 가질 부모의 능력을 감소시킨다고 말한다. 즉, 경제적

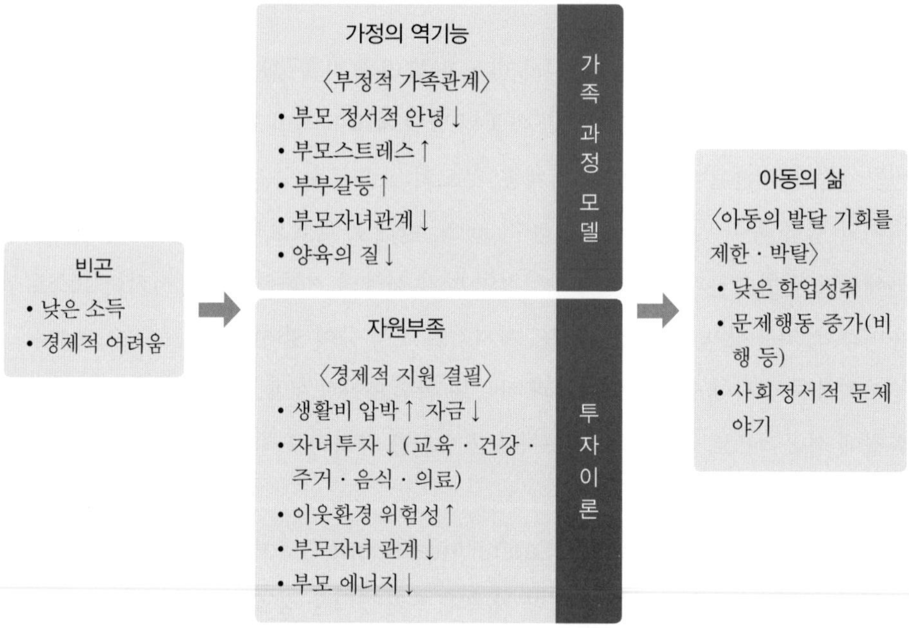

[그림 9-4] 아동빈곤의 영향경로

출처: 김효진(2008), p. 39.

4) 이 내용은 김효진(2008)에서 발췌함.

빈곤과 열악한 환경에서 오는 자극으로 인해 부모의 스트레스는 높아지며, 이러한 스트레스는 열악한 생활조건에서 벗어나기 쉽지 않을 것이라는 불확실한 미래로 인해 가중된다. 높은 스트레스는 다른 가족 구성원에 대한 이해부족, 책임전가 등 불화를 일으키는 요인으로 작용하고, 이러한 갈등은 결국 부적절한 양육행동으로 이어져 아동에 대한 교육적, 사회적 기회를 제한한다고 보고하고 있다.

2) 빈곤이 아동의 발달환경에 미치는 영향

(1) 개인

빈곤은 대부분의 사람들의 삶에 부정적인 영향을 미치지만, 특히 아동빈곤은 아동기 신체, 정서, 인지 발달 등 모든 영역의 발달에 있어 결정적 시기라는 점에서 더욱 심각한 영향을 미친다(김효진, 2008). 빈곤가정의 아동일수록 식습관이 불규칙하고 인스턴트식품 등의 섭취가 높은 반면, 단백질, 섬유소, 비타민 등 건강에 필요한 영양소 섭취는 부족하며, 건강증진습관 등이 부족해 이로 인해 질병 발생 가능성이 높다(성경숙, 2005).

또한 열악한 주거 환경은 환기가 어려워 벽에 낀 곰팡이 냄새와 탁한 공기로 두통이 자주 발생하거나, 바퀴벌레와 모기 등 벌레 유입이 늘면서 피부병 등을 유발시키며, 창고처럼 쓰이는 방, 이성 가족이 함께 생활하는 좁은 집은 심리정서에도 악영향을 미친다(배성우, 2023). 뿐만 아니라, 과밀 공간 탓에 신체 접촉이 잦게 되면서 아동의 신체학대나 성추행 피해 가능성이 높아져 안전의 위협도 느낀다.

인지능력을 향상할 수 있는 책이나 장난감, 컴퓨터 등을 구매하는 데에 어려움을 겪으므로 인지발달을 자극하지 못함으로 인한 부정적인 영향을 받을 수 있다(정은희 외, 2013). 정서・행동과 관련하여서도 아동이 장기간에 걸쳐 연속적인 빈곤을 경험할수록, 보다 초기에 빈곤을 경험할수록 그리고 빈곤의 정도가 심할수록 우울과 불안 같은 부정적 정서나 공격성, 비행과 같은 문제행동의 수준이 높아지는 것으로 나타난다(김광혁, 2010).

(2) 가정[5)]

아동·청소년은 독립된 성인으로 건강하게 성장하기까지 성인의 보호에 의존적인 존재일 수밖에 없다. 따라서 아동의 보호와 양육에 관한 일차적인 책임은 부모가 맡게 된다. 빈곤한 가정에서는 경제적 어려움으로 스트레스 수준이 높고, 이는 가정폭력과 부부불화로 이어져 자녀의 양육태도에도 영향을 미친다. 실제 빈곤가정의 부모는 일반가정의 부모에 비해 방임과 부적절한 양육태도를 가질 확률이 높은 반면, 아동에 대한 감독 수준은 낮은 것으로 나타난다. 또한 빈곤아동·청소년은 부모가 수행해야 할 역할을 대신 맡게 되는 등 일반적인 아동의 역할 이외에 가사 부담을 더 맡게 될 가능성이 있다. 이러한 열악한 환경에서 자라난 아동은 자존감이 낮고, 공포불안, 대인예민성, 우울, 불안, 적대감, 강박증 등을 보이기도 하며, 공격성, 비행 등 외현화 문제행동 수준 역시 높다.

(3) 학업성취 및 학교생활

빈곤은 부모가 아동·청소년의 발달에 대해 경제적으로 지원할 수 있는 가능성을 상대적으로 제한하고, 이는 공교육, 사교육, 학습도구의 구입 등 아동·청소년의 학업성취도와 관련된 교육기회도 제한하여 아동·청소년의 학업성취에 부정적인 영향을 미칠 수 있다. 빈곤가정에서는 아동·청소년에게 독립적인 공부방 등 적절한 학습공간을 제공하거나 학업에 필요한 물품이나 자료제공을 하지 못하여 학업성취를 저해하기도 하며, 부모의 낮은 교육수준은 부모들의 자녀양육방식 및 자녀교육태도에 영향을 주고 이는 다시 아동의 학업성취 및 자아존중감에 영향을 주기도 한다.

또한 아동기에 또래지지는 아동의 사회·정서적 적응에 영향을 미치는데, 빈곤아동·청소년은 문제해결에서 언어적인 방법보다는 물리적 방법을 선호하며, 친구들을 때리고, 욕을 하고, 질서를 지키지 않는 등의 이유로 친구 및 교사들과의 관계가 원활하지 않을 수 있다. 이러한 특징을 보이는 아동·청소년들은 특히 또래집단과의 관계에서 소외되기 쉬우며, 또래집단으로부터 소외된 공격적 아동은 일반 공격적 아동보다 훨씬 더 만성적 비행에 빠져들 위험이 높다(모상현 외, 2009).

---

5) 가정, 학교생활, 지역사회 환경이 아동의 발달에 미치는 영향은 모상현, 김영지, 김희진, 정익중(2009)을 참고하여 작성함.

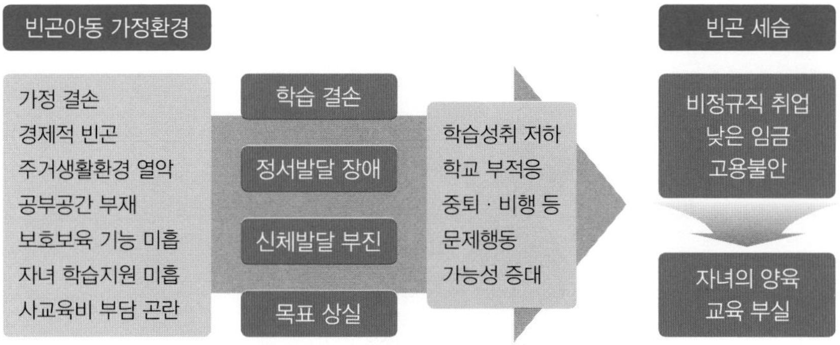

[그림 9-5] 빈곤아동의 가난 대물림 경로

출처: 주식회사 smate(2018)의 '보건복지부 지역사회투자서비스 아동 · 청소년 비전형성 지원 서비스.ppt' 자료에서 '빈부격차 · 차별시정위원회'의 자료를 재구성한 것을 사용함.

(4) 지역사회 환경

빈곤가정의 부모들은 그들 가족이 살 지역사회나 자녀들이 갈 학교를 선택함에 있어 제한을 받기 쉽다. 따라서 빈곤 때문에 지역사회 해체(social disorganization)나 사회적 소외(social isolation)로 특징 지워지는 지역사회에 거주하는 경우가 많다. 지역사회 해체는 범죄, 실업 등으로 그 지역사회에 사는 아동 · 청소년에 대한 집합적인 지도감독이 불가능하며 지역사회 구성원들 간의 비공식적인 네트워크가 부족한 경우를 말한다. 사회적 소외는 주류사회를 대표하는 기관이나 개인과의 상호작용의 부족으로 그 지역사회에 사는 아동이 따를 만한 역할모델이 존재하지 않고 문화적 학습기회를 상실하는 것을 말한다. 이러한 지역사회에 살게 되면 긍정적 역할모델의 결핍과 부정적 역할모델의 과잉, 사회적 자본(social capital)의 부족과 사회규범의 약화 등으로 비행과 반사회적 행동에 빠져들 위험이 더욱 커지게 된다(모상현 외, 2009).

4. 아동빈곤 관련 복지서비스 현황

아동빈곤정책은 핵심적으로 '빈곤한 아동가구와 아동에게 표적화된 각종 현금급여와 서비스'이다. 좀 더 포괄적으로 말해서 이들 가구가 접근할 수 있는 보편적 급여와 서비스 또한 아동빈곤정책에 포함될 수 있다(여유진 외, 2017).

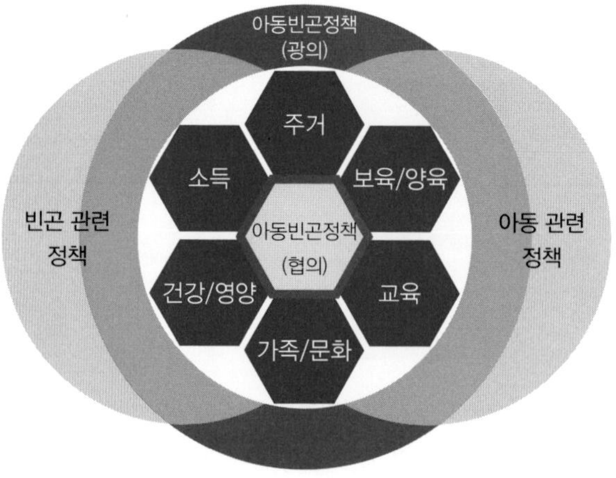

[그림 9-6] 아동빈곤정책의 영역과 범위

출처: 여유진 외(2017), p. 86.

1) 공적 소득이전

(1) 양육비 지원: 아동수당, 부모급여, 가정양육수당

2018년 도입된 아동수당제도는 아동의 기본적인 권리와 복지를 증진하고 아동 양육에 따른 경제적 부담을 줄이기 위한 목적으로 아동과 양육가구 지원을 위해 운영되는 기본적인 사회복지제도이다(홍민지, 2019). 현재 OECD 가입국 대부분이 고령화 및 저출생 문제를 해결할 가족지원 정책으로 운영 중이다. 2018년 도입 당시 여러 논란에도 불구하고 소득 및 재산 상위 10%를 제외한 하위 90%에만 지급되었으나, 2019년 9월부터는 만 7세 미만 모든 아동을 대상으로 아동수당을 지급하고 있다. 현재에는 만 8세 미만 아동(0~95개월)이 있는 가정에 아동 1인당 월 10만 원의 아동수당을 지급하고 있다.

부모급여는 기존의 영아수당을 개편하여 만 2세 미만 아동에 대해 가정양육, 시간제보육 등에 사용하거나 어린이집 이용, 종일제 아이돌봄 서비스를 이용할 수 있도록 지원되는 월 단위 보편수당이다. 2024년 기준 만 0세 아동을 돌보는 가정에 월 100만 원, 만 1세를 돌보는 가정은 월 50만 원의 급여를 지급하고 있다. 만 0세 아동이 어린이집을 이용하고 있다면 부모급여에서 어린이집 보육료를 차감한 뒤 지급한다.

가정양육수당은 2008년 영유아보육법의 일부 개정 당시 보육시설서비스를 이용하지 않는 영유아가 있는 가정에 가정양육수당을 제공하도록 하여 2009년 양육수당이 본격적으로 시행되었다(정경희 외, 2020). 양육수당은 보육시설 미이용 영유아에 대한 형평성 제고와 부모에게 시설이용과 가정양육에 대한 선택권을 부여한다는 측면에서 도입되었다. 대상은 어린이집·유치원(특수학교 포함)·종일제아이돌봄 서비스를 이용하지 않는 취학 전 최대 86개월 미만 영유아를 대상으로 하며, 2022년에는 부모급여 도입에 따라 24개월부터 월 10만 원의 수당을 지원한다.

(2) 보육료 지원

우리나라에서는 만 0~5세 어린이집 이용 영유아에 대한 보육료 지원을 통해 부모의 자녀양육 부담경감과 원활한 경제활동을 지원하고 있다. 만 0~5세 아동이 유치원에 가는 경우, 소득과 상관없이 보육료를 지원받는다. 만 0~2세는, 소득무관 모든 아동이 전액 지원받으며, 추가적 돌봄이 필요한 영유아가 연장보육 이용 시 시간당 연장보육료를 추가 지원하지만, 이 경우는 연장보육 신청 사유를 검토하여 연장보육 서비스 필요 정도를 판단한 경우에 한하고 있다. 누리과정 대상인 만 3~5세의 경우에는 월 28만 원을 지원받으며, 장애 아동은 누리장애아보육료를 통해 월 55만 9천 원을 지원받을 수 있다.

(3) 자녀장려세제(Child Tax Credit: CTC)

자녀장려세제는 자녀장려금이라고도 불리며, 부부합산 총소득이 일정 수준 이하이면서 자녀가 있는 저소득 가구를 대상으로 자녀 수에 따라 현금급여(자녀장려금)를 차등 지급하여 출산 및 자녀양육을 지원하기 위한 제도이다. 2014년「조세특례제한법」개정 후 2015년 1월 1일부터 자녀장려금을 지급하고 있다. 자녀양육을 지원하기 위해 총소득(부부합산) 7,000만 원 미만이면서 부양자녀(18세 미만)가 있는 경우 1인당 최대 100만 원(최소 50만 원)을 지급한다. 최초 도입 당시 1인당 50만 원이었다가 2018년 세법개정안 발표에서 1인당 70만 원으로 상향조정했으며, 2022년 세제개편안 발표 통해서 1인당 70만 원에서 80만 원으로 인상했다.

자녀장려세제의 도입은 정부가 아동이 있는 가구에 대하여 실질적으로 소득을 보전하여 줌으로써 아동빈곤을 예방하고 저소득층에 대한 소득불평등을 개선하고자 하였다는 점, 조세를 통한 복지기능과 조세제도의 소득재분배 기능을 강화했다는 점에서 정책적 의의가 있다(행정안전부 국가기록원 홈페이지, 2024).

(4) 디딤씨앗통장(아동발달지원계좌: CDA(Child Development Account))

디딤씨앗통장은 취약계층 아동이 사회에 진출할 때 필요한 초기비용 마련을 지원하고자, 정부에서 운영하는 유일한 아동자산형성 지원사업이다. 저소득층 아동의 사회진출 시 학자금 · 취업 · 창업 · 주거마련 등에 소요되는 초기비용 마련을 위한 자산형성을 적극적 · 장기적으로 지원할 필요성에 따라 2007년 4월부터 미래 성장 동력인 아동에 대한 사회투자로 빈곤의 대물림을 방지하고 건전한 사회인 육성을 위해 추진되고 있다.

보호대상아동 및 기초생활수급가구 아동 가입 시부터 만 18세 미만까지 지원하고 있으며, 아동이 후원자 또는 보호자의 도움 등으로 적립 시 월 5만 원 내의 범위(최대 적립금액은 월 50만 원)에서 1:2로 매칭하여 국가(지자체)가 월 10만 원 내로 지원하고 있다. 추가 매칭과 관련하여서는 아동(보호자, 후원자 등)은 월 최대 50만 원(연간 600만 원)까지 적립이 가능하나, 월 5만 원을 넘는 추가 적립액에 대한 국가 매칭은 불가(매칭지원금은 월 최대 10만 원)하다.

2) 복지서비스

(1) 드림스타트[6)]

드림스타트는 아동의 건강한 성장과 발달을 도모하여 취약계층 아동에게 공평한 출발기회를 보장하고, 나아가 빈곤의 대물림을 방지하기 위해 보건복지부가 2007년 희망스타트 시범사업이라는 명칭으로 시작하였다. 기존의 아동복지서비스가 문제 발생 후 단편적이고 치료적인 면에 초점을 두었다면, 드림스타트는 문제가 발생하기 전에 통합적인 사례관리를 통하여 문제발생을 예방하는 사전적이고 능동적인 복지를 추구하는 아동복지서비스이다. 2007년 16개 시 · 군 · 구에서 시범사업으로 출발하였으며, 2008년에는 드림스타트로 사업명을 변경하였고, 2015년에는 전국 229개

6) 이 내용은 보건복지부(2022a)의 내용을 참고하여 작성함.

시 · 군 · 구에 보급이 완료되었다. 2021년 말 기준, 10만 8,047가구, 16만 2,451명의 아동이 서비스를 지원받았다.

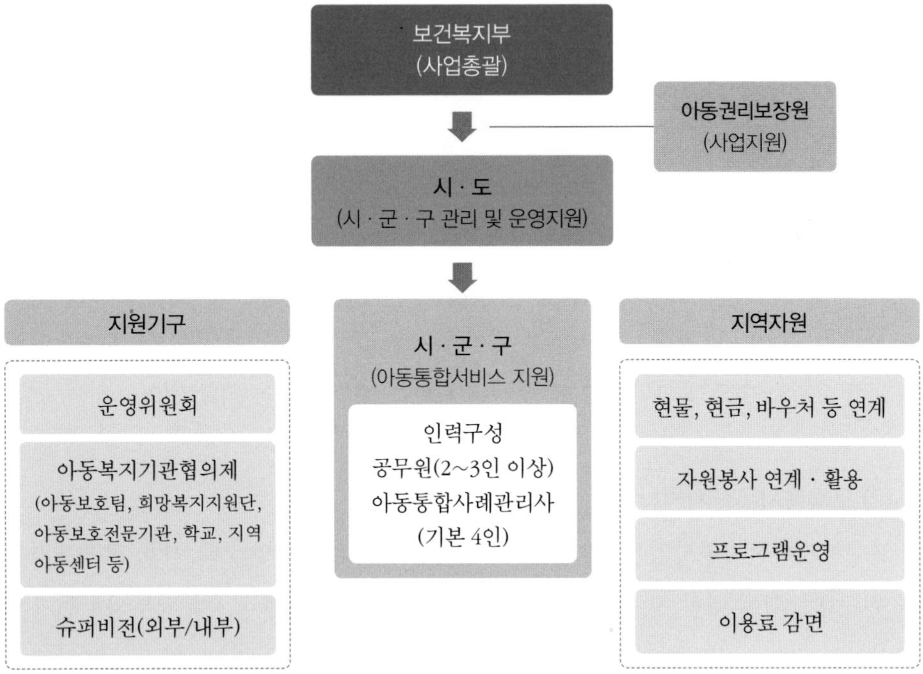

[그림 9-7] 드림스타트 사업 추진체계 및 절차도

출처: 보건복지부(2022a), p. 352.

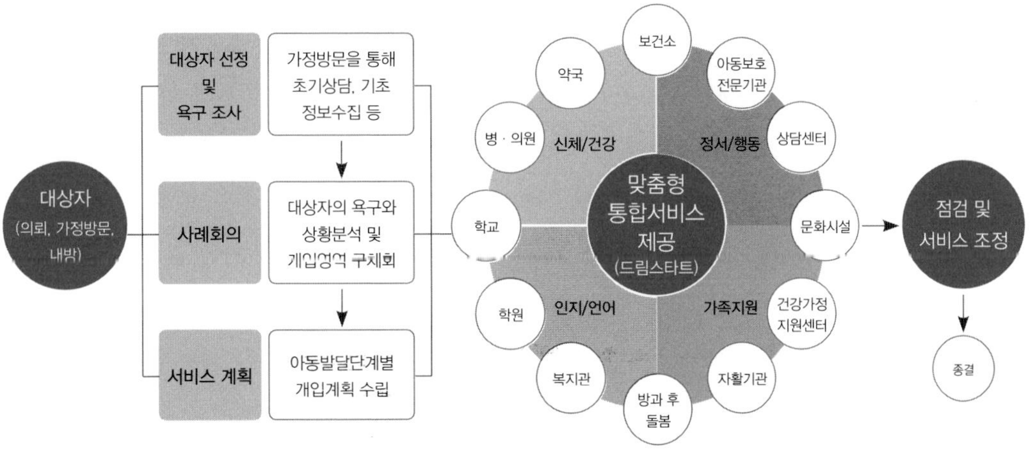

[그림 9-8] 통합서비스지원 및 자원연계 절차

출처: 보건복지부(2022a), p. 353.

드림스타트는 아동 중심의 맞춤형 통합서비스 제공을 지향하고 있다. 기초수급 또는 차상위계층 등 아동(0~12세)과 그 가족, 임산부를 대상으로 아동에게는 건강·복지·보육·교육 등 맞춤형 통합서비스를, 부모에게는 부모교육 프로그램 및 직업훈련·고용 촉진 서비스 등을 연계·제공한다. 이는 아동의 변화와 함께 가족체계의 변화까지 고려하는 생태학적 접근에 근거하여 아동의 전인적 발달을 도모하고 동시에 가족기능 회복을 통해 안정적이고 공평한 양육여건이 보장될 수 있도록 하는 것이다.

보건복지부는 드림스타트 사업을 총괄하고 시·군·구는 드림스타트를 운영하고 있다. 2012년까지 민간전문인력을 통해 운영되었지만, 2023년에는 전담공무원 3명, 아동통합사례관리사 기본 4인 이상이 사업을 운영하고 있다. 드림스타트 사업의 주요 내용은 지원이 필요한 대상아동을 발굴하고 가정방문을 통해 아동과 그 가족에게 필요한 서비스 수요를 파악하고 지역 자원(서비스)과 연계하는 역할이다.

(2) 교육복지우선지원사업[7)]

교육복지우선지원사업은 IMF 외환위기 이후 심화된 사회양극화, 특히 교육불평등과 빈곤대물림에 대한 정책적 대응으로 시작되었다. 2003년 교육복지투자우선지역지원사업이라는 이름으로 중앙정부가 시범사업으로 시작하였으며, 저소득층 학생을 비롯한 교육취약계층의 학생들을 중심으로 학습, 문화·체험, 심리·정서, 복지 등의 지원을 실시하였다. 이 사업의 목적은 모든 아동·청소년이 학령기에 갖추어야 할 기본생활습관, 기초학습능력, 자기주도적 학습능력, 사회적 관계형성능력 등을 갖출 수 있도록 필요한 것을 가정-학교-지역사회를 연결하여 통합적으로 제공하는 것이다.

현재 교육부가 사업을 담당하고 있으며, 취약계층 학생이 밀집한 학교를 지정하여 집중 지원하기 때문에 대상 학교의 재학생 모두가 사업 대상이 된다. 기본적인 교육만 제공하는 것은 아니며, 학습분야와 관련하여서는 일대일 학습, 대학생 멘토링, 방과 후 학교프로그램, 방학 중 캠프 등을 통한 지원, 문화·체험과 관련해서는 예술제, 축제, 동아리, 자원봉사활동, 박물관 및 미술관 견학 등, 심리·심성 분야는 학생상담 및 심리 검사, 심리 치료, 학교 부적응 예방 프로그램 참여 등을 지원하고 있다. 또한

---

7) 이 내용은 김진숙(2020)의 내용을 참고하여 작성함.

치과 · 안과 치료, 학습준비물 지원, 가정방문, 간식비 지원 등을 통한 복지 등 다양한 지원을 종합적으로 실시하고 있다.

본 사업에서는 학교 내 교사인력 이외에 사업을 추진하기 위해 외부전문인력을 활용하고 있으며, 인근 보건소, 의료기관 등 주변 기관과 협력하여 서비스를 제공한다.

(3) Wee 프로젝트

'Wee 프로젝트'는 2008년부터 학교-교육청-지역사회의 긴밀한 협력으로 위기학생 예방 및 종합적인 지원 체제를 갖춘 학교 안전망 구축사업으로, 학교부적응 학생을 해소하고, 학교생활지원서비스를 통해 학생 개인의 역량을 극대화시키는 것을 목적으로 한다. Wee는 We(우리)+education(교육)+emotion(감정)의 합성어이며, 학생들의 적응력 향상을 위한 다양하고 전문적인 상담 서비스를 제공하고 있다. Wee는 고위기 학생뿐만 아니라 다양한 고민 및 학교생활에 어려움이 있는 일반 학생, 학부모, 교사 모두 이용이 가능하며, 별도의 이용료는 없다(교육부, 2013).

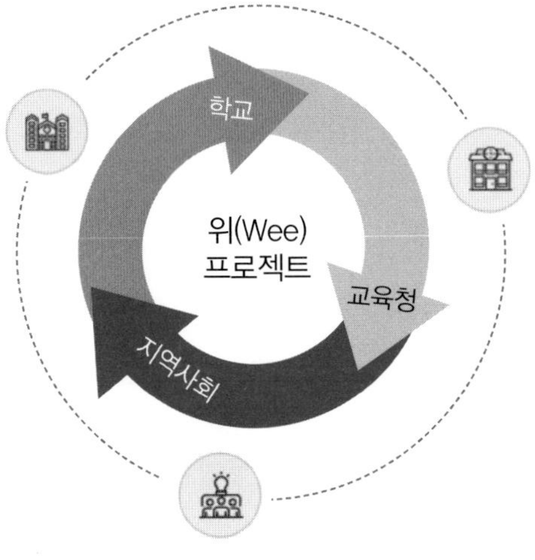

-학교에는 위(Wee)클래스
-교육지원청에는 위(Wee)센터
-교육청에는 위(Wee)스쿨
-가정형 위(Wee)센터, 병원형 위(Wee)센터 학교폭력 피해학생 전담지원기관, 학교폭력 가해학생특별교육이수기관 117신고센터 등이 개설되어 있다.

[그림 9-9] 위(Wee) 프로젝트

출처: 한국청소년정책연구원 위(Wee) 프로젝트 연구 · 지원센터 홈페이지(2023).

표 9-3 Wee프로젝트 추진체계 및 역할

추진체계	하는 일
위(Wee) 클래스	학생이 재학하고 있는 소속 학교의 상담실을 통해 상담 · 교육 프로그램 운영 • 대상: 학생 • 지원내용: 상담, 교육, 연계
위(Wee) 센터	지역 내 인적 · 물적 자원 연계망을 활용하여 심리평가-상담-치유를 위한 one-stop 서비스 제공 • 대상: 관내 위(Wee) 클래스가 없는 학교 학생, 위(Wee) 클래스에서 상담 받기 어려운 학생, 위(Wee) 클래스에서 연계한 학생 • 지원내용: 개인상담, 집단상담, 전화상담, 온라인상담, 순회상담, 심리검사, 특색사업 및 행사, 자문, 연계, 교육, 홍보
위(Wee) 스쿨	상담을 비롯한 인성 · 직업교육 및 사회적응 프로그램 등을 제공하는 대안교육기관 겸 중 · 장기 위탁기관 • 대상: 중 · 장기 위탁 교육, 상담, 치유가 필요한 고위기 학생 • 위탁기간: 협의 기간에 따른 단기 대안교육, 최소 1주에서 최장 2년까지 위탁 가능
가정형 위(Wee)센터	보호 · 상담 · 교육을 통해 학생의 적응 환경을 개선하여 가정 및 학교 복귀를 지원하는 중 · 장기 위탁기관 • 대상 -학교적 위기 학생: 장기결석, 등교거부, 학교폭력 가 · 피해 -개인 · 사회적 위기 학생: 정서행동 문제, 은둔형, 범죄, 가출 등 기숙형 보호가 필요한 학생 -가정적 위기 학생: 가정폭력, 학대 · 방임, 빈곤, 가정해체 등 • 위탁기간: 3개월(필요시 연장 가능) • 지원내용 -보호: 생활지도(의식주, 개인위생, 청소), 야간 생활지도, 의료 관리(약물 복용, 통원치료) -상담: 입소상담, 보호자 · 담임 · 상담교사 상담, 가정 방문, 추수상담, 가정 · 학교 적응 상담 -심리검사: 종합심리평가, 심층평가 -교육: 위탁교육과정에 의한 공통교과(재적학교 등교 또는 방송통신 원격수업), 대안교과(감성, 진로, 자치, 생활기술 과목), 창의적 체험활동(동아리, 봉사), 학부모교육 -사후관리: 홈커밍데이, 가족캠프, 가정 복귀 연습, 복교 준비, 퇴소 상담, 사후 모임 등 적응 훈련

병원형 위(Wee)센터	심리적 · 정서적 어려움을 겪고 있는 위기 학생들에게 상담 · 교육 · 치료와 의료 자문뿐만 아니라, 필요한 경우 전문의의 병원 치료까지 지원하는 위탁 치료형 대안교육 위탁기관 • 대상: 심리적 · 정서적 어려움으로 학교 적응에 어려움이 있고 치료가 필요한 학생 • 지원내용 –상담: 주 호소 문제에 따른 전문의 상담, 개인상담, 양육자상담 –기초 건강검진, 심리검사 –담임/연계기관 실무자 회의 –교육: 학교 복귀를 위한 교과학습 진행 –심리치료 프로그램: 음악치료, 미술치료, 놀이치료 –체험활동: 다양한 직업체험 활동, 공예, 놀이 야외활동, 재난대비 체험형 안전교육활동 • 이용절차 1 의뢰(보호자, 학교) ▶ 2 접수 ▶ 3 서류검토 및 면접 ▶ 4 입교판정위원회 ▶ 5 적응 · 평가기간 ▶ 6 입교확정 ▶ 7 기초검사 ▶ 8 위탁교육 실시 ▶ 9 복교 준비 · 평가 ▶ 10 복교 ▶ 11 추수관리

출처: 한국청소년정책연구원 위(Wee) 프로젝트 연구 · 지원센터 홈페이지(2023).

(4) 월드비전 '꿈꾸는아이들' 사업

월드비전 '꿈꾸는아이들' 사업은 국내 취약계층아동이 성장 단계에 따른 맞춤형 통합 프로그램과 경제적 도움을 통해 위기에서 보호받고 꿈을 찾아 도전하며 나누는 사람으로 성장하도록 돕는 월드비전 국내 대표사업이다. 해당 사업은 '위기아동 지원사업' '아동영양 지원사업' '꿈 지원 사업'의 3개 사업으로 구성되어 있다.

'위기아동 지원사업'은 위기 상황에 처한 가정(질병, 실직, 이혼, 가정폭력, 재해, 가구주 소득원의 사망, 가출 등)에 필요한 지원을 제공하여, 아동과 가정이 위기 상황을 이겨낼 수 있도록 한다. 지원 내용은 긴급위기 지원, 위생용품 지원, 난방비 지원, 가정폭력 피해아동가정 자립 지원, 저소득층 희귀난치성 질환 아동 의료비 지원 등이며,

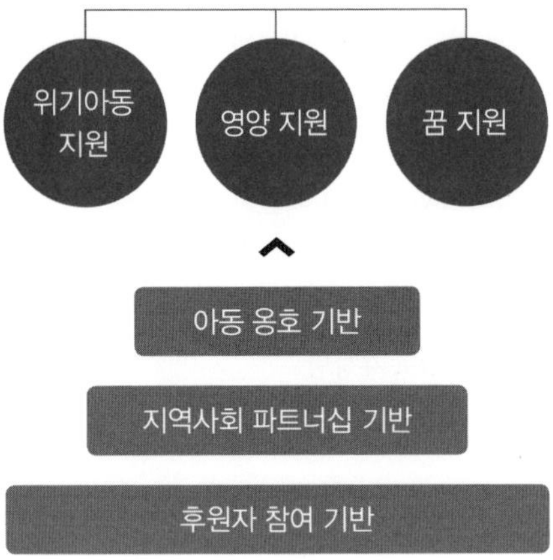

[그림 9-10] 월드비전 꿈꾸는아이들 사업

출처: 월드비전 홈페이지(http://www.worldvision.or.kr).

관련 기관과 긴밀하게 협력하며 필요한 지원을 신속하게 전달한다.

'아동영양 지원사업'은 빈곤가정의 아동에게 하루에 한 끼 영양가 있는 식사를 제공하여 건강하게 성장하도록 돕는 사업으로, 전국 2,000여 명에게 주 5일 1식 3찬의 영양도시락을 지원하는 '사랑의도시락', 아동 스스로 올바른 식품을 선택하여 섭취할 수 있도록 힘을 기르는 아동영양교육 프로그램 '쿡n쑥쑥', 교육지원청, 학교와 협력하여 따뜻한 아침을 제공하는 조식지원사업 '아침머꼬' 사업을 운영하고 있다.

'꿈 지원 사업'은 어려운 가정의 아동이 꿈을 꾸고 도전하며 나누는 사람으로 성장할 수 있도록 성장 단계별로 지원하는 사업이다. 다양한 진로 프로그램을 운영하여 아동의 비전을 구체화시키고, 꿈이 보다 구체적이고 명확한 '꿈꾸는아이들'에게는 경제적인 지원을 통해 꿈을 포기하지 않도록 하고 있다. 또한 '전문 멘토와의 만남' '꿈 발표회'를 운영하여 꿈에 대한 확신과 자신감을 가지고 지속하도록 하고 있다.

5. 아동빈곤 서비스의 개선과제[8)]

1) 차상위 아동에 대한 지원 확대

차상위 아동에 대한 급여 확대와 더불어, 차상위기준의 상향 조정이 검토될 필요가 있다. 박탈지표방식을 통해 박탈이 빈발하는 가구의 소득기준선과 중위소득을 비교한 결과, 아동이 있는 한부모가구(3인가구)와 부부가구(4인가구)에서 대체로 절대적인 박탈은 중위소득 47~48%에서, 전반적인 박탈은 중위소득 60% 내외에서 꺾이는 지

8) 이 내용은 여유진(2018)의 내용을 참고하여 작성함.

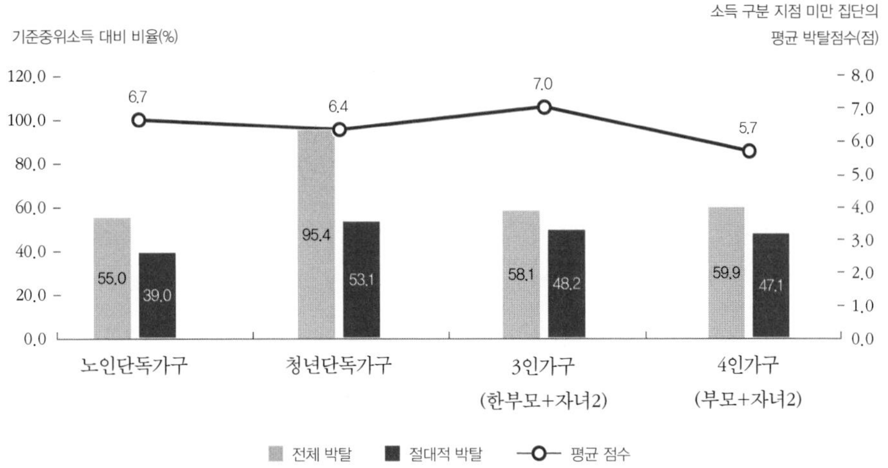

[그림 9-11] 가구 유형별 박탈방식에 의한 최저생계비의 기준중위소득 대비 비율
출처: 여유진(2018), p. 37.

점이 발생하는 것으로 나타났다. 즉, 이 지점 이하 소득에서 절대적·상대적 박탈 가능성이 체계적으로 더 높게 나타남을 의미한다. 이러한 결과는 차상위기준을 현재의 기준중위소득 50%에서 기준 중위소득 60% 정도로 상향 조정할 필요성이 있음을 시사한다. 특히 아동빈곤 관련 많은 정책과 제도가 차상위기준을 준용하고 있는 만큼, 박탈이 일어남에도 불구하고 사각지대에 남아 있는 아동이 최소화되도록 차상위기준의 상향 조정이 추진될 필요가 있다.

2) 아동의 발달 단계를 고려한 통합 프로그램 운영

발달 단계별로 예방적이고 통합적인 프로그램 개발과 시행이 필요하다. 아동의 발달 단계마다 유사한 프로그램들이 산재해 있지만, 이를 아동 발달 단계별로 통합적·체계적으로 관리하는 시스템이 부재하다 해도 과언이 아니다. 통합사례관리(드림스타트)가 시행되고 있지만, 초등학교 단계까지 지역사회 차원에서의 개입이 이루어질 뿐, 이후 단계와의 연결성과 학교, 가정, 의료체계 등과의 연계가 부족하다. 이와 관련하여 '할렘 어린이를 위한 지역(The Harlem Children's Zone: HCZ)'[9] 프로그램과 같

9) HCZ 프로그젝트는 변화를 위한 원칙으로 ① 지역 전반의 변화를 통한 아동·청소년의 성장 지원 원칙,

은 해외 사례를 벤치마킹할 필요도 있다. 이 프로그램은 특정 시기, 특정 기간, 특정 대상에 제한적으로 프로그램을 제공 방식이 아니라 지역사회 생태계 질 개선을 추구하는 총체적인 접근을 하고 있기 때문이다(류방란 외, 2013). 아동의 발달 단계를 영유아, 초등학교, 중학교, 고등학교, 대학교 단계로 나누고, 전체적으로는 가족, 지역, 학교 그리고 건강지원을 결합하는 방식으로 단계마다 체계적인 프로그램을 지원함으

표 9-4 HCZ 파이프라인의 주요 프로그램

<table>
<tr><th></th><th>영유아</th><th>초</th><th>중</th><th>고</th><th>대학</th></tr>
<tr><td rowspan="7">아동청소년</td><td colspan="4">K−12 차터스쿨(프라미스 아카데미), 공립학교</td><td rowspan="7">대학생활 성공지원 (The College Success office, CSO)</td></tr>
<tr><td></td><td colspan="3">학생별 학업 집중 관리(Academic Case Management)</td></tr>
<tr><td></td><td></td><td>트루스(TRUCE)− 건강과 영양</td><td>트루스(TRUCE)− 예술과 미디어</td></tr>
<tr><td></td><td></td><td colspan="2">대학준비(College Preparation Program)</td></tr>
<tr><td></td><td>방과후</td><td>방과후</td><td>취업 학습 (Learn to Earn) 취업, 기술 지원 (Employment & Technology Center)</td></tr>
<tr><td></td><td colspan="3">건강증진 프로그램, 영양교육</td></tr>
<tr><td></td><td></td><td>탈락자 재기 (A Cut Above)</td><td></td></tr>
<tr><td rowspan="4">가족</td><td>취학준비</td><td colspan="3">차터스쿨 아동−부모 교실(The Three Year Old Journey)</td><td rowspan="4"></td></tr>
<tr><td>부모대학</td><td></td><td colspan="2">대학행 여정(Journey to College)</td></tr>
<tr><td></td><td colspan="3">할렘아동 건강 프로젝트(Harlem Children's Health Project)</td></tr>
<tr><td colspan="4">가족유지(Keeping families together), 가족개발(The Family Development Program), 무단결석 방지(Truancy Prevention)</td></tr>
<tr><td>지역</td><td colspan="5">지역 자긍심(Community Pride), HCZ 시민문화센터, 주민지원센터(Single Stop), 할렘 피스메이커, 천식관리 지원 등</td></tr>
</table>

출처: 류방란 외(2013), p. 178.

② 생애 단계에 적합한 통합적 접근 원칙, ③ 건전한 지역 공동체 형성의 원칙, ④ 프로그램 성과 평가의 원칙, ⑤ 성공의 문화 풍토 형성 원칙의 다섯 가지를 강조한다.

로써 큰 성과를 거두고 있다. 본 프로그램은 아동 청소년의 성장과 발달을 위한 지역사회 만들기를 표방하고 있으나 실제로 이루어지고 있는 활동들은 아동에 국한된 것이 아니라 아동 청소년의 성장 발달에 핵심적인 기능을 수행하는 가정과 지역사회의 변화를 꾀하고 있다. 사회이동이 약화되고 빈곤의 대물림이 강화되는 현실에서 취약계층 아동에 대한 좀 더 포괄적이고 통합적인 지원이 강화될 필요가 있다.

3) 수요자 중심 접근

동양적 문화는 서구보다 좀 더 권위주의적이어서, 아동을 권리의 주체보다는 보호와 훈육의 대상으로 간주하는 경향이 강하다. 물론 발달 단계에 있고, 더구나 질풍노도의 시기를 거치는 아동이 스스로 권리의 주체로 서야 한다는 데는 이견이 있을 수 있다. 하지만 본인들의 진정한 욕구나 필요, 능력과 무관하게 어른들이 필요하다고 생각하는 프로그램 위주로 아동 관련 정책이 수립되는 것은 분명 문제로 지적될 수 있는 부분이다.

적어도 아동과 관련한 정책을 수립할 때는, 그것이 표출된 욕구이든 잠재적 욕구이든 간에 아동의 목소리를 반영하는 공식 · 비공식적 통로를 다양하게 확보하는 것이 필수적이다. 아동 실태조사, 아동 욕구조사, 포커스 그룹 인터뷰, 각종 프로그램을 수급하는 아동에 대한 심층 수요와 만족도 파악 등을 통해 아동의 진정한 필요와 욕구를 반영할 수 있도록 해야 한다.

4) 아동빈곤정책의 통합적 · 체계적인 추진을 위한 컨트롤 타워 구축

아동빈곤 관련 정책 중 소득, 보건의료, 보육과 돌봄 등의 영역은 주로 보건복지부 소관이며 한부모가족과 다문화가족 정책, 학교 밖 청소년 관련 정책은 여성가족부, 교육복지 영역은 교육부와 지자체 교육청, 주거 관련 정책은 국토부 소관 등으로 흩어져 있다. 일선 전달체계만 하더라도 드림스타트, 지역아동센터, 희망복지지원단은 보건복지부, 방과 후 학교, 초등돌봄교실, Wee 프로젝트 등은 교육부, CYS-Net, 청소년 방과 후 아카데미 등은 여성가족부 소관으로 되어 있다.

다양한 영역별로 전담 부처가 다른 점은 어찌 보면 불가피하다. 그렇다 하더라도 정책이나 제도 간에 상호 연계나 소통의 통로가 거의 열려 있지 않다는 점과, 일관된 방향성과 목표를 가지고 정책이 계획되고 수행되지 못한 점 그리고 이러한 방향과 목표를 설계 · 평가 · 피드백하는 컨트롤 타워가 부재한 점은 문제로 지적될 수 있다. 이에 아동빈곤정책을 통합적으로 검토하고 흐름을 포착하며 일관되게 사업을 이끌 수 있는 컨트롤 타워가 필요하다. 영역별로 상당한 중복과 누락도 발견된다는 점에서 이러한 컨트롤 타워를 둠으로써 예산 효율성을 제고하는 효과도 노릴 수 있을 것이다.

제10장

아동학대

1. 아동학대의 개념과 유형

최근 아동학대에 대한 사회적 인식이 확대되면서 아동학대가 더 이상 가족문제가 아닌 사회문제라는 것을 인정하고 이로 인해 신고자 비율이 증가하고 있으나 아동학대와 아동이 재학대를 당하는 사례는 매년 증가하는 추세다.

한편 우리 사회는 2021년 1월 「민법」 제915조의 징계권 조항을 폐지하는 등 아동을 보호하기 위한 대책을 마련하고 있으나, 보건복지부가 발표한 아동학대 연차보고서를 보면 지난해 아동학대로 사망한 아동이 50명으로 전년(40명)에 비해 25% 증가했다. 이에 본 장에서는 아동학대의 개념과 유형, 원인 및 결과, 아동학대의 현황과 관련 정책을 살펴보고 이에 대한 사회복지실천에서의 개선방안을 제시하고자 한다.

1) 아동학대의 개념

우리나라 「아동복지법」 제3조 제7호에 의하면 아동학대를 "보호자를 포함한 성인이 아동의 건강 또는 복지를 해치거나 정상적 발달을 저해할 수 있는 신체적 · 정신적 · 성적 폭력이나 가혹행위를 하는 것과 아동의 보호자가 아동을 유기하거나 방임하는 것을 말한다."고 정의하고 있다. 아동복지법의 목적은 "아동이 건강하게 출생하여 행복하고 안전하게 자랄 수 있도록 아동의 복지를 보장하는 것이고, 기본 이념은 첫째, 아동은 자신 또는 부모의 성별, 연령, 종교, 사회적 신분, 재산, 장애유무, 출생지역, 인종 등에 따른 어떠한 종류의 차별도 받지 아니하고 자라나야 한다. 둘째, 아동은 완전하고 조화로운 인격발달을 위하여 안정된 가정환경에서 행복하게 자라나야 한다. 셋째, 아동에 관한 모든 활동에 있어서 아동의 이익이 최우선적으로 고려되어야 한다. 넷째, 아동은 아동의 권리보장과 복지증진을 위하여 이 법에 따른 보호와 지원을 받을 권리를 가진다(「아동복지법」 제1조).”라고 되어 있다.

「아동복지법」에서의 “보호자”란 친권자, 후견인, 아동을 보호·양육·교육하거나 그러한 의무가 있는 자 또는 업무·고용 등의 관계로 사실상 아동을 보호·감독하는 자를 말한다(「아동복지법」 제3조 제3호). 또한 보호자 등의 책무로는 “첫째, 아동의 보호자는 아동을 가정에서 그의 성장 시기에 맞추어 건강하고 안전하게 양육하여야 한다. 둘째, 아동의 보호자는 아동에게 신체적 고통이나 폭언 등의 정신적 고통을 가하여서는 아니 된다. 셋째, 모든 국민은 아동의 권익과 안전을 존중하여야 하며, 아동을 건강하게 양육하여야 한다(「아동복지법」 제5조).”라고 제시되어 있음에도 불구하고 일부 보호자들이 아동에 대해 행하는 학대가 훈육이라는 명목으로 이뤄지고 있다.

2) 아동학대의 유형

(1) 신체적 학대(Physical Abuse)

「아동복지법」 제3조 제7항에 의하면 신체적 학대를 보호자를 포함한 성인이 아동의 건강 또는 복지를 해치거나 정상적 발달을 저해할 수 있는 신체적 폭력이나 가혹행위를 하는 것이라고 정의하고 있으며, 아동권리보장원에서는 〈표 10-1〉과 같이 구체적으로 제시하고 있다.

표 10-1 신체적 학대 행위 예

내용	보호자를 포함한 성인이 아동에게 우발적인 사고가 아닌 상황에서 신체적 손상을 입히거나 또는 신체손상을 입도록 허용한 모든 행위를 말한다.
구체적인 신체적 학대 행위 예	• 직접적으로 신체에 가해지는 행위(손, 발 등으로 때림, 꼬집고 물어뜯는 행위, 조르고 비트는 행위, 할퀴는 행위 등) • 도구를 사용하여 신체를 가해하는 행위(도구로 때림, 흉기 및 뾰족한 도구로 찌름 등) • 완력을 사용하여 신체를 위협하는 행위(강하게 흔듦, 신체부위 묶음, 벽에 밀어붙임, 떠밀고 잡음, 아동 던짐, 거꾸로 매닮, 물에 빠트림 등) • 신체에 유해한 물질로 신체에 가해지는 행위(화학물질 혹은 약물 등으로 신체에 상해를 입히는 행위, 화상을 입힘 등)
신체적 징후	• 설명하기 어려운 신체적 상흔 • 발생 및 회복에 시간 차가 있는 상처 • 비슷한 크기의 반복적으로 긁힌 상처 • 사용된 도구의 모양이 그대로 나타나는 상처 • 담배 불 자국, 뜨거운 물에 잠겨 생긴 화상자국, 회음부에 있는 화상자국, 알고 있는 물체모양(다리미 등)의 화상자국, 회복속도가 다양한 화상자국 • 긁히거나 물린 자국에 의한 상처 • 손목이나 발목에 긁힌 상처, 영유아에게 발견된 붉게 긁힌 상처 • 성인에 의해 물린 상처 • 겨드랑이, 팔뚝 안쪽, 허벅지 안쪽 등 다치기 어려운 부위의 상처 • 대뇌출혈, 망막출혈, 양쪽 안구 손상, 머리카락이 뜯겨나간 두피 혈종 등을 동반한 복잡한 두부 손상 • 고막 천공이나 귓불이 찢긴 상처와 같은 귀 손상 • 골격계 손상, 시간 차가 있는 골절, 치유 단계가 다른 여러 부위의 골절, 복합 및 나선형 골절, 척추 손상(특히 여러 군데의 골절), 영유아기의 긴 뼈에서 나타나는 간단 골절, 회전상 골절, 걷지 못하는 아이에게서 나타나는 대퇴골절, 골막하 출혈의 방사선 사진, 골단 분리, 골막 변형, 골막 석회화 • 간혈종, 간열상, 십이지장 천공 궤양 등과 같은 복부손상 • 폐 좌상, 기흉, 흉막삼출과 같은 흉부손상
행동적 징후	• 어른과의 접촉회피 • 다른 아동이 울 때 공포를 나타냄 • 공격적이거나 위축된 극단적 행동 • 부모에 대한 두려움 • 집에 가는 것을 두려워함 • 위험에 대한 지속적인 경계

출처: 아동권리보장원 홈페이지(www.ncrc.or.kr). 2023. 7. 13. 발췌.

아동학대사례 1: 신체적 학대

"선생님, 장롱 안은 너무 무서워요."

아동들이 말을 듣지 않으면 장롱이나 화장실에 감금시키거나 잦은 체벌로 공포심을 유발시키는 어린이집 원장에 대한 신고가 접수되었다.

현장조사과정에서 현직 교사와 퇴직 교사들의 증언이 쏟아졌다. "원장님이 우는 혜은이(2세)를 장롱 속에 가두었다가 한참 만에 데리고 나왔는데, 혜은이의 온몸이 땀으로 범벅되어 있었어요. 이런 일이 일주일에 두세 번은 있는 것 같아요." "원장이 현철(3세)이의 뺨을 때려서 얼굴에 손자국이 생겼고, 아현이(1세)의 머리를 벽으로 밀친 적도 있어요." "영아반 아동에게 젖병을 물리고 방치해 두어 구토를 유발시키기도 했고, 많이 먹으면 똥을 많이 싸니까 조금씩만 먹이라고 지시하기도 했어요." "아동을 장롱에 가두거나 체벌을 하는 것은 잘못된 행동이라고 얘기했더니 그렇게 하지 않으면 아이들을 잡을 수 없다고 했어요."

원장의 이러한 행동들 때문에 이 어린이집은 교사의 이직률이 매우 높다고 한다. 처음엔 전·현직 교사들의 증언 내용을 부인하던 원장은 현장조사가 계속되어지자 학대 행위를 부분적으로 시인하기 시작했다. 원장은 교사들이 자신에 대해서 오해하고 있는 부분도 있으며 이야기가 부풀려진 부분도 있다는 말을 덧붙였다.

해당 사례는 현장조사를 바탕으로 아동학대(신체 및 정서) 사례로 판정되었으며, 해당어린이집은 아동복지법 위반에 따라 폐쇄가 이루어졌다.

생각나누기: 위 사례를 읽고 사회복지사로서의 의견을 나눠 보세요.

출처: 보건복지부, 중앙아동보호전문기관(2014).

※ 2018년 12월 27일 '아동권리보장원' 설립「아동복지법」국회 통과.
2020년 1월 1일 중앙아동보호전문기관, 지역아동센터중앙지원단, 중앙가정위탁지원센터, 디딤씨앗지원사업단이 '아동권리보장원'으로 통합 완료.

(2) 정서적 학대(Emotional Abuse)

「아동복지법」 제3조 제7항에 의하면 정서적 학대를 보호자를 포함한 성인이 아동의 건강 또는 복지를 해치거나 정상적 발달을 저해할 수 있는 정신적 폭력이나 가혹행위를 하는 것이라고 정의하고 있으며, 아동권리보장원에서는 〈표 10-2〉와 같이 구체적으로 제시하고 있다.

표 10-2 정서적 학대 행위 예

내용	보호자를 포함한 성인이 아동에게 행하는 언어적 모욕, 정서적 위협, 감금이나 억제, 기타 가학적인 행위를 말하며 언어적, 심리적 학대라고도 한다.
구체적인 정서적 학대 행위 예	• 원망적/거부적/적대적 또는 경멸적인 언어폭력 등 • 잠을 재우지 않는 것 • 벌거벗겨 내쫓는 행위 • 형제나 친구 등과 비교, 차별, 편애하는 행위 • 가족 내에서 왕따 시키는 행위 • 아동이 가정폭력을 목격하도록 하는 행위 • 아동을 시설 등에 버리겠다고 위협하거나 짐을 싸서 쫓아내는 행위 • 미성년자 출입금지 업소에 아동을 데리고 다니는 행위 • 아동의 정서 발달 및 연령상 감당하기 어려운 것을 강요하는 행위(감금, 약취 및 유인, 아동 노동 착취) • 다른 아동을 학대하도록 강요하는 행위
신체적 징후	• 발달지연 및 성장장애 • 신체발달저하
행동적 징후	• 특정물건을 계속 빨고 있거나 물어뜯음 • 행동장애(반사회적, 파괴적 행동장애) • 신경성 기질 장애(놀이장애) • 정신신경성 반응(히스테리, 강박, 공포) • 언어장애 • 극단행동, 과잉행동, 자살시도 • 실수에 대한 과잉 반응 • 부모와의 접촉에 대한 두려움

출처: 아동권리보장원 홈페이지(www.ncrc.or.kr). 2023. 7. 13. 발췌.

아동학대사례 2: 정서적 학대

"강제로 싫어하는 반찬을 먹였어요."

"어린이집 원장이 1시간 50분 동안 음식을 먹이고 말을 듣지 않는다고 뺨을 때려서 빨갛게 부어올랐어요. 그날이 금요일이라서 주말이 지나고 어린이집에 항의하러 갔더니, 원장님은 사실이 아니라며 사과를 하지 않더군요. 그래서 그냥 딸아이의 짐을 챙겨서 데리고 왔습니다."

다솜이(2세) 엄마의 흥분한 목소리가 떨리기 시작한다.

학대행위의심자인 원장은 현장조사에서 이렇게 말했다. "다솜이는 목욕할 때 얼굴에 물이 묻으면 우는 등 성격이 예민한 편이라서 지도하기 어려웠어요. 그리고 평소 편식이 심해서 담임교사 대신 제가 식사 지도를 종종 해왔어요. 그날도 깻잎을 먹지 않길래 편식예방 차원에서 지도를 한 것인데, 다솜이가 말을 듣지 않고 오히려 제 머리채를 잡아서 엉덩이를 세 차례 손바닥으로 쳤어요. 그렇지만, 뺨은 결코 때리지 않았습니다. 얼마 전에 제 실수로 다솜이 몸에 멍이 생겨 제가 사과했지만, 이번에는 다솜이 어머님이 주장하는 대로 뺨을 때린 적이 없기 때문에 사과하지 않았습니다. 언쟁이 오고 갔지요." 주변인들의 진술도 비슷했다.

아동의 진술이 일관되지 않은 점과 원장(및 주변인) 진술이 불일치하는 부분이 있기는 하였으나 식사지도 시 강제적으로 진행한 점 등의 내용이 일치함에 따라 아동학대(정서학대)로 판단하였다.

해당 어린이집은 보조금을 반환하고, 원장은 징역형을 받았으며, 피해아동은 어린이집을 옮겼다.

생각나누기: 위 사례를 읽고 사회복지사로서의 의견을 나눠 보세요.

출처: 보건복지부, 중앙아동보호전문기관(2014).

(3) 성적 학대(Sexual Abuse)

「아동복지법」 제3조 제7항에 의하면 성적 학대를 보호자를 포함한 성인이 아동의 건강 또는 복지를 해치거나 정상적 발달을 저해할 수 있는 성적 폭력이나 가혹행위를 하는 것이라고 정의하고 있으며, 아동권리보장원에서는 〈표 10-3〉과 같이 구체적으로 제시하고 있다.

표 10-3 성적 학대 행위 예

<table>
<tr><td>내용</td><td colspan="2">보호자를 포함한 성인이 자신의 성적 충족을 목적으로 18세 미만의 아동에게 행하는 모든 성적 행위를 말한다.</td></tr>
<tr><td>구체적인 성적 학대 행위 예</td><td colspan="2">• 자신의 성적만족을 위해 아동을 관찰하거나 아동에게 성적인 노출을 하는 행위(옷을 벗기거나 벗겨서 관찰하는 등의 관음적 행위, 성관계 장면을 노출, 나체 및 성기 노출, 자위행위 노출 및 강요, 음란물을 노출하는 행위 등)
• 아동을 성적으로 추행하는 행위(구강추행, 성기추행, 항문추행, 기타 신체부위를 성적으로 추행하는 행위 등)
• 아동에게 유사성행위를 하는 행위(드라이성교 등)
• 성교를 하는 행위(성기삽입, 구강성교, 항문성교)
• 성매매를 시키거나 성매매를 매개하는 행위</td></tr>
<tr><td>신체적 징후</td><td>• 신체적 지표
–학령 전 아동의 성병감염
–임신
• 생식기의 증거
–아동의 질에 있는 정액
–찢기거나 손실된 처녀막
–질에 생긴 상처나 긁힌 자국
–질의 홍진(紅疹)
–배뇨곤란
–요도염
–생식기의 대상포진</td><td>• 항문증후
–항문 괄약근의 손상
–항문 주변의 멍이나 찰과상
–항문 내장이 짧아지거나 뒤집힘
–항문 입구에 생긴 열창
–항문이 좁아짐
–회음부의 동통과 가려움
–변비
–대변에 혈액이 나옴
• 구강증후
–입천장의 손상
–인두(咽頭)임질(pharyngeal gonorrhea)</td></tr>
<tr><td>행동적 징후</td><td colspan="2">• 성적 행동지표
–나이에 맞지 않는 성적행동
–해박하고 조숙한 성지식
–명백하게 성적인 묘사를 한 그림들
–타인과의 성적인 상호관계
–동물이나 장난감을 대상으로 하는 성적인 상호관계
• 비(非)성적인 행동지표
–위축, 환상, 유아적 행동(퇴행행동)
–자기 파괴적 또는 위험을 무릅쓴 모험적인 행동
–충동성, 산만함 및 주의집중장애
–혼자 남아 있기를 거부 또는 외톨이</td></tr>
</table>

행동적 징후	–특정 유형의 사람들 또는 성에 대한 두려움 –방화/동물에게 잔혹함(주로 남아의 특징) –비행, 가출 –약물 및 알콜 남용 –자기 파괴적 행동(자살시도) –범죄행위 –우울, 불안, 사회관계의 단절 –수면장애 –유뇨증/유분증 –섭식장애(폭식증/거식증) –야뇨증 –외상 후 스트레스 장애 –저조한 학업수행

출처: 아동권리보장원 홈페이지(www.ncrc.or.kr). 2023. 7. 13. 발췌.

아동학대사례 3: 성적 학대

추행을 시도한 아동양육시설 담당자

올해 열일곱 살인 화정이는 열다섯 살 때부터 3년 동안 가출했다가 집에 돌아가기를 7~8번이나 반복했다. 이제는 정말 집으로 돌아가야겠다고 생각하고 가출 후 잠시 머물던 일시보호시설에서 나왔는데, 그곳에서 일하던 근무자가 따라와서 성학대를 했다고 한다.

사건이 있던 날 오후 3시경, 화정이는 일시보호시설에서 퇴소 후 짐을 챙겨서 나왔다. 그런데 그곳에서 일하던 시설종사자가 집에 데려다 주겠다며 화정이를 따라왔다. 그는 인근의 PC방에 화정이를 데려다 놓고 2~3시간 정도 자리를 비운 후 돌아와서는 시간이 너무 늦었으니 자신의 집에서 자고 가라고 권했다.

자신의 집으로 화정이를 데려간 그는 술과 담배를 권하고, 화정이가 잠들자 가슴을 만지고 입을 맞추며 옷을 벗기려고 했다고 한다. 놀라서 잠에서 깬 화정이는 그를 밀쳐 내고 울면서 그곳을 빠져 나왔다. 화정이의 고소고발로 학대행위자는 집행유예 2년 8개월을 선고받았고, 화정이는 치료와 상담을 받고 있다.

생각나누기: 위 사례를 읽고 사회복지사로서의 의견을 나눠 보세요.

출처: 보건복지부, 중앙아동보호전문기관(2014).

(4) 방임

「아동복지법」 제3조 제7항에 의하면 방임을 아동의 보호자가 아동을 유기하거나 방임하는 것이라고 정의하고 있으며, 아동권리보장원에서는 〈표 10-4〉와 같이 구체적으로 제시하고 있다.

표 10-4 방임 행위 예

내용	보호자가 아동에게 위험한 환경에 처하게 하거나 아동에게 필요한 의식주, 의무교육, 의료적 조치 등을 제공하지 않는 행위를 말하며, 유기란 보호자가 아동을 보호하지 않고 버리는 행위를 말한다.
방임 유형 예	• 물리적 방임 –기본적인 의식주를 제공하지 않는 행위 –불결한 환경이나 위험한 상태에 아동을 방치하는 행위 –아동의 출생신고를 하지 않는 행위, 보호자가 아동을 가정 내 두고 가출한 경우 –보호자가 친족에게 연락하지 않고 무작정 아동을 친족 집 근처에 두고 사라진 경우 등 –아동을 병원에 입원시키고 사라진 경우 • 교육적 방임 –보호자가 아동을 특별한 사유 없이 학교(의무교육)에 보내지 않거나 아동의 무단결석을 방치하는 행위 ※ 의무교육은 6년의 초등교육 및 3년의 중학교를 의미함(교육기본법 제8조 제1항). –초등학교 및 중학교의 장은 해당 학교에 취학할 예정인 아동이나 취학 중인 학생이 ① 입학 · 재취학 · 전학 또는 편입학 기일 이후 2일 이내에 입학 · 재취학 · 전학 또는 편입학하지 아니한 경우 ② 정당한 사유 없이 계속하여 2일 이상 결석하는 경우 ③ 학생의 고용자에 의하여 의무교육을 받는 것이 방해당하는 때 지체 없이 그 보호자 또는 고용자에게 해당 아동이나 학생의 취학 또는 출석을 독촉하거나 의무교육을 받는 것을 방해하지 아니하도록 경고하여야 함(초 · 중등교육법 시행령 제25조) • 의료적 방임 –아동에게 필요한 의료적 처치 및 개입을 하지 않는 행위 • 유기 –아동을 보호하지 않고 버리는 행위 –시설 근처에 버리고 가는 행위

신체적 징후	• 발달지연 및 성장장애 • 비위생적인 신체상태 • 예방접종과 의학적 치료 불이행으로 인한 건강상태 불량 • 아동에게 악취가 지속적으로 나는 경우
행동적 징후	• 계절에 맞지 않는 부적절한 옷차림 • 음식을 구걸하거나 훔침 • 비행 또는 도벽 • 학교에 일찍 등교하고 집에 늦게 귀가함 • 지속적인 피로 또는 불안정감 호소 • 수업 중 조는 태도 • 잦은 결석

출처: 아동권리보장원 홈페이지(www.ncrc.or.kr). 2023. 7. 13. 발췌.

아동학대사례 4: 방임

쓰레기와 곰팡이가 가득한 아동양육시설

"△△△에서 자원봉사를 하고 왔는데요. 아이들이 생활하고 있는 집에 물이 차 있고 정리되지 않은 쓰레기와 곰팡이가 너무 많아요. 그렇게 위생 상태가 좋지 않은 곳에서 아이들이 계속 지내도 괜찮을지 걱정이 되네요."

아동보호전문기관에 신고를 해 온 이는 아동양육시설인 △△△의 자원봉사자였다.

이곳은 신고가 되어 있지 않은 시설로, 해당 지자체에서도 예의 주시하고 있던 곳이라고 한다.

현장조사를 나가서 보니, 신고자의 말대로 아동들이 생활하는 곳이라고는 볼 수 없을 정도로 위생상태가 불량했다. 시설장은 "이곳이 반지하라서 그래요. 장마 기간 중에 누수가 되어 이사를 준비하느라 짐을 정리하지 못해서 지저분해 보이는 것뿐입니다."라며 항변했다. 이에 상담원이 "2년 전, ○○시청에서 지도 감독하려고 방문했을 때도 위생상태가 좋지 않아서 경고처분을 받았던데, 그 상태가 지금까지 지속된 것 아닙니까?"라고 지적하자, 시설장은 대꾸할 말을 찾지 못했다.

이 시설에 입소했던 아동들은 모두 퇴소하거나, 다른 곳으로 전원 조치되었으며, 이 시설은 지속적인 모니터링 처분을 받았다.

생각나누기: 위 사례를 읽고 사회복지사로서의 의견을 나눠 보세요.

출처: 보건복지부, 중앙아동보호전문기관(2014).

2. 아동학대의 원인 및 결과

최근 증가하고 있는 아동학대 사건들이 재학대로 이어지지 않게 하기 위해서 아동학대의 발생 원인을 부모 요인, 아동 요인, 가족 요인, 사회문화적 요인으로 나누어 면밀하게 살펴보고자 한다.

1) 부모 요인[1)]

보건복지부에서 발표한 2022 아동학대 주요통계를 살펴보면 학대행위자와 피해아동과의 관계 중 82.7%가 부모에 의해 발생하고 있으며, 2021년 1월 민법상 징계권이 폐지되었음에도 불구하고 가정 내에서 훈육이라는 명목으로 체벌이나 폭언 등이 이루어지는 경우가 있을 것으로 추정하고 있다. 이렇게 학대를 하는 부모의 요인을 크게 아홉 가지로 구분 지을 수 있는데, 첫째, 나이가 어리고 안정되지 못해 아동의 행동이나 욕구를 이해하지 못하여 쉽게 아동학대를 행하는 미성숙함을 보이거나 둘째, 아동양육에 대한 지식과 기술이 부족하여 어떻게 아동을 키워야 하는지 잘 알지 못하는 경우가 있다. 셋째, 아동이 갖고 있는 능력 이상으로 부모의 기대수준에 맞게 행동해 주기를 바라고 넷째, 경제적인 어려움, 실직, 잦은 병치레, 가정불화 등 가정 내 위기요인 등 잦은 가정의 위기가 있다. 다섯째, 부모들은 자기 욕구가 충족되지 않거나 스트레스를 받으면 건강한 방법으로 스트레스를 해소하기보다 아동에게 그 불만을 터트리는 등 정서적으로 욕구불만일 수 있고 여섯째, 아동의 양육을 도와줄 수 있는 친인척이나 친구, 이웃이 주위에 아무도 없는 사회적 고립 상태가 아동학대 요인으로 작용하기도 한다. 일곱째, 부모가 어린 시절에 학대받은 경험이 있을 경우에 이를 학습하여 아동을 학대할 가능성이 높아지며 여덟째, 알코올중독, 약물중독에 빠져 부모 스스로 잘 통제하지 못하고 아홉째, 아동을 소유물로 생각하며 아동의 권리의식에 대한 이해가 부족하고 체벌과 훈육을 혼동하는 등 부모의 그릇된 아동관 및 양육관이

1) 이 내용은 이은주 외(2022)의 내용을 재구성함.

아동학대를 유발한다. 또한 부모의 낮은 자아존중감과 불안, 우울증, 기타 정신질환도 부모 요인으로 작용한다.

2) 아동 요인[2]

근래 들어 우리사회에는 유달리 산만하고 집중력이 떨어지며 공격성을 보이는 주의력결핍과잉행동장애(ADHD) 아동이 증가하고 있으며 이러한 아동은 자신의 행동을 적절하게 조절하고 통제하는 데 어려움을 보이고 충동적이고 과잉행동으로 인해 단체생활에 지장을 초래하는 경우 부모나 주 양육자에 의해 아동학대가 발생할 수 있는 요인이 될 수 있고 이러한 아동 요인의 특성을 살펴보면 다음과 같다.

- 미숙아, 기형아
- 만성 혹은 급성 질환아
- 신체적 · 정신적 · 기질적으로 특이하거나 장애를 가진 아동
- 운동 및 언어 등 발달이 늦은 아동
- 심하게 보채거나 밤에 잘 자지 않는 아동
- 문제행동을 보이는 아동
- 음식을 먹거나 잠을 자는 데 어려움을 나타내는 아동
- 사회적 반응의 결핍, 고집스러운 울음과 외모
- 수유의 어려움
- 분리불안의 결함
- 자신감 결여, 지나친 경계, 무반응, 겁이 많음
- 적대적 행위, 충동적 특성, 폭력적 행동, 고집이 셈
- 대인관계에 둔감하고 매력이 없음, 운동조절 결함

2) 이 내용은 이은주 외(2022)의 내용을 재구성함.

3) 가족 요인

가족요인은 가족관계의 문제와 가족구조의 문제로 나눌 수 있다. 먼저 아동학대가 발생하는 가족관계의 문제로는 가족구성원 간의 갈등이 존재하거나 가족 간 상호작용이 부족하여 아동학대가 발생하는 것으로 보이고, 가족구조의 문제로는 미성년가족, 한부모가족, 이혼가족, 재혼가족 등 가족의 구조적 특성이 아동학대의 원인이 될 수 있는데 이는 자녀 양육에 대한 지식과 기술의 부족, 높은 스트레스, 가족 간 긴밀한 상호작용의 결여 등에서 기인하는 것으로 보인다(조미숙, 2022).

4) 사회문화적 요인

아동학대가 발생하는 사회문화적 요인은 아동과 아동의 가족이 속해 있는 환경에서 학대의 원인을 찾는다. 지역사회에서 이웃과의 관계, 폭력에 대한 사회의 용납수준, 아동에 대한 사회적 인식과 태도 등이 학대에 영향을 준다고 볼 수 있다.

고립과 같은 사회구조적인 스트레스가 아동학대를 유발하는 요인이 될 수 있고, 부모의 실업이 아동학대를 증가시킨다는 연구와 아동학대가 일어나는 가정이 공식적이든 비공식적이든 사회적인 지지체계로부터 소외되어 있다는 연구들은 이러한 설명을 지지하고 있다.

사회적인 분위기가 체벌이나 물리적 힘을 사용하는 것을 허용하는 태도를 갖는다면 이러한 환경 역시 아동학대를 유발할 수 있으며, 부모가 아동을 자신의 소유물로 인식하는 태도 역시 아동학대에 영향을 미친다. 아동을 하나의 독립된 인격체로 대하기보다 부모의 소유물로 봄으로써 아동에 대한 부모의 태도는 아동에 대한 부모의 자의적인 반응을 허용하게 되며, 이로써 아동학대의 발생가능성이 높아질 수 있다(공계순 외, 2022).

5) 아동학대 결과[3]

우리나라에서는 최근에 와서야 아동학대를 심각한 사회문제로 인식하고 있으며 이는 아동학대로 인해 발생되는 여러 가지 부정적인 결과에서 비롯된다. 아동학대는 아동의 신체적 · 심리적 · 정서적 · 사회적 발달 등 다양한 부분에 영향을 미치며 오랫동안 지속된다. 아동학대로 인한 영향은 아동 자신과 가족 나아가 아동이 건강한 사회의 구성원으로 성장하는 데 상당한 어려움을 겪게 되고 이는 전체 사회로 확대될 수 있다.

피학대아동들은 철회적이거나 공격적인 행동 양상을 보이는 특징을 갖는다. 철회적인 행동을 하는 아동들은 자신이나 가족에 대하여 위협적인 행동을 하는 경향이 있고, 자살을 시도하거나 다양한 형태의 자학적인 행위를 하기도 한다. 공격적인 행동을 하는 아동들은 성인의 세계와 사회에 대하여 적대감을 보이거나 지역사회를 위협하는 비행을 저지르게 되기도 한다. 피학대아동들은 자신의 의사를 말로 표현하기보다 공격적이거나 파괴적인 행위로 나타내게 된다. 아동기에 학대를 경험하며 성장한 아동은 학대를 경험하지 않은 아동보다 성인이 되어 자신의 자녀를 학대할 가능성이 높고 다른 청소년이나 부모를 살해하는 아동들 중 대부분이 오랜 시간 가정에서 학대를 받은 아동이라는 보고가 있다.

피학대아동들은 불안과 악몽, 공포 등의 정신과적인 장애를 보이고 이러한 장애는 성적인 학대를 받은 아동에게서 더 많이 나타난다. 어린 시절 성적인 학대를 경험한 아동의 경우 낮은 자아존중감, 죄책감, 불안, 우울, 신체화 증상, 대인관계에서의 문제, 성적인 문제, 약물남용 등의 다양한 정신병리 증상과 관련이 있다는 연구결과들이 발표되고 있다. 성학대 피해자는 가해자가 통제력을 사용하면서 폭력이 수반되었는가, 성학대 사실을 인지한 가족구성원들의 반응에 따라 피해자가 느끼는 상흔의 정도가 달라진다. 아동의 가족이나 주변의 인물들이 아동에게 죄의식이나 수치심을 일으키는 방향으로 의사소통을 하게 되면 아동이 학대로 인하여 받게 되는 상흔은 한층 더 강해진다.

아동학대의 경험은 가해자와 피학대아동 모두에게 씻기 어려운 부정적인 경험이며, 그 영향은 오랜 시간 그들을 괴롭히며 남게 된다. 이러한 이유로 아동학대는 무엇보다 예방이 가장 중요하며, 조기발견과 다각적인 대응 그리고 학대행위자에 대한 면밀한 개입이 이루어져 아동학대의 영향을 최소화하고 이들이 건강한 사회구성원으로 성장할 수 있도록 적극적인 지원이 중요하다.

---

3) 이 내용은 공계순 외(2019)의 내용을 참고하여 정리함.

3. 아동학대의 현황과 서비스

우리사회는 해마다 폭행, 방임 등의 학대로 사망하는 아동이 지속적으로 발생하고 있으며 나이가 어린 아이일수록 심각한 학대에 더욱 노출되는 것으로 보인다. 이에 아동학대를 근절하기 위해서 무엇보다 중요한 것이 예방이며, 예방할 수 있는 방법들을 구체적으로 모색하고 실현하기 위해서는 아동학대의 현황을 파악하는 것이 무엇보다 중요할 것이다. 이에 아동학대의 현황을 파악하고 이를 통해 아동학대에 대한 조기발견과 적극적인 대응을 마련하고자 한다.

1) 아동학대 유형별 현황

(1) 연도별 아동학대 신고접수 건수

아동학대 신고접수는 매년 증가하다 2022년에는 2021년과 비교해서 감소하였으나, 2020년과 비교하면 증가한 것으로 나타났다. 또한 최근 5년간 신고접수 건수는 증가추세이며, 아동학대 신고 중 아동학대의심사례가 차지하는 비중 역시 증가추세에 있다. 2022년의 경우 전체 아동학대 신고건수 중 96.6%가 아동학대의심사례였다.

표 10-5 연도별 아동학대 신고접수 건수 (단위: 건, %)

구분 / 연도	아동학대 의심사례		동일신고		일반상담		해외발생 사례		계		전년대비 증가율
2022년	44,531	(96.6)	711	(1.5)	861	(1.9)	0	(0.0)	46,103	(100.0)	−14.5
2021년	52,083	(96.6)	768	(1.4)	1,077	(2.0)	4	(0.0)	53,932	(100.0)	27.6
2020년	38,929	(92.1)	557	(1.3)	2,761	(6.5)	4	(0.0)	42,251	(100.0)	2.1
2019년	38,380	(92.7)	449	(1.1)	2,560	(6.2)	0	(0.0)	41,389	(100.0)	13.7
2018년	33,532	(92.1)	420	(1.2)	2,464	(6.8)	1	(0.0)	36,417	(100.0)	6.6

출처: 보건복지부(2023a), p. 56.

(2) 연도별 아동학대사례 및 아동보호전문기관 수

연도별 아동학대사례 건수는 매년 증가하다 2022년에는 2021년과 비교하여 감소하였다. 기관수는 2018년 62개소에서 2022년 85개소로 23개소 증가한 것으로 나타났다.

표 10-6 연도별 아동학대사례 건수 및 아동보호전문기관 수 (단위: 건, %, 개소)

구분 \ 연도		2022	2021	2020	2019	2018
아동학대사례	건수	27,971	37,605	30,905	30,045	24,604
	증가율	−25.6	21.7	2.9	22.1	10.0
아동보호전문기관	기관 수	85	77	71	67	62
	증가 기관 수	8	6	4	5	2

출처: 보건복지부(2023a), p. 60.

(3) 아동학대사례 유형(중복학대 별도 분류)

아동학대 사례를 유형별로 살펴볼 때 가장 많은 유형은 정서학대로 10,632(38.0%)건으로 나타났으며, 다음으로 중복학대 9,775건(34.9%), 신체학대 4,911건(17.6%), 방임 2,044건(7.3%), 성학대 609건(2.2%) 순으로 나타났다.

중복학대 중에서는 신체학대 · 정서학대가 8,439건(30.2%)으로 가장 높았고, 정서학대와 방임이 571건(2.0%), 신체학대 · 정서학대 · 방임이 364건(1.3%), 모든 학대유형이 함께 발생한 신체학대 · 정서학대 · 성학대 · 방임은 2건(0.0%)이었다.

표 10-7 아동학대사례 유형별 현황(중복학대 별도 분류) (단위: 건, %)

유형		건수(비율)	
신체학대		4,911	(17.6)
정서학대		10,632	(38.0)
성학대		609	(2.2)
방임		2,044	(7.3)
중복학대	신체학대 · 정서학대	8,439	(30.2)
	신체학대 · 성학대	16	(0.1)
	신체학대 · 방임	144	(0.5)
	신체학대 · 정서학대 · 성학대	79	(0.3)
	신체학대 · 정서학대 · 방임	364	(1.3)

중복학대	신체학대 · 성학대 · 방임	2	(0.0)
	신체학대 · 정서학대 · 성학대 · 방임	2	(0.0)
	정서학대 · 성학대	157	(0.6)
	정서학대 · 방임	571	(2.0)
	정서학대 · 성학대 · 방임	1	(0.0)
	성학대 · 방임	0	(0.0)
	소계	9,775	(34.9)
계		27,971	(100.0)

출처: 보건복지부(2023a), p. 30.

2) 아동학대 신고자 현황

아동학대의심사례로 신고 접수된 44,531건에 대한 신고자 유형을 살펴보면 신고의무자에 의한 신고는 초 · 중 · 고교 직원이 6,370건(14.3%)으로 가장 높게 나타났으며, 세부적으로는 사회복지전담공무원 4,492건(10.1%), 아동복지전담공무원 2,060건(4.6%), 아동보호전문기관장과 종사자 898건(2.0%) 순으로 높았다.

「아동학대범죄의 처벌 등에 관한 특례법」 개정에 따라 2020년 10월부터 사회복지전담공무원 및 아동보호전문기관장과 종사자가 신고의무자로 구분되어 신고의무자에 의한 신고비율이 높아지는 데 영향을 주었다.

비신고의무자에 의한 신고접수 건수는 28,382건(63.7%)이었으며, 부모 10,779건(24.2%), 아동본인 9,488건(21.3%), 이웃 · 친구 2,760건(6.2%) 순으로 나타났다.

표 10-8 아동학대 신고자 유형 (단위: 건, %)

신고의무자			비신고의무자		
초 · 중 · 고교 직원	6,370	(14.3)	아동본인	9,488	(21.3)
의료인 · 의료기사	424	(1.0)	부모	10,779	(24.2)
아동복지시설 종사자	490	(1.1)	형제 · 자매	713	(1.6)
장애인복지시설 종사자	48	(0.1)	친인척	666	(1.5)
보육교직원	223	(0.5)	이웃 · 친구	2,760	(6.2)
유치원교직원 · 강사	208	(0.5)	경찰	241	(0.5)

학원 및 교습소 종사자	35	(0.1)	종교인	11	(0.0)
소방구급대원	62	(0.1)	사회복지관련 종사자	215	(0.5)
성매매피해시설상담 종사자	1	(0.0)	의료사회복지사	7	(0.0)
한부모가족복지시설 종사자	5	(0.0)	낯선사람	783	(1.8)
가정폭력피해자보호시설 및 상담소 종사자	68	(0.2)	익명	850	(1.9)
사회복지시설 종사자	172	(0.4)	법원	110	(0.2)
아동권리보장원 · 가정위탁지원센터 종사자	22	(0.0)	기타	1,759	(4.0)
사회복지전담공무원	4,492	(10.1)			
아동복지전담공무원	2,060	(4.6)			
아동보호전문기관장과 종사자	898	(2.0)			
건강가정지원센터 종사자	56	(0.1)			
다문화가족지원센터 종사자	48	(0.1)			
정신건강복지센터 종사자	33	(0.1)			
성폭력피해자보호시설 · 성폭력피해자통합지원센터 종사자	42	(0.1)			
응급구조사	6	(0.0)			
청소년시설 및 단체 종사자	130	(0.3)			
청소년보호센터 및 재활센터 종사자	100	(0.2)			
아이돌보미	34	(0.1)			
취약계층아동 통합서비스 지원인력	114	(0.3)			
육아종합지원센터 종사자	6	(0.0)			
입양기관 종사자	2	(0.0)			
소계	16,149	(36.3)	소계	28,382	(63.7)
계			44,531		

출처: 보건복지부(2023a), p. 16.

3) 피해아동 및 학대행위자 현황[4]

(1) 피해아동

학대피해 아동의 성별 분포는 27,971건 중 여아가 14,010건(50.1%), 남아가 13,961건(49.9%)으로 피해아동은 여아가 더 많은 것으로 나타났으며, 연령 분포는 13~15세가

6,903건(24.7%)으로 가장 큰 비중을 차지했고, 그다음으로 10~12세 6,522건(23.3%), 7~9세 5,331건(19.1%) 순으로 집계됐다. 또한 피해아동 가족유형의 경우, 친부모가정 18,152건(64.9%), 모자가정 3,713건(13.3%), 부자가정 2,526건(9.0%), 재혼가정 1,369건(4.9%) 순으로 나타났다.

(2) 학대행위자

아동학대로 판단된 27,971건 중 학대행위자 성별은 남성 16,099건(57.6%), 여성 11,872건(42.4%)으로 남성이 여성에 비해 높게 보고되었고, 연령의 경우 40대가 13,542건(48.4%)으로 가장 많았으며, 다음으로는 30대가 6,880건(24.6%), 50대 4,311건(15.4%), 20대 1,884건(6.7%), 60대 968건(3.5%), 70세 이상 256건(0.9%), 20대 미만 80건(0.3%) 순으로 나타났다. 학대행위자와 피해아동과의 관계는 부모에 의한 발생 건수가 23,119건(82.7%)으로 가장 높았고, 대리양육자 3,047건(10.9%), 친인척 879건(3.1%) 순으로 나타났다. 부모에 의해 발생한 사례 중 친부에 의해 발생한 사례가 12,796건(45.7%), 친모는 9,562건(34.2%)으로 높은 비율을 차지했다. 대리양육자 중에서는 초 · 중 · 고교 직원에 의한 발생이 1,602건(5.7%)으로 가장 높았다.

4) 아동학대사례 발생현황

아동학대 발생장소의 경우, 전체 아동학대사례 중 가정 내에서 발생한 사례가 22,738건(81.3%)으로 가장 높게 나타났고, 가정 내에서도 아동의 집에서 발생한 사례가 21,995건(78.6%)이었다.

어린이집, 유치원, 학교와 같이 아동을 돌보고 교육하는 기관에서 발생한 아동학대는 각각 613건(2.2%), 101건(0.4%), 1,654건(5.9%)으로 파악되었다. 또한 복지시설의 경우, 아동복지시설이 178건(0.6%), 기타복지시설이 51건(0.2%)으로 전체 사례 중 0.8%였다. 이는 아동이 생활하는 모든 장소에서 학대가 발생하고 있다는 것을 보여주고 있다.

4) 이 내용은 보건복지부(2023a)의 내용을 참고하여 정리함.

아동학대사례 유형은 정서학대가 10,632건(38.0%), 중복학대 9,775건(34.9%), 신체학대 4,911건(17.6%), 방임 2,044건(7.3%), 성학대 609건(2.2%) 순으로 높게 나타났다.

중복학대 중에서는 신체학대 · 정서학대가 8,439건(30.2%)으로 가장 높았고, 정서학대 · 방임이 571건(2.0%), 신체학대 · 정서학대 · 방임이 364건(1.3%), 모든 학대유형이 함께 발생한 신체학대 · 정서학대 · 성학대 · 방임은 2건(0.0%)이었다. 또 주목해야 할 현상은 최근 5년간 아동학대로 판단된 사례 중 2022년에 신고접수되어 아동학대사례로 판단된 재학대 사례[5]는 총 4,475건이며, 재학대 아동 명수는 3,469명이다. 2022년 전체 아동학대사례 27,971건 대비 재학대 사례 비율은 16.0%로 점차 증가하고 있다.

5) 서비스 제공 현황

피해아동이 학대 후유증을 극복하고 학대행위자의 재학대를 방지하며 피해아동 가족의 가족기능을 강화시키기 위해 피해아동, 학대행위자, 피해아동의 가족을 대상으로 다양한 서비스를 제공하고 있다. 제공되는 서비스로는 상담서비스, 입원치료 · 통원치료를 포함하는 의료서비스, 심리검사 · 미술치료 · 놀이치료 등을 포함하는 심리치료 서비스, 가정지원서비스 · 사회복지서비스기관 연결 · 공적지원 연결을 포함하는 가족기능강화서비스, 일시보호시설 및 쉼터 입 · 퇴소 절차 지원, 분리보호 및 절차 지원, 출결 및 비밀전학 처리 지원 등을 포함하는 학습 및 보호 지원서비스 법률자문과 아동에 대한 응급조치 및 피해아동보호명령 절차 진행과 행위자에 대한 임시조치 또는 고소 · 고발 등 사건 처리에 대한 서비스가 있다. 또한 임시조치 또는 조건부기소유예, 보호처분 결정, 형벌과 수강명령 등의 병과를 통해 검찰 · 법원으로부터 상담 · 교육 위탁 처분을 받은 학대행위자를 대상으로 하는 행위자수탁프로그램과 피해아동보호명령을 통한 상담 및 교육인 피해아동수탁프로그램을 포함한다.

2022년 한 해 동안 피해아동에게 제공한 서비스 횟수는 총 886,989회이며, 이 중 상담서비스가 612,047회(69.0%)로 가장 높았고, 가족기능강화서비스 87,899회

---

5) 2022년의 재학대 사례란, 2018년 이후로 신고접수 된 사례 중 아동학대사례로 판단된 사례가 2022년에 다시 신고 접수되어 아동학대로 판단된 사례를 말함.

(9.9%), 심리치료지원서비스 70,190회(7.9%) 순으로 나타났다. 학대행위자에게 제공된 서비스는 총 536,730회로 집계되었으며, 상담서비스 396,554회(73.9%), 사건처리지원 36,085회(6.7%), 행위자수탁프로그램 33,855회(6.3%) 순으로 높게 나타났다. 피해아동의 비가해 부모 또는 가족 대상 서비스는 총 244,761회였으며, 상담서비스 191,192회(78.1%), 가족기능강화서비스 27,866회(11.4%), 심리치료지원서비스 11,882회(4.9%) 순으로 높게 나타났다.

추가적으로 아동학대 가정 재학대 예방 지원 사업 '홈케어플래너 서포터즈'는 아동학대가 발생한 가정을 방문하여 심리검사, 심리치료, 상담, 일상생활 지원, 건강 · 정신지원, 전문서비스 기관 연계 등의 서비스를 제공하고 있으며 2022년 기준으로 홈케어 서비스 참여대상 인원 중 피해아동은 1,361명, 학대행위자 1,026명, 가족구성원 390명으로 총 2,777명이 참여하였다. 또한 이들의 서비스 제공횟수는 피해아동 18,214회, 학대행위자 12,057회, 가족구성원 4,114회로 총 34,385회이다.

이를 통해 알 수 있는 것은 서비스 유형 중 상담과 가족기능강화, 심리치료지원에 참여하는 비율이 높은 것을 알 수 있다.

4. 아동학대 관련정책과 복지서비스 현황

1) 아동학대 관련법과 제도

우리나라의 아동학대 관련법은 1981년 「아동복지법」에서 출발했다고 볼 수 있으며, 이후 민간에서 아동학대와 관련된 법적 · 제도적 노력에 자극을 받아, 1993년 한국아동학대예방협회에서 「아동학대방지법」 시안을 발표한 뒤 1996년 보건복지부의 관련 소위원회 구성과 개정안 마련 작업이 있었으며, 1999년 12월 국회본회의에서 아동학대 관련 개정안이 통과되기까지 관련 학회와 단체들의 적극적인 운동이 뒷받침되었다(공계순 외, 2019).

아동학대를 대응하는 관련 법적 틀 중 「아동복지법」에는 국가와 지방자치단체의 아동학대의 예방과 방지 의무, 아동에게 신체적 고통이나 폭언 등의 정신적 고통을 가하지 않는 보호자 등의 책무 조항이 2015년 신설, 아동학대 예방과 방지를 위해 아동권리보장원의 설립 및 운영, 매년 11월 19일을 아동학대예방의 날로 지정해서 범국민적으로 아동학대의 예방과 방지에 관심을 높이고 아동의 건강한 성장을 도모, 아동학대의 예방과 방지를 위해 홍보영상의 제작 · 배포 · 송출, 아동학대 신고의무자에 대한 교육, 아동학대 예방교육의 실시, 아동학대행위자에 대한 상담 · 교육 등의 제공, 아동학대에 대한 법률상담, 전담의료기관을 통해 아동학대 피해에 대한 상담과 신체적 · 정신적 치료 제공 등에 대한 사항을 자세히 제시하고 있다. 한편, 2014년 「아동학대범죄의 처벌 등에 관한 특례법」(약칭: 아동학대처벌법) 제정을 통해 아동학대범죄의 처벌 및 그 절차에 관한 특례와 피해아동에 대한 보호절차 및 아동학대행위자에 대한 보호처분을 규정하고 있으며 피해아동의 보호를 위하여 필요하다고 인정하는 경우에는 아동학대행위자의 친권 또는 후견인 권한 행사의 제한 또는 정지를 할 수 있다. 또한 아동학대전담공무원, 사법경찰관 및 아동보호전문기관의 종사자에게 아동학대사건의 조사와 사례관리에 필요한 전문지식 등 아동의 인권 및 피해아동 보호를 위한 교육을 통해 아동의 안전과 보호 및 이익을 최우선으로 고려하도록 하고 있다.

2) 아동학대 관련기관의 현황

(1) 행정기관

국가의 책임성을 강화하는 것을 목표로 2019년 아동학대에 대한 대응체계가 전면 개편되면서 기존의 아동학대조사 업무를 2020년 10월부터 기초 지자체 시군구로 이관하여 시군구의 공무원이 현장조사 업무를 담당하고 있다. 2022년 말 기준 지자체의 아동학대전담공무원 852명이 배치되었으며, 아동학대를 예방하고 아동에 대한 보호체계를 강화하기 위해 보건복지부, 지자체장, 시 · 도 및 시 · 군 · 구의 아동보호팀이 협력체계를 구축 및 연계 지원하고 있다.

한편 아동학대의 특성상 다양한 지원이 필요하기 때문에 보건복지부의 아동학대대응과, 교육부의 교육복지정책과, 경찰청의 아동청소년과, 법무부의 아동인권보호특별추진단, 행정안전부의 자치행정과 여성가족부의 기획재정담당관 등 여러 행정부서 및 중앙 부처 간, 중앙–지방 간 긴밀한 협업을 통해 아동학대에 대응하고 있다(김경희, 2023).

(2) 아동학대 관련 서비스기관

① 아동권리보장원

아동권리보장원은 「아동복지법」 제10조의2, 제22조 제6항의 아동학대예방과 방지 의무에 따라 아동정책 수립을 위한 자료 개발 및 정책 분석, 아동학대예방사업의 활성화 등을 위해 아동보호전문기관에 대한 지원, 아동학대예방사업과 관련된 연구 및 자료 발간, 효율적인 아동학대예방사업을 위한 연계체계 구축, 프로그램 개발 및 평가, 아동보호전문기관과 학대피해아동쉼터 직원 및 아동학대전담공무원 직무교육, 아동학대예방 관련 교육 및 홍보, 아동보호전문기관 전산시스템 구축 및 운영의 업무를 담당하고 있다.

② 아동보호전문기관

「아동복지법」 제45조 제2항에 의하면 "지방자치단체는 학대받은 아동의 치료, 아동학대의 재발 방지 등 사례관리 및 아동학대예방을 담당하는 아동보호전문기관을 시 · 도 및 시 · 군 · 구에 1개소 이상 두어야 한다."라고 명시되어 있고 제46조에 따라 아동보호전문기관은 피해아동, 피해아동의 가족 및 아동학대행위자를 위한 상담 · 치료 및 교육, 아동학대예방 교육 및 홍보, 피해아동 가정의 사후관리 등의 업무를 담당하고 있다.

2019년 국가책임성 강화를 목표로 아동학대에 대응하는 체계가 전면 개편되면서 아동보호전문기관에서 학대조사를 했던 기존 업무가 시 · 군 · 구로 이관되면서 아동보호전문기관은 피해아동과 가족에 대해 집중적인 서비스를 제공하고 사례관리를 담당하는 것으로 전환되었고 아동보호전문기관의 설치현황은 2022년 말 기준 85개소(1,449명)가 전국에 분포되어 있다(김경희, 2023).

③ 학대피해아동쉼터

학대피해아동쉼터는 2016년 「아동복지법」 개정으로 학대피해아동쉼터가 법적 시설로 지정되면서 공동생활가정(아동복지법 제52조 제1항 제4호) 중에서 학대피해아동에 대한 보호, 치료, 양육 서비스 등을 제공하도록 시장 · 군수 · 구청장이 지정한 곳(아동복지법 제53조의2) 또는 학대피해아동에게 보호와 치료, 양육서비스 등을 제공함으로써 심신의 회복과 원가정 복귀를 지원하는 시설(아동복지법 제53조의2, 제52조 제1항 제4호)로 주요사업의 세부내용을 살펴보면 피해아동 보호 및 숙식 제공, 피해아동 생활지원(의복 등 생필품 지원, 일상생활 훈련 및 생활 지원), 상담 및 치료(심리검사, 개별 심리치료, 집단 심리치료), 교육 및 정서지원(학업지도, 안전교육, 문화체험, 체육활동) 등의 서비스가 지원된다.

학대피해아동쉼터의 설치현황은 2022년 기준 125개로 전국에 분포되어 있으며, 지난해 935명의 아동을 보호하였다.

3) 학대아동을 위한 복지서비스 현황

(1) 학대아동과 가족을 위한 복지서비스[6]

학대아동을 위한 복지서비스로는 먼저 피해아동의 신체적 · 심리적 손상 정도를 판단하기 위해 MRI, CT 등의 정밀진단과 지능검사, 성격검사 등을 실시한다. 두 번째로 아동학대 전담의료기관 지정을 통해 아동학대 피해에 대한 상담과 신체적 · 정신적 치료를 하게 된다.

아동의 안전 확보와 재학대를 방지하고 건전한 가정기능의 유지를 위하여 피해아동 및 보호자를 포함한 피해아동의 가족에게 상담, 교육 및 의료적 · 심리적 치료 등을 지원하고 있다(아동복지법 제29조). 이밖에 아동학대에 대한 법률상담(아동복지법 제29조의6)이 제공되며, 아동학대가 종료된 이후에도 아동학대의 재발 방지 등을 위해 피해아동 및 보호자를 포함한 피해아동의 가족에게 필요한 지원을 제공하고 있다(아동복지법 제28조).

(2) 학대행위자에 대한 복지서비스

아동학대범죄의 처벌 등에 관한 특례법 시행령 제3조에 따라 "법무부장관은 법 제8조 제1항에 따른 수강명령과 이수명령의 실시에 필요한 프로그램의 개발 및 관련 전문인력의 양성 등 아동학대행위자의 재범 예방을 위한 시책을 마련하여야 한다."라

6) 이 내용은 구혜영 등(2023)과 아동권리보장원 홈페이지(https://www.ncrc.or.kr)의 내용을 재구성함.

고 명시되어 있다. 이에 아동학대행위자에 대해 상담서비스, 입원치료 · 통원치료를 포함하는 의료서비스, 심리검사 · 미술치료 등을 포함하는 심리치료 서비스, 가정지원서비스 · 사회복지서비스기관 연결 · 공적지원 연결을 포함하는 가족기능강화서비스 등이 제공되고 있으며, 임시조치 또는 조건부기소유예, 보호처분 결정, 형벌과 수강명령 등의 병과를 통해 검찰 · 법원으로부터 상담 · 교육 위탁 처분을 받은 아동학대행위자를 대상으로 하는 행위자수탁프로그램 등이 지원되고 있다. 2022년 한 해 동안 학대행위자에게 제공된 서비스는 총 536,730회이다.

(3) 아동학대 신고의무자

「아동학대범죄의 처벌 등에 관한 특례법」(약칭: 아동학대처벌법) 제10조 제1항에 따라 누구든지 아동학대범죄를 알게 된 경우나 그 의심이 있는 경우에는 특별시 · 광역시 · 특별자치시 · 도 · 특별자치도, 시 · 군 · 구 또는 수사기관에 신고할 수 있으며, 아동학대 신고의무자에 해당하는 사람이 직무를 수행하면서 아동학대범죄를 알게 된 경우나 그 의심이 있는 경우에는 시 · 도, 시 · 군 · 구 또는 수사기관에 즉시 신고하여야 한다. 만약 아동학대 신고의무자가 신고하지 않을 경우 1천만 원 이하의 과태료를 부과한다(아동학대처벌법 제63조 제1항 제2호, 제10조 제2항). 한편, 아동학대범죄 신고 등을 이유로 불이익 조치를 하여서는 아니 된다(아동학대처벌법 제10조의2).

5. 아동학대에 대한 사회복지실천

1) 아동학대 관련 법규 개정[7]

아동학대에 대응하기 위한 다양한 대책에도 불구하고 아동학대로 인한 중상해, 사망 등 심각한 아동학대 사건은 지속적으로 발생하고 있다. 이에 정부는 2000년 12월 「아동복지법」 개정을 통해 아동학대에 대한 보호체계를 구체적으로 명시하게 하였으

7) 이 내용은 허용(2023)의 일부와 최승원(2022)의 일부 내용을 재구성함.

나 2018년부터 2022년 사이에 아동학대로 인한 사망사고는 줄어들지 않고 있는 상황이며 재학대 발생 건수 역시 증가하고 있는 실정이다. 이에 정부는 최근 사회적 문제가 되고 있는 아동학대를 예방하고 아동보호체계를 강화하기 위해 2019년 아동학대 대응체계를 전면적으로 개편하였다. 특히 공공성 강화를 위해 아동학대전담공무원 제도를 도입하여 기존 아동보호전문기관에서 수행하던 아동학대 조사 및 사례판단 업무를 시·군·구의 아동학대전담공무원이 담당하도록 하였다. 그러나 아동학대전담공무원은 피해아동의 보호 및 사례관리를 위한 범위 내에서만 조사를 할 수 있을 뿐이고(아동학대범죄의 처벌 등에 관한 특례법 제11조 및 11조의2), 강제적 권한이 뒷받침되지 않아 아동학대 사건에 대한 조사는 현실적으로 한계가 있다. 따라서 아동학대 사건이 신고될 경우 아동학대전담공무원은 아동학대범죄의 존재 여부나 아동학대행위자에 대한 처벌 등의 관점에서 수사를 하는 수사기관과 별도로 피해아동을 보호하는 복지적 관점에서 접근할 수 있도록 법령을 정비하는 것이 타당할 것이다.

다음으로 2021년 1월 징계권을 삭제하는 민법 일부개정법률안이 통과되어 부모의 징계권이 폐지되었으나 이것이 아동에 대한 체벌을 금지하는 것과 동일한 법적 효력을 갖는 것은 아니라는 의견이 지속적으로 제기되고 있다. 아동복지법과 아동학대처벌법에서는 학대 행위를 금지하고 있으나 훈육으로서 체벌을 법적으로 금지하고 있는 것인가에 대해서는 불충분해 보인다. 따라서 학대로부터 아동을 보호할 수 있는 구체적인 법적 근거가 마련되어야 할 것이다.

마지막으로 아동학대 사망사건이 발생할 경우 범부처 차원에서 진상조사를 실시하고, 이러한 전방위적인 조사 결과를 바탕으로 아동학대 사망사건의 발생원인과 대응과정을 면밀히 검토하여 다시는 아동학대로 인해 아동이 사망하는 일이 발생하지 않는 근본적인 대안 마련이 필요할 것이다.

2) 아동학대 예방 및 조기발견을 위한 지속적 교육 및 홍보

아동학대예방사업은 「아동복지법」(제22조 아동학대의 예방과 방지 의무)을 기본법으로 하며, 국가, 지방자치단체, 시·도지사, 시장·군수·구청장, 아동권리보장원의 각 의무를 규정하고 있다. 또한 아동학대 예방 강화 및 피해아동에 대한 적극적인 보호를 통해 아동의 안정적인 성장환경 조성 및 권리증진을 도모하는 것이다.[8]

아동학대예방 교육사업은 아동학대 신고의무자 및 일반을 대상으로 아동학대 및 아동학대예방사업에 대한 인식을 제고하고 아동학대를 사전에 방지하며, 학대피해 아동을 조기 발견하여 치료하고 보호하여 아동의 권익이 최우선되는 사회를 조성하기 위한 사업이다(송정애, 2022). 이에 「아동복지법」에는 "아동학대의 예방과 방지, 위반 행위자의 계도를 위한 교육 등에 관한 홍보영상을 제작하여 방송편성책임자에게 배포하여야 한다(제24조 제1항)"라고 명시되어 있고 동법 제23조에는 "아동의 건강한 성장을 도모하고, 범국민적으로 아동학대의 예방과 방지에 관한 관심을 높이기 위하여 매년 11월 19일을 아동학대예방의 날로 지정하고 아동학대예방의 날부터 1주일을 아동학대예방주간으로 정하고 있으며, 국가와 지방자치단체는 아동학대예방의 날의 취지에 맞는 행사와 홍보를 실시하도록 노력하여야 한다."라고 규정하고 있다.

이 밖에도 신고 의무자 교육과 전문자원봉사자, 아동지킴이, 위탁가정 등 지역사회와 연계하여 지역주민을 학대아동에 대한 지원서비스의 주체자로 활동할 수 있도록 다각적인 서비스를 제공하고 있다.[9]

표 10-9 아동학대 신고방법

	• 언제? –아동의 울음소리, 비명, 신음소리가 계속되는 경우 –아동의 상처에 대한 보호자의 설명이 모순되는 경우 –계절에 맞지 않거나 깨끗하지 않은 옷을 계속 입고 다니는 경우 –뚜렷한 이유 없이 지각이나 결석이 잦은 경우 –나이에 맞지 않는 성적 행동을 보이는 경우
	• 무엇을? –신고자의 이름, 연락처 –아동의 이름, 성별, 나이, 주소 –학대행위자로 의심되는 사람의 이름, 성별, 나이, 주소 –아동이 위험에 처해있거나 학대를 받고 있다고 믿는 이유 ※ 아동이나 학대행위자의 정보를 파악하지 못해도 신고는 가능하며, 가능한 많은 정보를 제공하도록 합니다.

8) 아동권리보장원 홈페이지(https://www.ncrc.or.kr). 2023. 7. 23. 발췌.

9) 굿네이버스 홈페이지(www.goodneighbors.kr). 2023. 7. 13. 발췌.

• 어떻게?
  –전화: 국번없이 112
  –모바일 앱: 아이지킴콜(App Store와 Google Play에서 다운로드)
  –방문: 관할 경찰서, 시 · 군 · 구
  –신고자의 신분은 「아동학대범죄의 처벌 등에 관한 특례법」 제10조, 제62조에 의해 보장됩니다.

출처: 아동권리보장원 홈페이지(www.ncrc.or.kr). 2023. 7. 13. 발췌.

〈생각나누기〉 회초리를 사랑이라 포장하지 마세요.

"네가 잘못해서 혼난 거야."

14살이던 ㄱ군에게 경찰은 그렇게 말했다. ㄱ군은 어려서부터 어머니의 잦은 신체적 · 정서적 학대와 폭력적인 가정 분위기 때문에 가출을 반복했다. 그날은 현관문을 사이에 두고 집으로 돌아가려는 ㄱ군과, ㄱ군을 집에 들이지 않으려는 어머니가 실랑이를 벌인 날이었다. ㄱ군은 문틈으로 손을 집어넣어 어머니가 문을 닫지 못하게 했다. 쾅! 쾅! 무거운 현관문이 몇 차례나 ㄱ군의 손을 찧었다. ㄱ군한테 질세라 어머니가 문을 세게 밀어 닫으려 한 것이다. 얼마나 많이 찧었던지 ㄱ군의 손은 피투성이가 됐다. 도움을 받으려고 찾아간 ㄱ군에게 경찰은 "가출을 한 것이 잘못이다. 네가 자주 가출을 해 엄마가 힘들어 그랬을 테니 엄마한테 잘못했다고 해라."라고 했다. 어머니의 폭력이 경찰에겐 ㄱ군이 응당 받아야 하는 '벌'이었던 것이다. ㄱ군은 결국 16살에 집을 영영 나왔다.

생각나누기: 위 사례를 읽고 사회복지사로서의 의견을 나눠 보세요.

출처: 최하얀, 김정필(2020. 8. 5.).

제 11 장

가정위탁과 입양

1. 가정위탁보호서비스

1) 가정위탁보호의 개념과 유형

가정위탁보호제도가 도입되기 전에는 보호자가 없거나 보호자로부터 이탈되는 등 가정의 보호 안에 있지 못했던 아동들 대부분 아동복지시설에서 생활하였다. 그러나 1985년 가정위탁보호시범사업을 시작으로 현재는 부모의 유기, 학대, 질병, 이혼, 사망, 교정시설 입소 등으로 부모가 가정에서 아동을 보호할 수 없게 될 경우 보호가 필요한 아동이 국가로부터 안전한 보호를 받을 수 있게 되었고, 보건복지부에 의하면 2021년 기준 가정위탁보호아동 수는 1,028명으로 82%에 해당되며, 매년 보호조치를 받는 아동이 전체아동의 약 0.05% 수준으로 유지되고 있다고 한다.

이에 이 장에서는 가정위탁보호의 개념과 유형, 배경과 현황 등 관련 정책을 살펴보고 이에 대한 사회복지실천에서의 개선방안을 제시하고자 한다.

(1) 가정위탁보호의 개념

우리나라 「아동복지법」 제3조 제6호에 의하면 “가정위탁”을 보호대상아동의 보호를 위하여 성범죄, 가정폭력, 아동학대, 정신질환 등의 전력이 없는 보건복지부령으로 정하는 기준에 적합한 가정에 보호대상아동을 일정 기간 위탁하는 것을 말하고 있으며, 가정위탁에서의 "보호대상아동"은 보호자가 없거나 보호자로부터 이탈된 아동 또는 보호자가 아동을 학대하는 경우 등 그 보호자가 아동을 양육하기에 적당하지 아니하거나 양육할 능력이 없는 경우의 아동(아동복지법 제3조 제4호)을 말한다.

아동권리보장원에서의 가정위탁대상아동은 부모의 질병, 가출, 실직, 수감, 사망 등으로 보호가 필요한 아동과 아동학대 및 방임 등 분리보호가 필요한 아동 그리고 독립적인 가구를 구성하면서 생활하고 있는 미성년의 소년소녀가정 세대를 대상으로 하고 있다.

(2) 가정위탁보호의 유형

「아동복지법」 제15조 제1항 제3호는 보호대상아동을 적합한 유형의 가정에 위탁하여 보호 · 양육할 수 있도록 조치하는 것이라고 명시하고 있으며, 제14조에 따른 가정위탁보호의 유형은 세 가지로 구분하고 있다. 첫째, 전문가정위탁보호 유형으로 피해아동, 2세 이하 아동 등으로서 특별한 보호가 필요한 보호대상아동을 전문적으로 보호 · 양육하는 것을 목적으로 하는 가정위탁보호, 둘째, 일반가정위탁보호 유형으로 전문가정위탁보호에 해당하지 않는 보호대상아동을 보호 · 양육하는 것을 목적으로 하는 가정위탁보호, 셋째, 일시가정위탁보호 유형으로 보호대상아동을 일시 위탁하여 보호 · 양육하는 것을 목적으로 하는 가정위탁보호 유형이다.

2) 가정위탁보호의 배경과 현황

(1) 가정위탁보호의 배경

우리나라에서의 가정위탁제도는 1950년대 이후 민간 사회복지기관을 중심으로 실시되었으며, 1990년 최초로 보건복지부의 인가를 받은 가정위탁전문 비영리사단법인이 가정해체, 학대, 방임 등으로 유기되어 버려진 요보호 아동을 시설에 수용하거나 해외에 입양되는 것을 지양하고 일반가정에 위탁되어 양육되도록 도와주는 무료 가정위탁업무를 실시하게 되었다.

1990년 후반에 들어와서 소년소녀가장제도와 시설보호에 대한 비판이 일어나자 정부에서는 요보호 아동의 보호방식을 시설보호나 소년소녀가정 세대의 보호형태에서 그룹홈이나 가정위탁보호의 형태로 전환하였다. 이후 1999년 가정위탁보호에 대한 법적 근거가 마련되면서 2000년에 가정위탁양육 보조금을 지원하게 되었고, 2002년 친인척과 동거하는 소년소녀가장들을 친인척 위탁가정으로 분류해 지원하였다(구혜영 외, 2023).

가정위탁지원센터는 서비스 전달 체계로서 2003년부터 전국 17개소가 운영되었고, 2020년 10월 1개소가 추가 설치 · 운영되었다. 2004년 7월부터 중앙가정위탁센터를 설치하여 지방에 위치한 가정위탁지원센터를 지원하였고, 2020년 1월 중앙가정위탁센터가 폐지되고 아동권리보장원으로 해당 업무가 이관되었다.

가정위탁은 2005년 개정된 「아동복지법」에 법적 근거를 두고 있고, 2011년 「아동복지법」을 전부 개정하여 가정위탁 희망자의 범죄 경력을 조회하고 시 · 군 · 구에 지역가정위탁지원센터를 설치할 수 있는 가정위탁 제도의 법적 기반을 마련하였다. 이후 2020년에는 「아동복지법」 일부를 개정하고, 동법 시행령을 2021년 개정하여 전문가정위탁의 법적 근거를 두고 있다. 한편 2021년 3월 말부터는 아동학대로 인해 원가정에서 분리된 만 0~2세 아동을 일시 보호하기 위해 '위기 아동 가정 보호' 사업을 신규 추진하여 전문 아동 보호비를 지원하였고, 2021년 8월에는 지원대상을 6세 미만의 아동으로 확대 지원하였다. 또한 2022년부터 만 2세 이하 아동, 학대피해아동, 장애아동, 경계선 지능 아동 등 전문적 보호와 양육이 필요한 아동을 위탁 양육하는 전문위탁가정에 전문아동보호비를 지원하였다.[1]

(2) 가정위탁보호의 현황

우리나라에서 요보호 아동에 대해 일반가정위탁, 전문가정위탁, 일시가정위탁 서비스를 제공하고 있으며 2021년 기준 9,541명의 아동이 가정위탁보호를 받고 있다.

〈표 11-1〉은 연도별 위탁유형에 따른 위탁아동 수를 나타낸 것으로, 전체 가정위탁보호아동은 해마다 감소 추이를 보이고 있다. 2021년 위탁아동은 9,541명으로 2020년 9,894명에 비해 353명(3.7%) 감소했다. 인구 감소에 따른 보호필요아동 수 감소로 가정위탁보호아동도 줄어들고 있다. 한편 21년 위탁유형 변경[일반(친인척), 일반

1) 이 내용은 여성가족부(2022)의 내용을 요약하여 정리함.

(친인척 외), 전문, 일시]으로 인해 전문위탁아동과 일시위탁아동의 수가 각 99명, 43명으로 신설된 것을 파악할 수 있다.

표 11-1 연도별 위탁아동 수

(단위: 명, %)

구분	계	일반(친인척)	일반(친인척 외)	전문	일시
2021	9,541	8,452	947	99	43
	100.0	88.6	9.9	1.0	0.5

(단위: 명, %)

구분	계	대리양육	친인척	일반	전문	일시
2020	9,894	6,468	2,466	960	–	–
	100.0	65.4	24.9	9.7	–	–
2019	10,334	6,865	2,566	903	–	–
	100.0	66.4	24.8	8.8	–	–
2018	11,111	7,412	2,786	913	–	–
	100.0	66.7	25.1	8.2	–	–
2017	11,975	7,942	3,096	937	–	–
	100.0	66.3	25.9	7.8	–	–

출처: 보건복지부, 아동권리보장원(2022).

표 11-2 보호조치 아동의 발생 원인

발생 유형	2022	2021	2020	2019	2018
학대, 부모빈곤, 실직 등	1,953	2,661	3,006	2,865	2,726
비행, 가출, 부랑	11	293	468	473	231
미혼부모, 혼외자	252	366	466	464	623
유기	73	117	169	237	320
미아	0	0	11	8	18
계	2,289	3,437	4,120	4,047	3,918

주: 보건복지부(보호대상아동 현황보고).

출처: e-나라지표 홈페이지(https://www.index.go.kr.). 2023. 7. 25. 발췌.

가정위탁보호아동의 발생원인은 〈표 11-2〉에 제시된 바와 같이 2022년 현재 아동학대와 부모빈곤, 실직 등의 비중이 가장 높게 나타났으며 다음으로 미혼부모, 혼외자 순으로 나타났다. 또한 2020년에 미아로 인한 보호아동 발생이 2021년부터 발생하지 않았다.

3) 가정위탁보호 신청 절차

가정위탁 절차는 일반가정위탁(친인척)과 전문가정위탁으로 구분되어 있으며 일반가정위탁은 기존(~2021. 6. 29.)에 대리양육 및 친인척 가정위탁이란 명칭으로 사용되었다.

가정위탁 신청 절차에 대한 세부적인 사항은 [그림 11-1]의 일반가정위탁(친인척) 보호 책정 절차와 [그림 11-2]의 일반(친인척 외)/전문가정위탁 보호 책정 절차에 구체적으로 제시되어 있다.

(1) 일반가정위탁(친인척) 보호 책정 절차*

* 기존(~2021. 6. 29.) 대리양육 및 친인척 가정위탁 포함

단계	주체	내용
신청	보호필요 아동 의뢰	• **신청** 친권자, 후견인, 아동을 보호 · 양육 · 교육하거나 그러한 의무가 있는 자 또는 업무 · 고용 등의 관계로 사실상 아동을 보호 · 감독하는 자가 관할 아동 거주지 시 · 군 · 구 또는 읍 · 면 · 동에 신청
	위탁보호 희망자	• **신청** 관할 아동거주지 시 · 군 · 구 또는 읍 · 면 · 동에 신청
▼		
아동 및 위탁 가정환경 조사	① 읍 · 면 · 동	• **조사 · 상담** 아동, 친부모와 위탁보호 희망자에 대한 조사 • **서식작성** –접수상담지, 욕구조사표(아동보호서비스 업무 매뉴얼 서식 1호, 4호) –친부모 · 아동 상황 점검표(아동보호 서비스 업무 매뉴얼 서식 8호, 9호) –가정위탁보호 신청서(시행규칙 별지 1호) –가정위탁보호 신청인 가정조사서(시행규칙 별지 2호) –아동카드(시행규칙 별지 4호)를 작성 –가정위탁보호동의서(지침서식 2호) –가정위탁 가족 동의서(지침서식 3호) –범죄경력 조회 동의서(시행규칙 별지 9호) –아동통합정보시스템 정보 조회 동의서(지침서식 3의 1호) • **서류제출** 위 서식 및 건강보험요양급여내역(최근3년)을 시 · 군 · 구에 제출 • **교육** 위탁부모 양성교육 이수 의무 안내
	② 시 · 군 · 구	• **위탁부모 등 범죄경력 및 아동통합정보시스템 정보 조회** –위탁부모 등 거주 소재지 관할 경찰관서의 장에게 범죄경력 조회 –보건복지부장관에게 국가 아동통합정보시스템 정보 조회 • **서식작성** –범죄경력 조회 요청서(시행규칙 별지 8호) –범죄경력 조회 회신서(시행규칙 별지 10호) • **교육** 위탁부모 양성교육 이수 의무 안내
	③ 가정위탁지원센터	• **교육** 위탁부모 양성교육 시행 및 교육이수 여부 시 · 군 · 구에 통보
▼		

가정위탁 보호 결정 · 통보	시 · 군 · 구	• **위탁보호결정** 조사결과 및 위탁부모 양성교육 이수 여부를 확인하여 사례결정위원회 심의를 통해 보호 결정 • **결정 통보 및 관련서류 발송** 관할 가정위탁지원센터 통보 관할 센터에 관련서류 7일 이내 발송 * 본문에 나열된 서류 모두 첨부
▼		
사례관리	읍 · 면 · 동 & 시 · 군 · 구 & 가정위탁지원 센터	• **아동카드 관리** 아동카드 기재 · 관리 • **상담 및 관리** 위탁아동, 위탁가정, 원가정 상담 • **업무지원** 복지서비스 제공 등 업무 지원 • **교육** 위탁부모 보수교육, 공무원 및 종사자 교육
▼		
가정위탁 보호 종결	시 · 군 · 구 & 가정위탁지원 센터	• **서식작성** 시 · 군 · 구에 아동 보호조치의 종료(퇴소) 신청서(시행규칙 별지 10호3) 제출, 원가정 복귀시는 아동가정복귀 신청서(시행규칙 별지 10호4) 제출 • **종결 또는 연장** 시 · 군 · 구는 보호종결 또는 보호기간 연장 • **통보** 가정위탁지원센터에 통보 • **사후관리**

[그림 11-1] 일반가정위탁(친인척) 보호 책정 절차

출처: 보건복지부(2023b), p. 76.

(2) 일반(친인척 외) / 전문가정위탁 보호 책정 절차

단계	주체	내용
신청	보호필요 아동 의뢰	• **신청** 친권자, 후견인, 아동을 보호·양육·교육하거나 그러한 의무가 있는 자 또는 업무·고용 등의 관계로 사실상 아동을 보호·감독하는 자가 관할 이동 거주지 시·군·구 또는 읍·면·동에 신청
	위탁보호 희망자	• **신청** 관할 아동거주지 시·군·구, 읍·면·동 또는 가정위탁지원센터에 신청
▼		
아동 및 위탁 가정환경 조사	① 읍·면·동	• **조사·상담** 아동, 친부모에 대한 조사, 아동 심리검사 및 건강검진 실시 • **서식작성** –접수상담지, 욕구조사표(아동보호서비스 업무 매뉴얼 서식 1호, 4호) –친부모·아동 상황 점검표(아동보호 서비스 업무 매뉴얼 서식 8호, 9호) –아동카드(시행규칙 별지 4호) –가정위탁보호동의서(지침서식 2호) • **서류제출** 시·군·구에 제출
	② 시·군·구	• **위탁부모 의뢰** 센터에 관계서류 첨부하여 의뢰
	③ 가정위탁지원센터	• **위탁부모 추천·연계** 시·군·구에 의뢰된 아동에 맞는 위탁부모를 찾아 추천·연계 • **교육** 위탁부모 양성교육 시행 및 교육이수 여부 시·군·구에 통보 • **서식작성** –가정위탁보호 신청서(시행규칙 별지 1호) –가정위탁보호 신청인 가정조사서(시행규칙 별지 2호) –위탁부모 추천서(지침서식 1호) –가정위탁 가족 동의서(지침서식 3호) –범죄경력 조회동의서(시행규칙 별지 9호) –아동통합정보시스템 정보 조회 동의서(지침서식 3의 1호) • **서류제출** 위 서식 및 건강보험 요양급여내역(최근 3년)을 시·군·구에 제출
	④ 시·군·구	• **위탁부모 등 범죄경력 및 국가아동학대정보시스템 정보 조회** –위탁부모 등 거주 소재지 관할 경찰관서의 장에게 범죄경력 조회 –보건복지부장관에게 아동통합정보시스템 정보 조회 • **서식작성** –범죄경력 조회 요청서(시행규칙 별지 8호) –범죄경력 조회 회신서(시행규칙 별지 10호)
▼		

단계	담당	내용
가정위탁 보호 결정 · 통보	시 · 군 · 구	• **위탁보호결정** 조사결과 및 위탁부모 양성교육 이수 여부를 확인하여 사례결정위원회 심의를 통해 보호 결정 • **결정 통보 및 관련서류 발송** –관할 가정위탁지원센터 및 위탁가정 소재 시 · 군 · 구(또는 시 · 도) 통보 –관할 센터에 아동카드 등 관련서류 7일 이내 발송 * 본문에 나열된 서류 모두 첨부
▼		
사례관리	읍 · 면 · 동 & 시 · 군 · 구 & 가정위탁지원센터	• **아동카드 관리** 아동카드 기재 · 관리 • **상담 및 관리** 위탁아동, 위탁가정, 원가정 상담 • **업무지원** 복지서비스 제공 등 업무 지원 • **교육** 위탁부모 보수교육, 공무원 및 종사자 교육
▼		
가정위탁 보호 종결	시 · 군 · 구 & 가정위탁지원센터	• **서식작성** 시 · 군 · 구에 아동 보호조치의 종료(퇴소) 신청서(시행규칙 별지 10호3) 제출, 원가정 복귀시는 아동가정복귀 신청서(시행규칙 별지 10호4) 제출 • **종결 또는 연장** 시 · 군 · 구는 보호종결 또는 보호기간 연장 • **통보** 가정위탁지원센터에 통보 • **사후관리**

[그림 11-2] 일반(친인척 외)/전문가정위탁 보호 책정 절차

출처: 보건복지부(2023b), p. 80.

(3) 가정위탁보호 절차

구분	읍 · 면 · 동	시 · 군 · 구	가정위탁지원센터
가정위탁 보호신청	• 보호대상아동의 발생 시 접수 상담 • 가정위탁보호의 신청 · 접수 · 상담 • 기초생활수급 신청 • 디딤씨앗통장 가입 신청	• 보호대상아동의 발생 시 접수 상담 • 가정위탁보호의 신청 · 접수 · 상담 • 위탁가정 범죄경력조회 • 아동학대정보시스템 정보 조회 • 가정위탁지원센터에 위탁가정 연계 의뢰	• 가정위탁 아동 상담 • 위탁부모 발굴 및 양성교육 실시 및 이수 여부 시 · 군 · 구 통보
가정위탁 보호결정	〈일반(친인척 외)/전문위탁〉 • 접수상담지, 욕구조사표, 친부모 · 아동 상황 점검표, 가정위탁 보호동의서, 아동카드 작성하여 시 · 군 · 구에 제출 〈일반위탁(친인척)〉 • 접수상담지, 욕구조사표, 친부모 · 아동 상황 점검표, 가정위탁 보호 신청서, 아동카드, 가정위탁 보호신청인 가정조사서, 가정위탁 보호동의서, 가정위탁가족동의서, 범죄경력조회동의서, 아동통합정보시스템 정보 조회 동의서 등을 작성하여 시 · 군 · 구에 제출	• 가정위탁 보호 결정 (사례결정위원회) • 가정위탁지원센터에 책정 통보, 관련서류 발송 • 기초생활수급 책정	〈일반(친인척 외/전문위탁)〉 • 위탁가정을 상담하여 적합한 가정 연계 후 가정위탁보호 신청서, 가정위탁보호 신청인 가정조사서, 가정위탁 가족동의서, 범죄경력조회동의서, 아동통합정보시스템 정보 조회동의서, 위탁부모 추천서 등을 작성하여 시 · 군 · 구에 제출
사례관리	• 사례관리 및 복지 서비스 제공 등 업무 지원 –위탁보호 연장 및 위탁가정 변경 신청 –부모교육 이수 안내 –연장보호 일시중지 시 재정지원 중단 요청 등	• 사례관리 및 복지서비스 제공 –위탁아동, 위탁가정, 원가정 상담, 방문, 적응 · 양육상황 점검 등 –후속 보호조치 마련 –심리치료 지원 등	• 사례관리 등 업무 지원 –위탁아동, 위탁가정, 원가정 사례관리 –위탁부모 보수교육 –위탁가정 지원서비스 연계, 원가정 지원 프로그램 제공, 홍보물 배포 등 복지서비스 관련 정보 안내
가정위탁 보호종결	• 보호연장 승인 신청	• 위탁 종결 –귀가조치 (원가정 복귀 등) –가정위탁 종결(해지), 가정위탁지원센터 통보 • 보호연장 승인	• 재배치 사정 • 아동 보호조치의 종결(퇴소) 신청서 제출(원가정 복귀 시에는 아동 가정 복귀 신청서 제출) • 사후 관리

[그림 11–3] 가정위탁보호 절차

출처: 보건복지부(2023b), p. 99.

4) 가정위탁보호 관련정책과 복지서비스 현황

(1) 가정위탁보호 관련법과 제도

가정위탁보호는「아동복지법」을 근거로 두고 있으며,「아동복지법」에서는 국가와 지방자치단체의 책무(제4조), 보호조치(제15조), 보호대상아동의 양육상황 점검(제15조의3), 보호대상아동의 퇴소조치(제16조), 보호대상아동의 사후관리(제16조의2), 가정위탁지원센터의 설치(제48조), 가정위탁지원센터의 업무(제49조), 비용보조(제59조) 등의 내용을 담고 있다.

「아동복지법」 제3조 제6호에 의하면 "가정위탁"이란 보호대상아동의 보호를 위하여 성범죄, 가정폭력, 아동학대, 정신질환 등의 전력이 없는 보건복지부령으로 정하는 기준에 적합한 가정에 보호대상아동을 일정 기간 위탁하는 것을 말한다고 명시되어 있다.

이 밖에도「국민기초생활보장법」에서 급여의 기준(제4조 제3항), 급여의 종류(제7조), 부양능력(제8조의2), 생계급여를 실시할 장소(제10조), 급여의 특례(제14조의2)가 있고, 동법 시행령 부양능력이 없는 경우(제5조의6) 등을 명시하고 있고,「의료급여법」에 수급권자(제3조)에 대해 규정하고 있다.

(2) 가정위탁보호아동을 위한 복지서비스 현황

가정위탁보호대상아동의 맞춤형 가정보호서비스를 위해 전문위탁아동을 보호 중인 가정에 전문아동보호비, 양육보조금 등을 지원하고 있으며 구체적인 사항은 〈표 11-3〉과 같다.

표 11-3 가정위탁보호 아동 재정지원 현황

구분	지원대상 (① 위기아동가정보호사업, ② 전문가정위탁사업)	지원내용
전문아동보호비	①, ②	월 100만 원
양육보조금	②	–만 7세 미만(~83개월): 월 30만 원 이상 –만 7세부터 만 13세 미만(84개월~155개월): 월 40만 원 이상 –만 13세 이상(156개월): 월 50만 원 이상

아동용품구입비 (국비)	① * 전문가정위탁아동은 지방비로 지원	최초 1회 100만 원(보호가정당 1회)
상해보험가입	①, ②	연 6만 8천 5백 원
심리검사 · 치료비	①, ②	–검사비 20만 원(1회) –치료비 월 20만 원 이내(12개월)
기초생활보장 (긴급복지지원)	①, ②	–생계급여 월 55만 원 –주거급여 월 10~19만 원(단, 위기아동 가정보호, 일시위탁은 주거급여 대상 제외) –의료 · 교육은 개인별 상이(국민기초생활보장 사업안내 지침 근거)
아동수당	①, ② (만 8세(95개월) 미만 해당 아동)	월 10만 원
가정양육수당 (영아수당)	①, ② (만 7세(86개월) 미만 해당 아동)	–만 0세(~11개월): 월 20만 원 –만 1세(12~23개월): 월 15만 원 –만 2~6세(24~86개월): 월 10만 원 * 영아수당(0~23개월): 월 30만 원 * 22.1.1. 출생아부터 적용(중복 지급 불가)
기저귀 · 조제분유 지원(0~24개월)	①, ② (만 2세(24개월) 미만 해당 아동)	

출처: 보건복지부(2023b), p. 158.

5) 가정위탁보호에 대한 사회복지실천 개선방안

(1) 가정위탁보호 관련 법규 개정

우리나라는 1990년 가정위탁사업을 시범실시한 후 2000년부터 2002년까지 가정위탁지원센터를 강원도에서 시범운영하였고 2003년 가정위탁지원센터를 16개 시 · 도 전국에 확대하였다. 이후 가정위탁보호의 법적근거를 규정하는 「아동복지법」 개정(2005년 7월) 후 2012년, 2016년, 2020년, 2021년, 2022년까지 다섯 차례 「아동복지법」 개정을 통해 요보호 아동이 가정적인 분위기에서 건전한 사회구성원으로 성장할 수 있도록 지원하고 있다.

그러나 이러한 정부의 노력에도 불구하고 그동안 요보호 아동의 상당수가 부모의 사망·장기간 소재불명·친권제한 등으로 친권 행사가 사실상 곤란함에도 불구하고 후견인이 선임되지 않아 법정대리인의 동의가 필요한 입·퇴원·수술 등의 의료서비스 이용과 금융계좌 개설 및 이동통신서비스 이용, 입학과 전학 등의 학적관리, 가족관계증명서 발급에 필요한 사항 등 일상생활에 상당한 제약을 받고 있다. 이에 2023년 4월 현재 정부가 후견인이 선임되기 전까지 위탁부모에게 필수적인 범위 내에서 아동에 대한 법정대리권한을 부여하는 아동복지법 개정을 추진하고 있다. 또한 추후 가정위탁보호가 더욱 활성화되어 요보호 아동의 삶의 질이 개선될 수 있는 관련 법 및 제도의 개선이 확대 제정되어야 할 것이다.[2)]

(2) 가정위탁 주요 사업에 대한 지원 확대

우리나라는 요보호 아동이 가정적인 분위기에서 건전한 사회구성원으로 성장할 수 있도록 가정위탁제도를 활성화하고 있으며 이를 위해 위탁가정에 여러 가지 재정을 지원하고 있다. 먼저 아동 1인당 양육보조금을 (연령별 월 30만 원부터 50만 원 이상 차등지원 권고) 지원하고 있으며, 만 8세 미만의 아동에게는 월 10만 원의 아동수당을 만 7세 미만 아동에게는 월 10만 원에서 월 30만 원의 영아수당(연령별 차등지급)을 지원하고 있다. 또한 전문아동의 보호비와 해당아동의 검사비(1회 20만 원), 치료비(월 20만 원 이내, 12개월), 아동용품 구입비(최초 1회 100만 원)가 지급되고 있으며, 아동의 질병 및 안전사고 발생 시 위탁부모의 심리적·경제적 부담을 완화하기 위해 아동의 상해 보험료(68,500원) 등이 지원되고 있다. 그럼에도 불구하고 위탁가정 아동에 대한 현재 상황은 상징적 의미에 그치고 있는데 이는 위탁가정의 헌신과 봉사에 의존하는 것으로 이대로는 가정위탁보호서비스를 확대 발전시킬 수 없기 때문에 앞으로는 아동의 연령이나 지역, 위탁가정의 유형 등 각각의 특성에 맞는 적정한 수준의 금액을 산정해서 지원하는 것이 요구되며 모든 위탁가정의 부모들이 아동을 양육하는 데 경제적 부담 없이 위탁할 수 있는 제도가 뒷받침되어야 할 것이다(이은주 외, 2022).

---

2) 이 내용은 보건복지부(2023. 4.)의 내용을 요약하여 정리함.

(3) 원가정 복귀를 위한 제도 개선

지자체 및 가정위탁지원센터는 위탁아동의 사례관리를 통해 위탁아동과 원가족 간 지속적이고 정기적인 면접교섭 지원을 통해 아동의 원가정 복귀를 지원해야 하며, 이를 위해 지자체는 위탁아동의 면접교섭 지원 계획을 수립하고, 가정위탁지원센터의 면접교섭 이행결과에 대해 분기별로 모니터링을 실시하고(아동복지법 제15조의5, 시행규칙 제11조의2 제4호 및 제11조의6), 가정위탁지원센터는 위탁아동의 원가족 간 면접교섭 서비스제공 계획을 구체적으로 수립하여 이행하고, 면접교섭 이행결과를 지자체에 보고하여야 한다.[3]

가정위탁보호를 받는 아동들의 경우 보호가 종결되면 원가정으로의 복귀가 우선시돼야 하나, 우리나라에서는 가정위탁보호가 일시적 기능이 아닌 영구적인 일이 되는 경우가 많고 이로 인해 원가정으로의 복귀는 미흡한 것으로 보인다. 이에 원가정으로 복귀나 입양 등의 영구적인 보호조치를 마련하기 위해서는 그동안의 물리적 보호가 아닌 위탁가정과 위탁아동의 욕구를 최대한 고려한 서비스와 빠른 시일 내 원가정으로의 복귀가 이루어지도록 친부모의 역량을 강화하고 이들의 재결합을 위한 다양한 프로그램 등을 지원하는 통합적인 정책이 이루어져야 할 것이다(이은주 외, 2022).

(4) 위탁가정 발굴 및 대중매체를 통한 홍보 강화

아동이 가정위탁보호를 받게 되는 상황은 부모의 유기, 학대, 질병, 이혼, 사망, 교정시설 입소 등으로 부모가 가정에서 아동을 보호할 수 없게 될 경우 보호가 필요한 아동이 국가로부터 안전한 보호를 받을 수 있게 하는 것이다. 이렇듯 가정위탁보호가 필요한 아동의 상황이 다양하기 때문에 위탁가정의 유형 역시 아동의 욕구에 적합한 위탁가정이 요구된다.

우리나라 「아동복지법」 제4조의 국가와 지방자치단체의 책무에 따르면 "국가와 지방자치단체는 「아동의 권리에 관한 협약」에서 규정한 아동의 권리 및 복지 증진 등을 위하여 필요한 시책을 수립 · 시행하고, 이에 필요한 교육과 홍보를 하여야 한다."라

---

3) 이 내용은 보건복지부(2023b)의 내용을 재구성함.

고 명시되어 있고, 동법 제49조 제2항의 제1호 가정위탁지원센터의 업무로 가정위탁 사업의 홍보 및 가정위탁을 하고자 하는 가정의 발굴이 명시되어 있다. 따라서 다양한 형태의 위탁가정을 발굴하고 운영될 수 있도록 정부의 노력이 절실하다.

2. 입양

우리나라 「아동복지법」 제2조 제2항에 따르면 아동은 완전하고 조화로운 인격발달을 위하여 안정된 가정환경에서 행복하게 자라나야 한다고 명시되어 있으나 부모의 사망, 이혼, 학대, 유기, 경제적 어려움 등의 이유로 가족기능이 약화되고 이로 인해 원가정 내에서의 보호가 사실상 불가능한 경우가 발생한다. 보건복지부에 의하면 2022년 기준 국내외 입양아동 수는 324명으로 전년도 415명에 비해 21.9%가 감소되었으나 여전히 입양은 이루어지고 있는 실정이다.

이에 본 장에서는 입양의 개념과 유형, 배경과 현황 등 관련 정책을 살펴보고 이에 대한 사회복지실천에서의 개선방안을 제시하고자 한다.

1) 입양의 개념과 유형

(1) 입양의 개념

입양은 친부모가 자녀를 돌볼 능력이 없어 친부모의 가정에서 성장할 수 없는 아동에게 혈연적 관계가 아닌 법률적 관계를 맺어 새로운 친자 관계를 형성하는 것이다.

입양은 아동복지법과 입양특례법에 따라 보호대상아동에게 건전한 가정을 영구적으로 제공하여 신체적 · 정서적 · 사회적으로 건강하게 성장할 수 있도록 지원하는 것을 말하며, 입양은 가정법원의 허가로 성립된다. 한편 아동권리보장원에서는 입양제도를 통해 아동들에게 새로운 가정을 찾아주고, 가정이라는 틀에서 건전하게 성장할 수 있도록 도와주어, 아동의 정신적 · 사회적 욕구를 충족시켜 주는 것이라고 하였다.

(2) 입양의 유형

입양의 유형은 법규, 입양 공개 여부, 친족 여부에 따라 나눈다.

① 법규에 따른 입양 유형[4]

가. 민법에 따른 입양 유형

민법에 따른 입양 유형은 일반양자 입양과 친양자 입양으로 나눌 수 있다. 일반양자는 친생부모의 친자녀로서의 지위와 양부모의 양자로서의 지위를 모두 갖게 되며, 친생부모와의 관계는 친권 이외에는 유지되므로 입양이 된 후에도 친생부모의 성과 본을 그대로 유지한다. 친양자는 입양이 되면 양부모의 완전한 친자녀와 같이 되는 양자를 말하며, 친양자는 재판을 통해 성립하며, 재판이 확정되면 양부모의 혼인 중에 태어난 자녀가 되므로 양자는 양친의 성과 본을 따르게 되며, 친생부모와의 관계는 종료된다.

나. 입양특례법에 따른 입양 유형

입양특례법에 따른 입양은 입양기관을 통한 입양과 국제입양으로 나뉜다. 입양기관을 통한 입양은 가정법원의 허가를 얻어야 하며, 입양된 아동은 「민법」상의 친양자와 동일한 지위를 가지게 된다. 국제적으로 이루어지는 입양에는 「국제사법」에서 정한 입양의 준거법에 따른 입양이 있다. 국제입양은 한국에서의 한국인과 외국인 사이의 입양 또는 외국인과 외국인 사이의 입양, 외국에서의 한국인 사이의 입양 또는 한국인과 외국인 사이의 입양 등과 같이 외국적 요소가 있는 것을 말한다.

② 입양 공개 여부에 따른 유형[5]

가. 비공개입양

비공개입양은 입양아동과 주위 사람들에게 입양에 대해 숨기고 양육하는 것으로, 입양아동이 입양으로 인해 겪을 부정적인 오해와 편견으로 인해 부당한 대우를 받을 수 있는 것을 우려하여 입양 사실을 알리지 않는 것이다.

나. 공개입양

공개입양은 입양아동에게 입양 사실을 공개하고 양육하는 것으로 입양아동뿐만 아니라 상황에 따라 확대가족이나 소속 단체 및 이웃, 주위 사람들에게 입양 사실을

---

4) 찾기쉬운 생활법령정보(www.easylaw.go.kr). 2023. 6. 15. 기준 작성. 2023. 8. 1. 요약 발췌.

5) 이 내용은 황해익, 남미경, 서보순, 김병만(2022)의 내용을 요약하여 정리함.

공개하며 공개 범위는 입양가족에 따라 다양하다.

다. 개방입양

개방입양은 친부모와 입양부모가 입양아동의 양육과 성장과정에 대해 함께 정보를 나누거나 만남을 통해 지속적인 교류를 맺는 것이다. 친부모는 아동이 입양 후 잘 성장하는 것을 직접 보면서 안심할 수 있고, 입양부모 역시 아동 친부모의 유전적 기질을 파악해 입양아동을 양육할 수 있는 장점을 가질 수 있다.

③ 친족 여부에 따른 유형[6)]

친족 여부에 따른 유형은 혈연관계나 부나 모가 재혼할 경우 새로운 가족관계가 이루어지는 부나 모에게 입양되는 친족입양과, 입양아동과 가족관계를 갖고 있지 않는 입양부모가 입양하는 것을 말한다.

2) 입양의 배경과 현황

(1) 입양의 배경

우리나라에서 현대적 의미의 입양제도는 한국전쟁 중 발생한 전쟁고아와 혼혈아를 돌보기 위한 서비스로 시작되었고 이 시기에 입양에 관한 법규정이 없었기 때문에 자녀가 없는 가정은 친척이나 이웃의 아동을 데려와 양육하고 국외입양은 혼혈 전쟁고아를 보호하기 위한 대책으로 수행하였다. 국외입양의 경우 영문 번역 사무실에서 개인적으로 행해지다가 1954년 사회부 산하의 '혼혈 전쟁고아 국외입양전담기관'을 통해 시작되었다.

1961년 국외입양을 위한 방향으로 「고아입양특례법」이 제정되었으며, 1960년대 이후 입양아동 중에서 전쟁고아 수는 감소했으나, 빈곤, 가정해체, 미아, 미혼모 발생 등으로 인해 유기아동 수가 증가하면서 입양이 함께 증가하였다. 정부는 보호시설에 있는 부랑아동의 입양 절차 간소화 및 양자된 아동이 양부모의 성과 본을 다르게 하는 것으로 「민법」 특례를 규정했으며, 국내입양에서도 특례를 적용하기 위해 1976년

6) 이 내용은 황해익 등(2022)의 내용을 요약하여 정리함.

「입양특례법」(법률 제2977호)을 제정하였다. 이 시기부터 입양을 알선하는 기관의 범위를 보건사회부 장관의 허가를 받은 보호시설을 운영하는 법인으로 한정하였다(노혜련 외, 2021).

입양에 대한 사회적 인식이 개선되고 정책 환경이 변화되면서 입양에 관한 법적·제도적 개선의 필요성이 꾸준히 제기되어 왔다. 이에 정부는 1995년「입양특례법」을「입양촉진 및 절차에 관한 특례법」으로 제명을 변경하고 전부 개정하였던 것을, 2011년 8월에 요보호 아동의 입양 절차 전반에 아동의 권익이 보장되도록 국가의 책임을 강조하는 것으로「입양촉진 및 절차에 관한 특례법」을 전부 개정하고「입양특례법」으로 법명을 변경하였다. 이를 통해 아동이 원가정에서 먼저 보호되도록 '입양숙려제'를 도입하여, 친생부모가 아동의 출생 후 일주일 이후부터 입양 동의를 할 수 있게 하였다.[7] 이후 2015년「입양특례법」의 일부개정을 통해 국외입양 사후관리를 강화하였고(제25조 제1항), 이후 2019년 일부개정을 통해 국외입양된 아동의 국적 취득여부에 대해 한 차례 더 강화하였다(제25조 제2항).

(2) 입양의 현황

우리나라는 국내에서 양부모를 찾지 못하는 경우 보호대상아동에게 최선의 이익이 될 때만 국외입양을 허용한다고 되어 있으나, 2022년 기준 전체 입양아동 중 국외입양아동 비율이 43.8%로 거의 절반 수준을 유지하고 있다.

〈표 11-4〉의 국내외 입양아동의 연도별 현황을 살펴보면 2011년도까지 증가세를 보이다가 2011년 8월에 요보호 아동의 입양 절차 전반에 아동의 권익이 보장되도록 국가의 책임을 강조하는 것으로「입양특례법」을 전면 개정하고, 이를 통해 아동이 원가정에서 먼저 보호되도록 '입양숙려제'를 도입한 이후 입양아동 수는 전체적으로 감소하게 되었다.

---

7) 이 내용은 여성가족부(2022)의 내용을 재구성함.

표 11-4 국내외 입양 아동 연도별 현황

(단위: 명)

구분	2011	2012	2013	2014	2015	2016	2017	2018	2019	2020	2021	2022
국내	1,548 (62.8%)	1,125 (59.8%)	686 (74.4%)	637 (54.4%)	683 (64.6%)	546 (62.0%)	465 (53.9%)	378 (55.5%)	387 (55.0%)	260 (52.9%)	226 (54.5%)	182 (56.2%)
국외	916 (37.2%)	755 (40.2%)	236 (25.6%)	535 (45.6%)	374 (35.4%)	334 (38.0%)	398 (46.1%)	303 (44.5%)	317 (45.0%)	232 (47.1%)	189 (45.5%)	142 (43.8%)
계	2,464	1,880	922	1,172	1,057	880	863	681	704	492	415	324

출처: 보건복지부 보도참고자료(2023. 6. 30.), 입양 관련 통계.

〈표 11-5〉의 입양아동의 성별 및 연령을 살펴보면 2022년 기준 국내입양의 경우 여아의 비중(64.2%)이 높은 반면 국외입양은 남아 비중(64.8%)이 높게 나타났다. 연령별로는 1세에서 3세 미만이 국외입양은 97.9%를 차지한 반면 국내입양은 39.6%로 차이가 있는 것으로 나타났다.

표 11-5 입양아동의 성별 및 연령 현황

(단위: 명)

연도	국내입양							국외입양					
	계	성별		연령				계	성별		연령		
		남	여	3세 미만	3월~1세 미만	1~3세 미만	3세 이상		남	여	1세 미만	1~3세 미만	3세 이상
2022	182	67 (36.8%)	115 (64.2%)	–	97 (53.3%)	72 (39.6%)	13 (7.1%)	142	92 (64.8%)	50 (35.2%)	1 (0.7%)	139 (97.9%)	2 (1.4%)
2021	226	78 (34.5%)	148 (65.5%)	12 (5.3%)	121 (53.6%)	69 (30.5%)	24 (10.6%)	189	133 (70.4%)	56 (29.6%)	–	185 (97.9%)	4 (2.1%)
2020	260	90 (34.6%)	170 (65.4%)	–	157 (60.4%)	80 (30.8%)	23 (8.8%)	232	192 (82.8%)	40 (17.2%)	–	225 (97.0%)	7 (3.0%)

출처: 보건복지부 보도참고자료(2023. 6. 30.), 입양 관련 통계.

〈표 11-6〉의 입양아동 발생사유를 살펴보면 지난 3년간 입양아동 발생 수는 감소했으나 여전히 입양아동은 발생하고 있으며, 2022년 기준 미혼모(부) 아동이 279명(86.1%)으로 가장 높고 유기아동이 42명(13%), 가족해체 등 3명(0.9%) 순으로 나타났다.

표 11-6 입양아동 발생사유 (단위: 명)

연도	계	미혼모(부) 아동(혼외자 포함)	유기아동	가족해체 등
2022	324	279 (86.1%)	42 (13%)	3 (0.9%)
2021	415	355 (85.5%)	49 (11.8%)	11 (2.7%)
2020	492	447 (90.9%)	38 (7.7%)	7 (1.4%)

출처: 보건복지부 보도참고자료(2023. 6. 30.), 입양 관련 통계.

〈표 11-7〉의 입양국가별 해외입양 현황을 살펴보면 우리나라 「입양특례법」 제7조에 따라 국내입양을 최우선으로 두고 있음에도 여전히 국외입양이 지속되고 있는 것을 알 수 있으며, 2022년 기준 미국이 99명(69.7%)으로 가장 높고, 캐나다 10명(7%), 스웨덴 9명(6.3%) 순으로 나타났다.

표 11-7 입양국가별 해외입양 현황 (단위: 명)

연도	계	미국	스웨덴	캐나다	노르웨이	호주	룩셈부르크	덴마크	프랑스	이탈리아
2022	142	99 (69.7%)	9 (6.3%)	10 (7%)	6 (4.2%)	2 (1.4%)	3 (2.1%)	5 (3.5%)	4 (2.8%)	4 (2.8%)
2021	189	126 (66.7%)	14 (7.4%)	17 (9.0%)	7 (3.7%)	11 (5.8%)	3 (1.6%)	3 (1.6%)	1 (0.5%)	7 (3.7%)
2020	232	156 (67.2%)	18 (7.8%)	19 (8.2%)	7 (3.0%)	17 (7.3%)	1 (0.4%)	3 (1.3%)	2 (0.9%)	9 (3.9%)

출처: 보건복지부 보도참고자료(2023. 6. 30.), 입양에 대한 국가책임 강화한다에서 발췌.

(3) 입양의 구성요소

① 입양아동

우리나라 「입양특례법」 제9조에서는 입양아동의 자격을 다음과 같이 규정하고 있다.

- 보호자로부터 이탈된 사람으로서 특별시장 · 광역시장 · 특별자치시장 · 도지사 및 특별자치도지사 또는 시장 · 군수 · 구청장이 부양의무자를 확인할 수 없어 「국민기초생활보장법」에 따른 보장시설에 보호의뢰한 사람
- 부모(부모가 사망이나 그 밖의 사유로 동의할 수 없는 경우에는 다른 직계존속을 말한

다) 또는 후견인이 입양에 동의하여 보장시설 또는 제20조에 따른 입양기관에 보호의뢰한 사람

- 법원에 의하여 친권상실의 선고를 받은 사람의 자녀로서 시 · 도지사 또는 시장 · 군수 · 구청장이 보장시설에 보호의뢰한 사람
- 그 밖에 부양의무자를 알 수 없는 경우로서 시 · 도지사 또는 시장 · 군수 · 구청장이 보장시설에 보호의뢰한 사람

② 입양부모

우리나라「입양특례법」제10조에서는 입양부모의 자격을 다음과 같이 규정하고 있다.

- 양자를 부양하기에 충분한 재산이 있을 것
- 양자에 대하여 종교의 자유를 인정하고 사회의 구성원으로서 그에 상응하는 양육과 교육을 할 수 있을 것
- 양친이 될 사람이 아동학대 · 가정폭력 · 성폭력 · 마약 등의 범죄나 알코올 등 약물중독의 경력이 없을 것
- 양친이 될 사람이 대한민국 국민이 아닌 경우 해당 국가의 법에 따라 양친이 될 수 있는 자격이 있을 것
- 그 밖에 양자가 될 사람의 복지를 위하여 보건복지부령으로 정하는 필요한 요건을 갖출 것
- 25세 이상으로서 양자가 될 사람과의 나이 차이가 60세 이내인 사람(양친이 될 사람이 대한민국 국민이 아닌 경우에는 25세 이상 45세 미만)
- 양친이 될 사람은 양자가 될 아동이 복리에 반하는 직업이나 그 밖에 인권침해의 우려가 있는 직업에 종사하지 아니하도록 하여야 한다.
- 양친이 되려는 사람은 입양의 성립 전에 입양기관 등으로부터 보건복지부령으로 정하는 소정의 교육을 마쳐야 한다.

③ 친부모

친부모는 입양대상아동을 직접 낳았으나 여러 가지 상황으로 인하여 아동을 직접 양육할 수 없어 부모로서의 친권포기를 하는 경우이다.

「입양특례법」 제12조에 따르면 아동을 양자로 하려면 친생부모의 동의를 받아야 하며, 동법 제13조에 따라 입양동의의 대가로 금전 또는 재산상의 이익, 그 밖의 반대급부를 주고받거나 주고받을 것을 약속하여서는 아니 되며, 입양기관은 제12조 제1항에서 정한 입양동의 전에 친생부모에게 아동을 직접 양육할 경우 지원받을 수 있는 사항 및 입양의 법률적 효력 등에 관한 충분한 상담을 제공하여야 하며, 동법 제12조 제4항에 따라 입양동의 전에 입양될 아동에게 입양동의의 효과 등에 관한 충분한 상담을 제공하여야 하며, 상담내용 등에 대하여는 보건복지부령으로 정한다.

3) 입양의 절차

(1) 입양 신청 절차[8]

우리나라 입양 신청 절차는 보호가 필요한 아동이 발생하면 입양에 대한 법적 절차를 준비하며 시작되고 구체적인 절차는 [그림 11-4]와 같다.

요보호 아동 발생

- 친생부모: 입양숙려기간(일주일)준수
  - 양육에 관한 정보, 사회적응서비스, 정부지원정보 제공
  - 기아: 기아발견신고 및 조서 작성, 부양의무자공고, 후견인지정, 가족관계등록창설(가정법원 성 · 본 창설허가재판)

▼

입양동의 전 상담

- (지자체/입양기관) 친생부모 및 양자될 사람(요보호아동)에게 입양의 동의, 입양의 효과 및 파양, 입양정보공개청구 등 충분한 상담 제공
  - 입양기관은 상담내용을 관할 시군구에 보고
  - 보고받은 관할 시군구 아동보호전담요원은 친생부모 추가상담 제공(선택)

▼

입양동의

- (친생부모) 입양결정 후 입양동의서 작성
- 친생부모가 미성년인 경우, 친생부모의 법정대리인의 동의를 모두 받아야 함 (법정대리인인 친권자가 이혼했을 경우, 법원지정 친권자 1인의 동의를 받아야 함)
- 아동이 13세 이상인 경우 아동의 입양동의를 받아야 함

▼

예비양부모 입양신청

- 전화, 내방 등 개별 및 부부상담 진행(입양기관)
- 법 제 10조(양친이 될 자격 등) 충족
- 양친가정조사신청서(별제 제6호) 제출

▼

양친 가정조사

- 양친가정조사신청서 제출
  - 구비서류: 양친가정조사신청서(별지 제6호 서식), 가족관계증명서, 혼인관계증명서, 주민등록등본
- 가정조사 실시 (입양특례법 제10조, 동법 시행규칙 제8조제2항)
- 범죄경력 및 아동학대사례 판단이력 조회
- 예비양부모 교육: 보건복지부령으로 정하는 소정의 교육 이수(별지 제1호 양친교육이수증명서 발급)

▼

8) 출처: 보건복지부(2023b), pp. 32-35.

아동 인수 및 보호

- (지자체) 입양기관 소재 시 · 군 · 구 아동보호전담요원 개별보호 · 관리계획 작성 → 아동복지심의위원회를 통해 개별보호 · 관리계획 확정 및 입양결정 → 입양대상아동 확인서 발급
- (입양기관) 아동배경보고서 및 아동카드 작성, 아동 인수일로부터 2주 이내 입양정보통합관리시스템에 아동정보 등록

양친가정조사서 발급

- 입양특례법 시행규칙 제8조제2항에 따른 양친가정 조사서 (별지 7호) 발급

▼

〈법원의 추가보정 요청이 있을 시〉
- 구비서류 재정비 및 예비양부모 소환(가사조사관) 등

결연

- 국내입양 우선추진(5개월/ACMS활용)
- 양친될 자와 입양대상아동 결연
  ※ 법 제11조 제1항에 따른 서류 구비

▼

법원허가제

- 양자가 될 사람의 등록기준지 또는 주소지 관할 가정법원에 신청
  –구비서류: 입양허가신청서, 입양동의서, 사건본인서류(기본증명서, 가족관계증명서, 주민등록등본), 입양대상아동 확인서, 청구인서류(기본증명서, 혼인관계증명서, 가족관계증명서, 주민등록등본), 양친교육이수증명서, 범죄경력조회 회신서, 양친가정조사서
- 가정법원의 인용심판 확정으로 입양효력 발생
- ACMS 정보 입력: (입양조치일자) 심판확정문 확정일, 그 외 조치구분에 따른 일자

▼

국내입양

- 친양자입양신고(가정법원의 허가서 첨부)
- ACMS 정보 입력: (입양신고일) 친양자입양신고서 상 신고일
- 시군구아동복지심의위원회 보호조치 종결심의

▼

사후서비스 제공

- (입양기관) 입양성립 후, 1년 동안 사후관리 제공
  –가정방문, 아동발달상태 등 관찰, 아동–부모 관계 관찰, 가정환경 확인 등
  –입양기관 관할 아동보호전담요원은 입양기관의 사후관리 이행상황 모니터링 진행
- 입양정보공개청구 등

[그림 11-4] 입양절차

출처: 보건복지부(2023b), p. 31.

① 국내입양 절차

가. 입양대상아동의 입양준비에 관한 법적 절차

첫째, 입양동의 전 친생부모에 대한 상담이다. 친생부모(아동) 주소지의 시 · 군 · 구 아동보호전담요원은 입양을 의뢰한 친생부모에게 원가정 양육 지원과 입양에 대한 상담을 제공해야 하는데 이때 대면상담이 필수이다.

둘째, 후견인 직무이다. 입양기관의 장은 보장시설의 장, 부모 등으로부터 입양될 아동을 인수한 때에는 그 인수한 날부터 입양완료일까지 후견인 직무를 행한다.

시 · 도지사 또는 시장 · 군수 · 구청장은 친권자 또는 후견인이 없는 아동을 발견한 경우 필요하다고 인정할 때에는 법원에 후견인 선임을 신청하고, 보호시설에 있는 미성년고아의 경우, 국가 또는 지자체에서 설치 · 운영하는 시설은 보호시설의 장이 후견인이 되고, 국가 또는 지자체 외의 자가 설치 · 운영하는 경우 그 시설 소재지 시 · 군 · 구청장이 후견인을 지정한다.

셋째, 부양의무자 확인 공고이다. 친권자 또는 후견인이 없는 경우, 보호시설장은 소재지 관할 시장 · 군수 · 구청장에게 부양의무자 확인 공고를 의뢰하고 의뢰를 받은 시장 · 군수 · 구청장은 15일간 확인 공고를 한다.

넷째, 입양대상아동 확인서 발급이다. 입양대상아동 확인서는 양자가 될 자격을 갖추었음을 증명하는 서류로써, 아동 주소지 시 · 군 · 구에서 확인하고 발급한다.

다섯째, 입양정보통합관리시스템 등록이다. 입양기관의 장은 입양기관에 보호 의뢰된 아동 및 친생부모의 정보를 아동권리보장원에 제공하여야 한다.

나. 양친될 사람의 입양준비에 관한 법적 절차

첫째, 양친가정조사신청서 제출이다. 양친이 되려는 사람은 조사기관에 양친가정조사 신청서를 제출해야 한다.

둘째, 가정조사 및 양친가정조사서 발급이다. 조사기관은 '양친가정조사서'에 따라 가정조사를 실시하고 입양적격 여부를 결정하여 신청인에게 양친가정조사서를 발급한다. 양친가정조사는 직장 · 이웃 · 가정 등을 2회 이상 직접 방문하여 실시하되 적어도 1회 이상은 미리 알리지 말고 방문조사를 해야 한다.

셋째, 범죄경력의 확인 요청이다. 조사기관은 양친이 될 사람이 범죄경력이 있는지 확인을 위해 범죄경력 조회 신청서에 범죄경력 조회 동의서를 첨부하여 경찰관서의 장에게 제출해야 한다.

넷째, 교육 및 양친교육 이수 증명서 발급이다. 입양기관의 장은 양친이 될 사람에게 소정의 교육을 실시하고 양친교육 이수 증명서를 발급한다.

다. 가정법원 허가

입양허가 신청서 제출이다. 양자가 될 사람의 등록기준지 또는 주소지의 가정법원에 입양허가 신청서를 비롯해 관련된 구비서류를 제출한다.

라. 친양자 입양 신고

첫째, 입양의 효과이다. 입양된 아동은 「민법」상 친양자와 동일한 지위를 가진다.

둘째, 친양자 입양 신고이다. 양친 또는 양자는 가정법원의 허가서를 첨부하여 「가족관계의등록 등에 관한법률」이 정하는 바에 따라 친양자 입양신고를 해야 한다.

마. 입양아동 등의 인도 및 보고

법원이 입양을 허가한 경우, 보장시설의 장 또는 입양기관의 장은 입양아동과 그에 관한 기록 및 소유물품을 양친될 사람에게 인도하고, 소재지 관할 시장 · 군수 · 구청장에 아동 인도에 대한 결과 보고를 한다.

바. 사후관리 제공

입양기관의 장은 입양이 성립된 후 1년 동안 양친과 양자의 상호적응을 위하여 사후관리를 해야 하고, 사후관리의 내용은 양친과 양자의 상호적응상태에 관한 관찰 및 이에 필요한 서비스, 입양가정에서의 아동양육에 필요한 정보를 제공하고 입양가정이 수시로 상담할 수 있는 창구의 개설 및 상담요원의 배치가 해당된다.

② 국외입양 절차

가. 국내에서의 국외입양

외국인이 국내에서 입양하는 경우로, 입양에 대한 일반절차는 국내의 입양절차와 동일하다. 국내에서 입양하려는 외국인은 후견인과 함께 양자될 사람의 등록기준지 또는 주소지 관할 가정법원에 입양허가에 필요한 구비서류를 준비해서 신청해야 한다.

나. 외국에서의 국외입양

첫째, 외국인이 국외에서 입양하는 경우로, 국외에 거주하는 외국인이 국내에 거주하는 아동을 입양하기 위해서는 입양기관을 통해 입양절차를 진행해야 한다.

둘째, 외국인으로부터 입양 알선을 의뢰받은 입양기관의 장은 보건복지부장관이 발행한 해외이주허가서를 첨부하여 가정법원에 입양허가에 관한 관련 서류를 준비하여 신청해야 한다.

셋째, 양자가 될 사람이 가정법원 허가를 받고 출국하여 그 국가의 국적 취득 시 입양기관의 장은 국적취득의 사실을 안 날로부터 1개월 이내에 이를 법무부장관에게 보고하고 아동권리보장원을 통해 보건복지부장관에게도 보고해야 하며, 법무부장관은 직권으로 그의 대한민국 국적을 말소할 것을 등록기준지 관할 가족관계등록관서에 통지해야 한다.

넷째, 사후관리 제공으로 입양기관의 장은 입양이 성립된 후 1년 동안 양친과 양자의 상호적응을 위하여 사후관리를 해야 하며, 사후관리에 대한 내용으로 양친과 양자의 상호적응상태에 관한 관찰 및 이에 필요한 서비스, 입양가정에서의 아동양육에 필요한 정보의 제공, 입양가정이 수시로 상담할 수 있는 창구의 개설 및 상담요원을 배치해야 한다.

다섯째, 사후서비스 제공으로 입양기관의 장은 국외로 입양된 아동을 위하여 모국방문사업, 모국어 연수지원, 모국에 관한 자료제공, 친생부모 찾기 사업과 입양정보공개제도에 관한 홍보, 국적회복지원, 국외로 입양된 아동을 위한 상담 등의 사후관리 사업을 실시해야 한다.

4) 입양 관련정책과 복지서비스 현황

(1) 입양 관련법과 제도

입양은 「입양특례법」을 근거로 두고 있으며, 「입양특례법」 제1조에 따라 요보호 아동의 입양에 관한 요건 및 절차 등에 대한 특례와 지원에 필요한 사항을 정함으로써 양자가 되는 아동의 권익과 복지를 증진하는 것을 목적으로 하고 있다.

「입양특례법」에서는 국가와 지방자치단체의 책무(제3조), 입양의 원칙(제4조), 국내입양 우선 추진(제7조), 국외입양의 감축(제8조), 입양의 취소(제16조), 파양(제17조), 입양기관의 의무(제21조), 사후서비스 제공(제25조) 등의 내용을 담고 있다.

「아동복지법」 제10조 제2항 제9호에 따라 아동권리보장원은 「입양특례법」에 따른 국내입양 활성화 및 입양 사후관리를 위해 국내외 입양정책 및 서비스에 관한 조사·연구, 입양 관련 국제협력 업무 등에 대해 명시되어 있다. 「의료급여법」 제3조 제1항 제4호는 「입양특례법」에 따라 국내에 입양된 18세 미만의 아동에게 의료급여를 실시해야 한다고 명시되어 있다. 한편 가사소송규칙 제62조의9에 따라 가정법원은 입양에 관한 심판 및 미성년자 입양을 허가하는 심판을 함에 있어서 필요한 경우 양부모가 될 사람에 대하여 미성년자 양육에 관한 교육을 실시하거나 입양기관, 사회복지기관 등에서 실시하는 미성년자 양육을 위한 교육을 받을 것을 명할 수 있다고 명시되어 있다.

(2) 입양 관련기관의 현황

① 아동권리보장원

「입양특례법」과 「아동복지법」 제10조의2에 따라 아동권리보장원은 국내입양 활성화 및 입양 사후관리의 업무로서 국내외 입양정책 및 서비스에 관한 조사 및 연구, 입양 관련 국제협력 업무 등을 수행한다.

② 입양기관

「입양특례법」 제21조에 따라 입양기관의 장은 입양의뢰된 사람의 권익을 보호하고, 부모를 알 수 없는 경우에는 부모 등 직계존속을 찾기 위해 노력해야 하고, 입양 알선 시 양친 될 사람에 대한 조사와 입양 전 아동양육에 관한 교육 등을 해야 한다.

입양기관은 보건복지부에서 허가를 받아 운영되는 기관 17개와 시도의 허가를 받아 운영되는 기관 3개를 포함해 총 20개의 입양기관이 있다. 또한 홀트아동복지회, 대한사회복지회, 동방사회복지회는 국내외 입양 업무를 모두 수행하며, 그 외 입양기관은 국내입양업무만 수행한다.

(3) 입양아동을 위한 복지서비스 현황

정부에서 국내입양을 활성화시키기 위해 입양가정과 입양아동에게 다양한 지원정책을 펼치고 있으며, 구체적인 지원 현황은 〈표 11-8〉과 같다.

표 11-8 국내입양 가정에 대한 지원 현황

<table>
<tr><th colspan="2">구분</th><th colspan="2">지원대상</th><th colspan="2">지급방법</th><th>지원금액</th></tr>
<tr><td colspan="2">입양축하금</td><td colspan="2">• 「입양특례법」상 허가를 받은 입양기관에 의해 아동을 국내입양한 가정 중에서 가정법원입양 확정일이 2022년 1월 1일 이후인 가정</td><td colspan="2">매달 20일,
1회에 한하여 지급</td><td>200만 원</td></tr>
<tr><td colspan="2">양육수당</td><td colspan="2">• 「입양특례법」상 허가를 받은 입양기관에 의해 아동을 국내입양한 가정
• 입양아동이 만 18세가 되는 날이 속한 달까지 정기적으로 지급
* 「입양특례법」제18조에 따른 국내에서의 국외입양, 동법 제19조에 따른 외국에서의 국외입양을 한 가정은 지급대상이 아님</td><td colspan="2">매달 20일</td><td>월 20만 원/인</td></tr>
<tr><td colspan="2" rowspan="3">장애입양아동 양육보조금 및 의료비</td><td colspan="2" rowspan="3">• 「입양특례법」상 허가를 받은 입양기관에 의해, 같은 법의 요건과 절차를 갖춰 장애아동을 국내 입양한 가정
* 「입양특례법」제18조에 따른 국내에서의 국외입양, 동법 제19조에 따른 외국에서의 국외입양을 한 가정은 지급대상이 아님</td><td rowspan="2">매달 20일</td><td>장애의 정도가 심한 장애인</td><td>627천 원</td></tr>
<tr><td>장애의 정도가 심하지 않은 장애인</td><td>551천 원</td></tr>
<tr><td colspan="3">* 의료비는 연간 260만 원 한도 내에서 지급</td></tr>
<tr><td colspan="2" rowspan="6">입양숙려기간 모자지원</td><td rowspan="3">• 가정 내 보호지원</td><td>–산후지원인력 서비스 이용료</td><td colspan="2" rowspan="3">신청한 날로부터 7일 이내</td><td>40만 원</td></tr>
<tr><td>–아동 생필품비 포함</td><td>10만 원</td></tr>
<tr><td>–아동 생필품비 포함</td><td>35만 원</td></tr>
<tr><td colspan="2">• 미혼모자 가족복지 시설 내 입소자 지원</td><td colspan="2">출산(예정)일 이후 7일 이내</td><td>40만 원</td></tr>
<tr><td colspan="2">• 산후조리원 보호 지원</td><td colspan="2">산후조리원 이용 후 7일 이내</td><td>70만 원</td></tr>
<tr><td colspan="5">* 출산(예정) 후 미혼·이혼 한부모로서 선정기준을 충족한 사람. 단, 지원기간 동안 입양(동의) 사실이 없을 것</td></tr>
<tr><td colspan="2">입양아동 의료급여</td><td colspan="2">• 「입양특례법」에 의하여 국내에 입양된 만 18세 미만 아동</td><td colspan="3">1종 의료급여
* 사전지원방식과 사후지원방식</td></tr>
<tr><td rowspan="4">입양 비용 지원</td><td rowspan="3">입양 알선</td><td colspan="2" rowspan="3">• 입양 시 입양기관에 입양알선비용 지원</td><td colspan="2">복지부 허가기관</td><td>270만 원</td></tr>
<tr><td colspan="2">시·도 허가기관</td><td>100만 원</td></tr>
<tr><td colspan="3">* 해당 시·군·구청에서 입양기관 계좌로 지급</td></tr>
<tr><td>입양 철회</td><td colspan="2">• 입양대상아동 인수부터 철회 시까지 아동을 보호하는 동안 소요된 비용
• 아동보호 기간에 따라 상이하며 2주 미만 15만 원에서 8주 이상 최대 73만 원까지 지원됨</td><td colspan="2">* 해당 시·군·구청에서 입양기관 계좌로 지급</td><td>15만 원에서 최대 73만 원</td></tr>
</table>

출처: 보건복지부(2023b), pp. 36-49의 내용을 표로 재구성함.

5) 입양에 대한 사회복지실천

(1) 입양 관련 법규 개정[9)]

우리나라는 「국내입양에 관한 특별법」 제3조에 따라 "모든 아동은 그가 태어난 가정에서 건강하게 자라야 하고, 이 법에 따른 입양은 아동의 이익이 최우선이 되도록 하여야 한다."라고 명시되어 있다. 동법 제6조에서는 "국가와 지방자치단체는 아동이 그가 태어난 가정에서 건강하게 자랄 수 있도록 지원하고, 태어난 가정에서 자라기 곤란한 아동에게는 건강하게 자랄 수 있는 다른 영구적인 가정을 제공하기 위하여 필요한 조치와 지원을 하여야 한다."라고 구체적으로 명시하고 있다. 그러나 현재 입양대상아동의 친생부모를 상담하고 아동을 보호하며 예비양부모를 심사하고 결연을 맺는 대부분의 입양절차과정이 입양기관에게만 맡겨져 있고 정부는 소극적 자세를 취하고 있는 것이 현실이다. 또한 입양부모에게 입양된 아동이 파양되는 등 보호받지 못하고 있다.

정부의 입양체계의 전면 개편을 위한 「국내입양에 관한 특별법」 개정안, 「국제입양에 관한 법률안」 제정안과 「아동복지법」 개정안이 국회 본회의를 통과했으며, 2025년 헤이그국제아동입양협약 비준을 예정하고 있다.

이 법이 시행되면 현재 입양기관에서 수행 중인 입양업무 전반에 대해 국가와 지방자치단체의 책임과 관리 · 감독이 강화된다. 현재는 입양대상아동의 친생부모를 상담하고 아동을 보호하며 예비양부모를 심사하고 결연을 맺는 대부분의 입양절차과정이 입양기관에게만 맡겨져 있었으나 법이 시행되면 입양대상아동의 결정 및 보호는 지방자치단체에서 수행하고, 예비양부모 적격성 심사와 결연 등의 핵심절차는 보건복지부 입양정책위원회에서 '아동 최선의 이익'에 따라 심의하고 결정하게 된다.

한편 가정법원의 임시양육결정 제도도 새롭게 도입되는데, 결연 후 예비양부모의 입양허가 재판 과정에서, 아동과 예비양부모의 조기 애착 형성과 상호적응을 위해 필요하다고 판단하는 경우 가정법원은 임시양육결정을 할 수 있다. 이를 통해 예비양부모의 양육능력 등을 판단할 수 있다. 입양이 성립된 후 최소 1년간 양부모와 양자

---

9) 보건복지부 보도참고자료(2023. 6. 30.)에서 요약 발췌.

의 상호적응을 돕기 위한 사후서비스도 체계적으로 제공될 예정이다. 입양대상아동들은 입양가정에 입양이 된 뒤 영구적인 가정을 제공받지 못하고 파양되고 그로 인해 또 다른 문제에 직면하게 된다.

국제입양의 경우 보호대상아동의 국제입양뿐만 아니라, 국제 재혼가정의 자녀 등 모든 아동의 국제입양을 보건복지부가 중앙당국이 되어 헤이그협약의 절차에 따라 진행한다. 아동을 입양 보내는 국가에서는 아동의 입양 적격성을, 아동을 입양받는 국가에서는 양부모의 적격성을 각각 심사해 상호 보증하고, 최종적으로 출신국의 가정법원에서 입양을 허가하는 방식이다. 국제입양은 헤이그협약 원칙에 따라 국내에서 양부모를 찾지 못한 경우에만 허용되며, 국제입양대상아동은 '아동 최선의 이익 원칙'에 따라 위원회에서 결정한다. 이 과정에서 어떠한 기관이나 개인도 국제입양에 따른 부당한 재정적 이익을 취할 수 없다. 또한 국제입양 성립 후 국적취득 여부 등 아동 적응상황을 점검·확인하는 등 사후관리를 실시한다고 한다. 따라서 정부가 언급하였듯이 모든 입양 아동의 안전과 권리를 국가가 책임지고 보장할 수 있도록 해야 할 것이다.

(2) 입양 주요 사업에 대한 지원 확대

우리나라는 보호자가 없거나 보호자로부터 이탈된 아동 등의 권익과 복지를 증진하기 위한 가정을 영구적으로 제공하여 신체적·정서적·사회적으로 건강하게 성장할 수 있도록 입양가정과 입양아동에게 여러 가지 재정을 지원하고 있다. 먼저 아동 1인당 월 20만 원의 양육수당을 지원하고 있으며, 장애입양아동에게는 장애의 정도에 따라 월 551천 원에서 월 627천 원을 지원하고 있다. 또한 입양숙려기간 모자지원과 입양아동의 의료급여 등을 지원하고 있다. 그럼에도 불구하고 국내 입양가정에 대한 양육비, 교육비 등의 지원을 한층 더 강화하는 것을 모색해야 할 것이다.

(3) 입양사업에 대한 국민의식 개선

정부는 매년 5월 11일을 입양의 날로 제정하여 국내입양을 활성화시키고 입양에 대한 국민들의 인식을 개선시키고자 노력하고 있으나 입양에 대한 선입견과 부정적인 인식은 여전하다. 이에 현재 활용하고 있는 입양에 대한 홍보 방법을 점검하여 국민들의 인식을 개선시키는 것이 무엇보다 중요하다. TV, 라디오, 영화 등의 대중매체를 활용한 보다 적극적인 입양에 대한 교육 및 홍보를 실시하여 사회적 편견을 지양하고 이를 통해 국내입양 문화에 대한 인식을 변화시켜 나가야 할 것이다.

제 12장

아동시설보호

가정은 아동의 성장과 발달에 가장 큰 영향을 미치는 환경으로, 보호자는 아동의 안전과 권익을 존중하며 아동을 양육해야 한다. 그러나 아동이 이러한 환경을 일시적 또는 장기적으로 누릴 수 없거나, 가정에서의 양육이 오히려 아동의 건전한 성장과 발달을 저해하는 요인이 될 것으로 판단되는 경우에는 사회적 보호조치로서 시설보호가 필요하게 된다(정익중, 오정수, 2022).

우리나라의 시설보호는 1950년대 한국 전쟁으로 인한 전쟁고아에 대한 대규모 집단보호로 시작되었지만, 대규모 집단보호는 사회복지에서 강조하는 개별화의 원칙[1]을 고려하기 어렵기 때문에 아동보호시설은 아동의 특성과 욕구를 고려하여 기능 및 역할 재정립을 지속적으로 요구받고 있는 실정이다. 이에 최근 아동보호정책은 대규모에서 소규모 보호로, 아동의 보호에서 자립까지 지원하도록 변화하고 있다. 본 장에서는 아동의 시설보호에 대한 개념과 종류 등을 살펴보고자 한다.

1) 개별화의 원칙: 사회복지실천의 기본원칙 7가지 중 하나로, 사회복지사는 클라이언트 개개인의 신체적 · 정서적 특성, 욕구, 환경 등을 이해하고 이에 따른 차별적 서비스를 제공해야 한다는 원칙.

1. 시설보호의 개념과 유형

1) 시설보호의 개념

시설보호사업이란 아동이 혈연관계가 없는 성인의 보호 아래 다른 아동들과 24시간 함께 거주하며 집단보호를 받는 서비스를 의미한다. 우리나라에서는 '원가정 보호' 원칙에 따라 아동이 태어난 가정에서 성장할 수 있도록 지원하지만, 복지급여 연계 등 지원에도 불구하고 원가정 및 친족에 의한 보호 · 양육이 어렵거나 위탁가정의 부족 등 가정위탁 보호가 불가능한 경우에는 시설보호가 고려되고 있다(보건복지부, 2023b).

시설보호 서비스의 목적은 과거에는 보호가 필요한 아동을 장기간 입소시켜 보호 · 양육하는 것이었다면, 최근에는 ① 아동의 건강한 성장과 발달 지원, ② 과거 부정적 경험으로 인한 문제의 치료 및 변화, ③ 아동의 인격 발달이나 기능에 장애를 가져오게 한 사회적 · 정서적 문제의 개선으로 볼 수 있다. 또한 과거와는 달리 아동을 장기간 보호하기보다는 일시적으로 보호하면서 아동과 그 가족에 대해 치료적 서비스를 제공하여 최종적으로는 아동을 가족으로 복귀시키는 것을 목적으로 한다.

표 12-1 시설보호가 고려될 수 있는 아동 유형

첫째, 부모의 심한 질병이나 상해로 가정에서 보호받을 수 없지만, 부모와의 정서적 밀착 관계로 다른 가족과 같이 지내기를 거부하는 아동
둘째, 아동의 긴장 수준이나 문제가 심각해 위탁가정에서 건전한 정서 관계를 맺기 어렵다고 판단된 아동
셋째, 과거에 위탁가정에서 크게 실망했거나 상처를 입어 새로운 가정에 적응하기 어려운 아동
넷째, 통제된 환경에서 의료적 치료가 필요한 아동
다섯째, 형제가 너무 많아 여러 위탁가정으로 분리해야 하지만, 서로 헤어지기를 원하지 않는 형제 집단
여섯째, 원가정뿐 아니라 위탁가정에서도 독립하기를 원하는 청소년
일곱째, 단기간 보호할 때 집단생활을 경험하는 것이 유익하다고 판단되는 아동

출처: Friedlander & Apte (1980); 노혜련 외(2021), p. 272에서 재인용.

2) 보호시설의 종류

「아동복지법」 제52조(아동복지시설의 종류)에 명시된 시설 중 본 장에서 다루는 입소를 통한 서비스 이용과 관련된 시설은 아동양육시설, 아동일시보호시설, 아동보호치료시설, 공동생활가정, 자립지원시설, 아동상담소이다.

표 12-2 아동보호시설의 종류

구분	내용
아동 양육시설	보호대상아동을 입소시켜 보호, 양육 및 취업훈련, 자립지원 서비스 등을 제공하는 것을 목적으로 하는 시설
아동일시 보호시설	보호대상아동을 일시보호하고 아동에 대한 향후의 양육대책수립 및 보호조치를 행하는 것을 목적으로 하는 시설
아동보호 치료시설	아동에게 보호 및 치료 서비스를 제공하는 다음 각 목의 시설 –불량행위를 하거나 할 우려가 있는 아동으로서 보호자가 없거나 친권자나 후견인이 입소를 신청한 아동 또는 가정법원, 지방법원소년부지원에서 보호위탁된 19세 미만인 사람을 입소시켜 치료와 선도를 통하여 건전한 사회인으로 육성하는 것을 목적으로 하는 시설 –정서적 · 행동적 장애로 인하여 어려움을 겪고 있는 아동 또는 학대로 인하여 부모로부터 일시 격리되어 치료받을 필요가 있는 아동을 보호 · 치료하는 시설 목적
공동 생활가정	보호대상아동에게 가정과 같은 주거여건과 보호, 양육, 자립지원 서비스를 제공하는 것을 목적으로 하는 시설
자립 지원시설	아동복지시설에서 퇴소한 사람에게 취업준비기간 또는 취업 후 일정 기간 동안 보호함으로써 자립을 지원하는 것을 목적으로 하는 시설
아동상담소	아동과 그 가족의 문제에 관한 상담, 치료, 예방 및 연구 등을 목적으로 하는 시설

2. 시설보호 아동 발생원인과 특성

1) 시설보호 아동의 발생원인

보호대상아동이란 보호자가 없거나 보호자로부터 이탈된 아동 또는 보호자가 아동을 학대하는 경우 등 보호자가 아동을 양육하기에 적당하지 않거나 양육할 능력이 없는 경우의 아동을 의미한다. 우리나라에서 최근 5년(2018~2022년) 동안 보호대상아동이 발생한 가장 큰 원인은 '학대'이다. 과거에는 보호자가 없는 아동이 많았으나, 산업화·도시화 등 사회구조의 급속한 변화 속에서 가정 내 학대, 빈곤, 이혼 및 별거로 인한 해체 가족이 증가함에 따라 2015년부터 '학대'로 인한 보호대상아동의 비율이 큰 폭으로 증가하였다(임성은, 2020).

최근 3년간 보호대상아동의 조치 현황은 시설보호의 비율이 56% 이상(2022년 56%, 2021년 64%, 2020년 66%)으로 가정보호에 비해 높으며, 시설보호 중에서는 대규모로 아동을 보호하는 '양육시설'에 입소하는 아동의 수가 가장 많은 것으로 나타난다.

표 12-3 최근 3년간 보호대상아동 조치 현황 (단위: 명)

구분	합계 (A+B)	시설보호							가정보호
		계(A)	양육 시설	일시보호 시설	보호치료 시설	공동생활 가정	자립지원 시설	기타	계(B)
2022년	2,269	1,274	567	381	12	287	–	47	995
2021년	3,437	2,183	996	243	282	546	33	83	1,254
2020년	4,120	2,727	1,133	343	451	712	20	68	1,393

출처: 통계청(2023), 보호대상아동 현황보고.

2) 시설보호 아동의 특성

시설에서 보호를 받는 아동은 입소 이전의 가족문제나 부정적인 인생 경험 등으로 심리적인 충격과 외상은 물론, 원가족과의 이별로 인한 타인과의 애착관계 형성과 사회 적응과 관련해서도 어려움을 가지게 된다(정원철, 이화명, 2014; 이상정 외, 2017에서 재인용).

(1) 심리적 어려움

시설보호 아동은 일반아동에 비해 낮은 삶의 만족도(이상정 외, 2020), 우울, 불안과 같은 내재화 문제행동, 공격성, 비행과 같은 외현화 문제행동 등을 겪을 가능성이 높은 것으로 보고되고 있다(Pears & Fisher., 2005; 양은별, 김태우, 박은혜, 이소연, 정익중,

2015에서 재인용). 이들은 시설에 들어오기 전에는 학대, 부모 이혼, 빈곤 등의 이유로 원가정에서 부정적 경험을 할 가능성이 높다. 분리 과정에서는 본인의 의지와는 상관없는 갑작스러운 가족과의 이별로 인해 버려짐에 대한 적대감과 분노, 우울과 불안 등의 부정적 감정과 만성적인 공허함, 박탈감, 상실감, 피해의식 등을 경험하며, 이는 다양한 신체 · 심리 · 사회 · 인지적 문제와 연계된다(안은미, 조수민, 정익중, 2017; 홍혜교, 2017).

(2) 관계적 어려움

시설보호 아동은 원가정에서 부모와 부정적 관계를 형성할 가능성이 높으며, 이는 시설에 입소한 이후에 대리양육자와의 관계, 함께 보호받는 아동들과의 관계에도 영향을 미친다. 이들은 성인의 관심과 인정을 보다 많이 추구하고, 또래관계의 어려움을 경험하여 일반아동에 비해 학교 부적응 정도가 더 심한 것으로 확인된다(안은미 외, 2017).

(3) 학업성취의 어려움

시설보호를 받는 아동이라는 사회적 낙인과 일반가정 아동에 비해 결핍되어 있는 유익한 자원은 아동의 학업성취에도 영향을 미치게 된다. 시설보호 아동은 한정된 자원을 여러 아동들이 나눠 사용해야 하기 때문에 일반 아동에 비해 경제적인 뒷받침이 필요한 활동에 대해 제약을 받게 된다. 아동의 학업성취를 위한 교육비 및 다양한 활동 지원이 부족하며, 다수가 함께 거주하는 공간 역시 아동이 학업에 집중하지 못하게 하는 요인이 될 수 있다.

(4) 자립의 어려움

양육의 궁극적인 목적은 '자립'으로, 아동이 한 사람의 독립적이고 주체적인 성인으로 살 수 있도록 지원해야 한다. 하지만, 위탁보호가 종료된 아동 중 많은 이들이 안정적이고 안전한 주거 환경을 만들기 어려우며, 교육 중단을 겪을 가능성이 높고, 안정적인 고용상태를 유지하기 어려울 뿐 아니라, 낮은 교육수준과 실업으로 빈곤의 위험에 빠진다(송이은, 손정연, 곽태희, 2019).

그 외에도 미래의 문제로 인해 불안과 외로움, 고립감 등을 느끼기 쉬우며, 10대에 출산 및 양육과 대면할 가능성이 여타 집단에 비해 더 높다(송이은 외, 2019). 최근 퇴소 또는 보호대상아동의 위탁보호 종료 이후 자립을 지원하기 위해 필요한 주거 · 생활 · 교육 · 취업 등의 지원을 하고 있으나, 여전히 보호아동의 퇴소 및 보호 종료 이후 생계 및 주거불안이 상존하고 있는 것으로 나타난다(국민권익위원회, 2016).

3. 시설보호서비스 관련 원칙

1) 우리나라 시설보호 원칙

보건복지부에서는 원활한 아동복지 사업 운영을 위해 '아동분야 사업안내'를 매년 발행하고 있다. 해당 매뉴얼에서는 아동 보호와 관련하여 '아동 이익 최우선 원칙' '원가정 보호 원칙' '가정형 보호 우선 원칙' '아동과 보호자의 참여 활성화 원칙'을 제시하여 아동의 입장에서 서비스를 제공할 것을 강조하고 있다.

표 12-4 우리나라 시설보호 원칙

- 아동 이익 최우선 원칙
  - 아동에 대한 상담, 보호조치 결정 등 아동보호 전 과정에 걸쳐 아동의 이익을 최우선적으로 고려해야 함
  - 아동보호는 '시급성'과 '시의 적절성'이 무엇보다 중요. 긴급한 보호가 필요한 아동이 있는 경우 '선 보호 후 행정처리' 원칙에 따라 보호(불가피한 사유가 없는 한 즉시 보호 원칙)
- 원가정 보호 원칙
  - '원가정 보호'의 원칙에 따라 아동에 대한 분리 보호 시 해당 아동이 최대한 조속히 원가정에 복귀할 수 있도록 원가정 보전을 위해 지원을 지속해야 함

아동의 '원가정 보호' 원칙

국가와 지방자치단체는 아동이 태어난 가정에서 성장할 수 있도록 지원하고, 아동이 태어난 가정에서 성장할 수 없을 때에는 가정과 유사한 환경에서 성장할 수 있도록 조치하며, 아동을 가정에서 분리하여 보호할 경우에는 신속히 가정으로 복귀할 수 있도록 지원해야 함(아동복지법 개정, 2016. 3. 22. / 2018. 3. 23. 시행)

• 가정형 보호 우선 원칙
–아동을 시설에서 보호할 경우 아동의 개별 특성과 상황을 고려하여야 하며, 아동이 가정과 유사한 환경에서 성장할 수 있도록 시설형 보호의 경우 공동생활가정 → 아동양육시설로 분리보호 형태를 결정해야 함

• 아동과 보호자의 참여 활성화 원칙(참여권)
–아동을 보호조치하는 경우 보호대상아동의 의사를 존중하여야 하며, 아동 및 보호자가 상담, 아동보호 계획 수립 및 보호 등 전 과정에 참여할 수 있도록 지원해야 함
※ 다만, 아동복지법 제15조 제5항에 따라 아동의 보호자가 아동학대범죄의 처벌 등에 관한 특례법에 따른 아동학대 행위자인 경우 반드시 보호자의 의견을 듣지 않아도 됨

출처: 보건복지부(2023b), pp. 3-4.

2) 유엔아동권리협약에서의 시설보호 원칙

유엔아동권리협약(Convention on the Rights of the Child: CRC)은 국제사회가 이 세상 모든 아이들을 위해, 그 아이들의 인권을 보호, 증진, 실현하기 위해 만든 약속이다. 유엔아동권리협약은 우리나라도 비준한 국제법이며, 우리 헌법 제6조에서는 헌법에 의하여 체결·공포된 조약과 일반적으로 승인된 국제법규는 국내법과 동일한 효과를 지님을 명시하고 있다.

해당 협약에서는 아동의 보호에 대한 국가적 책임, 원가정 우선 원칙, 대안양육에 대한 방향 등을 포함하고 있다.

(1) 아동 최상의 이익을 위한 국가의 책임

협약 제3조(아동 최상의 이익) 제1항과 제3항을 통해 모든 정책에서 아동의 권리가 우선적으로 고려되어야 하며, 시설 보호에서도 아동의 권리가 최대한 보장될 수 있도록 국가에서 책임감을 가지고 입법적·행정적 조치를 해야 함을 명시하고 있다.

또한 시설보호가 잘 이루어지고 있는지에 대해 정기적 심사를 통해 아동들의 권리가 잘 보호될 수 있도록 하는 것 역시 본 협약에서 명시하고 있는 국가의 책임이다.

(2) 아동의 이익과 의사를 존중하는 원가정 분리

협약 제9조(부모로부터의 분리) 제1항~제3항까지에는, 아동이 부모와 분리 시 아동의 의사가 존중되어야 하며, 아동의 이익이 반하지 않는 한 원가정과 지속적으로 관계를 유지할 수 있도록 명시하고 있다. 이는 아동이 분리 과정에서 행정상 편의와 어른들의 의사에 따라 강제적으로 원가정과 분리되는 것을 경계하는 것으로 볼 수 있다.

(3) 아동의 권리로서의 시설 보호

협약 제20조(가정환경을 박탈당한 아동의 보호) 제1항에서는 "일시적 또는 영구적으로 가정환경을 박탈당했거나 가정환경에 남아 있는 것이 아동 최상의 이익에 반하는 경우, 아동은 국가로부터 특별한 보호와 지원을 받을 권리가 있다."라고 명시함으로써 시설보호 자체가 아동의 권리임을 밝히고 있다.

표 12-5 유엔아동권리협약에서의 시설보호 원칙

제3조(아동 최상의 이익)

제1항 공공 · 민간 사회복지기관, 법원, 행정당국, 입법기관 등은 아동에 관한 모든 활동에 있어, 아동 최상의 이익을 최우선적으로 고려해야 한다.

제3항 당사국은 아동 보호나 돌봄에 책임이 있는 기관, 사업 및 시설이 주무관청이 설정한 적정한 직원 수 및 숙련된 관리와 관련된 기준을 준수하도록 보장해야 한다. 특히 안전, 보건 분야에서 보장되어야 한다.

제25조(시설 및 서비스에 대한 정기적인 심사를 해야 할 국가의 의무)

당사국은 돌봄, 보호, 신체적 · 정신적 치료를 목적으로 관계당국에 의해 배치 결정된 아동이 그들에 대한 처우 및 결정과 관련한 모든 상황을 정기적으로 심사받을 권리가 있음을 인정한다.

제9조(부모로부터의 분리)

제1항 당사국은 법과 절차에 따라 사법당국이 부모와의 분리가 아동에게 최상의 이익이 된다고 결정한 경우 외에는 아동이 자신의 의사에 반해 부모와 분리되지 않도록 보장해야 한다. 이러한 결정은 부모에 의한 아동학대나 방임, 부모의 별거로 인한 아동의 거취 결정 등과 같이 특별한 경우에 필요할 수 있다.

제2항 본 조 제1항의 규정을 시행하는 모든 절차에 있어 모든 이해당사자는 절차에 참여하여 자신의 견해를 표명할 기회를 가져야 한다.

제3항 당사국은 아동의 이익에 반하는 경우 외에는 부모 중 한 명 또는 부모 모두로부터 분리된 아동이 정기적으로 부모 모두와 개인적인 관계를 갖고 만남을 유지할 권리를 존중해야 한다.

제20조(가정환경을 박탈당한 아동의 보호)

제1항 일시적 또는 영구적으로 가정환경을 박탈당했거나 가정환경에 남아 있는 것이 아동 최상의 이익에 반하는 경우, 아동은 국가로부터 특별한 보호와 지원을 받을 권리가 있다.

3) 시설보호 원칙에 위배되는 권리침해 사례

우리나라 시설보호 원칙, 유엔아동권리협약에서는 시설보호 시 아동의 권리를 최우선 할 것을 강조하고 있으나, 여전히 현장에서는 아동권리가 침해되는 사례가 발생하고 있다. 2022년에 국가인권위원회에서 발표한 '아동양육시설 방문조사 결과에 따른 법령 제도 개선 권고'에서는 아동의 알 권리, 사생활 침해, 지원 부족 등의 권리침해 현황이 발견되었다.

- 아동이나 그 보호자에게 시설에 대한 정보를 충분히 제공하지 않은 채 지자체가 정한 시설로 배치
- 아동이 자신을 권리의 주체로 인식할 수 있도록 하는 교육보다 아동학대 예방교육 위주로 실시
- 일부 시설에서 휴대전화 소지 금지, 침실 및 소지품 검사, 서신검열 등 아동의 권리를 지나치게 제한하는 규칙 운영
- 아동학대전담공무원의 아동복지 관련 업무 겸임, 아동학대 사건 수 대비 전담인력 부족 등 아동에 대한 부실한 지역 인권보호체계
- 보호종료 전 자립교육의 실효성 및 전문성 부족
- 코로나 팬데믹 장기화로 스트레스와 정서불안을 겪는 보호아동에 대한 심리지원 미흡 등

4. 아동시설보호의 현황과 운영

1) 아동시설보호 현황

2022년 말 기준 아동이 생활하는 아동복지시설은 934개소이며, 이는 2021년 891개소와 비교하여 증가한 수치이다. 보호인원은 2022년 1만 3,327여 명으로 보호인원은 최근 5년 동안 꾸준하게 감소하고 있는 것으로 나타나는데, 저출생 등의 이유로 전체 아동의 수가 감소하고 있는 만큼 보호인원에도 영향을 미치는 것으로 보인다.

표 12-6 최근 5년간 아동복지시설 현황 (단위: 개소, 명)

구분		계	양육시설	일시보호시설	보호치료시설	공동생활가정	자립지원시설	종합시설
2022	시설수	934	245	17	12	645	15	–
	보호인원	13,327	9,436	224	435	3,017	215	
2021	시설수	891	236	11	12	617	15	–
	보호인원	14,061	10,072	247	404	3,105	233	
2020	시설수	881	249	10	12	595	15	–
	보호인원	14,528	10,403	315	436	3,121	253	
2019	시설수	859	240	13	12	578	13	3
	보호인원	14,614	10,585	275	469	2,949	218	118
2018	시설수	837	241	12	11	558	12	3
	보호인원	15,065	11,100	272	447	2,872	227	147

주: 종합시설은 2020년부터 타 법령에 의한 시설임에도 일시보호시설로 반영되어 있는 5개소를 제외하고, 일시보호시설로 재분류.

출처: 보건복지부(2022a), p. 355.

2) 아동시설보호의 운영

(1) 입소대상자

아동양육시설 및 아동일시보호시설, 공동생활가정의 입소대상은 보호자가 없거나 보호자로부터 이탈된 아동, 보호자로부터 학대받은 아동, 보호자의 학대로 아동보호

전문기관에 신고되어 해당 기관이 시 · 도지사 또는 시 · 군 · 구청장에게 보호조치를 의뢰한 아동, 보호자의 질병, 가출 등으로 가정 내에서 보호하기 어려운 아동 등이며, 자립지원시설은 보호종료 아동 중 취업(우선) 및 취업 준비 중인 아동과 24세 이하 기초생활보장 수급자가 지원 대상이다.

(2) 입퇴소 절차

시 · 도지사 또는 시장 · 군수 · 구청장은 입소 대상 아동의 신상 카드를 작성하고, '복지대상자 시설입소(이용) 신청서'를 제출받아 아동복지시설의 장에게 입소 의뢰하되, 아동에게 최상의 이익이 달성될 수 있도록 사례결정위원회의 심의를 거쳐 결정한다. 시설장이 먼저 긴급히 보호할 필요가 있는 아동을 발견하였을 때에는 우선 해당 아동을 보호할 수 있으나, 지체 없이 관할 시 · 도 및 시 · 군 · 구에 보고하고, 관할 시 · 도지사 또는 시장 · 군수 · 구청장은 보호조치를 할 때까지 필요하면 아동일시보호시설 등에서 보호하게 하고, 아동의 최상의 이익을 고려하여 보호조치를 결정한다.

퇴소는 시설장이 보호 중인 아동이 18세에 달하였거나, 보호 목적이 달성되었다고 인정되는 아동의 경우에는 관할 시 · 도지사 또는 시장 · 군수 · 구청장에게 퇴소 신청서를 제출하면 된다. 다만, 보호대상아동이 보호조치를 연장할 의사가 있는 경우에는 25세에 달할 때까지로 퇴소를 연장할 수 있으며, 보호 기간이 연장된 사람이 추가 연장이 필요한 사유에 해당하면 보호 기간을 더 연장할 수 있다.

표 12-7 시설보호의 연장이 가능한 사유

- 25세까지 연장: 보호대상아동이 보호조치를 연장할 의사가 있는 경우
- 추가 연장
  - 자립 능력이 부족하여 보호 기간의 연장이 필요한 경우
  - 「고등교육법」 제2조에 따른 대학 이하의 학교(대학원은 제외한다)에 재학 중인 경우
  - 제52조 제1항 제1호의 아동양육시설 또는 「국민 평생 직업능력 개발법」 제2조 제3호에 따른 직업능력개발훈련시설에서 직업 관련 교육 · 훈련을 받고 있는 경우
  - 그 밖에 위탁가정 및 각종 아동복지시설에서 그 사람을 계속하여 보호 · 양육할 필요가 있다고 대통령령으로 정하는 경우

출처: 보건복지부(2023b), p. 6.

아동일시보호시설과 자립지원시설은 단기간 보호가 이루어지기 때문에 보호 기간 및 연장기간에서도 차이가 있는데, 아동일시보호시설은 원칙적으로 3개월 이내 보호를 실시하며, 1회에 한해 3개월 이내 연장이 가능하지만, 6개월 이내에는 반드시 가정복귀 · 가정위탁 · 다른 시설 전원 등 조치가 실시되어야 한다. 자립지원시설은 24세 이하까지 이용이 가능하며, 입소 후 보호 기간은 원칙적으로 1년 이내이지만, 시장 · 군수 · 구청장이 특별한 사유가 있다고 인정하는 경우에는 그 사유가 종료하는 날까지 보호가 가능하다.

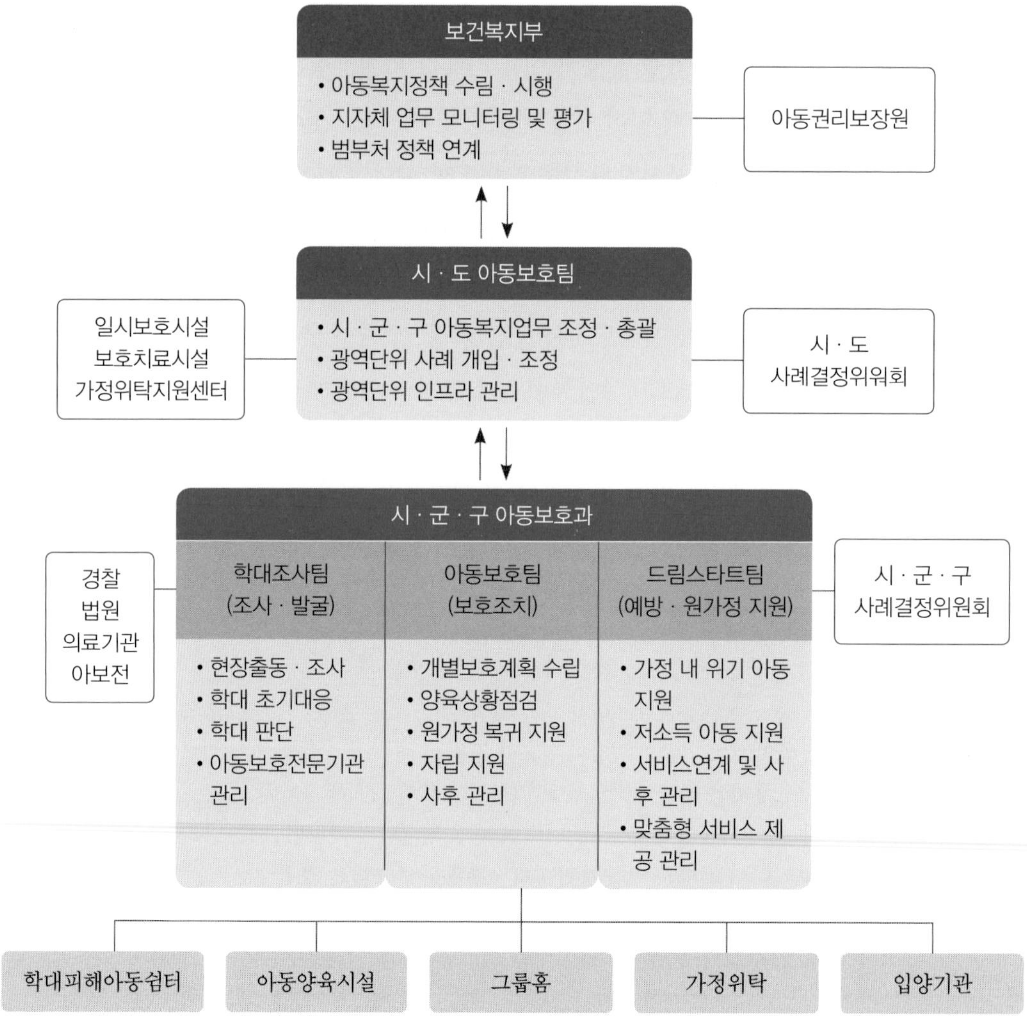

[그림 12-1] 아동보호 추진체계

출처: 보건복지부(2023b), p. 11.

(3) 운영관리

지자체에서는 보호대상아동의 양육 상황을 매년 점검하고, 점검 결과에 따라 보호대상아동의 복리를 보호할 필요가 있거나 해당 보호조치가 적절하지 아니하다고 판단되는 경우에는 지체 없이 보호조치 및 변경 조치를 실시한다. 점검 내용은 보호대상아동의 적응 상태, 변화 정도/보호 · 관리 계획에 따른 서비스 제공 여부/서비스 내용 · 제공 방법 및 이에 대한 아동의 만족도/보호대상아동이 15세 이상인 경우에는 수립된 자립지원계획의 이행 여부/자립 생활 운영 프로그램 운영 실태 등 그 밖에 지자체에서 필요하다고 인정하여 정하는 사항이며, 보호조치가 적절하지 않았을 경우 원가정 복귀 → 가정위탁 → 공동생활가정 → 시설 순으로 변경 조치를 실시한다.

(4) 보호아동의 인권 보호 체계

보호아동의 인권을 보호하기 위해 아동의 학습권 보호와 진정권을 보장하고 있으며, 종사자의 아동학대 및 성범죄 신고 의무, 아동 인권 교육 및 6대 의무교육을 이수하도록 하는 등 조치를 취하고 있다.

표 12-8 시설보호 아동 인권 보호 체계

구분	내용
아동 인권 보호	**학습권 보호** –아동일시보호시설 및 아동보호치료시설의 입소 아동은 학교 전학 또는 통학이 어려운 경우 학습권 침해가 우려되므로 시설장은 입소 아동이 지속적으로 교육을 받을 수 있도록 대안학교 연계, 위탁교육 등 아동에 대한 학습 연계 계획을 수립하여 실시
	진정권 보장 –시설 보호 아동에 대한 진정권을 보장하고, 진정서 작성에 필요한 시간과 장소 및 편의를 제공 –시설의 장은 적절한 장소에 진정함을 설치하고, 용지 · 필기도구 및 봉함용 봉투를 비치 –시설 종사자 등은 위원회 명의의 서신을 개봉한 결과 당해 서신이 위원회가 진정인인 시설 거주자에게 발송한 서신임이 확인된 때에는 당해 서신 중 위원회가 열람금지를 요청한 특정서면의 경우 열람 금지

아동학대 및 성범죄 신고	아동학대 신고 –시설장 및 종사자는 직무상 아동학대를 알게 된 경우나 그 의심이 있는 경우에는 즉시 지자체 긴급전화 또는 수사기관에 신고 –신고의무 불이행 시 1천만 원 이하의 과태료 부과
	아동 · 청소년대상 성범죄 신고의무 –아동 · 청소년 관련기관 등에 해당하는 기관 시설 또는 단체의 장과 그 종사자는 직무상 아동 · 청소년대상 성범죄 발생 사실을 알게 되었을 때 즉시 그 사실을 수사기관에 신고 –신고의무 위반 시 300만 원 이하의 과태료 부과
아동 교육	아동 인권 교육 • 아동대상 교육 –아동시설은 아동이 가정, 학교, 사회로부터 침해 받아 온 인권을 보호해야 하며, 인권교육 실시를 통한 아동의 인권 의식 강화를 비롯해 모든 프로그램에 있어 아동 권리를 실현할 수 있도록 노력하고 아동시설 내에 인권 보호 및 실현에 대한 제도 구비 –아동 인권교육은 아동이 자신의 인권이 무엇인지 알고 아동 스스로 하나의 인격체로 존중받으며 성장할 수 있는 권리의 행사를 위하여 아동 본인들에게 그들의 권리를 알게 하는 교육을 실시하고 권리 교육은 아동이 직접 참여할 수 있는 다양한 방법 모색 • 종사자대상 교육 –종사자는 아동의 인권 보호자로서 인권과 인권 보호에 관한 교육을 받아야 하며, 아동의 인권교육을 위한 프로그램을 기획하고 인권교육을 직접 실행하므로 인권교육 방법에 대한 교육도 받아야 하고, 교육을 통해 아동시설 내에서는 혹시 발생할 수 있는 종사자에 의한 아동에 대한 체벌, 성학대 등 인권 침해 상황 예방 노력 –아동의 일반적 권리, 권리 보장 및 실현을 위한 노력, 권리 침해 시 호소 경로 장치 등 아동의 권리에 관한 세부 사항을 명시해서 문서화해야 하며, 아동 인권 규정은 아동은 물론 보호자에게도 문서로 전달하여 아동 인권 보장을 위해 함께 노력해야 하고, 아동시설 내에서 인권침해 사실이 발생한 경우 어떤 경로를 통해 호소하여 구제받을 수 있는지 통보
	아동복지시설의 장은 아동 연령을 고려하여 아동에 대한 교육 계획 수립 및 실시해야 함 * 아동에 대한 6대 의무교육: 성폭력 예방 교육, 아동학대 예방 교육, 실종 · 유괴의 예방 · 방지 교육, 감염병 및 약물의 오용 · 남용 예방 등 보건위생관리 교육, 재난 대비 안전 교육, 교통안전 교육

출처: 보건복지부(2023b), pp. 200-203의 내용을 재구성함.

3) 시설보호유형별 서비스

(1) 시설보호유형

아동양육시설, 공동생활가정은 대표적인 시설보호체계로써 시설보호를 받고 있는 아동의 93.4%가 2개 유형에서 보호를 받고 있다.

① 아동양육시설

미국에서는 보호대상 아동에 대한 시설보호에 대한 반대, 즉 탈시설화의 강조로 20세기 중반 이후 치료 대상 아동의 시설보호 외에는 대부분 보호대상 아동들은 입양과 가정위탁서비스로 배치되고 있는 실정이지만(Pecora et al., 1992; 김성경, 김혜영, 2021에서 재인용), 우리나라의 시설보호는 1950년대 한국 전쟁으로 인한 전쟁고아에 대한 대규모 집단보호로 시작되어 현재에도 여전히 많은 아동이 집단보호를 받고 있는 것으로 나타난다.

아동양육시설은 대표적인 대규모 집단보호 시설로, 보호가 필요한 아동을 입소시켜, 일시적 또는 장기적으로 보호, 양육 및 취업훈련, 자립지원 서비스 등을 제공하고 있다. 아동양육시설은 아동 1명당 6.6제곱미터 이상 공간을 가지고, 침실 1개에 3명 이하의 정원이 함께 생활하며, 66제곱미터 이상의 강당 또는 오락실, 도서실, 16.5제곱미터 이상의 심리검사 · 치료실이 설치되도록 설비기준이 마련되어 있다(보건복지부, 2023b).

다만, 1970년대 이후 보호대상 아동의 국외 입양 증가, 외국의 원조 감소, 저출생 등의 인구학적 · 사회환경적 요인의 변화로 아동수용시설과 보호아동의 수는 점차 감소되고 있어 시설 기능의 재정비 필요성이 대두되고 있는 실정이다(정익중, 오정수, 2022). 또한 대규모 집단보호는 보호자 한 명당 담당해야 하는 아동의 수가 많아 개별화 원칙에 따라 보호를 제공하는 것이 어려우며, 오랜 시설 생활로 인해 특수한 문제행동과 습관을 보이는 '시설병'이 발생할 수 있다(권지성, 정익중, 민성혜, 신혜원, 2012). 이에 보건복지부에서는 아동복지시설 기능전환을 위한 기본원칙으로 '아동 · 가족중심서비스제공' '전문성 강화' '단계적 전환'을 설정하여 추진을 검토하고 있다(보건복지부, 2022a).

② 공동생활가정(그룹홈)

아동공동생활가정(그룹홈)은 보호를 필요로 하는 아동에게 가정과 같은 주거여건과 보호를 제공하는 것을 목적으로 하는 생활시설로, 전용면적 82.5제곱미터 이상의 주택형숙사에서 5~7인의 아동을 보호하고 있다. 1995년 국민복지기본구상을 하면서 기존의 대규모시설에 의한 아동 보호에서 탈피하는 새로운 보호형태로 민간에서 자생적으로 운영되고 있던 아동공동생활가정(그룹홈)에 대한 제도적 도입을 논의하여 왔다. 1997년부터 1999년까지는 10개 공동생활가정을 선정하여 시범사업을 실시하였고, 2004년 1월 「아동복지법」 개정으로 아동복지시설의 종류에 '공동생활가정'이 추가됨으로써 제도화되었다.

(2) 시설보호서비스

① 생계비 등 지원

보호아동 생계비(주부식비, 피복비 등) 등은 기초생활보장 수급자로 선정하여 지원하고 있으며, 공동생활가정에는 임차급여를 지급하되, 실제 임차료가 기준임대료의 60%인 것으로 간주하여 임차급여를 산정 · 지급하고 있다.

② 아동의 건강한 심신 보존 및 치료

지방자치단체는 아동의 신체적 · 정신적 문제를 미리 발견할 수 있도록 적기에 예방접종, 건강검진, 심리 치료 등을 받을 수 있도록 지원 · 관리해야 하며, 특히 보호조치 전에 모든 보호아동 대상으로 심리 검사를 철저하게 실시하도록 하고 있다.

표 12-9 아동복지시설 아동 치료재활지원사업

(목적) 심리 · 정서 · 인지 · 행동상의 어려움이 있는 시설 아동의 문제 행동 개선 등을 통해 아동의 건강한 성장 도모

(사업기간 및 예산) 단년도 계속사업, 예산 '23년 약 23억 원

(대상) 전국 아동복지시설 아동 중, 심리 치료 개입이 필요한 아동

(사업주체) 아동권리보장원

구분	세부 지원 내용
아동 맞춤형 서비스	–맞춤형 아동 상담 · 치료 서비스(언어, 미술, 놀이치료 등) 지원 –종합심리검사 지원 –주양육자 상담 지원
아동 · 원가정 역량강화	–아동 · 원가족 면접교섭 및 원가정 지원 프로그램
교육, 연구 등	–실문자 간담회, 교육, 컨설팅 –사업 효과성 평가 및 운영개선 연구

(행정사항)

–아동복지시설 시설장 및 종사자는 시설 아동이 심리 치료 재활이 필요하다는 의사 또는 관련 전문가의 제안이 있는 경우는 반드시 해당 아동을 치료 · 재활 지원 사업에 신청

–각 시 · 도지사 또는 시장 · 군수 · 구청장은 관내의 시설 아동 중 양육 상황 점검 등을 통해 정서 · 행동상 문제가 있는 아동을 발견하는 경우 해당 아동이 치료 · 재활 지원 사업에 참여 지도

–각 시 · 도지사 또는 시장 · 군수 · 구청장은 보호대상아동 결정 전 일시보호 시 가정환경 조사 및 건강검진, 심리 검사를 실시하되 필요한 경우 심리 검사 종합심리검사(full battery)를 아동복지시설 치료 · 재활 지원 사업 위탁 기관에 의뢰하여 실시 가능

출처: 보건복지부(2023b), p. 213.

③ 프로그램 및 서비스

'2022년도 사회복지시설평가 아동생활시설 평가지침'에 따르면, 초기적응 프로그램, 퇴소지원 프로그램, 시설운영전반에 대한 욕구 및 만족도 조사, 가족 · 연고자 연계 서비스, 초등생 이상 아동 멘토–멘티 결연, 자립체험 프로그램 운영 등을 실시할 것을 명시하고 있다.

표 12–10 아동공동생활가정 운영 프로그램(예시)

영역	프로그램
아동 · 청소년의 자립 능력 향상	–아동 · 청소년의 발달론적 관점에서의 특성 이해 –아동의 특성과 능력에 맞는 개별화된 서비스 제공 –아동의 학령에 맞는 개별적인 연차적 자립 계획 수립

원가족과의 관계 회복	–가족 방문 또는 전화, 문자, 편지, 카드 등 지속적인 관계 유지 노력 연 1회 이상 –가족참여 프로그램 연 1회 이상 실시 –관련 기관 및 단체 등과 연계하여 부모 교육 등 연 1회 이상 실시
학교와 관계 형성	–학교 교사와 정기적이고 지속적인 상담, 정보 공유, 학교 행사에 참여
지역 내 자원 활용	–지역 내 관공서, 민간 자원 등 자원 연계 –자원봉사 및 후원 기관과 관계 형성

출처: 보건복지부(2023c), p. 214.

4) 자립지원 서비스

(1) 자립지원 기관

① 시·도 자립지원전담기관

자립지원전담기관은 각 지역에서 거주하는 자립준비청년을 대상으로 맞춤형 자립지원 서비스를 제공하여 안정적인 사회 정착을 지원하기 위한 목적으로 설치되었다. 정부에서는 2021년 7월, '보호종료아동(자립준비청년) 지원강화 방안'을 통해 자립지원전담기관의 전국 확대 운영과 사후관리 전담인력 배치를 약속하였고, 현재 사업기관 선정과 인력 충원 등의 준비 과정을 거쳐 현재 전국 17개 시·도에서 운영 중이다.

자립지원전담기관에서는 보호종료 5년 이내 자립준비청년에 대한 사후관리 실시, 자립준비청년 자립지원통합서비스(맞춤형 사례관리) 제공, 자립지원통합관리시스템 관리 및 지역 자립지원 정보체계 구축, 지역사회 자원 발굴·네트워크 구축 및 자립지원 사업 홍보, 보호대상아동 및 자립준비청년의 자립역량 강화를 위한 프로그램 보급 및 운영, 기타 보호대상아동 및 자립준비청년의 자립지원을 위해 필요한 업무를 수행하고 있다.

자립지원 전담인력은 전담기관에 배치되며, 2인 이상 배치 시에는 아동의 성별 특성을 고려한 자립 지원을 위해 전담인력 역시 가급적 성별을 고려하여 배치하도록 하고 있다.

② 자립지원전담요원

보호시설의 경우 특정 기준 이상일 경우에는 아동의 자립을 지원하기 위해 각 기관에 자립지원전담요원을 배치하도록 권하고 하고 있다. 30인 이상 아동양육시설, 아동보호치료시설, 자립지원시설에는 1인 이상 배치(100명 이상일 경우 1명 추가)하고, 공동생활가정은 필요인원을 배치하며, 시 · 도별 아동 100명당 1명씩을 배치할 것을 권고하고 있다.

이들은 원가정 복귀계획 수립 및 지원, 만 15세 이상 아동 연령별 · 영역별 자립기술평가, 자립지원계획 수립 및 자립지원프로그램 진행, 자립정착금 사용계획서 작성 지원 및 자립수당 신청 지원, 자립지원 관련 현황 시스템 입력 및 지자체 보고, 아동권리보장원 등에서 실시하는 종사자 역량강화 교육 참석, 보호종료 후 상시 연락, 관계 유지 등을 통해 정서적 지원 계속, 보호종료 5년 이내 사후관리 실시 업무 협조 등의 업무를 수행하고 있다.

(2) 자립지원 서비스

① 자립정착금 지원 등 경제적 지원

만 18세 이후 아동복지시설 및 가정위탁 보호가 종료된 자립준비청년(보호종료 아동) 모두에게 자립정착금을 지원하며, 보호종료 30일 전부터 사전 신청하여 보호종료 이후 지급한다. 자립정착금은 지자체에서 지급을 원칙으로 하며, 지급대상 모두에게 1인당 자립정착금을 최소 1,000만 원 이상 지급을 권고하고 있다.

이 외에도 대학등록금, 전세자금 지원 등을 확대할 것을 권고하고 있으며, 실제 일부 시 · 도에서 자립준비청년(보호종료아동)에게 대학등록금, 장학금, 전세자금 등을 지원하고 있다(참고: 부산대학교에서는 아동복지시설 종료아동은 최소 성적 유지 시 전액 장학금 지원).

② 아동자산형성 지원: 디딤씨앗통장
(아동발달지원계좌: CDA(Child Development Account))

디딤씨앗통장은 취약계층 아동이 사회에 진출할 때 필요한 초기비용 마련을 지원하고자, 정부에서 운영하는 유일한 아동자산형성 지원사업이다(제9장 아동빈곤에서 구체적 내용 제시).

③ 자립지원 표준화 프로그램 운영: Ready? Action!

정부에서는 보호아동이 시설에서부터 자립기술을 습득할 수 있도록 프로그램을 운영할 것을 권고하고 있으며, 이에 따라 보건복지부에서는 'Ready? Action!' 표준화 프로그램을 제시하고 있다. 'Ready? Action!' 프로그램은 미취학~보호종료 전까지 아동의 단계·학년·수준별로 적정한 교육을 실행하여 보호종료 후 안정적인 자립생활을 할 수 있도록 지원하는 프로그램이다. 'Ready?'는 미취학~보호종료 전까지의 아동을 대상으로, 보호종료 후 대비 자립준비 프로그램이며, 'Action!'은 보호종료 후 자립생활 정착까지 사례관리·필요 서비스 지원 프로그램이다.

표 12-11 시설보호 자립지원 표준화 프로그램 'Ready? Action!'(예시)

Ready? Action! 프로그램 예시

[Ready? 프로그램]

구분 \ 단계별	Level 1	Level 2	Level 3	Level 4
대상자	미취학~초2	초3~초6	중1~중3	고1~보호종료 전
해당영역*	1, 2, 3, 5	1, 2, 4, 5, 6	1, 2, 3, 4, 5, 6	8개 전 영역
중점 프로그램	기초학습 · 독서지도, 원가족유대강화 집단프로그램	심리 · 정서지지체계, 학습지도, 경제교육	진로적성검사, 자립예비사정 및 계획, 체크리스트	자립사정, 취업 및 진학상담, 체크리스트

* 해당영역은 보호아동 자립준비 프로그램 매뉴얼의 8대 자립기술 영역을 말함

[Action! 프로그램]

대상자	보호종료 후~자립생활 정착까지	
서비스 지원	• 취업형과 진학형으로 구분 · 사회초기적응 및 자립기반 구축	
	• 상담 및 사후관리	• 진로지도 및 인턴십 프로그램
	• 긴급생활자금 지원 및 의료지원	• 심리정서지원

출처: 보건복지부(2023c), p. 19.

④ 기타 지원 사업

이 외에도 자립준비아동을 지원하기 위해 주거 임대지원, 심리정서지원, 바람개비 서포터즈 운영 등을 지원하고 있다.

표 12-12 시설보호 아동의 자립지원을 위한 기타 지원 사업

(주거 임대지원) LH 우선추천제도 확대(매입임대), 자립지원전담기관과 LH 지역본부 등과의 연계를 통한 주거상담 지원 강화
(자립준비청년 심리정서분야 지원) 아동복지시설 자립준비청년 대상 한국상담심리학회 연계, 상담비용 전액지원
(바람개비서포터즈 운영) 만 29세 이하 연장보호아동 및 자립준비청년 대상 위촉 후 자립멘토로서 방문교육, 멘토링 실시, 권역별 자조모임 강화
(자립준비청년 소통채널) 온라인 자립정보 플랫폼(자립정보ON), 자립준비청년 상담센터 (☎1855-2455) 운영

출처: 아동권리보장원 홈페이지(www.ncrc.or.kr).

5. 아동시설보호 서비스의 개선과제

1) 소규모 시설보호 위주의 보호 필요[2)]

우리나라는 유엔 아동권리위원회의 권고에도 불구하고 가정보호가 활성화될 수 있는 여건이 마련되지 못해 여전히 시설보호에 의존할 수밖에 없는 상황이다. 대규모 집단보호 및 보호 기간 장기화에 따라 개별화된 보호서비스 제공의 한계로 인한 아동 발달 지연과 가족 관계 회복 및 원가정 복귀가 어려워지는 문제점이 지속적으로 제기되고 있기 때문에 불가피하게 집단보호가 필요한 경우에는 종사자와 8인 미만의 아동이 함께 가정형 주거 환경에서 생활하는 구조인 공동생활가정을 활성화하고 이를 지원할 필요가 있다.

2023년 4월에 관계부처 합동으로 발표된 '모든 아동의 공정한 발달 · 성장기회 보장을 위한 윤석열 정부 아동정책 추신방안'에는 양육시설 기능전환 · 소규모화 및 가정형 보호 활성화를 위한 지원 확대와 제도개선 등 중장기 정책방향 제시와 아동 특성(경계선 지능, 행동 · 정서장애 등)에 따라 특화, 지역 내 가정형 보호 시설 · 기관 관리 · 지원 등 전문화 추진에 대한 사항이 포함되어 있다. 정부의 양육시설 기능전환

2) 이 내용은 임성은(2020)의 내용을 참고하여 작성함.

의 방향이 명확하게 결정된 것은 아니나, 소규모 보호와 아동의 특성을 고려한 치료 등 전문 시설을 증가할 것으로 기대된다.

2) 전문적 보호를 위한 시설기능 다양화 및 종사자 전문성 강화

최근 학대로 인한 보호대상아동 발생이 증가하면서 심리사회적 부적응 행동을 보이는 아동의 비율이 지속적으로 증가하고 있는 것으로 나타난다. 아동복지시설 보호아동 중 학대 등으로 인한 행동 문제, 성격장애, 발달 지연 등의 문제가 있는 아동의 비율은 높은 편이며(한국아동복지협회, 2018), 문제 행동을 하는 아동 중 69.9%가 ADHD(주의력결핍과잉행동장애), PTSD(외상 후 스트레스 장애), 우울증, 학습장애, 분노조절장애, 품행장애, 말더듬(언어장애) 등의 증상을 보였다. 이에 관련 어려움을 경험하는 아동들이 보다 전문적인 지원을 받을 수 있도록 시설을 확대할 필요가 있으며, 게임 중독, 가출 및 비행 아동, 장애아동, 다문화 아동 등 다양한 배경을 가진 아동들을 전문적으로 보호할 수 있도록 인프라를 확대하고 종사자의 전문성을 강화할 필요가 있다.

또한 정부에서 아동양육시설의 기능전환을 고려하고 있는 만큼 그동안 아동양육시설에서 분화되었던 종사자들의 역할을 어떻게 통합하고 전문화할 것인지에 대해서는 좀 더 논의가 필요할 것이다.

3) 시설운영 시 아동 참여 확대

시설보호는 여러 명의 아동들이 함께 생활하기 때문에 아동 개개인의 의견을 제시하거나, 이러한 의견이 수용되는 경험을 하기 힘들 수 있다. 아동기에 참여 경험이 적을 경우에는 아동들이 자신의 의견을 표현하는 것에 소극적으로 변하게 하며, 이는 이후 성인기 의사표현에도 영향을 미치게 된다. 이에 아동양육시설 내 아동의 의견 반영을 위해 아동자치회의 운영 내실화가 필요하며, 이를 시설 운영에 적극적으로 반영하려는 노력이 필요하다.

제13장

아동보육

1. 보육의 개념 및 필요성

1) 보육의 개념

보육은 영유아를 건강하고 안전하게 보호·양육하고 영유아의 발달에 맞는 교육을 제공하는 것으로 보호와 양육이 합쳐진 개념이다. 우리나라 최초의 보육은 탁아(託兒)의 개념에서 출발하였다. 탁아는 주로 부모가 건강이나 경제활동 등으로 인해 양육이 곤란할 때 단순 돌봄으로써의 목적을 가지고 빈곤가정의 아동을 위한 구빈적 성격의 일환으로 1921년 태화기독교사회복지관에서 시작하였다. 이후 경제성장으로 삶의 질이 증대되면서 단순 돌봄에서 벗어나 보호와 교육을 포함하여 영유아의 전인적 발달을 지원하도록 하는 보육의 개념으로 확장되었다.

보육은 건강한 발달과 학습을 목적으로 보호(care)와 교육(education)을 포함하는 에듀케어(educare)로 영유아가 안전한 환경에서 건강하게 성장하도록 보호하고 영유아의 발달특성과 생활환경을 고려한 영유아의 권리적 측면에서 아동중심적인 내용을 포함한다. 또한 보육은 영유아의 보호권, 교육권과 더불어 어머니들의 일할 권리를 보장해 주기 위해 어린이집에서 부모 양육의 역할을 포함한다. 즉, 부모의 취업유무나 자신의 자아실현, 기타 사유 등으로 인해 부모가 자녀를 직접 돌보기 어려운 경우에 영유아 자녀가 적합한 환경에서 평등하게 보호받을 권리를 보장하며 보육서비스를 통해 아동의 건강한 발달을 돕고 복지를 향상시키는 목적을 가진다. 따라서 보육은 부모의 양육을 보충적으로 지원하고 있으며 양육이 부모의 전적인 책임이라기보다 국가와 사회적 책임이 필요하다고 보고 영유아 중심 보육, 국가책임제, 수요자 중심의 보육서비스 제공, 보육서비스의 질적 향상을 위한 평가인증제 도입, 국공립 보육시설 확충 등의 정책을 펼치고 있다.

1991년 영유아보육법이 제정되면서 보육의 개념이 다음과 같이 변화하였다. 첫째, '탁아'의 개념에서 '보육'의 개념으로 변화하였다. 보호자가 근로 또는 질병, 기타 사정으로 보호할 수 없는 상황에 있을 때 일시적으로 보호하는 선별적 보육에서 2004년 영유아보육법이 개정되면서 '모든 영유아'를 대상으로 하는 보편적 보육으로 확대되었다. 둘째, 소득에 따라 차등지원 되던 보육료 지원은 2013년 소득에 무관한 모든 영유아에게 지원되는 무상보육이 실시됨에 따라 차별 없는 보호와 교육을 받을 권리가 있다는 보편적 서비스가 시행되었다. 셋째, 정부주도의 공급자 중심 보육의 형태에서 어린이집 및 가정양육 지원 사회복지서비스로 확대되었다. 2016년 맞춤형 보육이 실시되면서 가정양육지원 서비스가 추가되어 아이돌보미, 돌봄센터 등을 운영하고 있으며 어린이집 지원 서비스는 야간 연장보육, 24시간 보육, 휴일보육을 운영하여 수요자 중심의 보육서비스를 제공하고 있다. 넷째, 저출생 문제가 대두되면서 국가가 사회적 문제 해결을 위한 우선적 책임을 갖고자 무상보육, 국공립 어린이집 확충 등의 보육서비스를 제공하고 있다.

2) 보육의 필요성

현대 사회에서의 다양한 사회변화는 가족구조의 변화와 다양성, 사회구성원들의 가치관에 영향을 미쳐 영유아의 측면뿐 아니라 부모 및 가족, 사회 및 국가적 측면에서 보육서비스의 필요성이 확대되고 있다.

(1) 영유아 측면

영유아는 건강한 어른으로 성장하기 위해 보호받을 권리와 존중받을 권리를 가지는데 영유아의 생명이 보호받을 수 있어야 하며 어떠한 폭력이나 위험으로부터 보호받을 수 있어야 한다. 우리나라의 「영유아보육법」은 영유아의 이익을 최우선적으로 고려하여 제공하며, 어떠한 종류의 차별도 없이 보육되어야 한다고 영유아의 권리에 대해 언급하고 있다. 최근 보육시설 인용 연령이 점차 낮아지고 있으며, 가정에서보다 보육시설에서 지내는 시간이 더 길어지고 있다. 따라서 보육시설은 영유아의 건강한 발달과 성장을 위해 다양한 경험을 제공하도록 하고 국가는 영유아의 권리가 보육현장에 잘 실현될 수 있도록 보장해야 한다.

보육은 부모의 양육 역할을 보충해 주는 서비스이므로 신체적으로 안전한 보호를 제공할 뿐만 아니라 전문적인 교육적 환경을 제공함으로써 인지발달을 촉진하고, 또래와의 접촉을 통해 사회성 발달을 촉진시킬 수 있다.

(2) 부모와 가족의 측면

현대사회는 여성의 경제활동 및 자아실현 등 다양한 욕구로 인해 보육의 수요와 욕구가 점차 늘어나고 있다. 특히 여성의 사회 진출과 맞벌이 증가는 여성 중심의 자녀 양육과 가사노동에서 벗어나 사회적 존재로 인식하는 가치관의 변화로 인해 보육서비스를 이용하려는 경향이 늘고 있다. 부모와 가족을 위한 보육은 그들을 대신해 자녀의 양육 기능을 보충해 주며 육아상담, 양육방법에 대한 교육 등 가족지원서비스를 제공한다. 특히 여성의 사회참여를 통해 자아실현의 기회가 향상되어 여성인력의 경제활동이 지속될 수 있도록 돕는다.

(3) 사회 및 국가적 측면

우리나라 여성의 경제활동 참여로 보육의 수요는 계속적인 증가추세를 보이고 있다. 또한 적절한 보호와 양육에 대한 사회적인 가치관이 변하고 있는데 이전에는 부모가 자신을 희생하고 자녀를 위해 헌신한다는 입장이었다면 현재의 부모는 육아부담의 해소, 자신의 발전을 위한 시간을 갖기 위해 보육서비스를 이용하고 있다.

한편, 우리나라 여성의 합계출산율은 0.73명(통계청, 2023)으로 지속적인 저출생을 보이고 있다. 저출생에 대한 대응 마련을 위해 보건복지부에서는 제4차 저출생 · 고령화 사회 기본계획을 발표하였는데 저출생 문제 해결을 위해 '삶의 질 제고'의 패러다임을 앞세워 종합적 대응으로 정책범위를 확장하였다. 이는 단순하게 출산율을 높이는 것을 넘어서 함께 일하고 함께 돌보는 사회적 책임을 강화하여 부모의 일 할 권리를 보장하고 아동이 행복한 돌봄을 받을 수 있는 권리 보장을 제안하고 있다.

2. 우리나라 보육제도와 정책의 변화[1)]

1) 「영유아보육법」 제정 이전 시기(1921~1991)

우리나라 최초의 보육사업은 1921년 태화사회관에서 빈곤아동을 위한 구제사업의 일환으로 탁아사업이 시작되었다. 1945년 광복 이후부터 아동복지법 제정 전까지는 국가의 개입보다는 외국의 원조에 의한 임시구호적, 구빈적 차원으로 빈민구제사업을 시작하였다. 1961년 아동복지법이 제정되면서 탁아소 설치기준이 마련되어 구빈적 성격에서 벗어나 아동의 복지 증진을 위한 아동복지서비스를 법제화하였다. 1960년대 후반에는 산업화로 인한 기혼여성의 취업 증가로 인해 보육수요가 증가하게 되었고 1968년 '미인가 탁아시설 임시조치령'이 공포되면서 탁아소를 어린이집으로 개칭하였다. 이후 전국 어린이집의 지속적인 증가로 1978년에는 탁아시설 임시조치령을 폐지하고 '탁아시설 운영 개선방안'을 통해 입소대상을 일반가정 아동으로 확대하여 수익자 부담 원칙으로 운영하기 시작하였다.

1982년 「유아교육진흥법」이 제정되면서 보건사회부의 어린이집, 내무부의 새마을협동유아원, 농업진흥청의 농번기 탁아소를 통 · 폐합하여 새마을유아원으로 명칭을 통일하였으며 유사기관을 일원화하여 교육체제를 정비하는 계기가 되었다. 이로 인해 보육의 질적 향상을 추구하고자 교육을 강조하였으나 이는 오히려 아동복지의 약화를 초래하게 되었으며, 대부분 전일제가 아닌 반일제로 운영되어 저소득층 가정이나 맞벌이 자녀의 보육문제를 해결하기에는 한계가 있었다. 이러한 상황에서 1987년 「남 · 녀고용평등법」에 따라 직장 탁아제가 도입되고, 1989년 「아동복지법」을 개정하면서 '탁아시설 설치 · 운영규정'을 마련하였다.

1) 이 내용은 홍길회, 최정화(2023)를 참고하여 정리함.

2) 「영유아보육법」 제정 이후 시기(1991~2012)

1991년 「영유아보육법」을 제정하면서 '탁아'에서 '보육'으로 전환하는 계기를 맞이하면서 보육사업의 주관부처를 보건복지부로 일원화하고 보호와 교육을 포괄하는 보육사업의 법적체제를 마련하였다. 2004년 참여정부에서 보육업무가 보건복지부에서 여성가족부로 이관하면서 「영유아보육법」을 전면개정하여 보육대상을 '보호자가 직접 보육하기 어려운 아동'에서 '보육이 필요한 영유아'로 확대하여 선별주의에서 보편주의로 변화하게 되었다. 또한 아동보육의 질을 높이기 위한 '보육시설 평가인증제도'를 도입하고, 보육의 공공성 및 사회적 책임 강화를 위해 국공립 보육시설의 확충 및 보육료 지원의 근거를 마련함으로써 보육 사업이 더욱 발전하게 되었다.

2006년에는 보육의 공공성 강화 및 보육의 사회적 책임 강화를 위해 제1차 중장기 보육 기본계획인 새싹플랜(2006~2008)을 발표하였다. 이로 인해 국공립보육시설이 확충되고 정부의 보육료 부담이 강화되었으며 맞벌이 가정 내 자녀 양육기능을 강화하고 여성의 사회진출 증가에 대응하기 위한 보육서비스 공급에 중점을 두었다. 2008년에는 보육업무가 여성가족부에서 다시 보건복지부로 이관되었고 아이사랑플랜(2009~2012)을 발표하였다.

3) 무상보육시기(2013~현재)

2013년에 제2차 중장기 보육 기본계획(2013~2017)으로 '아이는 행복하고 부모는 안심할 수 있는 세상'이라는 비전을 수립하고 영유아 보육료 및 가정양육수당 지원사업을 실시하여 소득에 구분 없이 0~5세 연령의 영유아에게 무상보육을 실시하였다. 또한 3~5세 누리과정이 도입되어 어린이집 표준보육과정과 유치원 교육과정을 통합하여 어린이집 · 유치원에 공통의 보육 · 교육과정을 제공하였다.

2018년에는 제3차 중장기 보육 기본계획(2018~2022)를 발표하였으며 '영유아의 행복한 성장을 위해 함께하는 사회'를 위해 보육과 양육의 사회적 책임을 강화하고자 보육의 공공성 강화, 보육체계의 개편, 보육서비스 품질 향상, 부모양육 지원 확대를 추진하였다. 또한 2018년에 아동수당이 신설되었으며 2022년부터는 영아수당이 신설되어 부모의 양육부담 경감을 위해 아동수당과 별개로 월 30만 원의 영아수당이 지급되었다.

2023년 발표된 제4차 중장기 보육 기본계획(2023~2027)에서는 보육·양육서비스의 질적 도약으로 모든 영유아의 행복한 성장을 뒷받침하며, 영유아의 성장발달 시기별 최적의 국가지원과 질 높은 보육환경을 조성하고 모든 영유아에게 격차 없는 평등한 출발선을 보장하기 위한 비전과 목표를 수립하였다.

3. 우리나라 보육의 현황

1) 보육서비스의 현황

전국 어린이집 설치현황을 살펴보면 2022년 현재 30,923개소 중 국공립어린이집 5,801개소로 18.76%를 차지하고 있다. 민간이나 가정어린이집 등은 매년 큰 폭으로 줄고 있으나 정부의 보육 공공성 강화를 위한 공교육 확대 정책을 반영하여 국공립어린이집은 꾸준히 증가하고 있다. 「영유아보육법 제12조」에 따라 저소득 밀집 주거지역 및 농어촌지역 등 취약지역이나 산업단지의 아동 수, 접근성, 저소득층 비율 및 어린이집 공급 현황 등을 고려한 종합적인 분석을 토대로 국공립어린이집을 우선 설치·운영하도록 하고 있다.

표 13-1 어린이집 설치현황 (2022. 12. 31. 기준)

구분	계	국공립 어린이집	사회복지법인 어린이집	법인단체 등 어린이집	민간 어린이집	가정 어린이집	협동 어린이집	직장 어린이집
2022	30,923	5,801	1,254	610	9,726	12,109	132	1,291
2021	33,246	5,437	1,285	640	10,603	13,891	142	1,248
2020	35,352	4,958	1,316	371	11,510	15,529	152	1,216
2019	37,371	4,324	1,343	707	12,568	17,117	159	1,153
2018	39,171	3,602	1,377	748	13,518	18,651	164	1,111
2017	40,238	3,157	1,392	771	14,045	19,656	164	1,053

출처: 보육통합정보시스템 홈페이지(www.cpms.childcare.go.kr).

2022년 12월 기준 어린이집을 이용하는 영유아 수는 총 1,095,450명이며 저출산의 영향으로 매년 영유아 수가 감소하여 어린이집의 운영에 영향을 미쳐 어린이집의 수가 감소하고 있음을 알 수 있다.

표 13-2 유형별 보육아동 현황 (2022. 12. 31. 기준)

구분	계	국공립 어린이집	사회복지법인 어린이집	법인단체 등 어린이집	민간 어린이집	가정 어린이집	협동 어린이집	직장 어린이집
2022	1,095,450	276,670	64,503	27,743	477,628	184,053	3,203	61,650
2021	1,184,716	268,967	72,085	30,998	535,428	208,842	3,465	64,931
2020	1,244,396	253,251	78,322	34,066	578,196	230,444	3,716	66,401
2019	1,365,085	232,123	86,775	38,538	664,106	273,399	4,121	66,023
2018	1,415,742	200,783	92,787	41,298	711,209	302,674	4,360	62,631
2017	1,450,243	186,916	96,794	43,404	738,559	321,608	4,508	58,454

출처: 보육통합정보시스템 홈페이지(www.cpms.childcare.go.kr).

2) 가정돌봄 현황

자녀가 어릴수록 부모는 가정 내 돌봄을 원한다. 과거에 영리를 목적으로 민간기관에서 베이비시터를 파견하는 사업이 있었으나 2012년부터 정부에서 아동을 대상으로 찾아가는 돌봄 서비스를 제공하고 있다. 또한 어린이집을 이용하지 않는 영유아에 대한 돌봄비용 부담에 대한 지원으로 어린이집 · 유치원(특수학교 포함) · 종일제 아이돌봄 서비스를 이용하지 않는 취학 전 최대 86개월 미만의 영유아는 소득에 상관없이 가정양육수당을 받을 수 있다. 지원금액은 영유아의 연령(개월), 농어촌 양육수당, 장애아동 양육수당 등에 따라 차이가 있다.

표 13-3 가정양육수당 지원금액

양육수당		농어촌 양육수당		장애아동 양육수당	
연령(개월)	지원금액	연령(개월)	지원금액	연령(개월)	지원금액
0~11	200천 원	0~11	200천 원	0~35	200천 원
12~23	150천 원	12~23	177천 원		
24~35	100천 원	24~35	156천 원		

36개월 이상~86개월 미만	100천 원	36~47	129천 원	36개월 이상~86개월 미만	100천 원
	100천 원	48개월 이상~86개월 미만	100천 원		
	100천 원		100천 원		
	100천 원		100천 원		

출처: 중앙육아종합지원센터 홈페이지(www.central.childcare.go.kr). 2023.

3) 보육 관련 기관

(1) 육아종합지원센터

육아종합지원센터는 보육 및 양육에 관한 정보의 수집 · 제공 및 보육교직원 · 부모상담 등을 제공하기 위하여 보건복지부 장관 · 지방자치단체의 장이 설치 · 운영하는 육아지원 기관이다. 육아종합지원센터는 지역사회 내 어린이집의 지원 · 관리 및 보호자의 가정양육지원을 위한 육아지원서비스를 동시에 제공한다.

(2) 육아정책연구소

육아정책연구소는 국가인적자원 육성을 위한 육아정책연구를 종합적 · 체계적으로 수행하고, 유아교육과 보육의 발전을 위한 합리적 정책방안을 제시함으로써 우리나라가 육아선진국으로 도약하는 데 기여함을 목적으로 한다. 주요 기능으로는 육아 관련 현안 및 정책 방안 연구, 육아지원 프로그램 및 교재개발, 육아 지원 인력의 자격제도 관리 및 교육 · 훈련, 육아 정책 관련 국내외 정보의 공유 및 관리, 기타 육아 정책 관련 주요 사항 연구 등이 있다.

(3) 한국보육진흥원

2009년 설립된 한국보육진흥원은 보육에 신뢰와 양육에 가치를 더하는 보육 · 양육 정책 선도기관으로의 비전을 가지고 효과적인 보육관련 사업 수행을 통한 보육의 질 향상 및 체계적인 보육정책 지원을 통한 영유아의 건강하고 행복한 성장과 발달에 기여하고자 하는 목적을 가진다. 주요 사업으로는 어린이집 평가, 공공형어린이집 품질관리, 국공립어린이집 확충 지원 등을 하고 있다.

4. 아동보육의 유형

아동보육은 영유아를 건강하고 안전하게 보호하고, 영유아의 성장 및 발달과 교육을 제공하는 사회복지시설을 말한다. 보육서비스를 설립 주체, 규모에 따라 구분하거나 보육서비스를 필요로 하는 수요자의 욕구에 따라 다양하게 이용될 수 있다.

1)「영유아보육법」에 따른 유형

① **국공립어린이집**: 국가나 지방자치단체가 설치 · 운영(위탁운영 포함) 하는 어린이집으로 직장어린이집을 제외한 상시 영유아 11인 이상을 보육할 수 있는 시설을 말한다. 주로 저소득층 밀집지역 및 농어촌 지역이나 취약지역 및 산업단지 지역을 중심으로 아동 수, 접근성, 저소득층 비율 및 어린이집 공급 현황 등을 고려하여 어린이집이 부족한 지역에 우선설치(영유아보육법 제12조 제1항)하도록 규정하고 있다.

② **사회복지법인어린이집**:「사회복지사업법」에 따른 사회복지법인이 설치 · 운영하는 어린이집을 말한다.

③ **법인 및 단체 등 어린이집**: 사회복지법인을 제외한 비영리법인이나 단체 등이 설치 · 운영하는 어린이집으로「유아교육법」「초 · 중등교육법」및「고등교육법」에 따른 법인 또는 학교법인, 종교단체나 근로복지공단 등이 있다.

④ **직장어린이집**: 직장사업주가 사업자의 근로자를 위하여 설치 · 운영하는 어린이집으로 상시 영유아 5인 이상을 보육할 수 있다.

⑤ **가정어린이집**: 개인이 가정 또는 그에 준하는 곳에 설치 · 운영하며, 상시 영유아 5인 이상 20인 이하를 보육할 수 있으며 아동의 집에서 가깝고 가정과 같은 환경에서 소규모로 운영된다.

⑥ **협동어린이집**: 보호자 또는 보호자와 보육교직원 11인 이상의 조합을 결성하여 영리를 목적으로 하지 않는 조합에서 설치 · 운영하며, 주로 영유아기 자녀를 둔 기혼 여성의 근무비율이 높지만 독자적으로 기업 내에 직장보육시설을 운영하기 힘든 경우에 적합한 설립방법이다.

⑦ **민간어린이집**: 개인이 설치 · 운영하는 시설을 말한다.

2) 보육시간에 따른 유형

① **종일제 보육**: 대부분의 맞벌이 부모가 취업하고 있는 낮 동안 아동을 보육하는 형태로 기본보육은 09:00~16:00로 7시간 보육을 하나 지역별 · 어린이집별 사정에 따라 보호자와 협의하여 전후 30분 범위 내에서 보육시간을 탄력적으로 조정할 수 있다.

② **야간보육**: 야간연장 보육은 기준보육시간(07:30~19:30)을 경과하여 최대 24:00까지 시간을 연장하여 보육하는 것을 말한다. 맞벌이 부모의 취업 시간이 대체로 낮 동안 이루어지는 것을 전제로 할 때, 특수직종에 종사하여 야간에 근무할 수밖에 없는 영유아의 경우 야간보육을 이용한다.

③ **24시간 보육**: 상시 24시간 동안(07:00~익일 08:30) 보육서비스를 제공하는 어린이집으로 부모가 야간에 경제활동에 종사하거나, 한부모 또는 조손가정으로 야간 보육이 불가피하다고 판단되는 영유아에게 24시간 보육을 지원한다.

④ **휴일보육**: 휴일보육은 일요일과 공휴일에 기준보육시간 내에 보육하는 것으로 부모의 불가피한 출근, 질병, 출산 등의 이유로 영유아를 보육할 수 없는 경우 실시되는 보육의 형태이다.

⑤ **시간제 보육**: 시간제 보육은 어린이집을 하루 중 일정시간 동안만 필요한 시간만큼 보육하는 형태로 어린이집이나 유치원을 이용하지 않는 6개월 이상 36개월 미만의 양육수당 수급자 중 가정양육 가구의 영아가 이용할 수 있다.

⑥ **방과 후 보육**: 방과 후 보육은 초등학생을 대상으로 성인의 적절한 보호를 받을 수 없는 학령기 아동에게 보호를 주목적으로 가정과 같은 편안한 분위기에서 학습지도, 인성교육 등을 할 수 있다.

3) 대상에 따른 유형

① **일반아동 보육**: 장애가 없는 아동을 대상으로 하며 아동의 연령에 따라 다시 구분된다. 3세 미만의 영아를 위한 영아보육, 3세 이상부터 초등학교 취학 전까지

의 아동을 대상으로 하는 유아보육, 방과 후에 취학아동을 대상으로 하는 방과 후 보육으로 나뉜다.

② **특수아동 보육**: 장애아전문어린이집은 「장애아동복지지원법」에 따라 미취학 장애아를 상시 18명 이상 보육할 수 있는 시설을 말한다. 장애통합어린이집은 일반어린이집에 장애아 통합보육을 위한 환경을 조성하여 운영하며 장애아 전담교사 배치 등 지정 요건을 갖추어 운영한다.

③ **영아전담 보육**: 만 3세 미만의 영아 20인으로 구성하나 예외적으로 시설 정원 범위 내 40%까지 유아를 보육할 수 있다.

5. 보육시설 종사자의 역할과 전문성

1) 보육교직원의 역할

(1) 시설장의 역할

어린이집 원장은 어린이집 운영을 위해 다음과 같은 전반적인 업무를 총괄한다.

① 어린이집의 보육철학 및 보육목표를 수립하고 보육 프로그램 등 보육과정의 관리
② 보육교직원이 보육업무를 잘 수행할 수 있도록 인사관리
③ 어린이집 운영에 관한 재정의 편성 및 집행관리
④ 보육교직원과 영유아와 관련된 각종 서류의 보관 및 관리
⑤ 부모와 원활한 의사소통 및 어린이집의 보육과정 공유, 지역사회의 영유아 전문기관의 자원과 협력적 태도

(2) 보육교사의 역할

아동의 발달에 가장 영향을 많이 미치는 보육교사는 양육자의 역할과 교육자의 역할을 모두 갖추어야 한다.

① 양육자의 역할로서 보육교사는 아동 돌봄의 기능을 수행한다. 보육교사는 부모

를 대신하여 따뜻한 정서적 돌봄을 제공하고 건강한 생활을 유지하도록 대리양육자의 역할을 수행해야 한다.

② 교육자의 역할로서 보육교사는 영유아의 균형 있는 발달을 촉진하는 교수자의 역할을 해야 한다. 영유아의 개별적인 발달에 따라 관찰 및 기록하고 영유아의 발달 수준을 고려하여 보육과정을 계획하고 평가하며 아동이 경험하는 다양한 갈등 상황에서 스스로 문제해결을 할 수 있도록 돕는 중재자 역할을 해야 한다.

보육교사는 이러한 자질을 갖추기 위해서 기본적으로 건강해야 하며 영유아에 대한 애정이 있어야 하고, 영유아를 상대하기 위해 그들을 포용하고 수용해야 한다. 또한 영유아뿐만 아니라 동료교사 및 부모와 원활한 관계를 맺으며 생활해야 하므로 성숙하고 원만한 인간관계를 유지해야 한다.

2) 사회복지사의 역할

보육시설에 근무하는 보육교사가 영유아의 보호와 교육에 일차적인 책임을 진다면, 사회복지사는 빈곤가정이나 결손가정의 영유아에게 종합적인 보육서비스를 제공해야 한다. 사회복지사가 영유아, 가족, 교사, 지역사회에 대해서 수행하는 역할은 다음과 같다(김기환, 2000).

(1) 영유아에 대한 사회복지사의 역할

심리, 사회, 경제적인 문제로 발달상의 어려움을 겪는 영유아의 문제와 욕구에 개입하여 궁극적으로 보육의 목적이 달성되도록 하는 것이다. 사회복지사는 영유아의 문제와 욕구를 사정하고 문제를 나타내는 영유아를 상담하며, 적합한 지역 사회 자원을 개발하고 연계하는 역할을 한다.

(2) 가족에 대한 사회복지사의 역할

가족의 문제와 욕구를 파악하고, 부모교육과 부모상담을 통해 가정의 심리・정서적인 문제를 해결할 수 있도록 한다. 경제적인 어려움을 겪는 가정에 정보를 제공하거나 지역사회자원을 연계하는 역할을 하며 부모가 보육프로그램에 적극적으로 참여할 수 있도록 부모-교사 관계를 촉진하는 역할을 한다.

(3) 보육교사에 대한 팀 접근

보육교사를 팀 접근으로부터 보육의 목적이 달성되도록 해야 한다. 보육아동에 대한 심리사회적 정보, 가정의 정보 등을 제공하고 보육교사가 인지하지 못하는 사회복지적 관점에서 문제해결방안을 제시한다.

(4) 지역사회에 대한 사회복지사의 역할

보육시설이 영유아만 보호하고 교육하는 기능을 넘어 지역주민이 시설을 활용하도록 하고 보육시설도 지역자원의 활용이나 지역행사에 적극적으로 참여할 수 있도록 해야 한다.

어린이집에서 이루어지는 사회복지서비스는 영유아의 돌봄과 더불어 가족 기능을 지원하는 포괄적 서비스를 제공할 수 있음에도 불구하고 사회복지사가 배치된 어린이집은 많지 않다. 포괄적 보육서비스를 실시하고 있는 삼성어린이집은 영유아와 가족을 대상으로 다양한 서비스를 연계·통합하고 있다. 즉, 어린이집에 재원 중인 취약위기가정의 영유아뿐 아니라 부모를 위한 부모교육과 부부갈등에 대한 심리·정서·사회적 지지를 위한 상담 연계, 부모의 취업을 위한 정보제공 및 취업알선 등 지역사회연계를 통한 통합적 서비스를 제공하고 있다. 이는 영유아기에 발생할 수 있는 아동과 가족문제에 대한 조기 발견 및 전문적인 개입을 통해 아동과 가족의 강점을 향상시켜 아동이 겪을 수 있는 장기적인 문제를 사전에 예방하여 건강하고 전인적인 성장발달을 도모할 수 있다.

3) 아동보육의 전문성

영유아의 발달에 적합한 보육서비스를 제공하기 위해서는 영유아의 정서적 돌봄을 비롯하여 영유아의 발달적 특성을 고려한 교육서비스를 제공해야 한다. 따라서 보육시설은 영유아의 발달 촉진을 위한 놀이활동과 자료를 제공하여 새로운 지식을 발견하도록 하고 다양한 경험을 통해 신체적·정서적 발달을 돕는다.

영유아에게 보육시설 이용 경험은 신체능력에 긍정적인 발달을 돕는 것으로 나타난 반면 가정 내 돌봄 환경에 따라 차이가 있는 것으로 나타났다. 특히 빈곤가정은 비빈곤가정에 비해 영유아의 발달과정에 건강한 양육환경을 갖지 못하는 경우가 높은 것으로 나타나 빈곤가정의 경우 아동보육의 질과 양에 있어 더 많은 사회적 보호가 필요하다. 특히 영유아기는 발달과업을 달성하는 데 있어 양질의 보육 경험이 가정에서의 양육보다 긍정적인 영향을 미치는 것으로 평가되고 있다(김수정, 정익중, 2017). 또한 보육시설을 이용하는 영유아의 대부분은 부모와 분리되어 지내기 때문에 보육이 영유아의 정서발달에 미치는 영향에 대한 관심이 커지고 있다. 보육시설에 다니는 영유아는 많은 시간을 부모와 떨어져 있지만 그 자체만으로는 어머니와의 안정적 애착형성을 예측할 수 없으므로 어머니가 영유아의 요구에 예민하고 수용적인 태도를 보일 때 안정적 애착이 유지되거나 증진된다고 할 수 있다(정익중, 오정수, 2022). 한편, 영유아는 보육시설에 있는 동안 부모를 대신하여 보육교사와 많은 시간을 보내게 되므로 부모와의 애착형성과 마찬가지로 보육교사와 안정적 애착을 형성해야 한다.

제14장

아동돌봄 및 안전

1. 아동돌봄

최근 우리사회는 저출생 · 고령화라는 문제를 겪으면서 돌봄 서비스에 대한 변화의 국면을 맞이하고 있다. 돌봄 서비스가 주로 가족 내에서 제공되었던 과거와 달리 현대사회는 여성의 사회참여 증가 및 가족구조의 변화로 인하여 돌봄에 대한 공백이 생기게 되었고 가족 스스로 해결하지 못한 돌봄을 이제는 국가 또는 지역사회가 고민해야 할 부분으로 인식되고 있다(김양선, 2020). 따라서 아동돌봄 서비스를 제공하기 위해서는 인간과 아동에 대한 관점이 변화되고 복지라는 차원의 사회적 기능이 구체화되는 과정에서 아동돌봄을 이해해야 한다(박유리, 2022).

1) 아동돌봄의 개념과 유형

(1) 아동돌봄 서비스의 개념

'아동돌봄 서비스(childcare service)'는 아동을 돌보는 행위이며, 돌보는 장소로는 본인 집, 친척 집, 돌보미의 집이나 어린이집 같은 시설이 해당된다. 아동돌봄 서비스는 넓은 의미에서 아동 수당, 조세 혜택, 육아휴직 등을 보장해 돌봄을 제공하는 것도 해당되지만, 좁은 의미의 개념으로 아동을 직접 돌보는 직접 돌봄 서비스도 해당된다

(노혜련 외, 2021). 이에 본 장에서는 아동돌봄 서비스 중 직접 돌봄 서비스에 대한 내용을 살펴보고자 한다.

(2) 아동돌봄 서비스의 원칙

표 14-1 아동돌봄 서비스의 원칙

원칙	내용
질 관리의 중요성	• 아동은 위험과 결핍 상황에서 자기 의지를 관철할 힘과 능력이 부족하므로 많은 보호가 필요하다. • 자아감(sense of self)이 발달해 자신과 타인을 구분하고 그 사이에서 어떻게 기능하는지를 알아가는 영유아기에는 이들을 안전하게 보호하고 교육하는 데 세심한 주의가 요구된다. • 돌봄 시설 환경과 서비스 제공자의 자질을 관리하는 것이 필요하다. • 아동과의 직접적인 만남을 통한 관계형성을 전제로 하기 때문에 서비스 제공자의 역량이 중요하다. 따라서 아동돌봄 서비스의 질 관리에서 가장 중요하게 고려해야 하는 것은 서비스를 제공하는 자의 자격과 교육·훈련에 대한 철저한 관리이다.
부모 역할의 중요성	• 아동돌봄 서비스에서 부모 역할은 여전히 중요하다. • 아동돌봄 서비스의 효과는 제공 시간에 비례하지 않는다. • 영아에게는 시설에서 돌봄 서비스를 제공하는 것보다 부모가 육아휴직을 사용하게 하는 것이 아동과 모성을 보호하는 데 더 효과적일 수 있다.
보편적 접근의 필요성	• 아동돌봄 서비스는 기본적인 서비스로 시장경제에 의존하기보다는 국가가 책임지고 관리할 필요가 있다. • 정부가 모든 돌봄과정을 책임지는 공적 돌봄제도를 마련하는 것은 출산율과 여성 사회참여율을 높이는 핵심 대안이다.

출처: 노혜련 등(2021)의 내용을 요약하여 표로 재구성함.

(3) 아동돌봄 서비스의 유형

아동돌봄 서비스는 아동의 부모나 조부모, 친인척, 이웃, 친구, 돌보미 등의 가정 내 돌봄과 어린이집, 유치원 등의 시설돌봄으로 나눌 수 있으며, 세부적으로는 돌봄 제공자와 돌봄 대상자로 구분할 수 있다.

① 돌봄 제공자에 따른 분류[1)]

아동돌봄 서비스는 '전일제 모성 돌봄, 대리엄마 돌봄, 세대 간 돌봄, 전문적 돌봄, 부모 공유 돌봄'으로 구분할 수 있다.

가. 전일제 모성 돌봄

가정에서 어머니가 아동을 돌보는 것으로 돌봄은 어머니가 가장 잘한다는 가정이 존재하고 어머니의 가정 돌봄을 이상화하는 것으로 어머니와 아동의 양자관계에 종속되어 있다. 아버지의 돌봄 참여는 낮은 편이며 다양한 돌봄 활동의 참여 가능성은 제약된다.

나. 대리엄마 돌봄

아동의 유사 어머니로 어머니를 가장 닮은 대리엄마의 돌봄이라는 통념이 유지된다. 아버지와 어머니의 돌봄 참여가 모두 낮은 편이며 보건복지부에서 시행하는 아이돌보미가 이에 해당된다.

다. 세대 간 돌봄

아동의 조모가 아동의 가정이나 조모의 가정에서 돌보는 것으로 부모의 돌봄 참여는 낮은 편이다. 세대 간 돌봄은 어머니의 어머니가 아동을 돌보는 것으로 이상적 돌봄자가 된다.

라. 전문적 돌봄

전문가가 가정 밖에서 아동을 돌보는 것으로 부모의 돌봄 참여는 낮은 편이며, 전문가의 돌봄이 더 좋은 돌봄이라는 가정하에 세대 간 의존이나 배우자 의존을 감소시킨다. 이는 어머니가 경제활동에 참여함으로써 자신의 전문성을 개발하고 사회적 인정을 통해 재정적인 지위를 강화시킬 수 있으며, 더불어 어머니로서 아동을 돌보지 못했다는 죄책감과 윤리적 문제를 해소할 수 있다.

1) 이 내용은 백경흔(2022: 23에서 재인용)에서 일부 내용을 요약하여 정리함.

마. 부모 공유 돌봄

부모가 아동을 가정에서 함께 돌보는 것으로 아버지의 돌봄참여가 있기는 하지만 가정 내 아버지의 돌봄참여는 어머니의 돌봄을 조력하는 수준에 머물 수 있다.

② 돌봄 대상자에 따른 분류

돌봄 대상자에 따른 분류는 정부에서 시행하는 사업별로 구분할 수 있다.

가. 아이돌봄 서비스

정부는 2005년 저출산 · 고령사회기본법을 제정한 후 5년 주기로 저출산 · 고령사회기본계획을 수립하는 등 아동돌봄 지원 정책을 강화하였고, 2007년 아이돌보미 지원 사업 및 장애아가족 아동양육지원 사업을 신규 실시하여 전국에 서비스를 확대하였다. 2012년 영아종일제 돌봄 지원대상을 확대하며 같은 해 2월 「아이돌봄 지원법」을 제정하였다. 「아이돌봄 지원법」은 가정에 아이돌봄을 지원하여 아이의 복지증진 및 보호자의 일 · 가정 양립을 통한 가족구성원의 삶의 질 향상과 양육친화적인 사회환경 조성이 목적이며, 돌봄 대상은 생후 3개월 이상부터 만 12세 이하 아동으로 아이돌보미가 가정에 방문하여 돌봄 서비스를 제공한다.

나. 다함께 돌봄센터

방과 후 돌봄 서비스의 하나로 2019년 1월 신설된 다함께 돌봄센터는 「아동복지법」 제44조의2 제1항에 따라 초등학교의 정규교육 이외의 시간 동안 돌봄 서비스를 제공하는 것으로 아동의 안전한 보호, 안전하고 균형 있는 급식 및 간식의 제공, 등 · 하교 전후, 야간 또는 긴급상황 발생 시 돌봄 서비스 제공, 체험활동 등 교육 · 문화 · 예술 · 체육 프로그램의 연계 · 제공, 돌봄 상담, 관련 정보 등 서비스를 제공하고 있다.

돌봄 서비스의 유형은 기간이 정해진 정기적 돌봄과 기간이 정해지지 않은 것으로 갑자기 사유가 발생하면 돌보는 비정기적 돌봄으로 구분한다. 돌봄 대상은 돌봄이 필요한 만 6세에서 12세의 아동이며 만 6세이나 입학 전 아동도 해당된다.

다함께 돌봄센터의 아동돌봄 서비스는 기존의 지역아동센터에서 진행했던 취약아동보호 기능을 확대하여 지역사회 내에서 이용하고자 하는 초등아동을 대상으로 지역사회와 학교, 가정을 상호 연계하여 방과 후 시간 동안 돌봄이 필요한 아동을 돌보는 역할을 하는 기관이다. 아동돌봄 서비스를 제공하는 차원에서 아동의 입장을 고려하고 아동과 관계된 가족과 학교 및 맥락적 차원에 부합한 아동돌봄 서비스가 제공될 수 있는 부분을 강조한다(박유리, 2022).

다함께 돌봄센터에서 아동을 중심으로 제공되는 프로그램은 크게 세 가지로 구분할 수 있다. 첫째, 기본프로그램은 등 · 하원 지원관리, 아동의 일상생활 교육, 급 · 간식 지원, 부모상담 및 정보제공 등을 제공한다. 둘째, 공통프로그램은 아동의 학년과 학습 관련된 부분에서 숙제지도 및 독서지도, 신체활동, 휴식 등을 제공한다. 셋째, 학습활동(특별활동)으로 기초 외국어, 예체능, 과학, 체험활동을 실행하는 프로그램이 제공되는데 분야별로 전문적인 소양을 갖춘 인력이 특별프로그램을 담당하게 하여 분야별 활동을 전문적으로 실행하도록 하고 있다. 또한 초등아동의 특기 적성에 대한 이해를 바탕으로 특정 지식과 기술을 아동에게 알려주고, 지도할 수 있는 능력을 갖춘 지역 내 인적자원을 활용해 아동의 적성을 계발하고 아동기에 갖는 학습 및 다양한 활동에 대한 호기심을 키워갈 수 있는 프로그램을 운영하고 있다. 특히 이러한 프로그램은 초등학령기 아동의 학년에 따라 발달적 특성과 욕구에 따라 구분하여 운영하는데, 저학년의 경우 자유놀이나 생활교육, 안전교육 등의 놀이 중심 프로그램을 강화하고, 고학년은 학습지도 및 체험활동 등 교과 및 학습관련 프로그램을 집중으로 진행하고 있다(박유리, 2022).

다. 지역아동센터

지역아동센터는 2004년 「아동복지법」을 개정하여 '지역아동센터(구, 공부방)'를 아동복지시설로 법제화하였다. 「아동복지법」 제52조 제1항 제8호에 따라 지역사회 아동의 보호 · 교육, 건전한 놀이와 오락의 제공, 보호자와 지역사회의 연계 등 아동의 건전 육성을 위하여 종합적인 아동복지서비스를 제공하는 곳이다.

지역아동센터는 아동보호(안전한 보호, 급식 등), 교육 기능(일상생활 지도, 학습능력 제고 등), 정서적 지원(상담 · 가족지원), 문화서비스(체험활동, 공연) 등으로 지역사회 내 아동돌봄에 대한 사전 예방적 기능 및 사후 연계 제공을 실시하고 있으며, 이용 대상은 18세 미만의 아동으로서 초등학교 및 중학교에 재학 중인 아동, 18세 미만의 아동으로서 괄호 안에 해당하는 아동(지역아동센터 이용 중 아동이 고등학교로 진학하는 경우의 고등학생, 18세 이상이나 계속해서 지역아동센터를 이용하는 고등학생, 지역아동센터를 이용하는 아동의 형제 · 자매로 그 형제 · 자매가 미취학아동이거나 고등학생인 경우와 형제 · 자매가 지역아동센터를 모두 이용하려는 경우로 그중 1명이 초등학생 또는 중학생이고 다른 1명은 미취학아동 또는 고등학생인 경우), 「학교 밖 청소년 지원에 관한 법률」 제2조 제2호에 따른 학교 밖 청소년으로서 18세 미만의 아동인 경우, 지역적인 특성 등으로 어린이집 · 유치원 등을 이용할 수 없는 미취학 아동 등이다(보건복지부, 2023e).

라. 돌봄공동체

돌봄공동체는 2019년 공동육아나눔터, 여성친화도시 사업을 통해 형성된 다양한 형태의 주민주도형 돌봄공동체 사례 발굴을 통해 2020년부터 2022년까지 돌봄공동체 육성, 확산을 위한 시범사업을 실시하였다. 돌봄공동체는 지역의 육아를 담당하는 부모들이 함께 자녀를 양육할 수 있는 것으로 2020년 10개 지역, 2022년 12개 지역에서 실시하고 있으며, 「건강가정기본법」 제22조(자녀양육지원의 강화)에 근거하고 있다. 돌봄공동체는 지역주민이 자발적으로 참여하는 돌봄공동체 조성을 통해 공적 돌봄의 틈새를 극복하여 안전한 돌봄을 제공하고 지역 내 돌봄 유관기관과 연계 활성화를 통해 지역 돌봄 역량을 강화하고 촘촘한 돌봄망 구축을 목적으로 한다.

'돌봄공동체'란 직접적인 혈연관계를 넘어 여러 형식으로 마을 아동을 돌보는 활동을 하는 이웃을 의미하며, '돌봄주체'란 돌봄아동의 부모, 양육자, 마을 주민 등 돌봄공동체에서 아동돌봄을 실천하는 구성원을 의미한다. '일상돌봄'은 돌봄공동체에서 가장 필요한 돌봄 시간대, 시기를 의논해서 계획한 대로 진행하는 모든 돌봄을 의미한다. '긴급돌봄'은 사전에 계획되지 않았으나 양육자 · 아동 · 방역 등의 돌발적 상황에 대처하기 위해 진행하는 돌봄을 의미하며, 이를 통해 아동돌봄의 공공성을 강화할 수 있다. 돌봄 대상은 만 0세에서 만 12세까지의 아동이다(여성가족부, 2023).

마. 늘봄학교

늘봄학교는 초1에듀케어, 미래형 · 맞춤형 방과 후 학교 프로그램 확대, 돌봄 유형 다양화(아침, 오후, 저녁, 틈새 돌봄 등) 등 돌봄제공을 희망하는 초등학생들에게 정규수업 전후로 양질의 교육 · 돌봄(에듀케어)을 제공하는 통합적인 서비스로 2023년 3월 5개 교육청 214교를 시범운영으로 시작하였으며, 2학기에는 8개 교육청 459개를 대상으로 확장하여 실시하고 있다. 2023년 현재 초1에듀케어 5,257명, 방과 후 학교 54,050명, 아침 · 오후 · 틈새 · 저녁 돌봄 13,880명 등 약 7.3만 명(214교 총 11.8만 명 대비 62%)의 학생들이 늘봄학교에 참여했다.

교육부는 2024년 3월부터 늘봄학교 사업을 전국으로 확대하여 전국의 초등학교 1학년생을 대상으로 한 방과 후 프로그램 중 하나인 에듀케어를 희망하는 모든 학생이 참여할 수 있도록 실시할 계획이다(교육부 보도자료, 2023. 11. 23.).

2) 외국의 아동돌봄[2] 서비스

(1) 스웨덴의 아동돌봄 서비스[3]

스웨덴, 덴마크, 노르웨이 등의 북유럽 국가들은 사회민주주의 전형으로 분류되며 자녀 출산 및 양육 등의 가족지원 정책이 복지 제도 정책이라는 큰 틀 안에서 보편적인 돌봄 서비스를 제공하고 있다. 스웨덴은 남성은 가족의 생계를 책임지고, 여성은 가사일을 해야 한다는 기존의 전통적인 가족 구조의 형태에서 벗어나 일과 가정이 양립하는 양성평등을 지향하는 보편적 복지 국가의 대표라 할 수 있다. 특히 북유럽 국가들 중 스웨덴은 높은 질의 돌봄 서비스를 공공 보육의 형태로 제공하고 있으며 가족지원 정책 중 '여성과 남성 모두에게 소득에 비례한 육아 휴직 급여를 지급하고 복직이 보장되고 양성평등한 육아 휴직, 전연령 영유아 자녀를 위한 저렴한 종일 공공보육, 개인소득과세 및 개인사회보장 접근, 남성의 부양과 자녀에 대한 부권 지원'을 내용으로 하는 가족지원 정책의 4가지 핵심 영역은 스웨덴이 모범 국가로 인정받을 수 있는 중요한 요인이다.

스웨덴은 모든 사람이 사회보장제도 안에서 보호받는 나라라는 것을 강조하고 있으며 그중에서도 아동돌봄에 대한 사회적 책임을 특히 강조한다. 스웨덴의 돌봄 서비스는 공공시설 위주로 국가가 책임진다는 원칙을 갖고 있다.

스웨덴은 아동돌봄 서비스를 제공함에 있어 가족의 배경과 무관하게 동일한 기회를 부여받도록 하였으며 이러한 정책은 모성·부성 휴직 이후 돌봄 방식에 관한 아동의 권리에 기반한다. 스웨덴 아동의 유년기는 교육부 관할로 1세부터 5세까지 아동에 관한 교육 프로그램이 제공되고, 자녀 수에 따라 비용이 차등 적용되는데 자녀가

2) 이 장에서는 돌봄과 보육의 용어를 혼용하지만 기본적으로 돌봄의 맥락에서 이루어짐을 밝힌다.

3) 이 내용은 이현주 등(2018) 및 2023년 6월 29일 방송된 EBS 다큐멘터리 K-인구대기획 '초저출생'의 내용을 요약하여 정리함.

한 명일 때 소득의 3%, 두 명일 때 2%, 셋째부터는 1%를 초과해서는 안 된다.

스웨덴의 가족정책은 가정의 경제적 안정, 신체적 건강, 아동의 권리, 양성평등에 대한 내용을 목표로 삼아 왔으며, 맞벌이 가정을 기본으로 하며 가정 및 직장에서 남녀의 동등한 권리와 의무를 강조한다.

(2) 프랑스의 아동돌봄 서비스[4)]

프랑스의 아동돌봄은 가족지원 정책에 기반을 두고 있으며 다른 국가들에 비해 오랜 시간 정부 주도로 이어져 오면서 사회보장제도의 독립된 분야로 자리 잡고 있다.

프랑스에서 자녀는 가족만의 사적 영역이 아닌 공적 영역으로 간주하며 지자체가 돌봄과 교육에 투자해야 하는 공공재로 간주되며, 정부는 이를 위해 국가의 부를 일부 할애해야 한다. 이러한 정부의 노력에 힘입어 주변국들의 합계출산율이 감소하는 것에 비해 프랑스는 2023년 기준 합계출산율이 1.8%로 오랜 시간 높게 유지된다는 것이 이를 뒷받침한다.

프랑스는 1980년대 일 · 가정 양립을 지원하는 방향으로 '아동돌봄' 활동의 탈가족화가 반영되면서 아동돌봄 시설이 증가하였고, 2000년 후반에 들어서면서 아동 돌봄과 보육 방식에 대항력 있는 권리 도입 등 가족정책에 관한 논의가 활발히 이루어지면서 2002년 부성휴가를 도입하여 부모 간의 평등을 장려하고 자녀가 어릴 때부터 아버지가 돌봄을 제공하도록 하였다.

북유럽식으로 광범위하게 공공 보육서비스 체계를 강화하는 대신 프랑스는 종일제 근로여성, 종일제 보육사 그리고 전통적 보육시설에서 벗어난 다양한 유형의 보육서비스를 통해 절충하는 방식을 택하였다.

프랑스의 0~2세를 위한 돌봄 서비스를 유아 조기교육시스템과 비교해 보면 여성의 일 · 가정 양립과 사회적 형평성을 도모하기에는 여전히 부족한 실정이다. 이는 아동이 공공재로서 국가가 아동의 사회화를 담당해야 한다는 규범은 매우 강한 반면, 영아 자녀 돌봄에 대해서는 모성보호를 강조해 여성이 주된 역할을 해야 한다는 사회적 규범이 여전히 남아 있기 때문이다. 프랑스는 유아 조기교육의 보편적 제공을 통

---

4) 이 내용은 노대명 등(2018) 및 신윤정(2012)의 내용을 요약하여 정리함.

해 성공을 거두었으나 영아 돌봄에서는 개선의 여지가 남아 있음을 보여 준다.

2. 아동안전[5)]

우리나라는 2004년 3월 「재난 및 안전관리 기본법(약칭: 재난안전법)」을 제정하여 각종 재난으로부터 국토를 보존하고 국민의 생명 · 신체 및 재산을 보호하기 위하여 국가와 지방자치단체의 재난 및 안전관리체제를 확립하는 것을 명시하면서 자연재난과 사회재난으로 분류하여, 국민을 각종 재난으로부터 보호해 안전한 사회에서 생활할 수 있도록 하였으나, 최근 아동의 안전을 위협하는 아동성범죄, 약물 및 인터넷 중독, 유괴, 실종, 자살사고, 학대, 유해 미디어 환경, 미등록 아동 사망 등이 만연하고 있다. 특히 교통사고로 인해 아동의 생명을 앗아가는 일들마저 빈번하게 발생하고 있다. 동법 제3조9의3에는 노인, 장애인, 저소득층을 포함해 아동을 안전취약계층으로 정의하고 있는데 각종 재난에 취약한 아동을 국가와 지방자치단체는 반드시 보호해야 할 책무를 지녔다고 볼 수 있겠다.

이에 본 장에서는 아동안전의 개념과 유형, 배경과 현황 등 관련 정책을 살펴보고 이에 대한 사회복지실천에서의 개선방안을 제시하고자 한다.

1) 아동안전의 개념

안전(安全)의 사전적 의미는 위험이 없어서 피해를 입을 수 없는 것으로 사람에게 건강과 더불어 선택이 아닌 필수이며, 안전한 상태란 위험 원인이 없는 상태 또는 위험 원인이 있어도 사람이 위해를 받는 일이 없도록 대책이 세워져 있고, 그런 사실이 확인된 상태를 뜻한다. 단지 재해나 사고가 발생하지 않는 상태를 안전이라고는 할 수 없으며, 숨은 위험의 예측을 기초로 한 대책이 수립되어 있어야만 안전이라고 할 수 있다.

---

5) 이 장에서는 아동과 어린이의 용어를 혼용하지만 기본적으로 아동의 맥락에서 이루어짐을 밝힌다.

아동의 안전과 건강 그리고 복지 증진을 위하여 아동과 그 보호자 및 가정을 지원하는 것은 아동복지법에도 명시된 바와 같이 국가와 지방자치단체의 책임이며 의무이다. 그중에서도 아동의 안전을 지키는 것은 다른 어떤 분야보다 선행되어야 할 국가의 개입이 필요하다. 아동은 미래 국가경쟁력의 초석이며, 국가의 지속적인 발전을 결정짓는 척도가 되기 때문이다. 통계청이 발표한 2023년 3분기 합계출산율은 0.70명으로 2019년 0.92명에서 계속 내려가고 있는 추세이다. 합계출산율이 세계 최하위 수준에 머무는 지금의 시대에 아동을 안전하게 키우는 일이 이제 더 이상 부모만의 책임이 아니라 국가와 사회가 함께 부담해야 하는 책무가 되었다. 또한 우리 사회에 만연한 안전불감증은 아동안전사고를 피할 수 없는 것으로 보거나 부모들이 스스로 예방해야 할 몫으로 여기는 등 아동의 안전사고 예방을 위한 사회적인 공감대를 형성하는 데 방해물로 작용하여 OECD 회원국 중 아동안전사고 사망자가 가장 많은 국가라는 불명예를 안고 있다. 아동은 안전한 사회 속에서 건강하게 성장할 권리를 갖고 있으며 국가는 아동의 안전 보호체계를 구축해야 할 책임과 의무가 있다(정익중, 오정수, 2022).

2) 아동안전사고의 유형

아동이 안전한 환경 속에서 살아가야 하는 것에 대한 인식과 관심이 증가함에도 불구하고, 아동 통학 차량 질식사고, 급식 식중독 사고, 수영장 사고 등 아동의 안전을 위협하는 사고는 지속적으로 발생하고 있다. 이에 정부는 2003년을 '어린이 안전원년'으로 선포한 후 아동안전종합대책을 수립·추진하였고, 2013년과 2016년 4대 분야, 2018년 5대 분야를 지나 2020년 6대 분야 17개 과제를 구성하였다. 정부에서 제시한 6대 분야는 교통안전, 제품안전, 식품안전, 환경안전, 어린이이용시설 안전, 안전교육 분야이다.[6]

한편, 통계청에서는 아동의 안전사고 사망자 유형을 교통사고, 익사, 추락, 화재, 중독, 기타로 분류하고 있으며, 「아동복지법」 제31조에서는 성폭력 및 아동학대 예

---

6) 관계부처 합동(2022)의 내용을 요약하여 정리함.

방, 실종 · 유괴의 예방과 방지, 감염병 및 약물의 오남용 예방 등 보건위생관리, 재난대비 안전, 교통안전으로 구분지어 아동의 안전에 대한 교육을 하도록 명시하였다. 이에 본 교재에서는 정부에서 제시한 6대 분야와 아동복지법에서 분류하고 있는 유형 중 성폭력 및 아동학대 예방과 실종 · 유괴의 예방과 방지, 유해 미디어 환경과 함께 최근 미등록 아동의 사망이 추가로 확인되고 있어, 이에 대한 것을 더하여 분야별 주요 내용을 살펴보고자 한다.

(1) 교통안전

아동들의 안전한 등 · 하교를 위해서는 교통사고의 예방이 무엇보다 중요한데, 「교통안전법」 제2조 제7호에 따르면 "교통사고"라 함은 교통수단의 운행 · 항행 · 운항과 관련된 사람의 사상 또는 물건의 손괴를 말하며, "교통수단"이라 함은 사람이 이동하거나 화물을 운송하는 데 이용되는 것으로서 세부적으로 살펴보면 다음과 같다. 「도로교통법」에 의한 차마 또는 노면전차, 「철도산업발전 기본법」에 의한 철도차량(도시철도를 포함한다) 또는 「궤도운송법」에 따른 궤도에 의하여 교통용으로 사용되는 용구 등 육상교통용으로 사용되는 모든 운송수단, 「해사안전법」에 의한 선박 등 수상 또는 수중의 항행에 사용되는 모든 운송수단, 「항공안전법」에 의한 항공기 등 항공교통에 사용되는 모든 운송수단을 말한다.

(2) 제품안전

아동제품의 안전을 위해서는 제품의 안전성을 확보하는 것이 무엇보다 중요한데, 「제품안전기본법」 제3조에 따르면 "제품"이란 소비자가 최종으로 사용하는 물품 또는 그 부분품이나 부속품을 말하며, 동법 제4조 제2항에 따르면 "국가 및 지방자치단체는 제품안전정책을 수립 · 시행함에 있어 소비자의 생명 · 신체 또는 재산에 대한 위해방지를 우선적으로 고려하고, 어린이 · 노약자 · 장애인 등 안전취약계층을 배려하여야 한다."라고 명시되어 있다.

(3) 식품안전

「식품안전기본법」 제1조에 따르면 "식품의 안전에 관한 국민의 권리 · 의무와 국가 및 지방자치단체의 책임을 명확히 하고, 식품안전정책의 수립 · 조정 등에 관한 기본적인 사항을 규정함으로써 국민이 건강하고 안전하게 식생활(食生活)을 영위하게 함을 목적으로 한다."라고 명시되어 있으며 여기서 "식품"이란 의약으로써 섭취하는 것을 제외한 모든 음식물을 말한다(식품안전기본법 제2조 제1호).

(4) 환경안전

「환경보건법」에 따르는 "환경보건"이란 「환경정책기본법」 제3조 제4호에 따른 환경오염과 「화학물질관리법」 제2조 제7호에 따른 유해화학물질 등(이하 "환경유해인자"라 한다)이 사람의 건강과 생태계에 미치는 영향을 조사 · 평가하고 이를 예방 · 관리하는 것을 말하며(제2조 제1호), 어린이 등 환경유해인자의 노출에 민감한 계층과 환경오염이 심한 지역의 국민을 우선적으로 보호하고 배려하여야 한다(제4조 제2호)고 명시되어 있다.

(5) 어린이이용시설 안전

아동의 안전을 보장하기 위해서는 아동의 생활환경과 빈번하게 다니는 곳에서의 보호가 필요한데, 아동이 주로 이용하는 시설에서의 안전 확보가 무엇보다 중요하다. 여기서 아동이 주로 이용하는 시설을 구체적으로 살펴보면 다음과 같다. 「영유아보육법」에 따른 어린이집, 「유아교육법」에 따른 유치원, 「초 · 중등교육법」에 따른 초등학교 및 특수학교, 「학원의 설립 · 운영 및 과외교습에 관한 법률」에 따른 학원, 「아동복지법」에 따른 아동복지시설, 「실종아동등의 보호 및 지원에 관한 법률」 제9조의3 제2항의 적용을 받는 시설 · 장소 중 대규모점포, 유원시설, 전문체육시설, 공연장, 박물관 및 미술관(어린이안전관리에 관한 법률 제3조 제3호) 등이며, 「어린이안전관리에 관한 법률」 제1조에 따르면 어린이의 생명과 신체에 대한 위험을 예방하고 어린이안전을 확보하기 위한 사항을 규정함으로써 어린이가 행복하고 건강한 삶을 누릴 수 있는 환경을 조성하는 것을 목적으로 하고 있다.

(6) 안전교육

아동의 안전을 확보하기 위해서는 국가 및 지방자치단체, 국민과 부모의 역할이 무엇보다 우선시되나, 아동 자신에게도 안전교육 서비스를 실시하여 안전을 확보하는 것이 중요하다.

(7) 성폭력 및 아동학대

우리나라 「성폭력범죄의 처벌 등에 관한 특례법」(2022)에 따르면 아동에 대한 성폭력은 동법 제7조 제1항에 따라 13세 미만의 미성년자에 대한 강간, 강제추행 등이라고 명시되어 있고, 「아동복지법」 제3조 제7호에 "아동학대"란 보호자를 포함한 성인이 아동의 건강 또는 복지를 해치거나 정상적 발달을 저해할 수 있는 신체적 · 정신적 · 성적 폭력이나 가혹행위를 하는 것과 아동의 보호자가 아동을 유기하거나 방임하는 것을 말한다.

(8) 실종 · 유괴

「실종아동등의 보호 및 지원에 관한 법률」은 실종아동 등의 발생을 예방하고 조속한 발견과 복귀 및 복귀 이후의 사회적응 지원에 관한 사항을 규정함으로써 실종아동등과 가정의 복지증진에 이바지함을 목적으로 2005년 5월 31일 제정되었다. 이 법률에 등장하는 "실종아동등"이란 "약취(略取) · 유인(誘引) 또는 유기(遺棄)되거나 사고를 당하거나 가출하거나 길을 잃는 등의 사유로 인하여 보호자로부터 이탈(離脫)된 아동등을 말한다."라고 명시되어 있으며 법 제정 당시 실종 대상 아동의 연령이 14세 미만 아동이었으나 2013년 6월 4일 개정을 통해 실종 당시 18세 미만인 아동으로 변경하였다.

(9) 미등록 아동

「가족관계의 등록 등에 관한 법률」(약칭: 가족관계등록법)은 국민의 출생 · 혼인 · 사망 등 가족관계의 발생 및 변동사항에 관한 등록과 그 증명에 관한 사항을 규정함을 목적으로 2007년 5월 17일 제정되었다. 가족관계등록법 제44조 제1항에서 "출생의 신고는 출생 후 1개월 이내에 하여야 한다."라고 명시되어 있으나 출생 신고가 되지 않은 미등록 아동의 사망 사고는 끊이지 않고 있다. 이에 가족관계등록법 제44조의3 제2항에 따라 "의료기관의 장은 출생일부터 14일 이내에 출생정보를 「국민건강보험법」 제62조에 따른 건강보험심사평가원(이하 "심사평가원"이라 한다)에 제출하여야 한다. 이 경우 보건복지부장관이 출생사실의 통보 및 관리를 목적으로 구축하여 심사평가원에 위탁 운영하는 전산정보시스템을 이용하여 제출하여야 한다."라고 규정하고 있으며 동법 제3항에서는 "심사평가원은 제2항에 따라 출생정보를 제출받은 경우 출생자 모의 주소지를 관할하는 시 · 읍 · 면의 장(모의 주소지를 확인할 수 없는 경우에는 출생지를 관할하는 시 · 읍 · 면의 장을 말한다)에게 해당 출생정보를 포함한 출생사실을 지체 없이 통보하여야 한다. 이 경우 심사평가원은 「전자정부법」 제37조에 따른 행정정보 공동이용센터를 통하여 전자적인 방법으로 출생사실을 통보할 수 있다."라고 명시되어 있다. 또한 동법 제44조의4 제1항에 따라 "제44조의3 제3항에 따른 통보를 받은 시 · 읍 · 면의 장은 제44조 제1항에 따른 신고기간 내에 출생자에 대한 출생신고가 되었는지를 확인하여야 한다. 제2항 시 · 읍 · 면의 장은 제44조 제1항에 따른 신고기간이 지나도록 제44조의3 제3항에 따라 통보받은 출생자에 대한 출생신고가 되지 아니한 경우에는 즉시 제46조 제1항 및 제2항에 따른 신고의무자에게 7일 이내에 출생신고를 할 것을 최고하여야 한다. 제3항 시 · 읍 · 면의 장은 다음 각 호의 어느 하나에 해당하는 경우 제44조의3 제3항에 따라 통보받은 자료를 첨부하여 감독법원의 허가를 받아 해당 출생자에 대하여 직권으로 등록부에 출생을 기록하여야 한다."라고 규정하고 있다. 가족관계등록법 제44조의3(출생사실의 통보)과 제44조의4(출생신고의 확인 · 최고 및 직권 출생 기록)는 2023년 7월 18일에 신설되어 2024년 7월 19일부터 시행된다.

(10) 유해 미디어 환경

정부는 아동의 안전을 최우선으로 하는 생활환경 개선 및 사회문화를 조성할 것을 목표로 2022년 제1차 어린이안전 종합계획을 수립하면서 아동을 둘러싸고 있는 환경 속 위험요인에 대응할 수 있도록 하였다. 그러나 최근 사회적 문제가 되고 있는 스마트폰 과의존과 사이버폭력은 아동의 정신건강을 위협하는 요인으로 급속히 증가하고 있는 실정이다.

한국지능정보사회진흥원에서는 2022년 스마트폰 과의존 실태조사와 사이버폭력 실태조사를 실시하였는데 먼저, 2022년 스마트폰 과의존 실태조사에 따르면 유아동의 과의존위험군은 26.7%로 성인(22.8%)에 비해 높은 것을 알 수 있다. 과의존위험군은 조절실패, 현저성, 문제적 결과의 세 요인으로 구성되어 있는데 유아동의 과의존 위험군은 현저성이 가장 높게 나타났다. 여기서 현저성이란 개인의 삶에서 스마트폰을 이용하는 생활패턴이 다른 행태보다 두드러지고 가장 중요한 활동이 되는 것으로 이는 아동의 건강한 성장과 발달을 저해할 수 있다. 다음으로 전국의 초등학교 4학년부터 고등학교 3학년까지 재학 중인 아동 · 청소년을 대상으로 실시한 2022년 사이버폭력 실태조사에 따르면 사이버폭력 피해 경험은 중학교, 초등학교, 고등학교 순으로 나타났고, 여학생보다 남학생이 피해 경험이 높은 것으로 나타났다. 사이버폭력은 사이버(인터넷, 스마트폰 등) 공간에서 언어, 문자, 영상 등을 통해 타인에게 피해 혹은 불안감, 불쾌감 등을 주는 행위로 사이버 언어폭력, 명예훼손, 스토킹, 성폭력, 신상정보 유출, 따돌림, 갈취, 강요 등이 있으며, 사이버폭력이 지속될 경우 아동에게 심각한 정신적 후유증을 남길 수 있어 사이버폭력 예방 교육을 비롯한 전문적인 서비스 지원체제가 마련되어야 할 것이다.

3) 아동안전의 배경과 현황

(1) 아동안전의 배경

아동이 건강하게 출생하여 안전한 환경에서 행복하게 살아가도록 하는 것이 국가의 책임이며 의무라는 인식이 점차 확대되고 강화되면서 아동을 포함한 안전취약계층에 대한 안전대책을 마련해야 한다는 요구가 증대되고 있다. 아동은 자신의 안전을 확보할 능력을 갖추지 못한 존재로서 안전할 권리를 정부가 정책적으로 보장해 줘야 하며, 아동을 둘러싸고 있는 환경 속 위험요인에 대응하는 우리 모두의 관심과 노력이 요구된다. 이에 정부는 2003년을 「어린이 안전원년」으로 선포한 이후 여러 차례에 걸쳐 종합대책을 수립하고 추진하였으나, 상황에 대응하는 일회성 대책 성격 등으로 계획의 지속성과 추진 관리가 다소 미흡하였고, 2003년 이후 총 네 차례에 걸쳐서 「어린이안전 종합대책」을 수립하였으나 아동의 안전관리에 관한 규정들이 여러 법률에 산재해 있고 주관하는 부처가 일원화되어 있지 않아서 아동의 안전관리에 대한 체계적이고 종합적인 대책을 마련하는 것에 상당한 어려움이 있었다. 이에 정부는 아동안전 관련 정책을 보다 체계적으로 추진하고 종합적으로 관리하기 위해서는 법령 제정이 무엇보다 필요하다고 판단되어 2020년 5월 「어린이안전관리에 관한 법률」을 제정하여 어린이의 생명과 신체에 대한 위험 예방을 목표로 정부의 어린이 안전 정책을 체계적으로 추진할 수 있도록 하였고 동법 제7조 제1항에 따라 2022년 「제1차 어린이안전 종합계획(2022~2026)」을 수립하였다(관계부처 합동, 2022).

비전: 미래의 주인, 어린이가 안전한 나라

목표: 어린이 안전 최우선 생활환경 개선 및 사회문화 조성

분야별 추진목표

〈교통〉 어린이 교통사고 사망자 제로화	〈제품〉 빈틈없는 어린이제품 안전관리	〈식품〉 믿고 먹을 수 있는 어린이식품 안전관리
〈환경〉 어린이의 환경유해인자 노출 최소화	〈시설〉 원칙을 지키는 어린이이용시설 안전관리	〈교육〉 국민 모두 함께하는 어린이 안전문화 정착

분야별 정책과제

어린이교통 안전관리	1. 어린이 통학로 안전인프라 확충 2. 어린이 교통안전 위반행위 저감 3. 어린이 교통안전 문화 조성
어린이제품 안전관리	1. 어린이제품 안전기준 정비 2. 불법 · 불량 어린이제품 감시 · 관리 3. 안전한 어린이제품 인프라 조성
어린이식품 안전관리	1. 어린이 식생활 안전관리 강화 2. 어린이 식중독 저감화 지속 추진, 스마트한 급식관리 3. 어린이 활동공간 주변 식품안전관리
어린이환경 안전관리	1. 어린이용품 환경유해인자 안전관리 2. 어린이활동공간 안전관리기준 적용 및 실내공기질 관리 3. 환경유해인자 사전예방 관리체계 마련
어린이이용 시설 안전관리	1. 학교안전사고 예방 · 관리체계 확립 2. 유원시설 등 어린이이용시설 안전관리 강화 3. 어린이이용시설 종사자 인식개선
어린이 안전교육	1. 체험형 어린이 안전교육 활성화 2. 어린이 안전사고 유형별 교육 강화

추진체계

1. 어린이안전 협력체계 구축 및 활성화
2. 연도별 중앙부터 · 지자체 어린이안전 시행계획 수립
3. 어린이 안전정책 우수기관 인센티브 부여

[그림 14-1] 제1차 어린이안전 종합계획 비전 및 추진전략

출처: 관계부처 합동(2022), p. 33.

(2) 아동안전사고의 현황

① 아동 안전사고 사망률

〈표 14-2〉의 2022년 아동 안전사고 사망률은 10만 명당 2.3명으로 전년도 2021년 2.2명에 비해 증가하였으나 2013년 3.8명에서 소폭 감소한 것을 알 수 있다.

이는 2003년 어린이 안전원년 선포 후 정부에서 추진한 '어린이안전 종합대책'의 결과로 볼 수 있겠다.

표 14-2 아동 안전사고 사망률 (단위: 명/10만 명)

	2022	2021	2020	2019	2018	2017	2016	2015	2014	2013
아동 안전사고 사망률	2.3	2.2	2.4	2.6	2.4	2.9	2.8	3.1	2.9	3.8

출처: 통계청(2023), 아동 안전사고 사망률. e나라지표 홈페이지에서 2023. 12. 6. 발췌.

② 아동 안전사고 사망자 유형별 현황

〈표 14-3〉의 2021년 아동 안전사고 사망자 수는 183명으로 전년보다 38명이 감소하였고 2017년 283명에 비해 100명이 감소하였다. 한편 아동 안전사고 유형 중 교통사고로 인한 사망이 가장 높았으며 다음으로 추락, 익사 순으로 나타났다.

표 14-3 아동 안전사고 사망자 유형별 현황 (단위: 명)

	2021년	2020년	2019년	2018년	2017년
계	183	221	221	229	283
교통사고	64	81	82	107	138
익사	26	36	32	32	31
추락	28	24	34	22	34
화재	8	16	4	11	10
중독	1	4	2	5	4
기타	56	60	67	52	66

출처: 통계청(2022), 18세 미만 아동에 대한 안전사고 사망자 유형. e나라지표 홈페이지에서 2023. 8. 6. 발췌.

③ 실종아동 등 신고접수 및 처리현황

실종 당시 18세 미만인 아동의 실종신고 접수는 매년 증가와 감소를 반복하고 있으며 2018년 21,980건에서 2022년 26,416건으로 4,436건이 증가하였다. 18세 미만 아동의 실종 미해제 건수는 통계를 산정한 시점에 실종자정보시스템 상 미해제 상태인 찾는 아동 건수이다.

표 14-4 실종아동 등 신고접수 및 처리현황 (단위: 건)

		2022년	2021년	2020년	2019년	2018년
총계	접수	49,287	41,122	38,496	42,390	42,992
	해제	49,219	40,987	38,426	42,251	42,908
	미해제	99	21	13	11	10
18세 미만 아동	접수	26,416	21,379	19,146	21,551	21,980
	해제	26,357	21,257	19,054	21,412	21,911
	미해제	58	5	4	2	1
지적 · 자폐성 · 정신장애인(연령불문)	접수	8,344	7,166	7,078	8,360	8,881
	해제	8,337	7,168	7,089	8,353	8,873
	미해제	29	7	6	8	7
치매환자(연령불문)	접수	14,527	12,577	12,272	12,479	12,131
	해제	14,525	12,562	12,283	12,486	12,124
	미해제	12	9	3	1	2

주: * 2013. 6. 4 실종아동 등의 보호 및 지원에 관한 법률 개정으로 실종아동의 범위가 실종 당시 14세 미만에서 실종당시 18세 미만으로 확대되고 치매환자가 추가되어, 2011~2012년 통계자료는 개정법을 적용하여 산출함

* 실종아동 등이란? 실종 당시 18세 미만 아동, 지적 · 자폐성 · 정신장애인, 치매환자
* 미해제 현황은 2022. 12. 31. 기준임
* 접수: 발생연도와 무관하며, 과거 발생건에 대한 당해연도 접수건을 포함(例: '18년에 발생하였으나 '22년에 접수 → '22년 접수로 계산)
* 해제: 접수연도와 무관하며, 과거 접수건에 대한 당해연도 해제건을 포함하고 있어 접수건보다 많을 수 있음(例: '18년에 접수하였으나 '22년에 해제 → '22년 해제로 계산)
* 미해제: 계속해서 추적 · 수사 중인 사건으로, 접수연도와 관계없이 실종발생 당해연도 기준으로 산출(例: '18년에 발생하였으나 '22년에 접수 → '22년 미해제로 계산)
* 미해제 통계는 최근 사건일수록 상대적으로 많으며, 지속적인 추적 · 발견을 통해 '22년 미해제자도 향후 감소할 것으로 예상됨('21년 아동 미해제도 당해연도 末 79건이었으나, 추적 관리를 통해 '22.12.31. 기준 5건으로 감소)

출처: 경찰청(내부행정자료). e나라지표 홈페이지에서 2023. 8. 6. 발췌.

4) 아동안전 관련정책과 복지서비스 현황

(1) 아동안전 관련법과 제도

아동의 안전정책을 체계적으로 추진하기 위하여 정부는 2003년을「어린이 안전원년」으로 선포하고 '아동안전종합대책(2003~2008)'을 수립하여 매년 아동안전사고 사망자 수를 10%씩 감소시키는 것을 목표로 하였고, 2013년 통학차량사고 재발방지를 통해 안전한 사회 만들기, 어린이가 안심하고 자랄 수 있는 행복한 나라, 2016년 어린이 10만 명당 안전사고 사망자 1명대 진입, 2018년 어린이가 건강하게 자랄 수 있는 안전한 사회 만들기를 목표로 어린이 안전과 관련한 법과 제도를 구축하였다.

2020년 5월「어린이안전관리에 관한 법률」(이하「어린이안전법」)을 제정하여 법적 근거를 마련하여,「어린이안전법」 제1조에 따라 어린이의 생명과 신체에 대한 위험을 예방하고 어린이안전을 확보하기 위한 사항을 규정함으로써 어린이가 행복하고 건강한 삶을 누릴 수 있는 환경을 조성하는 것을 목적으로 하고 있다.「어린이안전법」에서는 어린이가 공동체의 기초로서 안전하게 생활하고 성장할 권리를 가지며 스스로 보호할 능력을 갖출 수 있을 때까지 적절하게 보호받아야 한다는 기본이념 아래 어린이 안전을 확보하고 안전사고를 예방하기 위한 필요한 조치 등에 대한 국가 및 지자체의 책무(제4조)와 함께 어린이의 안전을 확보하여 어린이가 안전한 환경에서 성장하고 행복하고 건강한 삶을 누릴 수 있도록 노력해야 한다(제5조)는 보호자 국민의 책무 등이 명시되어 있다. 또한 2007년 1월에 제정된「학교안전사고 예방 및 보상에 관한 법률」에 따라 학교에서 발생하는 안전사고를 예방하고(제1조), 학교안전사고의 예방에 관한 교육부장관, 특별시 · 광역시 · 특별자치시 · 도 및 특별자치도의 교육감과 학교장 등의 책임과 의무(제5조)에 대해 명시하고 있다.

한편 2005년 5월에 제정된「실종아동등의 보호 및 지원에 관한 법률」(이하「실종아동법」)에서는 실종아동등의 발생을 예방하고 조속한 발견과 복귀를 도모하며 복귀 후의 사회 적응을 지원함으로써 실종아동등과 가정의 복지증진에 이바지함을 목적으로 하고 있으며(제1조), 실종아동등의 발생예방, 조속한 발견 · 복귀와 복귀 후 사회 적응을 위한 국가의 책임과 의무(제3조)에 대해 명시하고 있다. 동법 제3조의2에는 실종아동등에 대한 사회적 책임을 환기하고 아동의 실종을 예방하기 위하여 매년 5월 25일을 실종아동의 날로 하고, 실종아동의 날부터 1주간을 실종아동주간으로 하였으며, 국가와 지자체는 실종아동의 날과 실종아동주간의 취지에 적합한 행사와 교육 및 홍보사업을 실시하도록 하였다.

도로에서 일어나는 교통상의 모든 위험과 장해를 방지하고 제거하여 안전하고 원활한 교통을 확보함을 목적으로 하는 「도로교통법」은 1961년 12월 31일 제정된 이후 수차례 개정되었다. 최근 영유아 및 어린이의 통학차량 인명사고가 빈번히 발생해 2018년 10월 「도로교통법」 일부가 개정되어 어린이통학버스를 운전하는 사람은 어린이나 영유아의 하차 여부를 확인할 때 어린이 하차 확인 장치를 작동하도록 하는 내용들이 명시되었으며, 어린이 보호구역 내에서 교통사고가 지속적으로 발생하고 있어 어린이 보호구역 지정 제도가 실효성을 가질 수 있도록 어린이 보호구역 내에 무인 교통단속용 장비, 횡단보도 신호기 등을 우선적으로 설치하도록 하는 법적 근거를 마련하였다(제12조 제4항 및 제5항 신설).

2020년 10월 「도로교통법」이 일부 개정됨에 따라 어린이 교통안전을 제고하기 위하여 어린이 보호구역 내에서의 정차 및 주차를 원칙적으로 금지하도록 하는 내용이 명시되었다(제32조 제8호 신설, 제34조의2).

「아동복지법」 제31조 제1항에 따라 아동복지시설의 장, 「영유아보육법」에 따른 어린이집의 원장, 「유아교육법」에 따른 유치원의 원장 및 「초 · 중등교육법」에 따른 학교의 장은 교육대상 아동의 연령을 고려하여 대통령령으로 정하는 바에 따라 매년 성폭력 및 아동학대 예방, 실종 · 유괴의 예방과 방지, 감염병 및 약물의 오남용 예방 등 보건위생관리, 재난대비 안전, 교통안전에 관한 교육계획을 수립하여 교육을 실시하여야 한다.

(2) 아동안전 보장을 위한 복지서비스 현황

아동의 안전을 보장하기 위해서 분야별 안전사고 예방활동에 대한 내용을 〈표 14-5〉에 제시하였다.

표 14-5 어린이이용시설 주변 안전사고 예방활동

분야	점검 내용	비고
교통안전	• 어린이 보호구역 내 과속, 불법주정차 등 교통법규 위반 여부 • 어린이 이용시설 주변 보행로 안전관리 실태 점검 등	행안부, 교육부, 경찰청
식품안전	• 학교매점, 분식점, 편의점 등 판매업소의 조리 및 위생관리 실태점검 • 식품에 대한 유통기간 관리 등	식약처, 교육부, 복지부
제품안전	• 문구점 등에서 안전 인증을 받지 못한 불법 어린이제품 적발 및 시정 요구, 미이행 시 판매중지 등의 행정 조치 실시	산업부
불법광고물	• 어린이 이용시설 보행로 주변 노후 · 불량 간판에 대한 정비, 안전에 위협이 되는 유동 광고물 단속 강화	행안부, 경찰청
환경안전	• 어린이 활동공간 유해환경인자 안전점검 실시	환경부
유해환경	• 청소년출입고용금지업소의 청소년 출입 · 고용 금지 위반, 신 · 변종 청소년 유해업소의 불법 영업 행위 등 단속	여가부, 경찰청
어린이 이용시설	• 어린이 이용시설 특성에 맞게 분야별 선택적으로 합동점검 실시	행안부, 교육부, 해경청

출처: 관계부처 합동(2022), p. 66.

아동의 안전사고 유형별 안전교육 내용을 〈표 14-6〉에 제시하였다.

표 14-6 안전사고 유형별 안전교육 내용

분야	교육 내용	비고
교통안전	초 · 중등학교 교육과정과 연계한 생활 중심의 안전교육 강화	행안부, 교육부, 국토부, 경찰청
식품안전	어린이집 · 유치원 급식 · 시설 위생 안전관리 요령, 손씻기 등 개인위생 관리 요령 식중독 교육 · 홍보 강화	식약처, 교육부, 복지부
환경안전	어린이 중심 생애주기별 환경유해인자 교육 실시	환경부
생활환경안전	어린이, 학부모 대상 체험프로그램 운영을 통해 과학체험의 기회를 제공하고 생활방사선 이해증진 및 소통 확대를 위한 안전교육 실시	원안위
수상안전	초등학교 생존수영교육 및 연안안전교육을 통하여 물에 대한 적응력 향상과 위기 상황에서 자기 생명 보호 능력 강화	교육부, 해경청

소방안전	어린이, 보호자, 어린이이용시설 종사자 특성을 고려한 종합 소방안전교육 실시	행안부, 교육부, 소방청
응급처치	어린이이용시설 종사자 응급처치 등의 안전교육 실시	행안부, 소방청
제품안전	유치원, 초등학교를 대상으로 제품안전 교육을 집중적으로 진행하는 선도학교, 찾아가는 안전교육 운영	산업부

출처: 관계부처 합동(2022), p. 71.

5) 아동안전에 대한 사회복지실천

(1) 아동안전 관련 법규 개정

정부는 2003년을 '어린이 안전원년'으로 선포하고 아동안전종합대책을 수립하였으며, 「어린이안전관리에 관한 법률」, 「학교안전사고 예방 및 보상에 관한 법률」, 「실종아동등의 보호 및 지원에 관한 법률」, 「실종아동등 및 가출인 업무처리 규칙」, 「도로교통법」, 「아동복지법」 등 아동안전과 관련된 법과 주요 제도 등을 제 · 개정하여 각 부처와의 협력을 통해 안전정책을 체계적으로 추진하고 이를 통해 아동안전사고 사망자 수를 감소시키는 등의 목표를 달성하여, 18세 미만 아동 10만 명당 안전사고 사망률이 2015년 3.4명, 2018년부터 2020년까지 2.8명을 유지하다 2021년 2.4명으로 감축할 수 있었다. 그러나 여전히 아동 10만 명당 2.0명 이상의 아동이 해마다 안전사고로 사망하고 있으며, 2021년 18세 미만 아동의 안전사고 사망자 수는 183명이었다.

「어린이안전법」에 명시된 바와 같이 아동은 스스로 보호할 능력을 갖출 수 있을 때까지 적절하게 보호받아야 하고 국가 및 지자체는 책임과 의무를 다해야 하며, 가정과 지역사회는 아동의 안전을 함께 지키고 돌볼 수 있는 체계를 구축할 필요가 있다. 따라서 현행 유지되고 있는 관련법과 주요 제도 등이 현장에서 잘 실행되어 아동안전사고를 예방하고 있는지 지속적으로 모니터링하고 강화된 관리 감독을 해야 할 것이다.

(2) 아동안전 문화 정착을 위한 대책[7)]

① 연령 및 성별 차별화 정책

아동의 연령대별 손상 기전이 다양하므로, 연령대별 차등화 전략이 필요하다. 먼저 영유아의 경우 화상, 익수질식, 추락 등의 고위험 집단이므로 부모를 대상으로 한 안전한 양육 방법에 대한 교육이 요구된다. 고학년 남자 아동은 각종 안전사고에 취약하기 때문에 위기 발생 시 대처 가능한 안전교육을 강화하고, 여자 아동의 경우 자해 및 자살에 취약하므로 지속적인 모니터링이 필요하다.

② 안전문화 정착

현재 학교 내에서 실시하는 아동안전교육을 소수의 체험교육 형태로 전환하여 교육의 효과성을 높인다. 또한 국민의 안전행동 및 의식을 제고하기 위하여 법규를 준수하지 않은 것에 대한 처벌이 강화되어야 하며, 우리 사회의 '빨리빨리' 의식을 지양하고 안전 중심의 문화로 자리매김하도록 안전문화에 대한 홍보물이 지속적으로 제작 및 배포되어야 할 것이다.

---

7) 이 내용은 김미숙, 이주연, 김지민, 정윤경, 서울대학교병원(2015)의 자료를 요약하여 정리함.

제15장

아동복지의 전망과 과제

이 장에서는 우리나라 아동복지 수준의 질적인 성장을 위하여 앞으로 견지해야 할 방향과 구체적인 과제를 2025년부터 추진될 제3차 아동정책기본계획의 기조를 바탕으로 제시하였다. 아직까지 제3차 아동정책기본계획이 발표되지 않았으나 이를 위하여 실시한 기초연구 결과를 반영하고자 한다(아동권리보장원, 2023).

1. 우리나라 아동복지의 전망

1) 새로운 사회환경 변화에 따른 아동정책 수립 및 실천

제3차 아동정책기본계획(2025~2029) 수립 기초연구에서는 현대 아동이 맞이하는 사회환경 변화 중 우선 고려사항을 다음과 같이 제시하였다. 첫째, 디지털사회로 가속화됨에 따라 위험한 환경과 과도한 사용으로부터의 보호를 위해 안전한 디지털 환경 조성이 필요하다는 것이다. 예를 들어, 게임, 랜덤채팅 앱, 생활 속 마약, 포르노, 도박, 퇴폐적인 웹툰 등으로부터 보호가 필요하다. 동시에 긍정적으로 디지털 역량을 증진하거나 AI의 접근이 용이하고 활용할 수 있는 기회를 마련할 필요가 있다고 보았다.

둘째, 지속적인 양극화로 인해 발생한 사회경제적, 교육적, 지역적 격차 개선이 시급하며, 격차 해소를 통해 아동들이 안정적으로 건강하게 성장할 수 있는 사회환경 마련이 필요하다. 특히 빈곤 및 저소득 가구 등의 취약계층 아동 지원이 강화될 필요가 있다.

셋째, 전 세계적으로 유래 없는 지속적 감소를 보이는 출생률은 우리사회의 큰 위협이 되고 있으며 이러한 현상을 극복하기 위하여 자녀가 있는 모든 가정 및 자녀양육에 대한 긍정적인 인식개선과 아동 관련 인프라 와해 현상이 해소되어야 한다. 또한 산전 시기부터 영유아 시기까지 체계적인 지원이 마련되어야 한다.

넷째, 생태계를 위협하는 기후변화에 관한 사회적 관심이 요구되며, 기후변화나 다양한 재난이 아동에게 미치는 영향을 확인하고 이에 따른 대응책 마련이 필요하다는 것을 지적하였다. 이러한 주요 환경변화에 대응할 수 있는 아동복지정책 수립 및 실천이 이루어져야 할 것이다.

2) 아동보호체계 정립 및 아동복지실천 추진기반의 조성

아동보호체계는 국가가 반드시 개입해야 하는 아동을 대상으로 한 '보호' 목적의 아동복지체계를 주로 의미한다(Pecora, Whittaker, Barth, Borja, & Vesneski, 2018). 아동보호체계에는 학대로부터 아동을 보호하기 위해 학대를 조사하고 판정하며 사후관리를 하는 아동학대보호체계(CPS: Child Protective Services)와 친부모가 사망하였거나 아동을 돌보기에 적합하지 않은 경우(예: 학대 등) 아동을 보호하는 가정외보호체계(Out-of-Home Care)를 그 주요 영역으로 포함한다. 현재 이러한 우리나라의 아동보호체계는 심각하게 파편화되어 있는 실정이다(아동권리보장원, 2023).

아동학대 관련 기관이나 인력에 있어 조사는 아동학대전담공무원이라는 공공인력이 담당하고 사후관리는 민간기관인 아동보호전담기관이 나누어 맡고 있으며 민간기관들 또한 다양한 사회복지법인 소속이다. 더군다나 성학대의 경우 여성가족부 소속의 해바라기센터로 다시 분절화되어 서비스가 제공되고 있는 상황이며 학대 이후 아동이 일시 보호되는 시설인 학대피해아동쉼터는 여성가족부 소속의 그룹홈 형태로 만들어져 운영되고 있다. 이렇게 분절화된 체계 때문에 동일한 아동에 대한 서비스에서도 관리체계가 다 분리되어 있으며, 특히 아동학대전담공무원은 '사회보장정보시스템(행복이음)'을 이용하며 민간아동보호전담기관은 '국가아동학대정보시스템'

을 이용하고 있는 상황으로 각자 활용하는 데이터가 동일하지 않거나 서로 간 소통의 어려움을 초래하기도 한다.

가정외보호체계의 경우도 마찬가지로 가정위탁지원센터는 다양한 사회복지법인들에 소속되어 있는 민간기관이 담당하고 있으며, 그룹홈(공동생활가정)의 경우도 비슷한 상황이다. 아동권리보장원의 설립과 함께 중앙에서 가정위탁, 시설, 그룹홈을 통합하여 지원하고 있으나 시설과 그룹홈의 경우는 과거 중앙기관이 아동권리보장원으로 흡수 통합되지 않아 그 통합지원에 있어 한계가 있을 수 있다.

3) 부모교육 및 가족지원책 강화

아동의 문제행동이나 상황 이면에는 문제가족이나 문제부모가 있는 것을 볼 수 있다. 이것은 빈곤이나 실업에 의한 가족의 불안정, 가족 구조상의 결함, 부모 양육 상의 결함 등이 아동문제를 유발하기 때문이다. 아동복지가 가장 효과적으로 이루어지기 위해서는 가족의 한 구성원으로서의 아동에 초점을 두고 가족을 통한 아동지원과 육성을 도모할 필요가 있다. 이를 위해 가족해체를 예방하며 가족보존을 위한 정책을 개발해야 하며, 가족기능을 강화하고 잠재력을 개발하며 다양한 형태의 가족의 욕구를 충족해야 한다. 이를 위해 가족센터(건강가정지원센터) 확대, 결함가정이나 일시적으로 욕구가 있는 가정에 대한 가정봉사원 파견제도 등이 활성화되어야 한다. 또한 장애아동이 있는 가정에 대한 특수교육비 보조와 장애아보육서비스 확장도 보편적 서비스로서 시행해야 한다.

아동의 발달은 아동의 생태학적 조건에 많은 영향을 받기 때문에 심신의 건강한 발달을 위한 문화공간, 놀이공간의 확보와 이러한 공간이 가족중심으로 접근 가능하도록 하여야 하며 가족이 함께 즐길 수 있는 문화프로그램의 확장이 요구된다. 이를 위해 종합적인 아동복지서비스센터가 필요하다. 특히 학령기 아동·청소년을 위해서는 학교사회복지의 활성화를 통해 학교복지를 구현하고 학교 폭력이나 부적응 등의 문제를 예방하는 효과를 기대할 수 있을 것이다.

4) 취약계층 아동 지원수준 향상

아동복지예산 자체가 열악하여 취약계층 아동에 대한 복지수준은 최소의 수준으로 유지되고 있다. 저소득 모자가정이나 부자가정의 아동양육비 지원 단가를 인상하고 지방자치단체별로 차이가 나는 교육부대경비(학교폼비, 교복구입비 등)도 차상위계층과 차차상위계층으로 확대 · 상향조정이 필요하다. 시설거주 아동의 경우 생활수준 향상을 위해 시설개보수와 운영을 지원하고 보호아동의 원가정복귀를 위한 실효성 있는 가족보전서비스의 도입이 이루어져야 한다. 또한 소규모의 그룹홈이나 소숙사제도로 전환하여 아동이 보다 가정에 근접한 생활환경에서 양육될 수 있도록 하고, 아동의 특성에 따른 특수 그룹홈을 도입하고 전문서비스를 강화해야 한다.

하지만 윤석열 정부의 두 번째 보건복지부 아동 · 청소년 분야 예산은 2023년 대비 약간 감소한 것으로 나타나 사회복지예산이 13.7% 증가한 것과 크게 대비된다. 현 정부는 아동 인구감소에 따른 자연감소분을 아동 · 청소년복지 수준의 향상을 위해 사용하는 적극성을 보이지 않고 있으며 대표적인 약자인 아동 · 청소년 예산을 감소시키는 것이다(김아래미, 2023). 0~5세를 제외한 6~17세 아동 예산은 교육예산이 대부분이고 현금과 서비스 예산은 OECD 최하위 수준이며, 아동 · 청소년 1인당 약 41만 원으로 2023년 대비 1만 원 소폭 증가되었으나 필요한 확대 수준에 비해 부족한 예산 편성이 이루어져 아동 · 청소년복지 예산의 상당한 확대가 요구된다.

특히 지원대상이나 수준의 확대가 요구되는 요보호 아동 자립 지원, 요보호 아동 그룹홈 운영지원, 가정위탁 지원 및 운영, 다함께 돌봄센터 확충, 아동수당 등에 소극적으로 예산을 반영하고 아동 관련 연구비를 대폭 삭감하였으며 열악한 종사자 처우 개선을 위한 예산 편성이 거의 없다는 것은 아동복지 증진에 있어 우려되는 상황으로 앞으로 이에 관한 이슈화와 개선이 필요하다.

5) 아동복지영역 개발과 전문성 향상

아동은 자기보호능력이 약하고 아동기 특성인 무한한 잠재성과 가능성으로 인해 이 시기에 접하는 아동복지전문가들의 영향력에 큰 영향을 받기 때문에 아동기에 대한 전문지식과 기술을 갖춘 전문인력의 역할이 중요하다. 무엇보다도 보호대상아동에 대한 국가의 보호를 강화하기 위해서는 공공인력의 역할이 중요한데, 현재 아동보호전담요원이 그 역할을 담당하고 있다.

아동보호전담요원은 보호대상아동 발생 시 원가정 복귀 등 보호종료 후 사후관리까지 전 과정을 모니터링하는 인력으로 아동이 아동보호체계에 들어올 때부터 사회보장정보시스템(행복e음)에 입력하며 아동 정보 및 상담내용, 양육상황을 주기적으로 입력한다. 또한 2020년 12월 「아동복지법」 개정을 통해 아동보호전담요원이 초기 친생부모의 입양 의뢰 및 결정과 관련한 상담을 담당하게 되었다. 이들 인력은 아동복지 공공성 강화의 목적으로 2020년 10월부터 334명의 시 · 군 · 구 배치가 시작되었으며 2021년 아동학대 대응 강화 기조와 함께 추가배치가 이루어졌으나 현재도 여전히 추가배치의 필요성이 제기되고 있다.

이러한 아동보호전담요원에 대한 근로조건에 지역별 편차가 있으며 어떤 지자체에서는 무기계약직 공무직 형태로 채용하기도 하고 최근에는 그 외 많은 지자체에서 아동보호전담요원을 시간선택제 혹은 임기제 공무원의 신분으로 채용하고 있는 상황이며 지자체에 따라서 아직 아동보호전담요원이 1명도 채용되지 못한 지역도 있다(아동권리보장원 홈페이지, 2023). 따라서 보호대상아동에 대한 보호 수준을 높이고 국가 책무를 강화하기 위해서는 아동보호전담요원의 근무요건을 개선하고 각 지자체별로 아동보호전담요원의 채용을 가속해야 할 필요성이 제기되며, 질 높은 슈퍼비전의 제공체계를 마련하여 이들의 전문적 역량을 강화하고 지원해야 할 것이다.

2. 아동복지의 과제[1)]

그동안 이루어져 온 산업화 및 공업화는 우리나라의 가족구조뿐만 아니라 사회적 가치관 또한 변화시켰다. 이에 우리사회 아이들은 지나친 경쟁심과 더불어 생명경시 풍조를 가짐으로써 도덕성이 결여된 아이로 성장할 수 있는 위험에 노출되었다. 앞으로 우리나라 아동복지가 이루어져야 할 방향과 이에 따른 구체적인 과제를 살펴보면 다음과 같다.

---

1) 각 과제에 따른 구체적인 추진과제방향성과 내용은 아동권리보장원(2023)에서 발췌.

1) 공공과 민간의 조화를 바탕으로 한 지역사회 중심의 아동복지 실현

아동복지는 지역사회를 중심으로 이루어져야 한다. 중앙정부 및 아동권리보장원을 중심으로 하여 각 지역에 아동권리보장원을 설치하고 이를 통해 지방자치 시대와 맞물려 현실성 있고 효과적인 복지사회의 발전에 기여해야 할 것이다. 또한 법적, 제도적 지원이 강화되어 모든 학대와 착취로부터 아동을 보호하기 위하여 적절한 '입법적, 행정적, 사회적 및 교육적' 조치가 요구되며 공공과 민간의 조화로운 발전을 통한 아동복지의 실현이 필요하다. 아동복지는 국가 정책이나 체계라는 하드웨어와 민간 차원의 다양한 서비스라는 소프트웨어가 조화를 이루어 수행될 때 가장 효과적으로 이루어질 수 있을 것이다. 이와 관련하여 제3차 아동정책기본계획 기초연구에서 제시한 관련 추진과제의 방향성 및 내용은 다음과 같다.

표 15-1 제3차 아동정책기본계획 추진과제 방향성[실행기반 영역]

중점영역	추진과제 방향성	추진과제 방향성 내용
실행기반	• 아동 · 청소년 법체계 정비	• 다양한 연령대로 분리된 아동 · 청소년 법체계를 일원화 • 아동권리 보장과 아동보호 근거 기본법 제정(아동기본법 마련) • 아동 · 청소년 보호서비스의 동일한 표준 기준 마련
	• 아동 중심의 일원화된 중앙–시도–시군구 아동복지서비스 전달체계 구축	• 공공 및 민간 아동복지서비스 지원체계를 중앙–시도–시군구까지 구축 • 아동정책의 일원화되고 종합적 조정 위해 아동중심 중앙조직(예: 아동청) 설립 • '시도아동권리보장원' 설립
	• 보호 지속성 담보하는 지역단위 아동복지서비스 전달체계 구축	• 최전선 행정 및 집행조직인 읍면동 고려한 아동복지서비스 전달체계 구축 • 지자체 내 단일한 게이트웨이 구축하여 '예방 및 발굴–의뢰–서비스연계 및 제공–사후관리–자립지원'의 연속적 서비스체계 마련 • 아동복지팀 총괄 기능 강화
		• 지자체 아동 관련 부서(보호 및 지원아동 대상 서비스 모두 포함) 및 인력 통합하여 아동개별단위 보호체계 구축

실행 기반	• 아동정책 거버넌스 실질적 구조화	• 아동정책조정위원회의 실질적 권한 강화 • 부처별로 분산된 아동보호서비스 또는 지원기구 간 협업 기반 마련(업무 협약, 가이드라인, 교육 및 훈련, 회의체 구성 등)
	• 아동정책 수립-시행-평가-환류 체계 효율화	• 아동정책기본계획-아동정책시행계획 간 연결 가능한 평가지표 구성 • 아동정책영향평가와 아동정책시행계획 사이의 환류 체계 강화 • 아동정책시행계획과 아동정책영향평가 담당 공무원의 역량 강화 지원 및 지원조직(아동권리보장원) 투자 확대 • 아동 참여 기반 정책 추진 위한 절차 마련 및 실제 가동
	• 아동 · 청소년 통합정보시스템 구축 및 정보 활용	• 아동 개인 중심으로 통합정보시스템 설계 • 아동 관련 통계의 체계적 총괄 관리 방안 마련(예: 아동정책조정위의 전문위로서 통계생산관리조정위 신설 등 상시적 조직 설립) • 아동 관련 조사통계와 행정통계 간 연계 노력 및 품질 관리
	• 아동복지 종사 인력 적정규모 확보 및 전문성 강화	• 아동복지서비스 분야 종사 인력 적정규모 산출에 대한 정기적, 지속적 연구 및 지원 • 적정 아동복지인력 배치 • 아동복지 현장 변화 반영한 아동복지 종사자 교육과정 설계 및 교육 제공 • 아동복지 종사자 처우개선 및 근로 동기 강화 지원 확대
	• 국가보호 필요 아동 개념 재설정 및 아동 개별 단위로 관리 책임제 방식 도입	• 보호유형 무관하게 모든 아동을 국가보호필요아동으로 개념화하여 아동 중심의 연속적이고 통일된 아동보호서비스 체계 마련 • 경제적 취약성뿐만 아니라 발달적 취약성 고려하여 보호아동 범위 설정 • 시군구 단위 아동보호팀에게 아동 개별 단위 관리 책임제 방식 도입
	• 아동정책 및 서비스 예산 확대	• 의료 및 교육서비스에 투자 확대 • 취약계층 아동 위한 서비스 투자 확대 • 아동 참여기반 정책 추진 절차 마련 및 운영에 투자 확대 • 예방부터 사후관리까지 통합적 아동학대 공공대응체계 투자 확대

2) 아동권리 보장

아동의 권리를 보장하는 방향으로 이루어져야 한다. 아동은 보호받을 권리와 표현할 권리, 알 권리, 참여할 권리 그리고 이러한 권리를 보장받을 권리가 있다. 그동안 아동권리에 관한 인식 개선을 위한 노력이 꾸준히 이루어져 왔으나 최근 교권침해와 관련된 사건사고의 이슈화로 그 원인을 아동권리신장으로 돌리는 언론의 왜곡된 보도 등으로 상당히 위축되어 있는 실정이다. 교권의 침해는 매우 중요한 사안이며 아동의 교육에 있어서도 교사의 권위는 반드시 지켜져야 하지만 아동권리가 향상되면

교사의 권리가 낮아진다는 논리는 경계하여야 하며 앞으로 아동권리의 신장은 지속적으로 더욱 강화되고 교사의 권리 또한 이를 보장할 수 있는 제도적 보완책이 마련되어야 한다. 무엇보다도 학부모의 악성 민원에 교사 개인이 대처하도록 방치하는 것이 아니라 학교 내에 대응 시스템이나 전문인력의 보완을 통해 교사들을 적극적으로 보호하여야 한다. 아동권리 영역의 추진과제 방향성과 내용은 다음과 같다.

표 15-2 제3차 아동정책기본계획 추진과제 방향성[권리 영역]

중점영역	추진과제 방향성	추진과제 방향성 내용
권리	• 아동권리에 대한 사회적 인식 및 법적 기반 마련	• 아동권리교육 활성화 • 취약계층 아동의 권리인식 증진 • 학생인권조례에 대한 아동의 인식 증진 • 아동기본법 제정 필요
	• 아동 실질적 참여권 보장	• 지자체별 아동의회, 아동총회 등 참여기구의 활성화 및 참여 아동의 다양화 • 지자체 아동 참여기구의 정책제언 반영 비율 향상
	• 아동친화적 사법체계 조성	• 보호대상아동에 대한 법정대리인제도 활성화 • 범죄피해아동에 대한 진술조력인제도 활성화 • 범죄 연루된 아동을 위해 사건처리절차에서 아동 지위 보장(예: 아동사법전문법원 설치) • 경범죄 아동의 사회복귀 돕기 위한 다이버전 제도 적극 활용 • 보호대상아동을 위한 미성년후견인제도 활성화

3) 아동복지의 기능 확대 및 강화

아동복지의 기능이 확대, 강화되어야 한다. 지금까지 아동 복지 사업이 사후 대책적으로 이루어져 왔다면 경제 위기를 맞이한 우리나라는 앞으로 요보호 아동들이 급증할 것임으로 이에 대한 예방적 조치가 시급히 마련되어야 한다. 이와 관련한 구체적인 추진과제의 방향성과 내용은 다음과 같다.

표 15-3 제3차 아동정책기본계획 추진과제 방향성[보호 영역]

중점영역	추진과제 방향성	추진과제 방향성 내용
보호	• 아동보호체계 고도화 및 인프라 확대	• 아동보호체계 인력 협력 강화, 정보체계 통합 • 아동보호전담인력 근무조건 개선 및 인력확충 • 양육시설 · 그룹홈에 대한 중앙 차원의 지원 기능 강화
	• 보호대상아동의 가정형보호 강화	• 가정위탁지원 인력 확충 • 전문가정위탁 활성화 • 가정위탁의 사례관리 전문화
	• 자립준비청년 자립지원 강화	• 자립준비청년 사례관리 지원 강화 • 자립지원전담기관 인력 확충 및 처우개선
	• 입양에 대한 공적 책임 강화	• 헤이그협약 비준 • 「국제입양에 관한 특별법」, 「국내입양에 관한 특별법」 시행을 위한 실행기반 마련 • 국내입양활성화
	• 출생 미등록 아동 지원방안 구축	• 「위기 임신 및 보호출산 지원과 아동보호에 관한 특별법」 시행을 위한 촘촘한 전달체계 구축 • 미혼모자시설 인프라 확충 • 위기임산부 지원 강화 및 원가정 보호 촉진 • 다양한 가정위탁제도 확충
	• 위기청소년 지원 및 우범소년 제도 개선	• 소년법 개정을 통해 우범소년 조항 폐지 • 소년교도소 환경 개선 • 소년교도소 증원 • 형사책임 연령 관련 국제기준 준수 필요 • 벌칙주의 접근이 아닌 복지 및 치료접근 전환 필요
	• 아동 주거권 보장 및 강화	• 아동 주거빈곤 실태조사 정기화 • 아동복지시설 내 아동 사생활보호 가능한 주거환경구비 • 탈시설(가정형 주거로의 전환)정책 추진 • 다자녀 저소득 가구, 조손가정, 자립준비청년을 위한 주거지원 강화

4) 모든 아동의 복지 증진 및 건강한 성장 지원

취약아동뿐만 아니라 모든 아동의 복지 증진 및 건강한 성장을 위하여 앞으로 관심을 기울여야 할 아동의 발달과 교육, 돌봄과 안전 그리고 놀이 및 여가와 관련된 추진과제 방향성과 내용을 제3차 아동정책기본계획을 위한 사전 연구결과를 바탕으로 제시하면 다음과 같다.

표 15-4 제3차 아동정책기본계획 추진과제 방향성[돌봄 영역]

중점영역	추진과제 방향성	추진과제 방향성 내용
돌봄	• 지역사회 중심의 양육 지원 강화	• 아동의 연령, 욕구, 발달 정도를 고려한 양육지원 • 나홀로 양육, 고립 양육 위험있는 미혼모 가정, 한부모 가정, 조손가정 등에 대한 추가적 돌봄 지원 • 성별 불평등 양육 해소
	• 드림스타트 역할 확대	• 부모의 양육역량 관련 지원 강화 • 경제적 취약성을 넘어 사회적, 정서적 취약성 고려 • 시군구 아동보호체계와의 긴밀한 연계협력 강화
	• 부모교육 현실화	• 부모교육의 다양화, 세분화 • 부모교육 접근성 강화
	• 초등돌봄 통합 및 개선	• 수요-공급 불일치로 인한 돌봄 사각지대 최소화 • 중학생 및 고등학생 돌봄 대응책 마련
	• 마을돌봄-학교돌봄 상호협력체계 구축	• 학교돌봄-마을돌봄 병행구조, 상호협력 체계 방안 • 코로나19 재난 상황에도 지속 가능한 돌봄체계 구축
	• 돌봄 노동자 역량 강화 및 지원	• 돌봄의 사회적 가치 인정 • 돌봄 노동자 역량 강화 및 지원 • 돌봄 노동자에 대한 사회적 지원 강화 • 외국인 가사도우미 정책 방향에 대한 영향 검토
	• 돌봄 관련수당 통합 및 개선	• 부모급여 제도 도입의 영향 분석 • 가정양육수당 효과 분석

표 15-5 제3차 아동정책기본계획 추진과제 방향성[발달 · 교육 영역]

중점영역	추진과제 방향성	추진과제 방향성 내용
발달 · 교육	• 코로나19 경험 아동의 발달 및 학습 지원 강화	• 코로나19 경험 아동의 균형된 성장 및 발달 기회의 보장 • 코로나19로 인한 아동 발달환경의 변화를 중장기 정책에 반영
	• 공공교육의 품질 향상 및 강화	• 공교육을 통한 기초학력 강화 • 공교육의 내실화를 통한 사교육 경감 도모 • 공교육 전달자인 교사의 직업만족도 향상 방안 마련

발달 · 교육	• 교육소외자 학습권 보장	• 교육소외자(질병이 있는 아동, 비행청소년, 구금시설에 수용된 소년사범, 학업중단아동, 중도입국아동, 난민을 포함한 이주배경아동 등)에 대한 대책 마련 • 대안교육 등 학습권 보장
	• 균형잡힌 성장을 위한 체육 · 문화예술 교육 강화	• 체육 · 문화예술교육의 접근성 강화 • 아동 특성별 체육 · 문화예술교육의 사각지대 완화
	• 취약아동발달지원 강화	• 장애아동 교육 · 보육 · 발달지원 강화 • 발달 지연에 대한 서비스 지원 • 이주배경아동 및 난민 아동 다양한 배경의 아동에 대한발달지원
	• 미래역량의 다양성 추구 및 지원 강화	• 온라인 공간에서의 발달 및 교육에 대한 중장기 정책 마련(예: 디지털 미디어의 활용도 증가, 디지털 교수-학습방식 도입) • 기술변화에 대응하고 미래인력으로 역량을 발달시키기 위한 진로교육 및 탐색, 직업교육 및 훈련 기회 강화

표 15-6 제3차 아동정책기본계획 추진과제 방향성[안전 영역]

중점영역	추진과제 방향성	추진과제 방향성 내용
안전	• 아동학대에 대한 예방 및 보호 강화	• 관련 예산의 안정적 확보 • 예방 관련 조기 개입 • 아동학대 예방 및 보호 인력 확충과 처우개선 • 아동정보통합시스템 구축 완료
	• 안전한 학교 환경 구축	• 안전한 교육공동체 만들기 • 엄벌주의 지양, 교육 자주 및 전문성 강화
	• 안전교육 강화	• 체험 위주의 안전교육 강화 • 아동안전 관련 당사자 양성 · 교육
	• 유해환경 변화에 따른 정책 영역 재구조화 및 통합적 개입 근거 마련	• 유해환경, 유해행위에 대한 선제적 대응 • 사각지대 해소를 위한 관련 법 개정 • 범부처 간 유기적 연계협력 체계 구축
	• 아동 · 청소년 대상 성범죄 종합대책 마련	• 아동 · 청소년 성범죄 실태 조사 • 디지털 성범죄 대응력 강화

안전	• 아동중심의 재난대응체계 구축	• 아동 중심 재난관리 원칙을 적용한 재난대응체계 구축 • 기후변화 고려하여 아동보호접근(climate-informed child protection) 반영한 재난대응체계 구축
	• 아동안전 관련 통계 생산	• 아동 특화 안전 통계 생산(예: 아동 연령에 따른 세분화된 통계 등) • 자료 기반 안전정책 수립

표 15-7 제3차 아동정책기본계획 추진과제 방향성[여가 · 놀이 영역]

중점영역	추진과제 방향성	추진과제 방향성 내용
여가 · 놀이	• 여가 및 놀이에 관한 아동의 주체성 및 자발성 강화	• 놀이 관련 아동의 선택권 보장 • 교육과정 내 선택적 놀이활동시간 확보
	• 놀이 및 여가, 휴식 시간 확충	• 가정 내에서 학령기 단계별로 놀이, 휴식 및 활동 등의 시간 확보되도록 부모 및 사회적 인식 개선 • 보육 · 교육 시설에서 놀이 및 여가, 휴식시간 확충
	• 놀이 및 여가, 휴식 공간 및 인프라 확충	• 지역사회 놀이 및 여가 인프라(놀이 및 여가 시설 확충, 예산 확대 등) 확대 • 놀이혁신선도사업의 전국 확산
	• 아동의 특성별 놀이 및 여가 지원 강화	• 아동 연령대(영유아기, 아동기, 청소년기)별 발달 특성과 놀이 및 활동 욕구에 따른 차별적 지원 강화 • 장애 및 특수욕구에 따른 지원 강화
	• 디지털시대 아동의 여가 및 놀이 활성화	• 놀이 및 여가 매체의 다양화 • 연령대별 디지털 미디어 활용 제한 기준 마련 및 교육 활성화
	• 건강한 미디어 활용정책 강화	• 디지털 유해환경으로부터 아동 보호정책 강화 • 디지털 플랫폼에서 아동 보호지침 준수 점검 • 온라인 위험상황신고 및 차단 대응체계 마련 • 디지털 문해력(디지털 리터러시) 교육 확대

5) 위험한 사회적 환경을 고려한 신체 및 정신건강 증진

현대 사회의 위험한 사회적 환경을 고려한 추진과제를 살펴보면, 기본적인 신체 및 정신건강 강화뿐만 아니라 유해물질 과의존 예방, 디지털 과의존 예방과 관련된 사안들이 매우 중요하게 다루어져야 하며 생의 출발에서부터 체계적인 의료적 지원이 제공되어야 한다. 구체적인 추진과제 방향성과 내용은 다음의 표와 같다.

표 15-8 제3차 아동정책기본계획 추진과제 방향성[건강 영역]

중점영역	추진과제 방향성	추진과제 방향성 내용
건강	• 기본적인 신체 및 정신건강 강화	• 신체적, 심리적 건강에 대한 검진 강화 • 건강한 식사, 운동 등 건강생활습관 형성 지원 • 신체건강: 건강 관련 환경 위험 요인 예방 및 관리 • 정신건강: 정신건강 관련 환경 위험 요인 예방 및 관리
	• 정신건강 고위험군 문제 예방 및 인프라 강화	• 아동 불안, 우울, 자살, 자해 고위험 아동의 발굴, 조기 치료 및 개입 강화 • 영상매체 및 온라인 정신건강 보호 및 위험 요인으로부터 보호 • 아동 · 청소년 정신병원 사회적 입원 방지 대책 마련
	• 유해물질 과의존 예방 및 교육	• 흡연, 음주, 도박 등 중독예방 • 흡연, 음주, 도박 영상매체 및 온라인 위험요인으로부터 보호 • 마약, 약물중독, 도박 등 신종 유해물질 이용에 관한 대책 강화
	• 디지털 과의존 예방 및 교육	• 스마트폰 등 디지털 기기 과의존 예방 및 치료 • 숏츠 등 영상매체 과의존 예방
	• 영유아기 건강지원 강화	• 임신부터 영유아기까지 생애초기 지원 강화 • 영유아기 취약계층 지원 강화 • 질병 예방을 위한 모유 수유 지원 강화
	• 장애아동 건강관리 강화	• 경계선 지능장애아동, ADHD 등 등록되지 않은 장애를 가진 아동에 대한 지원체계 마련 • 발달장애 아동에 대한 지원 강화
	• 아동 관련 의료자원 확보	• 의료접근성에 대한 개선 • 중증질환아동을 위한 지원 • 아동중심 의료체계 마련
	• 아동 건강형평성 향상 및 근거생성체계 마련	• 가구소득계층에 따른 아동의 건강증진 및 의료이용의 격차 해소 • 아동건강발달에 대한 국가 주요 아동건강발달지표 선정 및 통계산출체계 마련

6) 아동복지 발전을 위한 지속적인 연구환경 마련

아동복지의 발전을 위한 연구가 지속적으로 이루어져야 한다. 특히 아동복지와 관련한 수요와 공급을 예측할 수 있는 연구가 지속적으로 실시되어 정확한 데이터에 근거한 아동복지 정책수립 및 실천이 이루어질 때 우리나라 아동복지가 한 걸음 더 나아갈 수 있을 것이다. 이러한 학문적 노력이 끊이지 않도록 정부와 지자체의 관심과 지원이 필요하다.

아동은 성장해 가는 과정에 있는 존재로서 자신의 발달역량을 충분히 발현하기 위하여 누군가의 도움이 필요하다. 또한 아동은 자라면서 자신의 잠재력을 최대한 발달시키면서 성장할 권리를 가지고 있다. 성인은 이를 지원할 의무를 가지면서 아동들이 가족만으로 이러한 환경을 충분히 제공받지 못하게 될 때 사회가 이를 보충하고 지원하여 보호가 필요한 아동의 발생을 예방할 수 있어야 한다. 그러므로 가족의 책임을 넘어 이제는 지역사회와 국가가 가족 및 사회 변화와 연계한 아동복지정책을 수립하고 아동의 욕구와 권리를 최우선으로 고려하는 복지정책이 실행되도록 아동복지 증진을 위해 절대적으로 노력해야 할 것이다.

참고자료

문헌자료

공계순, 박현선, 오승환, 이상균, 이현주(2019). **아동복지론**(5판). 서울: 학지사.

관계부처 합동(2020). 제2차 아동정책 기본계획(안). 관계부처 합동.

관계부처 합동(2022). 제1차 어린이안전 종합계획. 관계부처 합동.

관계부처 합동(2023a). 모든 아동의 공정한 발달 · 성장기회 보장을 위한 윤석열 정부 아동정책 추진방안. 관계부처 합동.

관계부처 합동(2023b). 제7차 청소년정책 기본계획(2023~2027). 관계부처 합동.

교육부(2013). Wee 프로젝트, 우리가 희망이다!(교육부 공식 블로그). 세종: 교육부.

구혜영, 염경혜, 이은화, 한주빈(2023). **아동복지론**(2판). 서울: 신정.

국가인권위원회(2022). 아동양육시설 방문조사 결과에 따른 법령 제도 개선 권고. 세종: 국가인권위원회.

국민권익위원회(2016). 보호대상아동의 보호 및 자립지원 개선 방안. 세종: 국민권익위원회.

국민권익위원회(2021). 아동급식제도 사각지대 개선방안. 세종: 국민권익위원회.

국제아동인권센터(2021). 서울시 어린이 · 청소년 인권교육 자료집. 서울: 국제아동인권센터.

권동택(2010). 다학문적 접근을 통한 아동기 개념화 모형 연구. **교육실천연구**, 10(2), 221-240.

권순정, 강순원, 유희정, 변종석(2017). 아동권리옹호가들의 이해를 통해 살펴본 아동친화도시의 의미: 경기도 O시 사례에 대한 합의적 질적연구. **아동과 권리**, 21(4), 449-477.

권인수, 권윤정, 김지현, 김태임, 유미, 이수연, 이은영, 정승은, 김춘미(2020). **성장발달**. 경기: 수문사.

권중돈(2021). **인간행동과 사회복지실천: 이론과 적용**(2판). 서울: 학지사.

권지성, 정익중, 민성혜, 신혜원(2012). 위탁아동 입양부모의 양육경험에 관한 질적 사례연구. **한국아동복지학**, (40), 73-107.

김경희(2023). 아동학대 대응체계 전환 평가 및 발전방향 모색 토론회. 이종성 의원실, 보건복지부. 서울: 아동권리보장원.

김광혁(2010). 빈곤이 아동의 우울 · 불안에 미친 영향: 빈곤의 기간 및 시기, 정도에 따른 차이를 중심으로. **한국청소년연구**, 56, 5-31.

김기환(2000). 21세기 아동복지. 한국아동복지학회 춘계국제학술대회 토론자료.

김미곤(2009). 경제위기에 따른 사회안전망 구축 기본방향. 보건복지포럼, (148), 5-11.

김미숙, 배화옥(2007). 한국 아동빈곤율 수준과 아동빈곤에 영향을 미치는 요인 연구. 보건사회연구, 27(1), 3-26.

김미숙, 이주연, 김지민, 정윤경, 서울대학교병원(2015). 2015 연차보고서. 국민 건강과 안전을 위한 아동 안전 전략구축 방안: 아동손상예방 전략을 중심으로. 세종: 한국보건사회연구원.

김민(2022). 한국의 전통적 아동관과 근대기 아동의 발견. 동광, (117), 13-43.

김상호(2016). 교육 강국 핀란드에서 배운다. 글로벌 사회정책 브리프, (39), 1-6.

김상훈(2018). 핀란드의 유・초등 연계교육 현황. 진천: 교육정책네트워크 정보센터.

김선정(2013). 사회복지사가 경험한 강점관점 해결중심 사례관리 실천과정에 관한 연구. 숭실대학교 대학원 석사학위논문.

김성경, 김혜영(2021). 현대사회 아동복지론. 경기: 양서원.

김성천(2002). 우리나라 아동복지정책의 평가와 향후 과제. 한국아동복지학회 학술대회자료.

김수정, 정선욱(2021). 가정외보호 아동의 우울・불안이 행복감에 미치는 영향: 레질리언스의 조절효과를 중심으로. 보건사회연구, 41(2), 157-177.

김수정, 정익중(2017). 아동 빈곤의 사회경제적 비용 추계. 한국사회복지학, 69(3), 9-33.

김순양, 고수정(2012). 미국의 교육불평등(educational inequality)에 대한 조기 개입 정책: 헤드스타트(Head Start)의 분석 및 정책적 시사점 도출. 한국행정연구, 21(2), 103-136.

김승권(2007). 한국 아동권리의 현황과 권리수준 제고방안. 보건복지포럼, (128), 21-36.

김아래미(2023). 2024년 보건복지 분야 예산안 분석-아동청소년 분야-. 복지동향. 11, 27-33.

김안나(2006). 한국사회 여성빈곤과 빈곤대책. 보건사회연구, 26(1). 37-68.

김양선(2020). 지역아동센터 아동돌봄 서비스 효과성: 서비스제공 전달체계와 서비스 품질을 중심으로. 충북대학교 대학원 박사학위논문.

김용자(1998). 인권의 의미와 발전과정. 아동권리연구. 2(2). 5-19.

김은정(2014). 저출산 대응을 위한 보육정책 현황과 과제. 보건복지포럼, (213), 50-61.

김은정(2016). 아동학대 현황과 예방정책. 보건복지포럼, (233), 31-43.

김익균(2003). 가족복지론, 서울: 교문사.

김정진(2022). 정신건강론. 서울: 학지사.

김진숙(2020). 교육복지우선지원사업의 현주소와 방향. 충북: 교육정책네트워크 정보센터.

김효진(2008). 빈곤이 아동에게 주는 영향 분석. 보건복지포럼, (139), 33-42.

남승연, 정수연(2017). 경기도 지역아동센터 발전방안 연구. 경기: 경기도가족여성연구원.

노대명, 김대중, 김영아, 김은경, 나병균, 박찬용, 박혜미, 신윤정, 심창학, 이성애, 봉인식(2018). 프랑스의 사회보장제도. 세종: 한국보건사회연구원.

노혜련, 김미원, 조소연(2021). **예방과 통합의 관점에서 본 아동복지론(2판)**. 서울: 학지사.

대구대학교 사회복지연구소(1995). **사회복지사전**. 서울: 경진사.

도미향, 남연희, 이무영, 변미희(2021). **아동복지론**. 경기: 공동체.

류방란, 정바울, 김성식, 조상식, 송행희, 유지영(2013). 빈곤층 학생의 교육 취약성 분석 및 정책 대응 방안: 사회적 자본 형성을 중심으로. 진천: 한국교육개발원.

류정희(2020). 우리나라 아동의 다차원적 빈곤 실태와 정책 과제. **보건복지포럼**, (283), 8-21.

류정희(2021). UN아동권리협약 정부이행 추진경과와 과제: 제5~6차 최종견해를 중심으로. **동광**, (116), 45-78.

모상현, 김영지, 김희진, 정익중(2009). 경제위기에서 빈곤 아동·청소년의 생활실태 연구. 세종: 한국청소년정책연구원.

민소영, 조소연, 김시아(2023). 아동복지 지방공공기관 설립 방안 고찰-시도 아동권리보장원을 중심으로. **한국아동복지학, 72**(3), 1-37.

박금식, 박지영(2017). 아동친화도시 조성을 위한 아동친화도시 실행계획. 부산: 부산여성가족개발원.

박세경(2016). 아동권리와 아동친화도시: 유럽 주요 도시의 경험을 중심으로. **보건복지포럼**, (233), 62-72.

박세경, 서문희, 서영숙, 진미정, 노성향, 강주희(2005). OECD 국가와 한국의 아동보호체계 비교연구. 세종: 한국보건사회연구원.

박언하, 유성이, 성시한, 오승환(2019). **인간행동과 사회환경**. 서울: 동문사.

박유리(2022). 다함께 돌봄센터 아동돌봄 서비스 체계의 효과성 연구. 숙명여자대학교 대학원 박사학위논문.

박은정, 유혜미(2020). 빈곤가정 영유아 통합지원 사업 분석 및 개선방안. 서울: 육아정책연구소.

배성우(2023). 대구지역 빈곤아동 및 아동학대 실태조사 용역 보고서. 대구: 경북대학교.

배윤정(2017). 강점관점 집단사회복지실천 프로그램이 초등돌봄교실 아동의 자기효능감과 학교생활 적응에 미치는 효과. 위덕대학교 대학원 석사학위논문.

배윤진(2021). 아동의 이익이 최우선 되는 입양을 위한 국내입양과정의 단계별 개선점. **육아정책 Brief**, (85), 1-4.

배화옥(2008). 아동빈곤 결정요인 분석. **보건복지포럼**, (139), 23-32.

배화옥, 김미숙, 이은주(2021). **아동복지론**. 서울: 신정.

백경흔(2022). 돌봄윤리 관점의 성평등한 아동돌봄 제도. **비판사회정책. 75**, 61-94.

보건복지70년사편찬위원회(2015). [제3권] 보건복지 70년사. 세종: 보건복지부.

보건복지부(2010). 아동청소년 사업안내. 세종: 보건복지부.

보건복지부, 아동권리보장원(2022). 2021 가정위탁보호 현황보고서. 서울: 아동권리보장원.

보건복지부(2022a). 2022 보건복지백서. 세종: 보건복지부.
보건복지부(2022b). 제4차 중장기 보육 기본계획(2023~2027). 세종: 보건복지부
보건복지부(2023a). 2022 아동학대 주요통계. 세종: 보건복지부.
보건복지부(2023b). 2023 아동분야 사업안내 1권. 세종: 보건복지부.
보건복지부(2023c). 2023 아동분야 사업안내 2권. 세종: 보건복지부.
보건복지부(2023d). 2023년도 드림스타트 사업안내. 세종: 보건복지부.
보건복지부(2023e). 2023 지역아동센터 지원 사업안내. 세종: 보건복지부.
보건복지부(2023. 4.). 보호대상아동 후견제도 개선방안. 아동정책조정위원회.
보건복지부, 중앙아동보호전문기관(2014). 돌봄시설 아동학대 예방을 위한 사례집.
서영민, 김승영(2019). 영국의 아동보호체계 및 개편 현황. 국제사회보장리뷰, (9), 125-130.
세이브더칠드런(2005). 세이브더칠드런 아동권리교육. 서울: 세이브더칠드런.
석말숙(2007). 장애아동 가족중심실천을 위한 사회복지사의 인식에 관한 연구. 한국가족복지학, 12(2), 213-233.
성경숙(2005). 만성질환 아동의 극복력 증진을 위한 집단치료놀이 프로그램의 개발 및 효과. 고려대학교 대학원 박사학위논문.
손동기(2022). 프랑스 가족정책 개혁 내용과 시사점: 아동수당을 중심으로. 유럽연구, 40(2), 219-250.
송이은, 손정연, 곽태희(2019). 양육시설 퇴소아동 자립지원 방안 연구. 서울: 서울시여성가족재단.
송정애(2022). 아동복지론 이해와 실천. 경기: 양서원.
송주미(2000). 한국 보육정책의 유형 분석에 관한 연구: 정책적 관점을 중심으로. 한국영유아보육학, (20), 193-219.
신윤정(2022). 합계 출산율 1.8명 강국을 만든 프랑스의 가족 수당 정책. 서울: 저출산고령사회위원회.
신윤정(2017). 프랑스 가족 정책의 현황과 시사점. 세종: 한국보건사회연구원.
신윤정(2012). 보건복지 현안분석과 정책과제 2012: 프랑스 영유아 보육 정책 현황과 시사점. 세종: 한국보건사회연구원.
아동권리보장원(2023). 제3차 아동정책기본계획 수립을 위한 기초 연구. 아동권리보장원.
안동현(1997). 아동의 권리-필요성, 역사성 및 과제. 아동권리연구, 1(1), 9-21.
안은미, 조수민, 정익중(2017). 가정외보호 청소년의 서비스 만족도와 친사회적 및 반사회적 행동 간의 관계: 자기효능감과 낙인감의 매개효과를 중심으로. 학교사회복지, (39), 119-148.
양은별, 김태우, 박은혜, 이소연, 정익중(2015). 청소년의 학교적응에 영향을 미치는 요인: 일반청소년 및 가정외보호청소년 비교를 중심으로. 학교사회복지, (31), 311-331.

양정빈, 김효순, 이무영, 정여주, 홍성례(2020). 새롭게 배우는 사회복지실천론. 서울: 학지사.
여성가족부(2022). 2022 청소년백서. 여성가족부.
여성가족부(2023). 2023년 돌봄공동체 지원사업 안내. 여성가족부.
여유진(2018). 아동빈곤의 현황과 정책과제. 보건복지포럼, (259), 25-39.
여유진, 김미곤, 류정희, 정은희, 강지원, 정희선, 김명중, 우명숙, 이원익, 조준용(2017). 아동의 빈곤예방을 위한 정책 연구. 세종: 한국보건사회연구원.
염유식(2021). 한국 어린이 청소년 행복지수: 국제비교연구조사결과보고서. 한국방정환재단.
오정수, 정익중(2019). 아동복지론(3판). 서울: 학지사.
오진아, 김예영, 박유경, 유소연, 임미해, 조해련(2020). 영화로 배우는 인간성장발달. 경기: 수문사.
윤소현(2022). 아동학대에서 보호자의 포섭범위 및 상해와의 관계, 법학연구 33(1).
윤홍식, 조막래(2006). 생계부양형태에 따른 가구특성과 빈곤실태. 한국사회복지학회 2006년도 추계 학술대회 발표자료, 315-320.
이미영(2016). 빈곤아동 지원제도 개선방안에 관한 고찰: 「아동빈곤예방법 및 지원 등에 관한 법률」을 중심으로. 사회복지법제학회, 7(1), 3-25.
이미형, 김민녀(2021). 알기 쉬운 인간심리의 이해. 서울: 현문사.
이배근(1998). 아동의 권리에 관한 국제협약. 한국아동복지학, 357-379.
이배근(2007). 아동권리의 현주소와 내일을 위한 비전. 한국아동권리학회 10주년 기념 학술대회 자료집, 75-82.
이상정, 강현아, 노충래, 우석진, 전종설, 정익중(2017). 가정외보호 아동의 보호 만족도에 관한 종단적 연구−양육시설, 그룹홈, 가정위탁 보호의 비교−. 한국사회복지학, 69(3), 97-119.
이상정, 김지민, 류정희, 허은영, 박세경, 임성은, 김지연, 황정하, 김무현(2020). 보호종료아동 자립실태 및 욕구조사. 세종: 한국보건사회연구원.
이소희(2019). 아동복지. 경기: 정민사.
이수진, 정익중(2020). 청소년의 일상생활과 행복 간의 관계. 빈곤과 비빈곤 청소년의 비교. 학교사회복지, 49, 175~200.
이순아(2015). 한국사회 가구빈곤의 결정요인에 관한 다층분석. 한국사회학, 49(1), 139-177.
이순형(2001). 아동권리의 관점에서 본 유아교육보육의 과제. 2001년도 춘계 유아교육보육행정학회 기조연설.
이양희(2004). 유엔아동권리위원회 활동과 아동권리 쟁점. 아동권리학회 학술대회 자료집, 41-55.
이영석(2020). 근대 영국사회와 아동 노동. 영국연구, (43), 1-20.
이은주, 김혜순, 박세정, 최미희, 권수정, 이명순(2022). 아동권리와 복지. 경기: 지식공동체.
이재연(1996). 아동의 권리보장과 보호. 정신건강연구, 15(1), 46-54.

이재연(2007). 한국의 아동권리: 지난 10년, 앞으로 10년. 한국아동권리학회 10주년 기념 학술대회 자료집, 17-31.

이재연(2008a). 빈곤아동도 공평하게 출발하기 위하여. 보건복지포럼. 139, 2-3.

이재연(2008b). 아동이 행복한 세상만들기. 한국아동복지학회 한국아동권리학회 춘계 공동학술대회 자료집, 5-15.

이현주, 김근혜, 송지원, 신정완, 주은선, 최연혁, Jonas Edlund(2018). 스웨덴의 사회보장제도. 세종: 한국보건사회연구원.

이혜경(1993). 경제성장과 아동복지정책의 변용. 한국아동복지학, (1), 199-223.

이혜연, 서정아, 조홍식, 정익중, 김귀랑(2007). 아동복지시설 퇴소청소년의 실태와 적응과정 연구. 세종: 한국청소년정책연구원.

임성은(2020). 보호대상아동의 특성 및 정책 환경 변화에 따른 아동복지시설 기능 전환의 방향성. 보건복지 Issue & Focus, (394), 1-12.

장수미, 최정숙, 박형원, 김주현, 홍현미라, 이혜경, 이영선, 한인영(2017). 사회복지실천기술론(2판). 서울: 학지사.

장인협, 오정수(2000). 아동 · 청소년복지론(개정2판). 서울: 서울대학교출판부.

장희선, 김기현(2014). 빈곤이 아동발달에 미치는 영향. 한국아동복지학, (47), 185-216.

정경희, 강혜규, 조성은, 강은나, 고숙자, 신윤정, 신화연, 오미애, 윤석명, 황남희, 곽윤경, 김수진, 김은정, 김회성, 송철종, 안수란, 오욱찬, 이기호, 이상정, 임완섭, 정은희, 주유선, 이선희, 진재현, 박형존, 강소선, 강유구, 이연희, 이혜선, 이재윤, 안형석(2020). 보건복지정책의 역사적 전개와 국책연구기관의 역할: 한국보건사회연구원 사례를 중심으로. 세종: 한국보건사회연구원.

정연정(2010). 교육복지투자우선지역지원사업의 서비스 이용 결정요인 연구: 사회적 낙인인식에 대한 조절된 매개효과를 중심으로. 성균관대학교 대학원 박사학위논문.

정원철, 이화명(2014). 아동양육시설 청소년의 시설 적응 영향 요인. 청소년학연구, 21(3), 243-365.

정은주(2010). 아동보호전문기관 상담원의 가족중심실천: 영향요인 파악을 위한 다층모형 활용. 서울여자대학교 대학원 박사학위논문.

정은희, 최새은, 이상균, 하태정(2013). 우리나라 아동빈곤의 특성. 세종: 한국보건사회연구원.

정익중(2022). 2022 초록우산어린이재단 아동행복지수. 초록우산어린이재단 아동복지연구소.

정익중, 오정수(2022). 아동복지론. 서울: 학지사.

정찬미(2017). 아동수당과 아동관련 조세지원 제도의 빈곤 및 소득불평등 완화효과. 사회복지정책, 44(1), 47-48.

조미숙(2022). 아동복지론. 서울: 동문사.

조성연, 이옥, 현온강, 최보가, 이귀옥, 이숙(2002). 한국아동의 발달 현황과 세대간 부모양육 행동 비교. **아동과 권리**, 6(2), 385-414.

지성애, 홍혜경(2001). **영유아생활지도**. 경기: 양서원.

최승원(2022). 아동을 권리주체로 존중하는 사회를 위한 기본법 제정 릴레이 아동권리포험. 보건복지부, 아동권리보장원.

최영민(2022). **대상관계이론을 중심으로 쉽게 쓴 정신분석이론**. 서울: 학지사.

최옥채(2017). 『동광』에 비친 1950~1970년대 한국 아동복지의 전개-사회사 관점 중심으로-. **한국사회복지학**, 69(1), 9-32.

최희경, 이인숙(2005). 비정형가족의 특성과 가족복지에의 함의: 강점관점을 중심으로. **한국가족복지학**, 15, 245-238.

통계청(2023). 보호대상아동 현황보고. https://kosis.kr/statHtml/statHtml.do?orgId=117&tblId=TX_117341138&vw_cd=MT_OTITLE&list_id

표갑수(2010). **아동청소년복지론**(개정2판). 경기: 나남.

한국보건사회연구원(2015). 2015 연차보고서. 세종: 한국보건사회연구원.

한국아동복지협회(2018). 2018년 아동복지시설 보호아동 문제행동 실태조사. 서울: 한국아동복지협회.

한지숙, 홍은주(1998). 아동권리협약과 아동의 권리실현. **아동권리연구**, 2(2), 39-51.

허용(2023). 아동학대 대응체계 전환 평가 및 발전방향 모색 토론회. 이종성 의원실, 보건복지부, 아동권리보장원.

홍길회. 최정화(2023). **새로운 시대 보육학 개론**. 서울: 동문사.

홍민지(2019). 아동수당제도 도입 현황과 시사점. **KIRI 고령화리뷰**, (34), 24-26.

홍혜교(2017). 시설보호아동의 상담경험에 관한 질적 연구. **아동부모학회지**, 3(1), 5-28.

황해익, 남미경, 서보순, 김병만(2022). **아동권리와 복지**. 경기: 정민사.

Alderson, P., Clarke-Jones, L., & Schaumberg, H. (2002). Notes towards an evaluation of The Office of Children's Rights Commissioner for London: Phase 1. 2000-2001. Social Science Research Unit, Institute of Education, University of London: London, UK.

Appleyard, K., Egeland, B., van Dulmen, M., & Sroufe, L. (2005). When more is not better: The role of cumulative risk in child behavior outcomes. *Journal of Child Psychology and Psychiatry*, 46, 235-245.

Baumrind D. (1996). The Discipline Controversy Revisited. *Family Relations*. *45*(4). 405-414.

Bradford W. Sheafor & Charles R. Horejsi. (2005). *Techniques and Guidelines for Social Work Practice*, (6th ed.). 남기철 · 변귀연 · 양숙미 · 정선욱 · 조성희 · 최승희 공역(2020). **사회**

복지실천 기법과 지침. 경기: 나남.

Doek, J. (2003). The U.N. Convention the Rights of the Child: Some Obsercations on the on the Monitoring and Social of its Implementation. *University of Florida Journal of Law and Public Policy*, *14*(2), 125-136.

Erikson, E. H. (1963). *Childhood and Society*(2nd ed.). W. W. Norton & Company.

Erikson, E. H. (1982). *The life cycle completed: A review*. W. W. Norton & Company.

Freud, S. (1964). The standard edition of the complete psychological works of Sigmund Freud. In J. Strachey(Ed.), *An outline of psychoanalysis, Vol. 23* (pp. 144-148, 154~161). The Hogarth Press.

Frank L. Summers, Ph. D. (1994). *Object Relations Theories and Psychopathology*. 이재훈 역(2004). 대상관계이론과 정신병리학. 한국심리치료연구소.

Hammarberg, T. (1990). The UN Convention on the Rights of the Child-and How to Make it Work. *Human Rights Quarterly, 12*(1): 97-105

Harding, L. F. (1991). *Perspectives in child care Poilcy*. Ld: Longman.

Johnson, L. C., & Yanca, S. J. (2001). *Social Work Practice: A·Generalist Approach*(7th ed.). Boston, MA: Pearson Education, Inc.

Kadushin, A. (1974). Supervisor-supervisee: A survey. *Social Work*, *19*(3), 288-297.

Kadushin, A. (1980). *Child welfare service*. NY: Macmillan Publishing Co.

Kadushin, A., & Martin, J. A. (1988). *Child welfare services*(4th ed.). Macmillan Publishing Company.

Marsh, J. (2000). 21세기 아동복지: 아동건강 및 복지 그리고 이에 대한 사회적 서비스 시스템의 대응. 한국아동복지학회 춘계국제학술대회.

Martha, J. Bailey, S. S., & Brenden, D. (2021). Prep School for Poor Kids: The Long-Run Impacts of Head Start on Human Capital and Economic Self-Sufficiency. *AMERICAN ECONOMIC REVIEW*, *111*(12), 3963-4001.

NASW(1965). *Encyclopedia of social work*. NY: NASW Press.

Pears, K. C., & Fisher, P. A. (2005). Developmental, cognitive, and neuropsychological functioning in preschool-aged foster children: Associations with prior maltreatment and placement history. *Journal of Developmental and Behavioral Pediatrics*. -(26), 112-122.

Pecora, P. J., Whittaker, J. K., Barth, R. P. Borja, S. & Vesneski, W. (2018). *The Child Welfare Challenge: Policy, Practice, and Research*(4th ed.). NY: Routledge.

Pecora, P. J., Whittaker, J. K., & Maluccio, A. (1992). *The Child Welfare Challenge. Policy, Practice, and Research*. Ld: Routledge.

Piaget, J. (1971). *Biology and knowledge*. Edinburgh University Press.

Rose, S, R., & Fatout, M, F. (2003). *Social walk Practice with Children and Adolescents*. Boston: Allyn and Bacon.

Sameroff, A. J., Seifer, R., Barocas, R., Zax, M., & Greenspan, S. (1987). Intelligence quotient scores of 4-year-old children: Social environmental risk factors. *Pediatrics*, *79*(3), 343-350.

Sigelman, C. K., George, L. D., Cunial, K., Kohler, M., Ballam, N., & Rider, E. A. (2022). *Life span human development*(4th ed.). Cengage.

UNICEF(1996). The best interests of thee child: Child right-Innocenti Studies.

Walter, A. F., & Robert, Z. A. (1980). *Introduction to Social Welfare*. NY: Prentice Hall.

Zukerman, E. (1983). *Child Welfare*. New York: The Free Press

보도자료

교육부 보도자료(2023. 11. 23). 2023년 상반기 기준 5개 교육청 214개 늘봄학교에 약 7.3만 명의 학생들이 참여하였습니다. 교육부.

권홍우(2017. 8. 29.). 음울한 자본주의… 1833년 공장법. 서울경제.

김기환(2023. 10. 19.). “낳기만 하면 잘 돌봐준다” 비혼 OK, 라떼파파 흔한 이 나라. 중앙일보.

김예슬(2023. 10. 8.). “아침 눈 뜨기 두려운데 소송 걱정까지”…인력 · 권한 · 전문성 부족에 외면받는 ‘아동학대 전담 공무원제’. 서울신문.

박종관(2024). 정책분석평가에 대한 이해(정책분석평가협회 발표자료). 정책분석평가협회 홈페이지 발췌.

배소현(2023. 8. 26.). 서울시, 청소년 양육비 지원 확대, ‘자립촉진수당’도 신규 지급. 더퍼블릭.

보건복지부 보도참고자료(2023. 6. 30.). “입양에 대한 국가책임 강화한다”.

서울신문 (2024. 1. 10.). https://www.seoul.co.kr/news/newsView.php?id=20240110500049&wlog_tag3=naver

유니세프 보도자료(2017. 5. 11.). 유니세프, 전 세계 41개 선진국의 아동 빈곤 실태와 심층 사례 담긴 연구보고서 발간.

유니세프(2020. 6. 17.). 보편적 아동 수당, 빈곤 감소에 효과적.

윤미선(2014. 3. 14.). [사회] 아동의 발견. 대학원신문.

임성택(2022. 6. 24.). [역사 속 경제사] 산업혁명기 英아동 노동착취 심각…공장법으로 보호. 매일경제.

주식회사 smate(2018). 보건복지부 지역사회투자서비스 아동 · 청소년 비전형성 지원 서비스 발표자료.

최재건(2014. 10. 21.). [한국 기독교 초석 놓은 언더우드] (17) 교육 선교. 국민일보.
최하얀, 김정필(2020. 8. 5.). 회초리를 사랑이라 포장하지 마세요. 한겨레신문.
통계청 보도자료(2022. 12. 27.). 「아동 · 청소년 삶의 질 2022」 보고서 발간.
한겨레(2023. 7. 20.). https://www.hani.co.kr/arti/society/rights/1100944.html.
황선영(2023. 3. 22.). 아동학대를 줄일 수 있는 근본적 시스템 구축에 대한 제언. 복지타임즈.
Children's Defense Fund. (1993). amuual for building a local Child Watch program. http://www.childrensdefense.org/child-research-data-publications/aarchives/child-watch-visitation-program-manual-1993-1.html

홈페이지

굿네이버스 홈페이지. www.goodneighbors.kr
보건복지부 홈페이지. www.mohw.go.kr
보육통합정보시스템 홈페이지. www.cpms.childcare.go.kr
브리태니커 백과사전 홈페이지. https://www.britannica.com.
사회복지용어대백과사전 홈페이지. https://www.welfare24.net/ab-welfare_dic
세이브더칠드런 홈페이지. https://www.sc.or.kr
아동권리보장원 홈페이지. www.ncrc.or.kr
여성가족부 홈페이지. www.mogef.go.kr
월드비전 홈페이지. https://www.worldvision.or.kr
위스타트 홈페이지. https://westart.or.kr
유니세프 홈페이지. www.unicef.or.kr
유니세프 아동친화도시 홈페이지. http://childfriendlycities.kr/
존스홉킨스대학교 홈페이지. https://jscholarship.library.jhu.edu/collections/
중앙육아종합지원센터 홈페이지. www.central.childcare.go.kr
찾기쉬운 생활법령정보 홈페이지. www.easylaw.go.kr
한국민족문화대백과 홈페이지. https://encykorea.aks.ac.kr/
한국건강가정진흥원 홈페이지. https://www.familynet.or.kr/web/index.do
한국청소년정책연구원 위 프로젝트 연구 · 지원센터 홈페이지. https://www.wee.go.kr/home/cms/cmsCont.do?cntnts_sn=24
행정안전부 국가기록원 홈페이지. https://www.archives.go.kr/next/newsearch/listSubjectDescription.do?id=009363&sitePage=
e-나라지표 홈페이지. https://www.index.go.kr
EBS 다큐멘터리 K-인구대기획 '초저출생' 2023년 6월 29일 방영. www.ebs.co.kr

찾아보기

저자 소개

황혜원(Hyewon Hwang)

숙명여자대학교 아동복지학과 학사

Michigan State University, Family & Child Ecology 석사 · 박사

전 University of Texas at San Antonio, Social Work 초빙교수

현 청주대학교 사회복지학과 교수

〈주요 저서〉

『사회복지조사론』(공저, 학지사, 2021)

『사회복지개론』(공저, 학지사, 2021)

『최신 보육학개론』(공저, 창지사, 2021)

이은영(Eunyoung Lee)

상지대학교 사회복지학 학사

청주대학교 대학원 사회복지학 석사 · 박사

전 청주대학교 사회복지학과 겸임교수

대원대학교 간호학과 겸임교수

현 세명대학교 사회복지학과 강사

행복나눔심리발달재활센터 센터장

〈주요 저서 및 논문〉

『자원봉사론』(공저, 양성원, 2020)

『간호사가 알아야 하는 환자 심리학』(감수, 의학교육, 2017)

「아동의 개인 및 환경요인이 또래괴롭힘 방어자 역할에 미치는 영향: 아이젠버그의 친사회성 이론을 중심으로」(2020)

「가족환경스트레스가 중도입국자녀의 학습된 무력감에 미치는 영향: 자아정체성의 매개효과를 중심으로」(2016)

「인터넷게임중독 청소년의 회복과정에 관한 연구」(2012)

백현혜(Hyunhye Baeg)

청주대학교 사회복지학 학사

청주대학교 대학원 사회복지학 석사 · 박사

현 소원아동가족센터 센터장

　청주대학교 사회복지학과 겸임교수

〈주요 논문〉

「사회복지사의 일-삶 균형의 성과 결정요인: Guest의 분석모델을 중심으로」(2021)

김가빈(Gabin Kim)

청주대학교 사회복지학 학사

청주대학교 대학원 사회복지학 석사 · 박사수료

〈주요 논문〉

「모의 지역사회 안전인식, 가족과정요인, 아동의 또래관계 및 외현화 문제행동 간의 구조적 관계 분석」(2020)

「중년기 기혼근로자의 일 · 가정 양립의 어려움과 자아존중감 간의 관계에서 긍정적 가족갈등대처의 매개효과 —소득수준에 따른 비교를 중심으로—」(2019)

「중학생의 임파워먼트와 행복감 간의 관계에서 자아정체감의 매개효과」(2017)

아동복지론

Introduction to Child Welfare

2024년 8월 10일 1판 1쇄 인쇄
2024년 8월 20일 1판 1쇄 발행

지은이 • 황혜원 · 이은영 · 백현혜 · 김가빈
펴낸이 • 김진환
펴낸곳 • ㈜학지사
04031 서울특별시 마포구 양화로 15길 20 마인드월드빌딩
대표전화 • 02-330-5114 팩스 • 02-324-2345
등록번호 • 제313-2006-000265호

홈페이지 • http://www.hakjisa.co.kr
인스타그램 • https://www.instagram.com/hakjisabook

ISBN 978-89-997-3065-8 93330

정가 24,000원

저자와의 협약으로 인지는 생략합니다.
파본은 구입처에서 교환해 드립니다.